LES LANCES DU CRÉPUSCULE

DÉJÀ PARUS DANS
TERRE HUMAINE/POCHE

TERRE HUMAINE / POCHE
CIVILISATIONS ET SOCIÉTÉS
COLLECTION D'ÉTUDES
ET DE TÉMOIGNAGES DIRIGÉE PAR JEAN MALAURIE

LES LANCES DU CRÉPUSCULE

Relations jivaros. Haute-Amazonie

par

Philippe Descola

*Avec 10 illustrations de Philippe Munch
d'après des documents de l'auteur
8 dessins de l'auteur
3 cartes, 2 glossaires, 3 index*

PLON

Cartes : Patrick Mérienne, d'après
des documents de l'auteur

© Plon, 1993
© Dessins : Philippe Munch, 1993 (pages 49, 73, 119, 144, 191,
239, 288, 315, 349, 421).
© Photos : Antonio Colajanni (nos 1, 5, 8, 10, 11, 16, 21, 22,
24, 25, 29, 30, 33, 34, 45) et collection de l'auteur.
ISBN : 2-266-10223-0

Pour Anne Christine

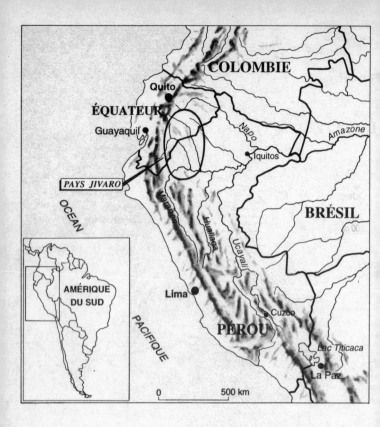

1. Le pays jivaro situé dans l'Amérique du Sud.

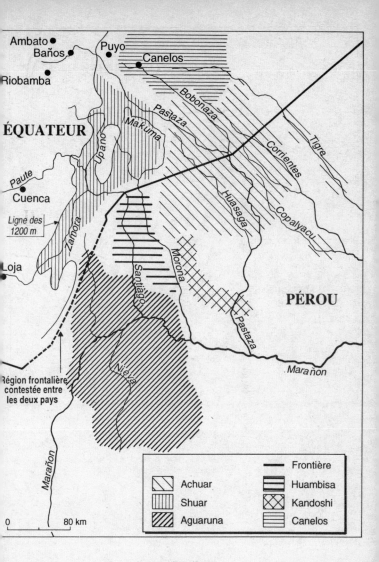

2. Les tribus jivaros.

Anku nanki winiawai, uchi, uchirua
Pee awemarata
Etsa uchirua, anku nanki winiawai
Pee awemarata
Emesaka tamawa
Ayawaitramkaimpia, uchi, uchirua
Natemkamia waitmakaimpia
Aak aak weakume
Uwi uwi upujkitia.

La lance du crépuscule arrive, fils, mon fils
Vite, esquive-la !
La lance creuse arrive, fils, mon fils
Mon fils Soleil, la lance du crépuscule vient à toi
Vite, esquive-la !
Le « nuisible », ainsi dit,
Qu'il ne te guette pas, fils, mon fils
Qu'il n'ait pas de toi la claire vision des transes du
natem
T'éloignant peu à peu
Que chacun de tes pas se déguise en palmier chonta.

PROLOGUE

> « Les particuliers ont beau aller et venir, il semble
> que la philosophie ne voyage point. »
>
> Jean-Jacques Rousseau
> *Discours sur l'origine de l'inégalité.*

Même à qui les aborde sans préventions, les frontières de la
civilisation offrent rarement un visage aimable. Il est vrai qu'en
ces lieux fort peu civilisés se joue à l'échelle de la planète un très
réel conflit frontalier. Commencé il y a plus d'un siècle déjà, il
oppose une poignée de minorités tribales à la ruée de ceux qui
aspirent à les déloger de leurs ultimes refuges, légion disparate
où se mélangent et s'opposent des paysans misérables en quête
de terres et des grands propriétaires de bétail et de plantations,
des chercheurs d'or ou de pierres précieuses et des multinatio-
nales du pétrole, du bois tropical ou de l'extraction minière. Les
lignes de front où se mène cette conquête sans gloire présentent
partout le même aspect désolé; peuplées dans l'anarchie du
provisoire et bien souvent en marge de la légalité nationale, elles
perpétuent comme un signe distinctif leur éternelle absence
d'urbanité. C'est en Amazonie, peut-être, que leur bâtardise est
la plus manifeste. De l'Orénoque aux Andes et des Llanos de
Colombie jusqu'aux plaines de l'Oriente bolivien, au pied des
hautes terres surpeuplées et en bordure des fleuves navigables,
autour de pistes d'atterrissage de fortune et le long des routes
nouvellement tracées, des milliers de bourgades identiques

bourgeonnent sans fin, chaque jour un peu plus tentaculaires et chaque jour déjà un peu plus délabrées, mais impuissantes encore à digérer la grande forêt. Trop chaotiques pour soutenir longtemps la curiosité et trop frelatées pour éveiller la sympathie, ces villes de tôle ondulée expriment une vision dégradée des mondes dont elles organisent la confrontation, mélange de nostalgie ténue pour une culture européenne depuis longtemps oubliée et de préjugés paresseux sur l'inconnu tout proche.

C'est dans ces mornes observatoires que débutent ordinairement les enquêtes ethnographiques. J'ai commencé la mienne à Puyo, une ville de colons engloutie dans un présent sans grâce au pied du versant oriental des Andes de l'Équateur. Pour qui vient d'Europe, et même des vieilles cités coloniales nichées dans les hautes vallées de la Cordillère, Puyo offre la surprise d'un monde sans véritable passé. Certes, cette petite capitale provinciale n'a pas trois quarts de siècle ; mais les plus anciens avant-postes de l'Occident dans les piémonts amazoniens ne sont guère mieux lotis, et il en est qui furent fondés sous Charles Quint. Avec ces villages des marches, condamnés à recommencer quotidiennement l'effort dérisoire ou tragique de leur premier établissement, l'histoire s'est montrée bien ingrate. Elle ne leur a laissé en héritage ni mémoire collective ni monuments commémorateurs, et rien ne témoigne maintenant de leur antiquité si ce ne sont parfois quelques liasses moisies dans des archives ignorées. Certaines villes fantômes amazoniennes étaient pourtant connues au XVIᵉ siècle de tous les lettrés d'Europe, qui suivaient avec attention sur des cartes aussi belles qu'imprécises les progrès d'une conquête sans précédent. Jaén, Logroño, Borja, Sevilla del Oro, Santander, Valladolid, ces jalons de la connaissance géographique fleurant la nostalgie de l'Espagne natale n'ont survécu dans la mémoire des hommes que grâce à la paresse de plusieurs générations de cosmographes : écloses lors du premier élan de l'invasion espagnole, les bourgades de conquistadores étaient tombées en cendres un siècle plus tard. Personne n'ayant eu le souci d'aller vérifier leur permanence, elles poursuivaient dans les atlas une existence d'autant plus indue que leurs dimensions graphiques étaient à la mesure du vide immense qu'on leur donnait fonction de combler. Pour animer le grand espace vierge des terres inexplorées, le copiste étalait en lettres énormes le nom de villages exsangues, agrémentant leur pourtour par des miniatures d'animaux imaginaires ou de petites forêts bien policées. A l'insu de ses habitants décimés par la maladie et les attaques des Indiens, un groupe de cahutes misérables était crédité de la même échelle que Bordeaux ou Philadelphie. Ces fortins de la conquête ont oublié la gloire discrète de leur premier établissement ; leur passé n'existe que dans l'imagination des amateurs de vieilles cartes et dans les fiches d'une poignée d'historiens. Qu'ils soient anciens ou modernes, ces greffons urbains sont frappés d'amnésie : les plus antiques ont perdu la mémoire de leurs origines et les plus récents n'ont pas de souvenirs à partager.

Indifférent au temps, Puyo l'était aussi à son environnement immédiat. Je croyais ne faire qu'une brève étape dans ce terminus de la route carrossable qui mène en quelques heures des grandes villes de la Sierra centrale jusqu'à la forêt amazonienne, mais je me rendis bien vite compte que j'aurais à y tromper mon impatience. Il me fallait tout d'abord recueillir des informations sur la localisation des Jivaros Achuar que je comptais visiter et m'enquérir des moyens à employer pour les atteindre. Tout ce que je savais en arrivant, c'est que l'on avait signalé leur présence sur le cours inférieur du fleuve Pastaza, à plusieurs centaines de kilomètres de là, dans un réduit forestier totalement vierge de chemins ou de rivières navigables. Or, à ma grande surprise, la plupart des gens que j'interrogeai à Puyo me dirent tout ignorer des Achuar. Le patron de la pension de famille où je logeais avec ma compagne Anne Christine, les clients des gargotes où nous prenions nos repas, les fonctionnaires des administrations municipales et provinciales, les agents des organismes gouvernementaux, tous ces personnages avec lesquels un visiteur de passage lie aisément conversation dans une petite ville de province paraissaient n'avoir jamais entendu parler de la tribu mystérieuse que nous voulions rejoindre. Frappé par le découragement à l'idée de poursuivre une chimère, je mis plusieurs jours à comprendre que nos interlocuteurs ignoraient tout de la forêt et de ses habitants ; à quelques heures de marche du bourg commençait un monde où ils n'avaient jamais mis les pieds. La lecture préalable de plusieurs monographies ethnologiques sur l'Amazonie équatorienne — introuvables au demeurant dans le pays où les enquêtes avaient été menées — m'avait finalement permis d'en savoir plus sur les Indiens que ceux-là mêmes qui vivaient presque à leur contact.

Les habitants de Puyo compensaient leur ignorance de la réalité avoisinante par une capacité fabulatrice aussi féconde que catégorique. Les légendes les plus invraisemblables circulaient dans les *cantinas* et les échoppes sur la jungle et ses hôtes bizarres. On nous assurait que des Indiens cannibales y réduisaient le corps de leurs ennemis à la taille d'une poupée, cet exploit anatomique apparaissant du reste comme la plus sûre indication qu'ils avaient découvert un remède végétal miraculeux contre le cancer. D'aucuns prétendaient en revanche que des colonies de Blancs lépreux vivaient en autarcie depuis des temps immémoriaux sur une rivière inaccessible où même les indigènes n'osaient pas les attaquer. Selon d'autres encore, la jungle cachait des palais en ruine à l'architecture grandiose, évidents témoignages de ce que cette forêt où ils n'étaient jamais allés avait autrefois servi de villégiature à des voyageurs intergalactiques et peut-être même — les extraterrestres ayant en partie remplacé Dieu dans l'explication populaire du mystère des origines — de creuset à une genèse cosmique de notre espèce. Dans ce fatras d'histoires invraisemblables, je reconnus aisément, et non sans une certaine satisfaction, les figures bien répertoriées et à peine modifiées par la couleur locale des grands délires que l'Amazonie a toujours suscités en Occident. L'Indien blanc, l'Eldorado aux richesses fabuleuses perdu dans la forêt, les créatures monstrueuses ailleurs disparues, les pouvoirs surhumains du magicien sauvage, tous ces mythes se perpétuent dans les ouvrages de vulgarisation du XVIe siècle jusqu'à nos jours sans que les démentis répétés de l'expérience aient pu leur ôter un pouvoir de fascination qui prend sa source hors de toute réalité vérifiable.

L'abîme irréductible que je constatais entre mon savoir livresque et rationaliste sur les Indiens de l'Amazonie équatorienne et l'univers légendaire dont nous entretenaient les habitants de Puyo devint pour moi la première illustration d'une loi implicite de la pratique ethnographique. Si l'on se risquait à la formuler en parodiant la concision du langage des physiciens, elle pourrait être énoncée ainsi : la capacité d'objectivation est inversement proportionnelle à la distance de l'objet observé. En d'autres termes, plus est grand l'écart géographique et culturel

16

qu'instaure l'ethnologue entre son milieu d'origine et son « terrain » d'élection et moins il sera sensible aux préjugés nourris par les populations localement dominantes à l'encontre des sociétés marginales qu'il étudie. En dépit de leur apprêt civilisé, celles-là ne lui seront pas plus familières que celles-ci.

Il est vrai qu'une éducation solide dans un grand pays cosmopolite ne protège pas toujours les naïfs des séductions faciles de la chimère. Ainsi, peu de temps avant notre arrivée à Puyo à l'automne de 1976, les autorités équatoriennes avaient monté une importante expédition internationale afin d'explorer un gouffre situé dans le piémont amazonien, au cœur du territoire des Jivaros Shuar. Outre une collection hétéroclite d'experts en tous genres — où manquait pourtant un ethnologue — les responsables avaient cru bon de s'adjoindre la coopération d'un commando des forces spéciales britanniques et d'un astronaute américain mondialement connu. On ne sait si les militaires étaient chargés de protéger l'expédition contre les raids éventuels des Indiens de la région — soumis depuis plus de quarante ans à la pacification missionnaire — ou s'ils devaient remplir une mission plus héroïque dont la présence de l'astronaute laissait entrevoir la nature. La rumeur répandue par les publications à grand tirage d'un habile charlatan européen voulait en effet que ce gouffre contienne des vestiges d'une civilisation extraterrestre. Gravées sur une matière inconnue, des figures étranges y luisaient dans l'obscurité, retraçant toutes les étapes d'une fondation prométhéenne de notre civilisation. Et comme la pratique de la révolution orbitale semblait devoir prédisposer l'homme de la NASA à établir des relations harmonieuses avec des êtres venus du cosmos, on tablait sans doute sur son expertise en cas de rencontres inopinées. Les résultats de l'expédition furent maigres au regard des moyens déployés : quelques tessons archéologiques d'une culture déjà identifiée, des débris de poterie dont s'étaient débarrassés les Indiens avoisinants et une meilleure connaissance de la vie intime des engoulevents cavernicoles qui nichent par milliers dans ces gouffres.

Cette anecdote illustre de manière exemplaire la façon dont se perpétuent et s'enrichissent les légendes que l'Occident a tissées autour du monde amazonien. Sur un vieux fonds hérité des premiers chroniqueurs de la Conquête, chaque siècle a greffé son lot d'invraisemblances en réinterprétant les bizarreries postulées de la nature américaine selon les mythes propres de l'époque; depuis les Amazones au sein coupé jusqu'aux soucoupes volantes, toutes les figures de notre imaginaire se sont incarnées tour à tour dans le bestiaire merveilleux de la grande forêt. Même les penseurs les plus éminents ont parfois suspendu leurs facultés critiques devant les aberrations rapportées par des voyageurs crédules, la caution de leur autorité transformant alors ces légendes en des vérités scientifiques que les observateurs scrupuleux hésitaient à mettre en doute publiquement. Hegel en fournit la meilleure illustration : à l'époque où Alexandre de Humboldt publiait ses remarquables descriptions naturalistes et anthropologiques du continent américain, l'illustre philosophe redonnait vie dans ses cours à une vieille croyance, popularisée par Buffon, selon laquelle l'indigène du Nouveau Monde est un être physiquement et spirituellement amoindri en raison de l'immaturité du milieu physique où il évolue. Le développement de l'ethnologie a maintenant rendu impossibles de tels impairs, même chez les philosophes les plus indifférents aux humanités périphériques. Les fables auxquelles la communauté des savants a cessé de croire continuent pourtant de se propager sous la plume des polygraphes du mystère et de l'exotisme. Travesties dans un brouillard d'ésotérisme ou saupoudrées de ces détails prétendument vécus qui emportent immédiatement la conviction du lecteur, elles offrent au plus grand nombre les apparences de la vérité. On les trouve colportées dans des éditions populaires jusque chez le papetier de Puyo, solidement établies entre les manuels scolaires et les magazines féminins.

Les mythes suscités par l'Amazonie semblent ainsi mener une double vie : recueillis par des explorateurs nonchalants auprès des «petits Blancs» qui vivotent aux lisières de la jungle, ils finissent par retrouver leur chemin jusqu'au lieu de leur production, sanctifiés par la caution de l'imprimé. Ingurgités à nouveau par les fabulateurs autochtones, ils pourront alors être relatés sous une variante différente au prochain scribe de l'aventure qui passera par là. Mais, à la différence des mythes amérindiens qui se sont enrichis au cours des siècles d'épisodes cocasses ou tragiques interpolés par des conteurs inspirés, cette ethnologie imaginaire voit son contenu poétique s'appauvrir à mesure que les exigences de la rationalité moderne lui imposent un carcan de semi-vraisemblance.

Immunisés par des lectures antérieures contre les racontars des tartarins de Puyo, nous cherchions désespérément l'amorce d'une piste qui pourrait nous conduire jusqu'aux Achuar. On m'avait enseigné que les ethnologues arrivent rarement les premiers sur le théâtre de leurs enquêtes et qu'ils y sont le plus souvent acheminés dans les fourgons des puissances coloniales ; mais ma génération ne connaissait des colonies que ce que la mauvaise conscience de certains de nos maîtres avait pu nous en apprendre. J'avais retenu qu'il y a toujours des soldats ou des missionnaires pour ouvrir la voie d'une expédition ethnographique ; dans cette petite ville d'une République indépendante, ni les uns ni les autres ne faisaient défaut.

Mais les militaires des troupes spéciales de la jungle ignoraient tout des Achuar ; en revanche, ils semblaient intéressés par les informations qu'ils pourraient peut-être tirer de nous une fois notre mission accomplie. Leur bellicisme ostentatoire s'alimentait de la proximité de l'ennemi héréditaire péruvien, qui avait annexé dans les années quarante la plus grande partie de l'Amazonie équatorienne ; ils considéraient donc avec suspicion tout étranger désirant se déplacer dans ces territoires en litige. Heureusement, les officiers de ces troupes d'élite étaient fascinés par le mythe de la Légion étrangère et troublés par l'inconscience de ma compagne, ethnologue néophyte elle aussi, qui s'apprêtait à m'accompagner dans cette expédition jugée par eux fort téméraire. Les exploits passés de notre armée coloniale et l'audace admirable d'Anne Christine nous attirèrent donc l'estime et la sympathie des militaires ; à défaut d'informations sur les Achuar, on nous délivra les sauf-conduits indispensables pour aller les visiter.

Les missionnaires étaient plus au fait des réalités indigènes : comme à l'accoutumée en Amérique latine, l'État équatorien se reposait entièrement sur eux pour l'encadrement des populations autochtones. L'entrevue avec les dominicains fut fort aimable mais peu productive. Établis depuis plus de trois siècles dans la région, ils avaient certes entendu parler des Achuar, bien que leurs tentatives pour les évangéliser se fussent soldées par des échecs. Un petit livre que j'avais consulté avant notre départ m'avait pourtant fait nourrir quelque espoir. A la fin du siècle dernier, un dominicain français avait en effet établi un contact avec ces mêmes Indiens parmi lesquels nous comptions nous établir. Son entreprise pastorale s'était bornée à remettre des cadeaux de pacotille au chef d'une petite troupe de guerriers attirés à grand-peine dans la maison d'un converti. L'abbé Pierre avait été vivement impressionné par l'aspect féroce de ces sauvages, tout entiers livrés aux plaisirs de la guerre et à l'emprise de Satan; revenu en France, il publia un ouvrage édifiant sur ses aventures parmi les Jivaros, mêlant habilement l'apologie missionnaire à la plus noire peinture des mœurs des Indiens, sans doute afin de susciter des vocations à l'apostolat exotique chez les jeunes lecteurs des bibliothèques paroissiales. Mais l'exhortation resta sans écho et, près d'un siècle plus tard, ces fameux Jivaros du fleuve Capahuari n'avaient toujours pas trouvé chez les dominicains le pasteur que notre missionnaire appelait de ses vœux. Résignés à ne pas obtenir auprès des prédicateurs de Dominique les lumières ethnographiques que ce précédent littéraire m'avait laissé espérer, nous nous tournâmes vers des confessions beaucoup moins familières.

En contraste marqué avec la nonchalance toute latine des dominicains, les missionnaires protestants continuaient à mener tambour battant la conquête des âmes. De tendance strictement fondamentaliste, ces évangélistes nord-américains combinaient curieusement une adhésion étroite à la littéralité de l'Ancien Testament avec la maîtrise des technologies les plus modernes. Ils venaient pour la plupart des petites bourgades du *bible belt*, armés d'une bonne conscience inébranlable et d'une théologie rudimentaire, persuadés d'être les seuls dépositaires de valeurs chrétiennes ailleurs abolies. Ignorant tout du vaste monde en dépit de leur transplantation, et prenant pour un credo universel les quelques articles de morale en cours dans l'Amérique rurale de leur enfance, ils s'efforçaient avec une belle énergie d'en répandre partout les principes salvateurs. Ces convictions rustiques étaient servies par une flottille de petits avions, une puissante radio, un hôpital ultramoderne et des véhicules tout-terrain, bref l'équipement complet d'un bataillon de croisés largué derrière les lignes ennemies. Cherchant à savoir si leur emprise s'étendait jusqu'aux Achuar, nous rencontrâmes un brouillard de réponses courtoisement évasives ; comme à chacune de nos quêtes de renseignements auprès des cercles officiels de Puyo, on nous faisait sentir la légère importunité de notre démarche. Dans l'affairement bien réglé de leurs dispositifs, les militaires ou les missionnaires ont sans doute mieux à faire que d'étancher la curiosité oiseuse d'ethnologues étrangers. Nous finîmes pourtant par apprendre qu'un petit groupe d'Achuar du Capahuari avait accepté deux ou trois ans auparavant d'établir un contact pacifique avec les pasteurs évangélistes. Ils avaient même défriché une petite piste d'atterrissage en opération depuis peu. Rassurés tout au moins quant à l'existence de ces Indiens évanescents, nous nous heurtâmes au refus poli d'être transportés parmi eux : les petits avions monomoteurs de la mission ne se posaient là qu'une ou deux fois par an et il était impossible d'organiser prochainement un vol à notre seul usage.

Tous ces contretemps reculant d'autant la date du grand départ, je tâchais, pour m'en consoler, d'exercer mon regard d'apprenti ethnologue sur les habitants de Puyo. Après tout, j'avais dans cette petite ville du piémont amazonien le prétexte d'une observation ethnographique un peu désenchantée, mais pleine d'enseignements ; pour une parenthèse, que j'espérais brève, ma curiosité pourrait y trouver un terrain de dilettante sans doute plus exotique que les grandes villes françaises où nombre de mes collègues exercent à présent leur sagacité.

Officiellement fondé en 1899 par un père dominicain, Puyo n'était jusqu'au début des années soixante qu'un gros cul-de-sac, frileusement replié autour des bâtiments en bois de la mission, et que desservait depuis une dizaine d'années une mauvaise route de terre jusqu'à Ambato dans les Andes. Les colons sont venus depuis, attirés en nombre croissant par le mirage d'une Amazonie prodigue, sans pour autant altérer fondamentalement l'aspect rustique et désordonné de cette bourgade commerçante qui dépend encore pour son approvisionnement, comme pour la persistance de son confort moral, du cordon ombilical la reliant aux grandes villes de la Sierra centrale. Simple terminal d'une société urbaine et marchande dont il recueille l'éboulis disparate, Puyo s'attache à singer les manières andines pour mieux exorciser la sauvagerie de la forêt toute proche. La plupart des maisons abritent en leur rez-de-chaussée un bazar peinturluré dans des tons pastel dont les vitrines offrent à la convoitise des chalands les attributs symboliques de la petite-bourgeoisie équatorienne : presse-purée électriques, radiocassettes, bibelots de porcelaine, alcools d'importation... De larges trottoirs en ciment surplombés de galeries de bois permettent de déambuler devant ces trésors sans s'exposer aux averses torrentielles de l'après-midi. La rue aussi est vouée au négoce : cireurs de chaussures — une tâche de Sisyphe dans ce monde de boue et de poussière —, marchandes de fruits tropicaux, vendeurs de cigarettes et de sucreries attendent placidement un très petit bénéfice. Reconnaissables à leur grande natte et à leur feutre gris, des Indiens de la région d'Otavalo colportent des ballots de vêtements singulièrement inadaptés au climat : lourds ponchos de laine bleue et tricots de couleurs criardes. Au détour de chaque conversation, l'oreille indiscrète saisit un leitmotiv : « *sucre, sucre, sucre* », l'unité de compte de la monnaie nationale, qui, répétée par mille bouches avec une satisfaction gourmande, est un peu l'antienne de cette ville de marchands.

L'odeur de Puyo est caractéristique de toutes les bourgades amazoniennes, une combinaison subtile de viande grillée en plein air, de fruits blets et de terre mouillée, relevée à l'occasion par les gaz pestilentiels d'un énorme camion ou d'un bus brinquebalant. Sur le fond de cette émanation composite, les maisons ajoutent l'odeur typique de leur intimité, un mélange où dominent le kérosène et le bois moisi, toujours inséparables dans leur composition olfactive puisque le pétrole, répandu libéralement sur les cloisons et les planchers, a pour tâche de les protéger d'une pourriture insidieuse. C'est cette âcre puanteur qui accueille l'acheteur au seuil des bazars, comme pour mieux l'introduire dans un capharnaüm fort différent de l'étalage opulent des vitrines. Reléguées dans une demi-pénombre, et en parfait contraste avec les téléviseurs et les machines à écrire exhibés aux places d'honneur, d'humbles marchandises s'entassent sur des étagères bancales ou s'enfilent en guirlandes au plafond : marmites d'aluminium, machettes, fers de hache, herminettes, hameçons, fil à pêche... En façade le toc rutilant des objets de prestige, dans l'arrière-boutique les modestes ustensiles destinés aux Indiens ; mieux qu'un long discours, cette disposition des marchandises signale que Puyo est une ville à double visage, tirant une partie de sa richesse des habitants de la grande forêt dont elle feint d'ignorer la présence si proche.

A regarder de plus près les passants, on perçoit vite qu'ils se déplacent de manière très différente. Les commerçants blancs et métis, les agents des officines gouvernementales et les employés des banques et des coopératives, citoyens de Puyo depuis une génération tout au plus, vaquent à leurs affaires avec l'empressement des gens importants. Les plus augustes ou les plus riches circulent pompeusement en voiture pour parcourir les cinq pâtés de maisons où se concentrent leurs activités. Dans ce pays où, en raison de lourdes taxes d'importation, les gens aisés ne peuvent aspirer qu'à posséder une petite camionnette, l'automobile est l'emblème par excellence du statut social. Les grosses Toyota tout-terrain des administrations confèrent donc un prestige enviable à leurs utilisateurs ; hors des heures ouvrables, elles servent surtout à promener les familles des chefs de bureau le long des trois rues principales de la ville, dans une ronde gourmée et conquérante qui n'est pas sans évoquer la morgue tranquille qu'affectaient autrefois les élégantes dans leurs attelages de l'avenue du Bois.

Au milieu de ce ballet automobile, transparents aux regards des Blancs et empruntés dans leurs vêtements neufs, des Indiens déambulent par petits groupes. Les bottes de caoutchouc qu'ils ont chaussées pour honorer les trottoirs de la ville leur donnent une démarche caractéristique, à la fois traînante et chaloupée. Ressemblant en tout point aux petits colons métis, ce n'est ni par le costume ni par la physionomie qu'ils détonnent, mais bien par leur comportement malhabile dans l'espace urbain ; à l'orée de l'Amazonie, on les repère aussi facilement que des agriculteurs égarés dans le métro parisien lors du Salon de l'agriculture. Plus autochtones que les citoyens de Puyo, puisqu'ils en furent les premiers habitants, les Indiens ne sont pourtant pas chez eux dans cette boursouflure urbaine qui s'est édifiée en quelques décennies sur leur territoire. De langue quichua, ils sont connus en espagnol sous le nom de Canelos ou d'Alamas ; eux-mêmes préfèrent se désigner par l'expression *sacha runa*, « les gens de la forêt ». Christianisés par les dominicains depuis plusieurs siècles, ils vivent par petites communautés dans l'arrière-pays forestier de Puyo, à quelques heures de marche. Ces Quichuas d'Amazonie viennent en ville comme l'on se rend à la foire du bourg, pour vendre ce qu'ils ont appris à produire en excédent et pour acheter ce qu'ils ne veulent plus éviter d'acquérir. En échange de quelques paniers d'*ishpingo* ou de *naranjilla*, de peaux de pécari et de fagots de fibres de palmier, ils obtiendront des marmites, des machettes, des vêtements ou des fusils.

La plupart des familles quichuas sont unies à l'un ou l'autre des commerçants de Puyo par une relation de « parrainage », ou *compadrazgo*. Il s'agit d'un lien plus politique que religieux, fort commun en Équateur et plus généralement dans l'Amérique hispanique, par lequel on cherche à s'attirer la protection d'un homme puissant qui deviendra, en échange de services de tous ordres, le parrain d'un de vos enfants. Le commerçant se crée ainsi une clientèle, dans tous les sens du terme, et obtient la garantie que ses *compadres* quichuas accepteront sans rechigner le taux d'échange systématiquement défavorable qu'il leur impose lorsqu'ils viennent vendre leurs produits et acheter en retour des objets manufacturés. Mais les Indiens Canelos y trouvent aussi un peu leur compte ; ils gagnent par là un gîte chez leur protecteur lorsqu'ils doivent séjourner en ville, en même temps que la promesse de son intercession dans leurs démêlés avec la bureaucratie nationale. Ce dernier avantage est sans doute à leurs yeux le plus important, car une bonne part de leurs visites à Puyo se passe à tenter d'obtenir des autorités un titre de propriété pour leurs terres. Depuis le début des années soixante, à l'incitation du gouvernement, un flot de petits paysans se déverse sur l'« Oriente », ainsi qu'on a coutume d'appeler l'Amazonie équatorienne. Indiens des montagnes ou métis, ils quittent une condition misérable dans les Andes surpeuplées à la recherche du succès facile qu'on leur a promis dans ce nouvel Eldorado. Jour après jour, les vieux autobus qui font le service de la Sierra amènent à Puyo de pauvres hères, contraints à sauter dans l'inconnu du fait du désastre de leur existence antérieure. Quelques-uns sont pris en charge par l'État qui les assigne à des projets de colonisation dirigée ; les autres se taillent furtivement des petits domaines dans les terres indiennes. Ces colons sauvages tentent ensuite de faire valider leur occupation par l'Institut équatorien de la Réforme agraire et de la Colonisation ; ils y parviennent sans grande difficulté car les immensités forestières de l'Oriente sont légalement des

« terres en friche », constitutives du patrimoine de l'État, dont la possession peut être concédée à qui la demande.

A quelques exceptions près, les Indiens de cette partie de l'Amazonie équatorienne n'ont donc aucun titre sur les territoires qu'ils occupent depuis plusieurs siècles, leur souveraineté *de facto* demeurant sans valeur face à l'appareil juridique de la nation qui les domine. Cette dérisoire réforme agraire, qui déposssède des Indiens démunis au douteux bénéfice des exclus de la Sierra, expose les Canelos des environs immédiats de Puyo à une constante menace de spoliation. Les colons, terrorisés par un environnement peu familier, ne s'aventurent jamais très loin en forêt ; au-delà d'une journée de marche du centre urbain le flux colonisateur se tarit, comme si l'élan qu'il avait acquis en descendant des montagnes s'était soudain perdu. Mais, à proximité de la ville, les conflits fonciers sont permanents et les Indiens ne peuvent se protéger qu'en effectuant auprès des autorités les mêmes démarches que leurs envahisseurs. Semaine après semaine, ils doivent affronter l'humiliation d'avoir à quémander auprès de bureaucrates arrogants le droit de rester sur leurs territoires ancestraux ou faire antichambre dans les officines des avocats spécialisés. L'instruction des demandes par la voie normale peut se prolonger pendant des années ; en cas de procès, une vie entière n'est pas suffisante pour faire valoir ses droits : il manque toujours un document, une signature, une garantie quelconque pour terminer le cauchemar.

C'est ici qu'une relation de « parrainage » peut se révéler utile. En acquérant un compadre métis ou blanc avec pignon sur rue — un commerçant de préférence —, l'Indien étend son réseau social jusqu'aux marges du pouvoir administratif. Il se doute bien que l'influence de son protecteur est souvent illusoire et qu'il la paie assez cher en acceptant tacitement de se faire gruger dans chacune de leurs transactions commerciales. Les marchands pensent en effet que la docilité apparente des Canelos face à cet échange inégalitaire est due à une méconnaissance des principes de fonctionnement d'une société civilisée. La satisfaction naïve qu'ils éprouvent de leurs victoires mercantiles sur des Indiens réputés ignorants reçoit une justification implicite : le petit commerce a une fonction civilisatrice, et comme l'apprentissage des lois du marché est une œuvre de longue haleine, il est légitime que les marchands se paient de leur apostolat sur ceux qu'ils éduquent. Les Indiens sont plus lucides dans leur pragmatisme, ayant vite compris que, pour trouver des accommodements avec cette culture du profit, il fallait parfois savoir donner un peu pour ne pas perdre beaucoup ; feindre d'ignorer les petites escroqueries de la traite, c'est établir une base de négociations avec les Blancs et se prémunir peut-être contre le vol des terres.

C'est bien au-delà des Canelos, à plusieurs jours de marche de Puyo, que commencerait le territoire des Achuar, si l'on en croit du moins les rares ouvrages d'ethnologie qui en font mention. Leur langue n'est pas le quichua, mais un dialecte jivaro fort proche, semble-t-il, de celui que parlent les Shuar du piémont sud-équatorien. Les ethnologues nous apprennent que les Jivaros se divisent en quatre tribus, les Shuar, les Aguaruna, les Achuar et les Huambisa, dont seules les deux premières ont reçu l'attention des savants, et qui, tout en partageant une même affiliation linguistique et des éléments culturels communs, se distinguent clairement les unes des autres par certains traits de leur organisation sociale, de leur culture matérielle et de leur système de croyances. A cheval sur les confins amazoniens de l'Équateur et du Pérou, leur pays est grand comme le Portugal, mais moins peuplé qu'un arrondissement parisien, chaque tribu y occupant un territoire clairement délimité dont elle défend l'accès aux autres. Très isolés, et probablement beaucoup moins nombreux que les Shuar et les Aguaruna, les Achuar vivraient sur le fleuve Pastaza et ses affluents, dans une jungle épaisse parsemée de marais. Leur région étant d'un accès difficile et leur réputation belliqueuse apparemment méritée, ces Jivaros seraient demeurés isolés du monde extérieur jusqu'à présent, au contraire de leurs congénères shuar soumis à l'influence acculturante des missions depuis plusieurs décennies. C'était à peu près tout ce que l'on savait des Achuar à l'époque et qui nous avait poussés, ma compagne et moi-même, à vouloir mener parmi eux une enquête ethnographique de longue durée.

On me croira sans doute difficilement si je dis que ce n'est pas la fascination pour leurs têtes réduites qui m'a conduit chez les Jivaros. Avec les Pygmées, les Esquimaux ou les Hottentots, les Jivaros font partie de ces «sociétés primitives» inscrites au répertoire de l'imaginaire occidental, parce qu'elles sont devenues des archétypes de la bizarrerie exotique, commodément identifiables par une coutume ou un caractère physique hors du commun. Car la notoriété des Jivaros ne date pas d'aujourd'hui. Dès le dernier tiers du XIXe siècle l'engouement pour cette tribu saisit l'Europe, mais reste circonscrit, alors comme maintenant, à ses seuls trophées. C'était moins la société vivante qui intriguait que le procédé employé par elle pour aboutir à cette incongruité anatomique que des consuls bien intentionnés ne cessaient d'envoyer dans les musées. Faute d'observation directe des méthodes de réduction, les savants en étaient d'ailleurs réduits à spéculer sur les techniques mises en œuvre, objets d'interminables débats à la Société d'anthropologie de Paris dans lesquels s'illustra notamment le grand Broca. Quelques médecins légistes s'essayèrent à retrouver empiriquement le procédé et finirent par produire des têtes réduites présentables. Mais, des Jivaros, on ignorait à peu près tout, et s'ils n'avaient pas pratiqué la réduction des têtes, il est probable qu'ils seraient demeurés dans la même obscurité que des centaines d'autres tribus amazoniennes, à la culture tout aussi originale, mais dépourvues de ce singulier savoir-faire taxidermique. A la fin du siècle dernier, ils étaient en effet l'un des rares peuples de la région à avoir victorieusement résisté à plus de trois siècles de domination coloniale et le monde ne connaissait d'eux que ces trophées macabres, troqués à la lisière de leur territoire contre des fers de hache et des pointes de lance par quelques métis aventureux. Au demeurant, la production autochtone devint trop parcimonieuse pour satisfaire le goût croissant des collectionneurs avertis. En Équateur et en Colombie, des taxidermistes peu scrupuleux se mirent alors à fabriquer des têtes réduites en grande quantité avec des cadavres d'Indiens frauduleusement obtenus dans les morgues. Proposées aux touristes lors du passage du canal de Panamá, en compagnie de chapeaux de paille et de faux bijoux précolombiens, ces sinistres dépouilles prendront leur faction énigmatique dans les vitrines des voyageurs cultivés d'avant-guerre, à côté d'une Tanagra ou d'un masque africain, faux témoignages parcheminés qui illustrent jusqu'à présent bien des mauvais prétextes de la curiosité ethnographique.

La grande majorité des têtes réduites authentiques provenait de la tribu shuar, le plus nombreux des quatre groupes de dialectes jivaros et le plus proche aussi des Andes méridionales de l'Équateur. L'isolement dans lequel ils avaient réussi à se cantonner si longtemps commença à se fissurer dans les années trente de ce siècle, sous l'impact des missionnaires salésiens qui s'évertuaient depuis une vingtaine d'années à les approcher. Les Shuar étaient encore d'un accès très difficile à l'époque, puisqu'il fallait près d'une semaine de mule sur une effroyable piste de montagne pour se rendre de la ville andine de Riobamba jusqu'à Macas, la dernière bourgade métisse à l'orée de leur territoire. Mais le chemin était frayé, déjà quelques familles shuar s'étaient regroupées autour des postes missionnaires, déjà une poignée de colons commençait à descendre dans les basses terres, attirés par les salésiens qui comptaient sur leur présence pour offrir aux Jivaros un modèle exemplaire de vie civilisée. La voie était désormais ouverte aux ethnographes et aux aventuriers qui, à quelques très rares exceptions près, se contentèrent pendant longtemps d'écumer les franges de la toute petite enclave établie par les salésiens dans l'immense domaine forestier occupé par les Shuar.

De ces excursions en terres de mission devait naître une multitude d'ouvrages, plus notables par l'outrance de leurs hyperboles que par la qualité ou l'originalité des descriptions. Obligé par acquit de conscience professionnelle de consulter cette indigeste littérature de voyage, je rencontrais partout les mêmes anecdotes éculées, les mêmes informations erronées ou approximatives, le même verbiage insipide enrobant quelques données ethnographiques rudimentaires soutirées aux salésiens. Au sein de ce fatras, l'œuvre de Rafael Karsten tranchait singulièrement par la finesse, la précision et la qualité des observations. Dans les années vingt, le grand américaniste finlandais avait effectué de longs séjours chez les Shuar, les Aguaruna et les Canelos; il en avait tiré une monographie descriptive qui allait constituer pendant longtemps l'unique référence ethnographique fiable sur les groupes jivaros, un ouvrage au demeurant presque introuvable car publié par une obscure société savante d'Helsinki. Une photo nous le montre sanglé dans une sorte de costume de chasse bavarois, chaussé de guêtres et portant cravate, se détachant avec une solennité professorale sur un arrière-plan de bananiers et de palmiers.

Dans cet accoutrement incommode, le savant scandinave battait pourtant la forêt avec sérieux et détermination, et c'est à peine si son livre laisse deviner par endroits les difficultés et les dangers qu'il dut rencontrer dans son périple, heureux contraste au mélange horripilant de pathos et d'autoglorification qui émaille ordinairement la prose des explorateurs du pays jivaro.

A la fin des années cinquante, un ethnologue américain prenait la relève. Michael Harner séjournait plusieurs mois chez les Shuar dont il étudiait plus particulièrement l'organisation sociale et le système chamanique, mais, faute sans doute de parler le jivaro et de pratiquer une véritable observation participante, le livre qu'il publiait tenait plus du catalogue d'informations que de la véritable analyse anthropologique. Si son travail complétait celui de Karsten sur certains points, il laissait dans l'ombre les principes mêmes de fonctionnement de la société shuar. Il est vrai que ces principes paraissaient particulièrement difficiles à mettre en lumière. La lecture de Karsten et de Harner donnait des Jivaros l'image troublante d'une incarnation amazonienne de l'homme à l'état de nature, une espèce de scandale logique confinant à l'utopie anarchiste. Aucune des grilles d'interprétation employées par les ethnologues ne semblait adéquate pour en rendre compte. Vivant très dispersés en grandes familles quasi autarciques, les Shuar étaient à l'évidence dépourvus de toutes ces institutions centripètes qui assurent généralement la cohésion des collectivités tribales. Ignorant les contraintes de vie commune liées à l'habitat villageois, cette multitude de maisonnées indépendantes se passait fort bien de chefs politiques et même de ces unités sociales intermédiaires — clans, lignages ou classes d'âge — qui perpétuent un minimum d'équilibre interne dans d'autres sociétés sans État. A ce souverain mépris pour les règles élémentaires de fonctionnement d'une totalité sociale s'ajoutait l'exercice permanent et enthousiaste d'une guerre de vendetta généralisée. Non contents de se livrer une guerre intense entre tribus à l'instar d'autres ethnies amazoniennes, les Jivaros s'engageaient constamment dans des conflits meurtriers entre proches voisins et parents. Hormis la langue et la culture, le seul lien réunissant cette collection de maisonnées disséminées dans la jungle paraissait se réduire à la fameuse « guerre de tous contre tous », dans laquelle certains philosophes du contrat social, Hobbes au premier chef, avaient cru voir la principale caractéristique de l'humanité à l'état de nature. Or, la permanence endémique de la guerre intratribale ne permettait pas de voir en celle-ci une pathologie ou un dysfonctionnement accidentel de la société; elle ne pouvait pas non plus représenter une survivance d'un hypothétique stade naturel du type imaginé par les philosophes de l'âge classique puisque tout semble indiquer au contraire que la guerre est une invention relativement tardive dans l'histoire de l'humanité.

Bien qu'il apportât des données intéressantes sur les motivations et l'organisation des conflits chez les Shuar, Michael Harner était loin d'avoir percé l'énigme de cette guerre intestine érigée en seule institution d'un peuple en apparence dépourvu de toute autre règle sociale. Au début des années soixante-dix, les Jivaros offraient ainsi le curieux paradoxe de demeurer pour l'essentiel dans les marges de la connaissance ethnographique tout en éveillant par leur nom un écho familier à l'Europe entière, exposés qu'ils étaient depuis près d'un siècle à la réputation sinistre que continuaient de propager les excursionnistes de l'aventure exotique. C'était ce décalage singulier entre l'ignorance et la notoriété qui avait aiguillonné notre curiosité et non une quelconque fascination pour les trophées humains. De plus, les rares travaux anthropologiques sérieux sur les Jivaros concernaient exclusivement les Shuar et laissaient dans l'obscurité les autres tribus plus difficilement accessibles. Des Achuar on ne savait rien à l'époque, si ce n'est qu'ils vivaient à l'est des Shuar, qu'ils étaient leurs ennemis héréditaires et qu'ils n'entretenaient pas de contacts avec les Blancs. La voie était tracée pour tenter de résoudre l'énigme sociologique que nos prédécesseurs n'avaient pu éclaircir.

Les informations glanées dans les bibliothèques spécialisées du vieux continent conféraient aux Achuar la distinction de l'inconnu, un privilège devenu rare dans le monde amazonien. Nous venions d'apprendre à Puyo que leurs lignes de défense avaient depuis été quelque peu entamées par les évangélistes américains et aussi, beaucoup plus au sud, par un prêtre salésien, sans que le gros de la tribu cède encore aux sirènes missionnaires. Pour effectuer nos premiers pas dans cette *terra incognita*, le plus commode semblait d'aller visiter d'abord les Achuar qui vivaient sur le Capahuari, un affluent de la rive nord du fleuve

Pastaza; ces Indiens avaient récemment accepté la visite épisodique de Shuar convertis envoyés en éclaireurs par les protestants et l'on pouvait espérer qu'ils manifesteraient la même
tolérance à notre égard. Faute de pouvoir se rendre chez eux
dans le confort d'un avion de la mission, il nous faudrait
accomplir un vaste périple : gagner à pied la mission dominicaine de Canelos sur le Bobonaza, puis descendre cette rivière
en pirogue jusqu'au village quichua de Montalvo et s'enfoncer
dans la forêt vers le sud pour rejoindre le Capahuari.

Le trajet jusqu'à Montalvo ne semblait pas devoir présenter
de grosses difficultés; il avait été frayé auparavant par une
cohorte de missionnaires, d'aventuriers et de soldats. Le Bobonaza est en effet la seule voie d'eau navigable en pirogue de cette
portion de l'Amazonie équatorienne et, dès la seconde moitié du
XVIIᵉ siècle, il servait de trait d'union entre la mission de Canelos
et le cours inférieur du Pastaza où s'étaient établis les jésuites de
Maynas. Au-delà de la mission jésuite, le Pastaza donnait accès
au Marañon et donc au réseau fluvial de l'Amazone; en
s'embarquant sur une pirogue à Canelos, on pouvait espérer
qu'elle vous mène en un peu plus d'un an jusqu'au littoral
atlantique.

Certains de nos prédécesseurs sur cette interminable avenue
aquatique avaient tiré de leur voyage une notoriété parisienne :
l'abbé Pierre, bien sûr, mais aussi l'explorateur Bertrand
Flornoy qui avait parcouru le Bobonaza dans les années trente
et surtout, bien avant eux, l'extraordinaire Isabelle Godin des
Odonnais. Cette tragique héroïne d'un grand amour conjugal
était l'épouse d'un membre subalterne de la mission géodésique
envoyée à Quito par Louis XV pour y mesurer un arc de
méridien à la latitude de l'équateur. Au mois d'octobre 1769, elle
décidait de rejoindre son mari qui l'attendait à Cayenne, non pas
en empruntant la voie alors normale de la circumnavigation par
le Pacifique et l'Atlantique, mais en coupant droit à travers le
continent. Embarquée sur une pirogue à Canelos avec ses deux
frères, son jeune neveu, un médecin, un esclave noir, trois
femmes de chambre et de nombreux bagages, l'intrépide doña
Isabelle allait bientôt vivre une épouvantable aventure au cœur
de l'actuel territoire des Achuar.

Ses malheurs débutent lorsque les piroguiers indigènes abandonnent la petite troupe à la faveur de la nuit, après deux jours

de descente du Bobonaza. Comme personne n'est capable de manœuvrer cette embarcation lourdement chargée, on décide de débarquer toute la compagnie et de dépêcher le médecin et l'esclave noir pour qu'ils aillent quérir de l'aide auprès de la mission d'Andoas, à plusieurs jours de navigation en aval. Plus de trois semaines s'étant écoulées sans nouvelles des deux émissaires, Isabelle et sa famille construisent alors un radeau de fortune pour tenter de gagner Andoas. Dès les premiers remous, celui-ci se disloque entièrement et si tout le monde se sauve à grand-peine des tourbillons, les vivres et les bagages disparaissent dans la catastrophe. Il ne reste plus qu'à progresser péniblement le long du Bobonaza, sur des berges abruptes et couvertes d'une végétation inextricable, en se relayant pour porter l'enfant. Afin d'économiser leurs forces déjà bien entamées, les naufragés essaient de couper les méandres en prenant des raccourcis en ligne droite. Cette initiative leur est funeste car ils perdent rapidement le fil conducteur du fleuve et s'égarent dans la jungle où ils vont mourir les uns après les autres d'épuisement et d'inanition.

Isabelle Godin des Odonnais est la seule à survivre. N'ayant plus ni habits ni chaussures, elle doit dépouiller le cadavre d'un de ses frères pour se vêtir. Elle arrive même à retrouver le Bobonaza dont elle suivra le cours pendant neuf jours avant de rencontrer des Indiens convertis de la mission d'Andoas qui la conduiront enfin à bon port. Ses souffrances sont terminées mais non pas son périple ; il lui faudra encore plus d'un an avant de rejoindre son époux à l'autre extrémité de l'Amazone. Colportée de bouche à oreille le long du grand fleuve, l'histoire de cette héroïne involontaire s'était entre-temps convertie en légende, s'enrichissant d'épisodes fabuleux et d'anecdotes scabreuses qui choquaient fort son austère modestie. Le souvenir de cette épopée s'est maintenant évanoui de la mémoire des riverains aussi sûrement que le campement établi il y a deux siècles par les naufragés du Bobonaza. Seule demeure dans les rêveries d'un ethnologue l'évocation fugace d'une femme en vertugadin frayant son chemin dans la forêt désespérément vide qu'il s'apprête lui-même à rejoindre.

Un peu plus de vingt-cinq ans avant ces événements, Charles de La Condamine, le membre le plus illustre de la mission géodésique, avait lui aussi exploré les territoires amazoniens de l'Audience de Quito. Une fois achevés les mesures de triangulation et les relevés astronomiques qui l'avaient occupé dans les Andes, le célèbre géographe avait entrepris de revenir en France par l'Amazone et de dresser, chemin faisant, une carte exacte du fleuve. Commencé au mois de mai 1743, son voyage se déroulera pourtant plus facilement que celui de l'infortunée Isabelle. Il avait opté pour la route, assez fréquentée à l'époque, qui menait de Loja, dans la Sierra, à Jaén, au bord du Marañon, contournant ainsi par un large détour la *terra incognita* habitée par les Jivaros. C'est à peine, d'ailleurs, s'il fait mention d'eux dans sa relation de voyage, signalant simplement la terreur qu'ils inspirent aux riverains du Marañon exposés régulièrement à leurs raids meurtriers. La Condamine ne s'en inquiète guère, préoccupé d'établir avec exactitude le cours du fleuve, sa profondeur et la force de son courant. Il est vrai que les sept années passées dans les Andes à s'assurer minutieusement de la forme et de la dimension de la planète l'avaient prédisposé aux aventures les plus extravagantes. Avec ses savants compagnons Louis Godin, Pierre Bouguer et Joseph de Jussieu, il avait rencontré tous les obstacles, essuyé toutes les déconvenues, subi toutes les avanies auxquels pouvait s'exposer une expédition scientifique aux confins du monde civilisé.

Passionnés par les mathématiques, la botanique ou l'astronomie, ces très jeunes académiciens n'étaient guère mieux préparés à affronter les difficultés pratiques de leur entreprise que je ne l'étais moi-même. Loin des satisfactions austères du travail de cabinet, ils avaient dû, pour remplir leur mission, se convertir tour à tour en arpenteurs et en alpinistes, en contremaîtres et en diplomates. Il leur avait fallu cajoler les autorités coloniales qui les suspectaient d'espionnage et s'épuiser en chicanes administratives chaque fois qu'ils revenaient prendre du repos à Quito après une campagne de mesures. Couverts de procès et menacés d'expulsion, ils repartaient alors camper dans les montagnes, en proie au froid et à la faim, environnés d'Indiens hostiles et silencieux, pour mener à bien ce projet insolite qui devait changer la connaissance de la terre. Semblables en cela aux ethnologues modernes, l'aventure n'était pas pour eux une fin en soi, mais l'aiguillon qui pimentait leurs recherches et faisait parfois obstacle à leur bon déroulement; ils l'admettaient comme une composante inévitable du travail de terrain, obscurément désirée, peut-être, avant de l'entreprendre, quitte à lui trouver parfois un certain charme lorsqu'un incident inattendu mais plaisant rompait le fil de leur laborieuse routine. Dans cette contrée lointaine où ils m'avaient jadis précédé, ces savants juvéniles du règne de Louis XV demeuraient présents à mon esprit, sans doute parce que j'avais besoin de trouver dans leur conduite le réconfort bien immodeste d'un glorieux précédent.

Le métier d'ethnologue présente en effet un curieux paradoxe. Le public le perçoit comme un passe-temps d'explorateur érudit, tandis que ses praticiens s'imaginent plutôt rangés dans la sage communauté de ceux que Bachelard appelait les travailleurs de la preuve. Notre univers familier, c'est moins les steppes, les jungles ou les déserts que la salle de cours et le combat nocturne avec la page blanche, ordalie infiniment répétée et autrement plus redoutable que n'importe quel tête-à-tête avec un hôte peu amène du bestiaire amazonien. Dans une formation vouée pour l'essentiel à la pratique ludique des humanités, rien ne prépare l'ethnographe néophyte à ces épisodes de camping inconfortable en quoi certains veulent voir la marque distinctive de sa vocation. Si une telle vocation existe, elle naît plutôt d'un sentiment insidieux d'inadéquation au monde, trop puissant pour être heureusement surmonté, mais trop faible pour conduire aux grandes révoltes. Cultivée depuis l'enfance comme un refuge, cette curiosité distante n'est pas l'apanage de l'ethnologue ; d'autres observateurs de l'homme font d'elle un usage plus spectaculaire en la fécondant par des talents qui nous font défaut : mal à l'aise dans les grandes plaines de l'imaginaire, il nous faut bien passer par cette obéissance servile au réel dont sont affranchis les poètes et les romanciers. L'observation de cultures exotiques devient alors une manière de substitut : elle permet à l'ethnologue d'entrer dans le monde de l'utopie sans se soumettre aux caprices de l'inspiration. En canalisant dans les rets de l'explication rationnelle une volonté de puissance quelque peu velléitaire, nous pouvons ainsi nous approprier par la pensée ces sociétés dont nous ne saurions influencer la destinée. Aucun goût de l'exploit dans tout cela ; notre univers contemplatif n'est pas celui des hommes d'action.

J'étais moi-même formé à la critique des textes et au travail

réflexif, je savais établir une généalogie et identifier une nomen-
clature de parenté, on m'avait enseigné à mesurer un champ avec
une boussole et une chaîne d'arpentage, mais rien dans ma vie
antérieure ne m'avait préparé à jouer le coureur des bois.
Normalien nonchalant et médiocre philosophe, j'avais trouvé
dans la lecture des classiques de la sociologie une heureuse
compensation au purgatoire agrégatif. J'étais du reste bien seul
dans cette évasion. Voués au culte intransigeant de l'épistémo-
logie, mes condisciples considéraient les sciences sociales comme
une forme de distraction bien peu rigoureuse, déplorablement
dépourvue de cette « scientificité » qu'ils traquaient dans la
physique aristotélicienne ou dans les textes mathématiques de
Leibniz. Mon intérêt pour l'ethnologie me valut ainsi une
réputation de futilité sympathique, sanctionnée par le sobriquet
anodin de « l'emplumé ».

C'était pourtant un ancien de notre école qui m'avait guidé
dans cette voie. Chargé pendant quelques mois d'un enseignement d'anthropologie économique, Maurice Godelier avait
introduit dans nos murs l'amorce d'une légitimation des sciences
sociales. Tout auréolé du prestige de son premier livre, ce jeune
« caïman » montrait qu'il était possible d'entreprendre une
analyse rigoureuse de l'articulation entre économie et société,
jusque chez ces peuples archaïques dont les institutions sont
dépourvues de la transparence fonctionnelle à quoi la dissection
sociologique du monde moderne nous a accoutumés. Insatisfait
par l'exégèse philosophique et la soumission exclusive au travail
de la théorie pure, je décidais finalement d'abandonner mes
camarades à leur ferveur métaphysique. Plutôt que de disserter
sur les conditions de production de la vérité, j'allais m'enfoncer
dans les ténèbres de l'empirisme et m'efforcer de rendre raison
des faits de société.

A l'instigation de Maurice Godelier, j'entrepris alors un
pèlerinage au Collège de France pour consulter Claude Lévi-
Strauss en son sanctuaire. La morgue discrète du normalien ne
m'était d'aucun secours dans une circonstance aussi formidable : à l'idée d'aborder l'un des grands esprits du siècle, j'étais
plongé dans une terreur sans précédent. M'ayant installé au plus
profond d'un vaste fauteuil de cuir dont l'assise dépassait à peine
le ras du sol, le fondateur de l'anthropologie structurale
m'écouta avec une courtoisie impavide du haut d'une chaise de

bois. Le confort du siège où j'étais enlisé ne faisait rien pour dissiper mon trac ; j'y étais comme sur un gril porté au rouge par le silence attentif de mon examinateur. De plus en plus persuadé de l'insignifiance de mes projets à mesure que je les exposais, conscient d'interrompre par mon bavardage des tâches de la plus haute importance, je conclus par quelques balbutiements cette leçon d'un genre nouveau. A ma grande surprise, l'épreuve fut couronnée de succès : tout en me prodiguant des encouragements affables, Claude Lévi-Strauss accepta d'orienter mes recherches et de diriger ma thèse.

Peu soucieux de reproduire en ethnologie le genre d'abstractions qui m'avait éloigné de la philosophie, j'étais résolu à m'imposer d'emblée l'exercice d'une enquête monographique. Ce rite de passage qui sanctionne l'entrée dans notre confrérie peut prendre des formes très diverses maintenant que l'anthropologie sociale a annexé des « terrains » de moins en moins distants. Une certaine idée romantique de cette expérience initiatique, nourrie aux grands classiques français et anglo-saxons de l'ethnographie exotique, m'empêchait de jeter mon dévolu sur une banlieue ouvrière, une entreprise multinationale ou un village beauceron. J'aspirais à m'immerger dans une société où rien ne tomberait sous l'évidence et dont le mode de vie, la langue et les formes de pensée ne me deviendraient progressivement intelligibles qu'après un long apprentissage et une patiente ascèse analytique ; un univers social miraculeusement clos, en somme, découpé aux mesures d'un arpentage individuel, et dont les éléments disparates pourraient être peu à peu assemblés en une élégante construction par qui saurait se donner la peine d'en démêler l'écheveau. Un tel projet exigeait en outre de faire œuvre de pionnier : je devais me refuser les secours d'une érudition préalable et m'essayer à saisir le génie d'un peuple libre et solitaire que la colonisation n'aurait pas encore altéré. De tous les grands continents ethnographiques, l'Amazonie me semblait le plus propice à accueillir ce défi intellectuel dont j'assumais parfaitement la grandiloquence. Certes, l'histoire n'est pas une inconnue dans cette région du monde et, depuis longtemps déjà, elle y promène son cortège de bouleversements, modifiant à sa guise un paysage ethnique dont l'apparente pérennité relève moins d'un désir qu'auraient les Indiens de se perpétuer identiques à eux-mêmes depuis la nuit des temps que du défaut de perspective temporelle auquel la pauvreté des sources anciennes condamne les savants. Ici comme ailleurs, les isolats ne sont tels que parce qu'ils sont appréhendés avec les œillères de l'instantané et dans l'ignorance ou l'oubli de tout ce qui autour d'eux conditionne leur survie.

Pourtant l'Amazonie n'est pas l'Afrique de l'Ouest ou l'Asie du Sud ; ses peuples n'ont pas été segmentés et recomposés par l'ordre des castes et des États conquérants, ils n'ont pas été fragmentés ou rendus composites par le trafic des esclaves, ils n'ont pas nomadisé le long d'immenses routes de commerce ni connu les strictes hiérarchies politiques fondées sur le cloisonnement des fonctions et du savoir-faire, enfin et surtout, ils n'ont pas été traversés par l'expansion impérieuse des grandes religions. L'absence de ces flux unificateurs et la formidable désagrégation causée depuis cinq siècles par les épidémies font de l'Amazonie contemporaine un montage de sociétés miniatures qui attire les ethnologues épris de singularité. Dans une carrière où l'on vous identifie d'abord par le peuple que vous étudiez et où les affinités intellectuelles naissent souvent de cette complicité que suscitent des expériences ethnographiques comparables, il est bien rare que le choix initial d'un continent d'enquête soit le fruit du hasard. Chaque région du monde et chaque genre de société suscitent leurs vocations propres en fonction des caractères, typologie subtile que la pratique même du terrain se charge d'affirmer. Aussi les querelles d'écoles qui animent la discipline ne font-elles bien souvent qu'exprimer une incompréhension mutuelle entre des styles différents de rapport à autrui, les divergences théoriques déguisant sous le fracas des concepts des incompatibilités plus fondamentales dans les manières d'être au monde. L'Amazonie déconcerte les ingénieurs de la mécanique sociale et les tempéraments messianiques ; c'est le terrain d'élection des misanthropes raisonnables qui aiment dans l'isolement des Indiens l'écho de leur propre solitude, ardents à les défendre, lorsqu'ils sont menacés dans leur survie, leur culture ou leur indépendance, non pas par désir de les mener vers un destin meilleur, mais parce qu'ils supportent mal de voir imposer à d'autres la grande loi commune à laquelle ils ont eux-mêmes toujours tenté de se dérober.

A ces dispositions personnelles s'ajoutaient malgré tout quelques arguments scientifiques. En dépouillant la littérature américaniste, j'avais été frappé par ces vides de connaissance que laissaient transparaître les inventaires ethnographiques des bassins de l'Amazone et de l'Orénoque. En dépit du pillage et des génocides auxquels ses habitants avaient été soumis depuis quatre siècles, cette grande forêt abritait encore des ethnies isolées dont on ne connaissait que le nom et la localisation approximative. Claude Lévi-Strauss lui-même avait souvent signalé à ses collègues la nécessité de développer les recherches sur cette aire culturelle où il avait fait ses premières armes et qui lui avait fourni depuis une grande partie des mythes analysés dans son œuvre. Particulièrement attentif à la mythologie jivaro et conscient de l'urgence de la tâche à accomplir, il m'avait incité à réaliser sans délai mon projet d'enquête chez ces Achuar en sursis temporaire d'assimilation. Ayant obtenu par son entremise des crédits de mission du Centre national de la recherche scientifique, j'étais finalement doté du sésame obligatoire de toutes les expéditions ethnographiques.

C'était ce viatique, au demeurant assez modeste, que je rognais à Puyo dans les préparatifs du départ. Les Achuar étant à l'évidence en dehors des circuits monétaires, il nous fallait acquérir les petits objets de traite grâce auxquels nous pourrions rémunérer leur hospitalité. On m'avait conseillé à Paris de me procurer des perles de verre. Fabriquées par des ateliers tchécoslovaques à destination exclusive des marchés exotiques, ces parures étaient difficiles à trouver en Amérique latine où les Indiens continuaient comme par le passé à les considérer comme des biens précieux et extrêmement désirables. Muni d'un bon d'achat dûment estampillé par l'agence comptable du Collège de France, je m'étais approvisionné en bocaux multicolores dans une petite boutique située derrière la Bastille, la même peut-être que celle visitée autrefois par mon patron de thèse avant son départ pour le Brésil. Je trouvais irréelle l'idée qu'il me faudrait prochainement distribuer cette pacotille, à l'instar des explorateurs barbus qu'on voyait dans les gravures de voyage du siècle dernier, dominant les chutes du Zambèze du haut de leur palanquin ou parlementant avec des Cafres à la porte d'un kraal d'Afrique australe. Ces préparatifs anachroniques donnaient le ton des anciens voyages et me procuraient un plaisir parodique plus inspiré par les réminiscences de Jules Verne que par les mornes souvenirs du scoutisme. C'est au demeurant par fidélité littéraire à l'esprit des expéditions ethnographiques d'avant-guerre — et en manière d'hommage à Henri Michaux qui nous avait précédés jadis en ce pays — que nous avions gagné l'Équateur au rythme lent d'un cargo, débarquant nos malles et nos cantines dans ce port de Guayaquil où rien ne semblait avoir changé depuis l'escale de Paul Morand.

Au contact des prosaïques commerçants de Puyo, mes préjugés romanesques avaient subi les correctifs de la réalité : nos stocks de verroterie seraient certainement bien accueillis, mais on nous assurait que les Indiens appréciaient aussi les articles de quincaillerie. Certes, on ne savait rien de précis sur les goûts des Achuar en la matière, mais tout semblait indiquer qu'ils se conformeraient à ceux des Canelos qui fréquentaient les bazars de la ville. Sur les conseils des boutiquiers, nous achetâmes donc des pièces de tissu pour faire des pagnes — mesurées en *varas*, l'aune d'Ancien Régime —, des lignes de pêche en nylon et des hameçons, des machettes et des fers de hache, des couteaux et des aiguilles, sans compter une bonne provision de miroirs et de barrettes pour satisfaire la coquetterie des jeunes filles.

Alors que je constituais avec méthode mon fonds de colporteur fluvial, accumulant tout ce bric-à-brac dans la cellule de béton surchauffée qui nous servait de chambre à l'hôtel Europa, l'occasion d'un départ immédiat pour Montalvo survint inopinément. Un petit avion des Forces aériennes équatoriennes devait s'y rendre le lendemain pour ravitailler le poste militaire ; on nous offrait des places dans ce vol, ce qui nous épargnerait la longue descente du Bobonaza en pirogue.

Aux premières lueurs de l'aube, nous nous présentions sur l'aérodrome de Shell-Mera, établi à quelques kilomètres de Puyo, au pied d'un cirque abrupt dominé par les pics de la Cordillère orientale. Exceptionnellement, le ciel était dégagé ce matin-là et l'on distinguait vers le sud le cône enneigé du volcan Sangay, rosi par les rayons du levant et suspendu comme une gigantesque île flottante enturbannée de fumerolles sur la barrière encore obscure des premiers contreforts.

A mesure que notre avion prenait de l'altitude, s'arrachant du piémont bleuté vers le soleil aveuglant du matin, l'ordonnance sage des plantations de thé tracées au cordeau cédait la place au fouillis des défrichements clairsemés. Çà et là, le toit de zinc d'un colon faisait une tache brillante. Les clairières devinrent bientôt de plus en plus rares et les dernières traces du front pionnier finirent par s'abîmer dans une mer de petites collines vertes ondulant doucement vers un horizon indistinct. Sous nos ailes, la forêt offrait l'image insolite d'un immense tapis grumeleux de choux-fleurs d'Italie, plumeté de gros bouquets de palmiers aux nuances plus pâles. En quelques minutes de vol, nous avions laissé derrière nous un paysage à peine ébauché, mais où l'action des hommes se donnait à lire dans des repères familiers, pour pénétrer dans un univers anonyme et infiniment répété, dépourvu du moindre signe de reconnaissance. Aucune trouée, aucune déchirure dans ce manteau végétal parfois brodé d'argent par le reflet du soleil dans les méandres d'un petit cours d'eau. Pas d'indices de vie sur les plages, pas de fumée solitaire, rien qui laissât transparaître une présence humaine sous ce dais monotone.

J'étais partagé entre l'angoisse d'avoir bientôt à cheminer dans les sous-bois de cette immensité déserte et l'exaltation d'apercevoir enfin la véritable Amazonie, cette forêt profonde dont j'avais fini par douter qu'elle existât réellement. A vivre quelque temps à Puyo, on pouvait s'imaginer que toute la jungle était à l'image de ses lointains faubourgs défrichés, une sorte de semi-savane parsemée de bosquets résiduels et de taillis de bambous, exhibant sur ses coteaux dénudés les plaies boueuses de l'érosion. Et pourtant nous avions abandonné cette lisière dégradée en aussi peu de temps qu'un bateau appareille du port pour gagner les eaux libres de la haute mer.

Nous voguions sur cet océan depuis près d'une heure, lorsque Montalvo apparut devant nous, échancrure couleur de paille dans une boucle du Bobonaza. Le long de la piste d'atterrissage, un alignement de baraques rectangulaires couvertes de tôles signalait le poste militaire, tandis que les petites cases au toit de palmes des Indiens Canelos se distribuaient en guirlande sur le pourtour de la grande clairière et le long des rives du fleuve. Un capitaine et ses deux lieutenants nous accueillirent de manière affable, heureux de tromper le mortel ennui de cette garnison des marches par une distraction inattendue. Comme de juste, ils ignoraient tout des Achuar du Capahuari ; après de longs conciliabules, on finit par nous amener deux guides canelos qui se faisaient fort de nous conduire là-bas dès le lendemain matin. En marchant vite, nous pourrions atteindre notre but en deux jours, par un sentier qu'empruntaient parfois les Indiens de Montalvo pour troquer avec les Achuar.

L'après-midi et la soirée furent passés au mess à discuter des beautés de Paris, des mérites du général de Gaulle et, inévitablement, des exploits de la Légion étrangère. Isolé dans un coin, un très jeune sous-lieutenant lisait *Mein Kampf* dans une édition espagnole qui avait manifestement beaucoup servi. Comme tous les officiers de l'armée de terre équatorienne, nos hôtes étaient tenus d'effectuer une partie de leur service dans les postes de l'Oriente voisins du Pérou; issus des classes moyennes des grandes villes de la Sierra et de la côte pacifique, ils subissaient cet épisode de purgatoire amazonien dans un isolement résigné, aussi peu familiers de la forêt et des Indiens tout proches que s'ils s'étaient trouvés sur un bateau-phare au milieu de l'Atlantique. Ces quelques heures de mondanités militaires paraissaient tirées d'un roman colonial à la Somerset Maugham : nous n'avions rien à nous dire de part et d'autre, mais comme nous étions les seuls Blancs socialement acceptables à des centaines de kilomètres à la ronde, il fallait maintenir cette façade d'urbanité contrainte qui atteste de la complicité des civilisés parmi les sauvages.

Dès l'aurore, nous plongeâmes sans transition dans l'autre camp, à la découverte de ce continent parallèle que nous avions choisi de faire nôtre pendant plusieurs années. Nos deux guides quichuas nous firent traverser le Bobonaza englué dans des brumes matinales sur une petite pirogue instable, puis s'arrêtèrent aussitôt dans une maison indigène qui dominait la berge. La répartition des chargements faite, une femme canelos leur servit plusieurs calebasses de bière de manioc, tandis qu'ils plaisantaient avec elle en quichua, probablement à notre sujet. Au moment du départ, elle vida le contenu de sa calebasse sur l'un d'entre eux en lui décochant quelques phrases ironiques qui suscitèrent l'hilarité générale. Nous n'avions rien compris à ce qu'ils disaient, nous n'avions rien compris à ce qu'ils faisaient : c'était une situation ethnographique exemplaire.

Après avoir traversé le jardin qui entourait la maison, nous commençâmes à nous enfoncer dans la jungle par un petit raidillon boueux, déjà trempés par les gouttelettes de rosée qui avaient dégouliné des feuilles de manioc à notre passage. De cette première marche en forêt qui devait être suivie par tant d'autres, je ne garde à présent qu'un souvenir confus. Nos guides adoptèrent une foulée courte mais très rapide, leurs pieds s'élevant à peine du sol à chaque enjambée pour mieux assurer l'assise. Ce rythme vif et soutenu vint rapidement à bout de mes velléités de contempler la nature. Une heure à peine après le départ de Montalvo, le sentier était devenu presque indistinct ; j'avançais avec les œillères d'un cheval de fiacre, les yeux fixés au sol, à peine conscient du fouillis végétal qui défilait à la limite de mon champ visuel, essayant de mettre mes pas exactement dans la trace du guide qui me précédait, sans pour autant réussir toujours à éviter les racines ou les glissades sur le sol argileux. Le relief était très accidenté et nous ne cessions de monter ou de descendre des petites croupes escarpées, séparées par des cours d'eau. Nous traversions les ruisseaux à gué en pataugeant dans l'eau claire, mais les rivières plus profondes devaient être franchies sur des troncs d'arbres flexibles et glissants, seuls indices d'un travail de l'homme sur cette piste informe.

Vers la fin de l'après-midi, l'un des guides tua un toucan avec mon fusil et nous nous arrêtâmes peu après pour le préparer. Un petit abri à un pan fut rapidement érigé avec quelques perches et des fougères arborescentes et l'on dépluma le volatile pour le mettre à la broche. L'un des Canelos conserva le long bec multicolore pour en faire une poire à poudre, tandis que l'autre s'adjugeait la langue qu'il voulait utiliser comme ingrédient dans un philtre amoureux. Mets de choix pour nos accompagnateurs, ce petit gibier ne me parut pourtant pas remarquable pour ses vertus gastronomiques ; il me semblait mieux mis en valeur dans une volière du Jardin des Plantes que dans une gamelle de riz tiède.

Dès six heures du matin nous repartîmes, marchant comme des automates sous une pluie torrentielle à peine tamisée par la voûte des arbres. A la mi-journée nous atteignîmes enfin le Capahuari. La rivière était plus large que toutes celles que nous avions traversées auparavant et coulait encaissée entre de hautes terrasses aux pentes couvertes d'une végétation impénétrable. Le sentier obliquait vers l'amont et suivait le rebord abrupt du plateau en épousant étroitement les nombreux méandres du cours d'eau. Çà et là, la berge escarpée était entaillée par de petites combes latérales qu'il fallait dévaler pour franchir un ruisseau affluent. Les nuages s'étaient dissipés, et dans la forêt engourdie par la chaleur de midi régnait un profond silence, à peine troublé de temps en temps par le gargouillement des remous que causait un arbre mort obstruant le lit de la rivière.

Nous suivions le bord du Capahuari depuis environ deux heures lorsqu'on entendit au loin l'aboiement d'un chien, premier signe d'une présence humaine depuis Montalvo. Presque aussitôt, le sentier débouchait dans une grande clairière plantée de manioc, éblouissante de lumière après la pénombre du sous-bois ; au milieu, se dressait une maison ovale au toit de palmes, dépourvue de parois extérieures. A notre approche, une meute de chiens faméliques nous entoura d'un cercle menaçant ; des petits enfants nus qui jouaient dans un ruisseau se précipitèrent vers le refuge de la maison, laissant l'un d'eux assis en pleurs sur le sol, trop saisi par la peur pour pouvoir s'enfuir. Sous l'auvent du toit, deux femmes vêtues de pagnes de cotonnade bleue nous dévisageaient en silence ; l'une d'elles arborait un petit tube de bois fiché sous la lèvre inférieure et son visage était couvert de dessins rouges et noirs. Les hommes étaient absents et elles nous firent comprendre sans équivoque que nous devions poursuivre notre chemin. En dépit de la fatigue rendue soudain plus perceptible par l'espoir trompé d'une halte, il fallut s'enfoncer à nouveau dans la forêt.

Le soleil commençait à décliner lorsque nous arrivâmes sur une petite esplanade défrichée tout en longueur qui devait servir de terrain d'atterrissage aux avions de la mission évangéliste. A quelques centaines de mètres en contrebas de la piste se dressait une maison beaucoup plus grande que celle que nous avions vue auparavant dans laquelle on distinguait un groupe d'hommes en conversation. Ils avaient des cheveux longs réunis en queue de cheval et leurs visages étaient aussi striés de traits rouges ; certains d'entre eux portaient un fusil sur leurs genoux. Ils nous avaient aperçus depuis longtemps, mais ignoraient superbement notre présence, feignant d'être absorbés dans leur palabre.

Arrivés à une vingtaine de pas de la maison, nos deux guides se déchargèrent de leurs fardeaux et échangèrent quelques mots en quichua avec un jeune homme qui nous observait depuis l'intérieur, un peu à l'écart des autres. Puis, se retournant vers nous, les Canelos nous annoncèrent que nous étions arrivés chez Wajari, un Achuar fameux sur tout le Capahuari, et qu'ils devaient repartir sur-le-champ à Montalvo maintenant que leur mission était accomplie. Pris de court par ce départ inopiné, je leur demandai au moins d'expliquer aux Achuar pourquoi nous étions là. Mais ils se contentèrent de secouer la tête d'un air gêné ; à force de les presser, ils finirent par me confier qu'ils préféraient passer la nuit en forêt que de dormir chez des Achuar. Après cette remarque un peu inquiétante, ils s'éloignèrent rapidement dans la direction d'où nous étions venus, sans saluer les Indiens qui continuaient à discourir tout à côté dans l'indifférence. C'était l'avant-dernier jour d'octobre de l'année 1976, fête de saint Bienvenue.

PREMIÈRE PARTIE

APPRIVOISER LA FORÊT

«Tout multiplie ici-bas, la Fécondité est l'âme de la Nature et fait sa conservation. Chaque espèce nous fait une leçon constante et invariable : les hommes qui ne la suivent pas sont inutiles sur la terre, indignes de la nourriture qu'elle leur fournit pour le commun, et laquelle néanmoins ils ont l'ingratitude de n'employer que pour leur propre entretien.»

Baron de LAHONTAN
Dialogues avec un sauvage.

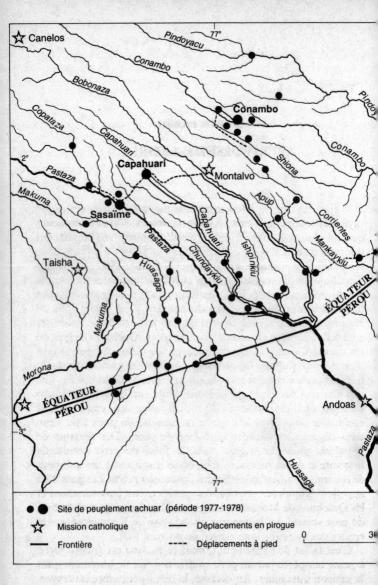

3. Le pays achuar en Équateur.

Chapitre premier

APPRENTISSAGES

Wajari revient du bain en rajustant son vieil *itip*, un pagne rayé verticalement de bandes rouges, jaunes, blanches et bleues qui lui descend jusqu'à mi-mollets. Comme la plupart des hommes du lieu, il porte ordinairement un short ou un pantalon, réservant son costume traditionnel à l'usage domestique. Le Capahuari roule ses eaux brunes et tourbillonnantes au pied de la maison, mais une petite échancrure dans la berge permet des baignades sans danger : le fil du courant y est ralenti par un énorme tronc couché à fleur d'eau en travers du lit, dont les enfants se servent comme d'un plongeoir. Quelques degrés en rondins épousent le dévers escarpé du talus et permettent d'accéder au fleuve sans glisser sur la pente argileuse. Amarrée par une grosse liane aux racines d'une souche de kapokier, une pirogue en bois évidé est à moitié tirée sur la rive ; sa poupe horizontale surplombant la rivière offre un emplacement commode pour laver le linge et la vaisselle ou pour tirer l'eau dans de grandes gourdes en forme de poire. Des dizaines de papillons jaunes voltigent dans le fond de cette souillarde flottante et sur la vase de la rive, où ils disputent à des colonnes de fourmis minuscules les résidus du dernier repas. Les gens d'ici appellent Kapawi ce cours d'eau que les cartes équatoriennes et les Quichuas de Montalvo nomment Capahuari, par altération du mot achuar, lui-même une abréviation de Kapawientza, « la rivière des *kapawi* », une espèce de poisson plat.

C'est la fin de l'après-midi, mais la chaleur est encore forte, à peine tempérée par un petit souffle qui circule librement dans la maison sans murs. Au-dedans, la demi-pénombre est traversée en oblique de longs faisceaux lumineux qui zèbrent la terre battue, illuminant parfois un mince filet de fumée ou le vol erratique d'une grosse mouche mordorée. Vue de l'intérieur, la végétation du jardin et de la forêt se détache sous la ligne sombre de l'auvent du toit comme un panneau continu de verts brillants en camaïeu. Cet arrière-plan pointilliste rend par contraste la demeure plus obscure et unifie dans une dominante sépia le sable rosé du sol, le marron noirci du chaume, le brun foncé des châlits et l'ocre vif des grands vases où fermente le manioc.

Wajari s'est assis en silence sur le petit siège en bois sculpté qui lui est réservé : une rondelle concave établie sur une assise pyramidale et ornée d'un losange en saillant qui figure une tête de reptile. C'est un homme d'une trentaine d'années, aux cheveux épais et presque bouclés, le nez busqué et l'œil ironique sous les sourcils charbonneux, précis dans ses mouvements malgré une légère corpulence. Parti chasser avec sa sarbacane depuis l'aube, il s'en est retourné il y a peu, portant sur son dos un gros pécari à lèvres blanches. A son arrivée, femmes et enfants s'étaient tus, chacun feignant l'indifférence devant ce gibier de choix. Il avait basculé son fardeau sans un mot au pied de Senur, la plus âgée de ses épouses, puis il était allé se baigner dans le Kapawi après avoir soigneusement rangé sa sarbacane en position verticale dans un petit râtelier fixé sur l'un des piliers porteurs de la maison. Senur l'avait rejoint peu après en amenant le pécari, qu'il avait dépouillé et écharné en un tournemain avec une vieille lame de machette affûtée comme un rasoir.

A présent, Wajari fixe le sol en évitant de regarder dans ma direction, les coudes appuyés sur les genoux, apparemment perdu dans une méditation profonde. Son visage paraît plus cuivré qu'à l'ordinaire car le bain n'a pas réussi à faire disparaître tout à fait la teinture de roucou dont il s'était peint avant d'aller chasser. Je lui fais face sur le petit banc de bois réservé aux visiteurs, appuyé à l'un des poteaux de l'avant-toit, à l'orée de la maison. Je calque mon attitude sur la sienne et fais semblant de l'ignorer, plongé dans un lexique jivaro confectionné par un missionnaire salésien à des fins pastorales.

D'une voix tonnante, le maître de maison s'écrie soudain : « *Nijiamanch! wari, jiamanch, jiamanch, jiamanch!* » C'est le moment pour les femmes de servir la bière de manioc, *nijia-*

manch, cette boisson onctueuse et légèrement alcoolisée qui constitue l'ordinaire de la vie quotidienne. Mes compagnons ne boivent jamais d'eau pure et la bière de manioc sert autant à étancher la soif qu'à caler l'estomac et à lubrifier les conversations. Quelques jours de fermentation supplémentaire la convertissent en une boisson forte qu'on consomme en libations répétées lors des fêtes. Senur étant occupée à étriper le pécari au bord du Kapawi, c'est sa sœur Entza, la seconde épouse, qui accourt vers son mari avec un *pininkia*, une grande coupe de terre cuite engobée de blanc et finement décorée de motifs géométriques rouges et noirs. D'une main plongée dans le liquide blanchâtre, elle triture la pâte de manioc pour mieux la diluer dans l'eau, rejetant de temps en temps les longues fibres qui surnagent. La bière de qualité doit être homogène et sans grumeaux, crémeuse au palais et point trop aqueuse. Mais Wajari ignore la coupe que lui tend sa femme et, sans la regarder, il murmure comme une réprimande : «*Apach!*» «le Blanc!» M'ayant offert le pininkia, Entza en amène un second à Wajari, puis elle se poste à quelques pas derrière lui avec une grande calebasse pleine de bière qu'elle malaxe machinalement, prête à nous resservir. L'avant-bras replié sur son opulente poitrine pour la protéger des maringouins qui nous persécutent à cette heure de la journée, le ventre rond porté vers l'avant comme une femme enceinte, elle couve son époux d'un regard satisfait.

Le nijiamanch se boit selon un code de bienséance précis que j'ai assimilé en quelques jours, puisque c'est toujours par les manières de table que débute l'apprentissage d'une culture inconnue. Il est inconcevable de refuser la coupe offerte par une femme ; un tel geste serait interprété comme un signe de défiance grave envers l'amphitryon, soupçonné ainsi d'avoir empoisonné le breuvage. A ce que l'on dit, seuls les agonisants et les ennemis déclarés dédaignent le nijiamanch qu'on leur présente, cette conduite des uns comme des autres étant le plus sûr révélateur de leur véritable condition. Il ne faut pourtant pas accepter le pininkia avec précipitation : une grande réserve est ici de mise et, en aucun cas, l'étranger à la maison ne doit dévisager la femme qui le sert sous peine de passer pour un séducteur. Cette conduite d'évitement rend les libations d'autant plus contournées qu'il est malséant pour un homme de toucher la bière de manioc, sur laquelle les femmes continuent d'exercer leur mainmise jusqu'à l'ingestion. Ainsi, et comme c'est très souvent le cas, lorsqu'un insecte attiré par cette petite mare laiteuse se débat dans les affres de la noyade, il n'est d'autre solution que de souffler doucement sur la surface du liquide pour lui permettre d'aborder en sécurité sur le pourtour de la coupe. Apitoyée par les efforts du buveur, l'hôtesse s'approche alors pour le débarrasser du moucheron importun et triturer à nouveau dans son pininkia la pâte fermentée. Détournant la tête avec ostentation dans la direction opposée à la femme, l'invité offre la coupe dans un ample geste à ses manipulations.

C'est par un même mouvement, accompagné de l'appel par un terme de parenté approprié, que l'on demande une ration supplémentaire. Après le troisième service, la courtoisie et un sens exhibitionniste de la frugalité exigent que l'on oppose de molles dénégations à une nouvelle rasade, tout comme les règles de l'hospitalité imposent aux femmes d'ignorer ces manifestations de politesse. Les protestations se font plus énergiques à mesure que le nombre des tournées augmente, mais elles restent généralement sans effet. Il est à peu près admis qu'un homme ne peut pas boire moins d'une demi-douzaine de coupes sans offenser gravement l'hôtesse qui l'abreuve ; lorsque plusieurs femmes servent simultanément, il est toutefois loisible de rendre l'un de ses pininkia avant ce seuil fatidique. Il faut savoir témoigner de beaucoup d'inventivité dans les excuses et d'une grande véhémence dans leur formulation pour satisfaire enfin l'amour-propre de la dispensatrice de bière et se voir débarrassé de son inépuisable pininkia.

Les épouses sont les maîtresses absolues de ce petit jeu qui, malgré l'insatiable engouement que les Achuar éprouvent pour leur boisson, peut finir par s'apparenter au supplice de l'entonnoir. Les claquements de langue enthousiastes des débuts font bientôt place aux manifestations discrètes de l'aérophagie, l'estomac ballonné comme une montgolfière, la légère acidité du breuvage provoque une salivation désagréable et l'irrépressible envie d'éliminer le trop-plein de la vessie doit être maîtrisée par bienséance. Quand les femmes sont d'humeur maligne, le charme de la convivialité finit ainsi par s'évanouir, leur fausse sollicitude devenant l'imparable exutoire d'un rapport de forces inégal entre les sexes.

Rien de tel aujourd'hui, fort heureusement. Comme Wajari

s'affaire loin de la maison tout au long du jour, la session vespérale de nijiamanch est même l'un des rares moments où je peux exercer mon métier, c'est-à-dire faire parler celui à qui le jargon de notre discipline donne le nom plutôt déplaisant d'informateur. J'ai à vrai dire beaucoup de mal à considérer Wajari comme un informateur, à l'instar de ces personnages troubles qui, dans les romans policiers ou d'espionnage, monnaient leurs confidences dans des endroits discrets. Nous devons sans doute cet inélégant héritage terminologique à la tradition des ethnologues africanistes d'avant-guerre, tout encombrés de boys, de porteurs et d'interprètes, rémunérant les savants indigènes aux heures ouvrables de la véranda comme on donne la piécette au jardinier. Certes, les ethnographes de l'Amazonie ne sont pas confits dans l'angélisme et ils distribuent aussi des piécettes pour toutes sortes de bonnes et de mauvaises raisons : on ne s'introduit pas dans l'intimité de parfaits inconnus sans rétribuer d'une façon ou d'une autre leur bonne volonté ou s'assurer par des offrandes préalables qu'ils ne vous mettront pas à la porte.

C'était le pari que nous avions fait en nous rendant sur le Kapawi sans aucune provision de bouche, mais amplement pourvus de petits objets de traite. Wajari ne s'y était du reste pas trompé, lorsque, au soir de notre première rencontre, il nous avait conviés à vivre chez lui. Après le départ précipité des deux guides quichuas vers Montalvo, le jeune Achuar qui avait conversé avec eux dans leur langue nous avait invités à pénétrer à l'intérieur de la maison de Wajari en un espagnol extrêmement rustique. Tseremp avait acquis ses talents polyglottes en travaillant quelques mois comme manœuvre pour une compagnie de prospection pétrolière sur le Rio Curaray, au nord du territoire achuar. Je lui avais expliqué que nous souhaitions passer là quelques jours pour apprendre le jivaro et il en avait déduit que nous étions des missionnaires protestants américains, ce qu'avec une parfaite mauvaise foi je n'avais ni infirmé ni confirmé. Tseremp s'était alors fait notre interprète auprès du maître de maison, et après une longue palabre que nous avions écoutée dans une incompréhension pleine d'angoisse, il nous avait transmis son offre d'habiter chez lui.

Le soir même, j'avais donné à Wajari une grande machette et une pièce de tissu pour chacune de ses trois épouses ; il les avait acceptées en silence et sans paraître y attacher d'importance. Depuis une semaine que nous partagions la vie de la maisonnée, il semblait avoir admis notre présence comme une chose presque naturelle, manifestant une distance aimable, aussi discrètement attentive à nos besoins que dépourvue de servilité. A deux ou trois reprises, nous avions fait de menus cadeaux aux femmes et aux enfants et dispensé des médicaments pour soigner une crise de paludisme ou la diarrhée d'un nourrisson. Mais je n'avais pas eu le sentiment que ces quelques dons étaient corrupteurs, ou qu'ils avaient converti Wajari en un informateur dûment rétribué pour dévoiler les secrets de sa culture à mon inquisition.

Mon hôte continue d'ingurgiter en silence la bière de manioc que son épouse lui verse avec libéralité. Il boit encore une rasade, puis se tourne soudain vers moi en me fixant dans les yeux : l'étiquette autorise désormais la conversation et l'initiative lui revient, comme c'est toujours le cas dans les visites.

— Est-ce que ça va bien?
— Oui, ça va bien.
— Et ta femme, est-ce qu'elle va bien?
— Oui, elle va bien.

Jusqu'ici, rien de trop difficile; le petit dictionnaire ronéoté shuar-espagnol du R.P. Luigi Bolla me permet, malgré les différences de vocabulaire entre les deux dialectes, de soutenir sans peine ce scintillant dialogue. Enhardi par le succès, je tâche de tourner mon propos avec moins de banalité.

— Et ça, qu'est-ce que c'est? dis-je en désignant son siège.
— C'est un *chimpui*.

Je le savais déjà; l'inestimable lexique du missionnaire explique que le chimpui est un petit tabouret en bois sculpté. Mais l'apparence zoomorphe du siège m'intrigue et c'est sa signification symbolique que je traque à présent.

— Oui, c'est un chimpui, mais qu'est-ce que c'est?
— C'est un chimpui complet, un vrai chimpui.

Mon savoir ne va pas très loin en termes de formulations interrogatives, mais à part «qu'est-ce que c'est?», je sais aussi dire «pourquoi?».

— Pourquoi le chimpui?

Wajari me répond par une longue phrase où je crois distinguer que «nos ancêtres» et «mon père» ont de toute éternité trouvé inconcevable de s'asseoir sur autre chose que sur un chimpui.

C'est le cercle vicieux typique de l'explication par la tradition, dont l'ethnographe ne peut sortir que par une action d'éclat ou en inventant une interprétation compliquée mais vraisemblable. Je choisis l'audace plutôt que l'imagination et, au mépris de toutes les convenances, m'approche du chimpui de Wajari, touche le petit losange en forme de tête de reptile et répète ma question.

— Et ça, qu'est-ce que c'est?

Suit une nouvelle glose. Je n'en retiens que les premiers mots, *yantana nuke*, qui, après consultation fiévreuse du lexique, paraissent devoir signifier «tête de caïman». Wajari poursuit dans l'enthousiasme un commentaire devenu pour moi parfaitement inintelligible. Afin de respecter au moins les apparences, je ponctue son discours d'interjections vigoureusement approbatives, «c'est vrai, c'est vrai!», «bien dit!», ainsi que je l'ai déjà entendu faire par les Achuar lors des dialogues. Intérieurement, j'enrage; c'est sans doute le mythe d'origine de son peuple que Wajari me dévide ainsi avec complaisance, et j'ai de plus oublié d'enclencher mon magnétophone. Le protocole superbe des investigations ethnographiques s'effondre lamentablement, mon entretien directif tourne à la déroute, l'enquête de tradition orale s'enlise dans les sables de l'incompréhension.

Ma position hautaine vis-à-vis des interprètes et de ceux qui les utilisent commence à être ébranlée; mieux vaut peut-être la soumission aux interprétations incontrôlables des spécialistes indigènes de la vulgarisation culturelle que cette ignorance persistante engendrée par la barrière linguistique. Mais nous n'avons pas le choix. L'espagnol de Tseremp est beaucoup trop rudimentaire pour qu'on le convertisse en traducteur et personne d'autre ici n'est bilingue. A vrai dire, ma difficulté à voir en Wajari l'informateur patenté des manuels d'ethnographie est attribuable pour l'essentiel à ce que je n'entends goutte aux informations qu'il me délivre. J'ai l'impression qu'il remplit bien son rôle sans l'avoir appris, tandis que j'échoue dans le mien pourtant soigneusement préparé.

Un mutisme réciproque s'installe à nouveau et j'apaise mes scrupules scientifiques par le souvenir d'un conseil que Claude Lévi-Strauss m'avait dispensé avant mon départ. L'ayant accablé sous le détail des techniques d'enquête que je comptais employer et des problèmes subtils qu'elles me permettraient de

résoudre, il avait conclu notre entretien par ces simples mots :
« Laissez-vous donc porter par le terrain. » A ce stade, il n'y a
rien d'autre à faire.

Senur est revenue du Kapawi après avoir découpé le pécari en
quartiers et lavé les tripes. Avant de commencer la préparation
de l'animal, elle a d'abord mis le foie et les rognons à griller sur
une petite brochette pour les servir à son époux. Invités à
partager cet en-cas, nous l'apprécions avec d'autant plus de
plaisir que, dans une cuisine où la fadeur du bouilli règne sans
partage, les abats du gibier sont les seuls morceaux mangés rôtis.
Entza et Mirunik ont entre-temps construit un boucan de bois
vert sur l'un des foyers pour y mettre la venaison à fumer. Le
boucan sert à toute la maisonnée, mais la viande a déjà été
distribuée par Senur entre les femmes ; son privilège d'ancien-
neté lui a permis de garder deux cuissots et un bon morceau
d'échine, le reste revenant aux deux autres épouses.

Pour les besoins du dîner, chaque femme sélectionne dans son
lot un morceau de choix qu'elle met à mijoter dans une marmite
de manioc ou de taro. L'une après l'autre, elles viennent déposer
à nos pieds une portion de pot-au-feu dans des *tachau*, de
grandes assiettes en terre cuite vernissées de noir. Wajari a été
pareillement pourvu et il convie ses deux fils adolescents,
Chiwian et Paantam, à partager son repas, tandis que Senur,
Entza et Mirunik réunissent autour d'elles leurs enfants respectifs pour un petit festin intime. Quoique les épouses mangent
parfois en commun, chacune pourvoit ordinairement à sa
propre alimentation et à celle de sa progéniture : même au sein
de la famille, la commensalité occasionnelle n'entraîne pas le
partage des aliments. Nos Achuar, à l'évidence, n'ont jamais
entendu parler du communisme primitif.

Une calebasse d'eau circule en guise d'aiguière pour les
ablutions préparatoires au repas ; une gorgée pour se rincer la
bouche, puis une gorgée que l'on expulse en un mince filet pour
se laver les mains. Le maître de maison m'invite alors à
commencer par l'expression stéréotypée : « Mange le manioc ! »,
ce à quoi il faut répondre par un acquiescement contraint et la
feinte surprise de découvrir soudain à ses pieds des assiettes
fumantes. Le manioc doux est l'aliment de base des Achuar,
aussi étroitement synonyme de nourriture que l'est le pain en
France, et même en accompagnement d'un gibier de choix, c'est

toujours cette modeste racine qu'on vous conviera par litote à consommer. Il est de bon ton pour l'invité de continuer quelque temps à négliger cette offrande, comme s'il était rassasié et incapable d'avaler une bouchée ; et c'est accablé par les lois de la politesse qu'on se résout enfin à picorer les plats jusque-là laborieusement ignorés.

Le repas terminé, la calebasse d'eau circule à nouveau et c'est maintenant au tour de Mirunik de servir l'inévitable bière de manioc. Wajari devise à mi-voix avec son fils aîné en dégustant son nijiamanch, ce qui me dispense d'une autre tentative malheureuse d'enquête orale. Le soleil s'est abîmé derrière la barrière de la forêt avec l'inéluctable soudaineté de cette latitude, abandonnant derrière lui un dégradé de bleu cobalt et de vermillon sur lequel se découpent finement en ombres chinoises les stipes grêles et élancés des palmiers chonta. Perdu dans cette débauche de pastels, un minuscule cumulus veille au couchant, comme une lanterne vénitienne rougeoyante posée sur la cime des arbres. L'absolue immobilité de l'air rend plus statiques encore les masses végétales confondues en un premier plan unique qui se détache sur la toile céleste comme un décor sans profondeur.

Submergée sous des verts monotones, la nature est ici peu propice à déclencher l'émulation picturale ; elle ne déploie son mauvais goût qu'au crépuscule, et se conforme alors à l'esthétique de Baudelaire en surpassant dans l'artifice les coloris des plus mauvais chromos. Une agitation exceptionnelle des hôtes de la forêt accompagne cette brève débauche de chromatisme ; les animaux diurnes se préparent bruyamment au coucher tandis que les espèces des ténèbres s'éveillent à leurs chasses avec l'enthousiasme des appétits carnivores. Les odeurs aussi sont plus nettes, car la chaleur de la fin de l'après-midi leur a donné un corps que le soleil n'a plus la faculté de dissiper. Engourdis durant la journée par l'uniformité des stimulants naturels, les organes sensibles sont soudain assaillis au crépuscule par une multiplicité de perceptions simultanées qui rend très difficile toute discrimination entre la vue, l'ouïe et l'odorat. Avec cette brutale excitation des sens, la transition entre le jour et la nuit acquiert dans la forêt une dimension particulière, comme si la séparation entre le corps et son environnement s'abolissait pour un court moment avant le grand vide du sommeil.

C'est l'heure tant attendue où nous pouvons enfin baisser la garde. Le regard attentif que nous portons sur nos hôtes nous est bien évidemment retourné avec constance et ce petit jeu d'observation réciproque connaît sa trêve à la tombée de la nuit. Les enfants, en particulier, cessent de nous espionner en commentant nos moindres faits et gestes par des chuchotements étouffés dans les rires. Ils sont pour l'heure trop occupés à chasser des grenouilles avec un petit tube de bambou muni d'un piston qui projette des boulettes d'argile sèche par compression. On entend leurs hurlements de joie dans les taillis bordant la rivière lorsqu'ils réussissent à atteindre une de leurs cibles. Senur leur crie : «Attention aux serpents!» puis grommelle dans la semi-obscurité devant un feu qu'elle attise, maudissant probablement leur inconscience face aux dangers de la forêt. A voix basse, je parle avec Anne Christine des événements de la journée, de la lenteur de nos progrès et de tout ce que nous avons laissé derrière nous. Sans ce retour à l'intimité qui nous est offert chaque soir, nous supporterions sans doute moins facilement les contraintes de notre vie nouvelle, et j'avoue me demander déjà parfois où certains de nos collègues ont pu trouver la force d'âme pour demeurer seuls plusieurs années dans des conditions similaires.

Sans doute fatigué par sa journée de chasse, Wajari ne paraît pas ce soir disposé à veiller. Le signal du coucher est donné lorsqu'il me désigne le lit des visiteurs avec la simple injonction : «Dors!» Contrairement à beaucoup d'autres tribus amazoniennes, les Jivaros n'utilisent pas des hamacs, mais des châlits rectangulaires recouverts de lattes flexibles en bois de palmier ou en bambou. On y dort bizarrement, les jambes à moitié dans le vide et reposant sur une petite perche qui surplombe un foyer à combustion lente. Ce dispositif est fondé sur le vieux principe de sagesse populaire selon lequel on n'a jamais froid lorsque les pieds sont au chaud ; à condition de se lever régulièrement pour ranimer le feu moribond, on arrive ainsi à combattre le froid humide des petites heures qui précèdent l'aube.

Les lits de la maisonnée sont ceinturés sur trois côtés de lattes de bois : dans cette habitation sans cloisons, ils offrent un petit îlot d'intimité, semblable au lit clos breton trônant dans la salle commune. Le nôtre est dépourvu de ce raffinement. Accoté aux poteaux périphériques, à peine protégé de la pluie par la saillie de l'avant-toit, il s'ouvre si largement vers le jardin et la forêt qu'on s'y croirait sur un radeau, encore rattaché à la maison par une amarre ténue, mais prêt à dériver vers les ténèbres de la jungle dès que le sommeil aura trompé notre vigilance. Les bruits sporadiques de la demeure assoupie sont supplantés sur cette avant-scène par les échos nocturnes de la vie sauvage ; le fond strident des grenouilles et des grillons, la basse continue des crapauds sont ponctués par les cris mélancoliques des rapaces et les trois coups de sifflet descendants de l'engoulevent. Et c'est de manière presque incongrue que les pleurs d'un enfant ou un chien qui gémit rappellent la proximité d'un univers familier, tant la nuit abolit ici les constructions patientes de l'humanité.

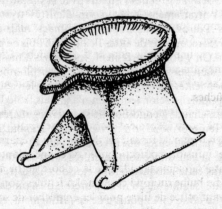

Chapitre II

AU PETIT MATIN

Une lueur tremblante lèche soudain l'intérieur du toit de palmes, capturant dans son champ l'étagement en damier des voliges et des chevrons. Traversée occasionnellement par une ombre gigantesque, une douce lumière orangée affirme peu à peu les détails de la charpente au rythme régulier d'un souffle expert : dans la nuit encore noire, une femme vient de ranimer un feu. Il reste deux bonnes heures avant l'aube, mais déjà la maisonnée s'éveille aux routines d'une nouvelle journée. La mobilisation n'est ni immédiate ni générale et l'humidité pénétrante n'incite guère à baguenauder : en dehors de Senur et Wajari, personne n'est encore levé. Quelques têtes d'enfants ébouriffées surgissent des lits clos, puis replongent dans l'abri douillet où il fait bon paresser. Le maître de maison s'est assis sur son chimpui, présentant son large dos à la chaleur revigorante du foyer. Son épouse revient de la rivière, surgissant de l'obscurité avec une grande gourde d'eau fraîche. Chiwian, un garçon d'une quinzaine d'années, vient rejoindre son père en silence et s'assied comme lui le dos au feu, à califourchon sur l'une des bûches.

Sur le foyer du *tankamash*, Senur dispose le *yukunt*, une grande coupe noire largement évasée. Ce récipient muni d'un pied creux en forme de fuseau est destiné à la préparation de la *wayus*, une infusion confectionnée avec une plante cultivée appartenant à la même famille que la célèbre herbe à maté des Argentins. Le bulbe du fond contient les feuilles, son extrémité rétrécie faisant office de filtre pour les empêcher de se répandre dans la décoction où l'on puise à volonté avec de petites calebasses oblongues. Wajari m'ayant invité à le rejoindre, j'abandonne à regret la tranquillité de ma couche pour aller faire mon devoir auprès du feu. La wayus est plus qu'un thé matinal, c'est une institution du même ordre que la bière de manioc, mais soumise à un protocole moins strict. Seuls les hommes consomment cette infusion douceâtre aux propriétés légèrement émétiques, qui abolit pour un temps dans l'intimité de la nuit finissante le formalisme guindé de l'étiquette diurne.

En conviant un visiteur masculin à venir le retrouver près du feu, le maître de maison supprime un moment l'invisible barrière qui confine les étrangers à la lisière de l'espace domestique. De forme à peu près elliptique, la maison achuar est en effet séparée dans le sens de la largeur par une limite non matérielle qui la divise en deux parties de dimensions inégales : l'*ekent* et le tankamash. Lieu réservé à la sociabilité masculine et à l'accueil des visiteurs, le tankamash occupe à peu près un tiers de la maison, depuis l'une des extrémités en demi-cercle jusqu'aux premiers piliers porteurs. C'est là que Wajari trône sur son chimpui, c'est là que dorment les invités et les adolescents célibataires de la maisonnée. C'est là aussi qu'est posé le *tuntui*, un très grand tambour évidé dans un tronc et maintenu dans une position semi-verticale par une liane passée à son extrémité supérieure et amarrée à une poutre d'entrait. Pour des raisons qui m'apparaissent encore mystérieuses, ce long cylindre au son caverneux est lui aussi prolongé à ses deux bouts par des losanges en forme de têtes de reptile. Dans le tankamash, le maître de maison et ses invités disposent chacun d'un foyer formé de trois grandes bûches en étoile. Les bois sélectionnés sont particulièrement denses et se consument très lentement ; pour ranimer la flamme, il suffit de mettre en contact les extrémités des troncs, d'y ajouter un peu de petit bois et d'attiser quelques instants le feu qui couve. Ces foyers masculins sont dispensés du service prosaïque de la cuisine et servent uniquement à réchauffer les heures fraîches de la nuit et à accueillir le cercle des buveurs de wayus.

Par contraste, l'ekent est le domaine des femmes et de la vie de famille. Les lits de la maisonnée sont érigés sur le pourtour, tandis que le centre est occupé par des foyers culinaires et par une importante batterie de *muits*, ces grands vases de terre cuite où le manioc est laissé à fermenter. Des paniers de cacahuètes ou d'épis de maïs sont pendus aux solives, hors d'atteinte de la voracité des souris et de la gourmandise des enfants. Sur des claies en bois de palmier sont amoncelés les ustensiles domestiques, les paquets d'argile et les colorants pour la poterie, les blocs de sel gris produits par les Shuar du Mangosiza, le fil à pêche, les fuseaux de coton, tout l'humble bric-à-brac de la vie quotidienne.

Pétrifiés à l'idée de compromettre par un geste intempestif la bonhomie apparente de l'accueil qui nous était réservé, mais instruits aussi par la lecture de nos prédécesseurs chez les Jivaros, Anne Christine et moi avons rapidement appris les quelques règles de savoir-vivre permettant de se déplacer dans la maison sans commettre d'impairs. Dans cette habitation ouverte et dont l'intérieur se laisse embrasser d'un seul regard, le protocole impose des accès et des aires différentes aux hommes et aux femmes selon qu'ils sont membres de la maisonnée ou étrangers. L'ekent m'est en principe interdit, comme à tous les visiteurs masculins, et je dois borner mes déambulations à la partie du tankamash qui m'est assignée, sauf lorsque Wajari m'invite près de son foyer pour boire la wayus. Les femmes et les filles du maître de maison sont tout aussi contraintes, puisqu'elles ne franchissent la ligne imaginaire les séparant du tankamash que pour les nécessités de leur office, c'est-à-dire servir aux hommes les repas et leur offrir la bière de manioc. Wajari est bien évidemment partout chez lui dans cet espace qu'il a lui-même construit, et ce privilège de la condition masculine s'étend à ses deux grands fils.

Anne Christine doit à son statut un peu particulier de bénéficier d'une grande liberté de mouvement. En tant que femme, elle a libre accès à l'ekent où elle passe une partie de la journée avec les épouses de Wajari, mais les obligations qui s'imposent à son sexe sont en partie oblitérées par l'extrême distance qu'introduit son origine étrangère. Alors que la femme d'un visiteur n'est ordinairement admise au tankamash que pour partager la nuit le lit de son mari, Anne Christine peut choisir à son goût d'aller rejoindre les femmes en leur gynécée ou d'occuper une place discrète à mes côtés, comme le ferait un adolescent en visite avec son père. Elle respecte avec bonne humeur les apparences de cette soumission qui lui ouvre les portes de deux mondes dont l'un m'est presque irrémédiablement clos.

Wajari raconte à Chiwian une longue histoire qui a débuté par la formule « *yaunchu* », cette ouverture universelle des mythes et des contes qu'on pourrait traduire par « il y a bien longtemps ». Les péripéties paraissent nombreuses, scandées par des onomatopées expressives ou des changements de rythme mélodique, et je peste à nouveau contre l'incompétence linguistique qui ravit à ma curiosité ce probable trésor de la culture jivaro. Captivé par le récit de son père, le jeune Paantam nous a rejoints lui aussi. La même curiosité n'anime pourtant pas les autres membres de la maisonnée : Senur s'est recouchée et les deux autres femmes ne sont pas encore levées. Dominant la scène de leurs plates-formes, elles jouent avec leurs enfants ou bavardent avec eux à voix basse.

C'est en effet tout un petit monde qui s'ébat dans les *peak* — ainsi qu'on appelle ces lits clos. Chacun d'eux abrite une épouse et sa progéniture en bas âge, soit parfois quatre ou cinq enfants. Ces derniers n'abandonnent la couche maternelle que vers douze ans : les garçons vont dormir dans le tankamash et les filles disposent alors d'un lit en propre dans l'ekent. Quant à Wajari, il honore chaque nuit le peak d'une épouse différente selon une rotation que ma comptabilité vétilleuse affirme équitable. Les femmes mariées sont ainsi les maîtresses d'un petit territoire bien séparé où vient accoster leur époux nomade et collectif. Ce territoire se projette d'ailleurs au-delà des limites du peak, dans les règles d'exclusivité qui gouvernent l'usage des objets domestiques. Senur, Entza et Mirunik disposent chacune d'un feu culinaire que Wajari se doit d'alimenter en allant chercher de lourdes bûches en forêt. Les ustensiles domestiques et les outils qu'elles ne fabriquent pas elles-mêmes — machettes, marmites en fer-blanc, pieux à fouir — sont aussi scrupuleusement répartis. Le seul instrument de cuisine dont elles partagent l'utilisation est le mortier à manioc, une grande plaque ronde et légèrement évidée, façonnée dans une racine tabulaire.

Le lit de chaque épouse est flanqué d'un autre en miniature où gisent une demi-douzaine de chiens hargneux et efflanqués. Les meutes sont ici du ressort exclusif des femmes qui les possèdent avec fierté, les élèvent avec amour et les dressent avec compétence. Elles les nourrissent aussi avec soin, d'une savoureuse purée de patates douces disposée dans des carapaces de tortue. La maigreur affligeante de ces pauvres pouilleux n'est donc pas le fait de la parcimonie de leurs maîtresses, mais de la redoutable vigueur des parasites dont ils sont affligés. Malgré leur colonne vertébrale en saillie et leur fouet décharné, les chiens achuar sont des limiers courageux et tenaces. Ils assurent en outre une garde efficace des maisons, encerclant les intrus dans une ronde menaçante dont il est parfois difficile de sortir sans dommage. On les laisse rarement vaquer en liberté et, pour prévenir les batailles, les meutes des différentes épouses restent attachées sur leurs plates-formes respectives par des laisses en écorce.

Enfoui dans un petit hamac suspendu aux montants du lit clos, le nourrisson d'Entza s'est mis à pleurer. Sa mère le balance de la pointe du pied tout en épouillant tranquillement la tignasse d'une fillette ; elle chantonne une berceuse pour l'apaiser. Faute de résultats, Entza abandonne bientôt sa récréation hygiénique pour prendre le bébé et lui donner le sein. Mais à peine l'a-t-elle saisi qu'elle pousse un cri et se précipite vers nous. La petite tête est toute poisseuse de sang en partie coagulé, tandis que le corps semble par contraste d'une pâleur malsaine. Inquiet, Wajari interrompt sa narration et prend le nourrisson dans ses bras ; il scrute son crâne ensanglanté en grommelant d'un ton menaçant, puis me demande de l'examiner à mon tour. Juste sous l'oreille, une petite morsure signe le forfait : un vampire est venu au cours de la nuit. Quoique sans gravité, la plaie a abondamment saigné ; en effet, la bête ne mord que très superficiellement, mais elle dépose une sécrétion qui anesthésie sa victime et empêche le sang de cailler. Ces vampires sont à peine plus gros qu'une souris et leur ponction nocturne ne porte donc pas à conséquence ; toutefois, s'ils reviennent molester un bébé déjà malingre, ils finissent par provoquer une sorte d'anémie réputée mortelle.

C'est la deuxième fois depuis le début de notre séjour que le nourrisson est attaqué et son père en paraît fort troublé. Tandis qu'Entza lui lave la tête avec de l'eau chaude, Wajari le fait sauter gentiment sur ses genoux pour tenter d'apaiser ses pleurs, puis il le lève à bout de bras et lui suce brièvement le pénis. Notre hôte offre dans l'exercice de sa tendresse paternelle un curieux mélange de force brute et de délicatesse. Le torse musculeux et le cou puissant, les traits du visage virils et affirmés soulignent par contraste la grâce quasi féminine des cheveux noirs qui balaient ses épaules. Le bébé s'est calmé et lance des glousse-ments de plaisir en jouant avec la toison soyeuse de son père; il essaie d'attraper les dents de jaguar que ce dernier porte en collier ou les rubans multicolores dont ses poignets sont emmaillotés. Dans cette culture où les cheveux longs et les parures précieuses sont l'apanage des hommes, le bébé tripote Wajari comme une belle maman bourgeoise à la chevelure parfumée et au sautoir scintillant.

Que penser devant ce tableau touchant mais sans afféterie de la sinistre réputation faite à ces guerriers réducteurs de têtes? Certes, Wajari n'est pas toujours aussi câlin avec sa progéniture et il faut une circonstance un peu exceptionnelle pour le voir ainsi jouer avec un bébé. Dès qu'un enfant commence à marcher, et surtout s'il s'agit d'une fille, il adopte vis-à-vis de lui une attitude plus compassée et s'abstient dès lors de tout embrasse-ment. Mais cette pudeur du geste ne masque pas la fierté affectueuse de son regard lorsqu'il contemple avec impassibilité sa petite horde. C'est à croire que nous avons abouti chez les seuls Indiens pacifiques de cette société réputée sanguinaire et qu'ils s'efforcent de mimer pour notre compte une fiction rousseauiste que rien dans la littérature ethnographique ne laissait prévoir.

La luminosité laiteuse de l'aube commence à supplanter la lueur des foyers. La brume qui monte de la rivière enveloppe de son duvet les contours du jardin et noie dans une curieuse uniformité les premiers feux d'un soleil encore invisible. Une déchirure laisse parfois entrevoir la cime d'un arbre, mais le sol est tapissé d'un nuage cotonneux qui enroule ses boursouflures autour de la végétation comme un brouillard de théâtre. Le rite de la wayus s'achemine vers son inévitable conclusion. Les vertus de cette infusion matinale ne sont pas seulement sociales, elles sont d'abord et avant tout émétiques. Bue en petites quantités, la wayus n'exerce aucun effet particulier. Mais, à l'instar de la bière de manioc, elle est ici ingurgitée sans répit jusqu'à vider la grande coupe noire, et une persistante nausée s'installe bientôt si l'on ne se soulage pas l'estomac de cette masse liquide. J'accompagne donc Wajari dans les fourrés qui bordent le Kapawi et me chatouillant la luette, comme il se doit, avec une petite plume, je sacrifie au milieu des vapeurs de l'aube à la coutume quotidienne du vomissement. Les hommes ne sauraient débuter la journée sans cette énergique purgation qui redonne à l'organisme la virginité du ventre vide. Par l'expulsion purificatrice des résidus physiologiques, les Achuar ont trouvé un moyen commode pour abolir le passé et renaître chaque matin au monde avec la fraîcheur de l'amnésie corporelle.

Wajari ne revient pas à la maison avec moi, mais m'annonce d'une voix sereine qu'il va déféquer dans la rivière. La purification doit se poursuivre jusqu'à son terme par une immersion dans les eaux encore très froides du Kapawi et l'évacuation au fil du courant des derniers déchets. Je devrais à notre camaraderie naissante de l'accompagner dans cette activité que les hommes liés par l'affection mènent toujours en tandem, mais j'ai renâclé jusqu'à présent devant cette soumission excessive aux obligations de l'observation participante. Légèrement en aval de la petite anse dédiée aux activités ménagères, Wajari fait un tapage de tous les diables : il bat l'eau de ses mains en poussant un hululement soutenu qui s'élève des vapeurs de la rivière comme une corne de brume. Il s'interrompt par moments pour hurler triomphalement : « Je suis Wajari ! je suis Wajari ! je suis fort ! je suis un jaguar qui va dans la nuit ! je suis un anaconda ! » Le contraste est saisissant avec la douceur des tableaux domestiques qui précèdent. Évanoui le tendre père, disparu l'hôte attentionné ; c'est bien un guerrier qui maintenant exalte sa gloire dans l'aube attentive.

Dégoulinant et frissonnant, Wajari revient de son tintamarre avec l'assurance d'une virilité réaffirmée. Et comme une épreuve n'a de sel que si elle est partagée, il embarque dans ses bras trois ou quatre chiots pour aller les jeter dans le Kapawi. Les chiens doivent s'éduquer comme les hommes, et rien de tel qu'une baignade pour fortifier leur courage. Chiwian et Paantam ne font pourtant pas mine de suivre leur père dans ces ablutions ascétiques où se forgent les qualités de la condition masculine. Leur mollesse n'est pas pour autant réprimandée car, à partir de douze ou treize ans, les garçons semblent ici libres de leur personne : jamais Wajari ne donne d'ordre à ses fils ni n'élève la voix contre eux.

Les malheureux chiots ne bénéficient pas de ce traitement de faveur ; ils jappent lamentablement chaque fois que leur inflexible dresseur les renvoie à la rivière avec des encouragements énergiques. Grelottant de froid, ils remontent enfin le talus en trébuchant, mais pour se heurter à une nouvelle épreuve. Sans doute mis en verve par leurs gémissements, l'oiseau-trompette qui garde la maison a décidé, on ne sait pourquoi, de leur barrer la route. De la taille d'une poule, mais très haut perché, cet oiseau se laisse facilement apprivoiser lorsqu'il est capturé jeune ; avec une distinction arrogante, il promène alors aux abords de la demeure un élégant plumage gris cendré aux reflets olivâtres. Malgré son apparence pondérée et délicate, l'oiseau-trompette adore jouer les cerbères, signalant l'arrivée d'un étranger par le cri perçant et indigné qui lui a valu son nom. Celui de Wajari est sujet à des lubies : il interrompt parfois sa patrouille de gandin pour se jeter très vulgairement sur l'animal ou le visiteur qui lui déplaît. Il est difficile de se dépêtrer de ses attaques hystériques et les pauvres chiots en font la cruelle expérience. Entre-temps les meutes se sont mises à aboyer contre l'impudent volatile ; le ouistiti captif bondit en tous sens sur sa perche en poussant des trilles suraigus et les nourrissons effrayés font entendre des pleurs convulsifs. Senur finit par bondir en lançant des imprécations pour séparer la mêlée à coups de bâton et l'odieuse bête reprend son tour de garde avec une satisfaction sarcastique.

Le soleil a dissipé la brume dont ne subsistent plus que quelques écharpes entortillées à la lisière de la forêt. Le ciel très dégagé annonce une nouvelle journée de chaleur, encore que celle-ci ne se fera pas sentir avant le milieu de la matinée. Il est six heures et demie à ma montre et le petit déjeuner s'annonce enfin sous forme d'une tournée générale de bière de manioc, accompagnée pour notre bénéfice d'une assiette de taros bouillis. Wajari se cantonne au liquide. A son habitude, il ne mangera rien avant la fin de l'après-midi, lors du seul véritable repas quotidien qui doit comporter du gibier ou du poisson pour se qualifier comme tel. Un petit casse-croûte de manioc grillé, d'igname ou de taro vient parfois combler un creux et permettre d'attendre le dîner, mais il doit être mangé sur le pouce et presque à la sauvette. L'on tient ici la gloutonnerie en horreur et les jeunes enfants sont constamment remémorés d'avoir à modérer leur goinfrerie naturelle. La nourriture étant aussi variée qu'abondante, ce n'est pas le spectre de la disette qui engendre cette retenue, mais bien le sentiment que la tempérance sous toutes ses formes est la vertu exemplaire des degrés supérieurs de l'humanité. A l'exception de la bière de manioc, dont on peut engloutir des quantités considérables, les manières de table imposent aux hommes une façade de frugalité d'autant plus ostentatoire que les témoins en sont plus nombreux.

A califourchon sur son chimpui, Wajari s'est lancé dans sa toilette avec autant d'application qu'une courtisane vénitienne. Après s'être soigneusement peigné les cheveux, il les divise en deux tresses de part et d'autre de la frange épaisse qui lui mange les sourcils. Chaque tresse est entortillée d'un gros cordonnet de coton rouge, tandis que sa longue queue de cheval est attachée par un ruban tissé de motifs géométriques, portant à ses extrémités des plumes de toucan rouges et jaunes qui font sur sa nuque comme un petit bouquet. Il s'empare ensuite de ses *karis*, deux minces tubes de bambou d'une trentaine de centimètres de long ornés d'un motif de losanges gravé au feu ; chaque tube est terminé à un bout par une rosette de plumes et une longue mèche de cheveux noirs. Ayant humecté de salive les bambous pour mieux les faire glisser, Wajari retire les deux petits bâtonnets qu'il porte dans le lobe des oreilles pour introduire délicatement dans les fentes cette encombrante parure. Il demande alors à l'une de ses filles d'aller chercher une cosse dans le buisson de roucou qui borde la maison, comme il se doit pour un cosmétique employé chaque jour par tous. Avec une tige trempée dans le suc rouge de la cosse, il se dessine sur le visage un motif compliqué tout en s'examinant d'un œil critique dans le petit miroir que je lui ai donné il y a quelques jours. Enfin satisfait de son apparence, notre hôte saisit sa grande machette, m'invite à rester à la maison, et s'en va d'un pas allègre visiter son beau-frère Pinchu qui l'a convié à essarter un nouveau jardin. Une longue journée d'oisiveté forcée s'ouvre encore devant moi.

Chapitre III

RUMEURS VILLAGEOISES

La pluie fine qui est tombée toute la nuit a cédé la place à l'un de ces matins maussades où se lever devient un petit acte de courage. Wajari a fort heureusement renoncé à son habituel lavage d'estomac et sa baignade s'est déroulée sans tapage. Il est à présent occupé à farfouiller dans son *pitiak*, un panier à couvercle au tressage très serré où il range ses effets personnels et dont il tire une abominable chemise en nylon, bariolée dans le style hawaïen. L'ayant énergiquement secouée pour en faire tomber les nombreux cafards qui y avaient trouvé refuge, il lance un « *tou-tou-tou-tou* » mélodieux pour convier les poules à picorer les bestioles affolées qui détalent en tous sens. En dépit de la vulgarité de son vêtement, Wajari ne paraît pas ridicule, tout au plus incongru. Et s'il défère ainsi à l'élégance voyante des tropiques, c'est en l'honneur de son frère Titiar qui nous a demandé de venir aujourd'hui l'aider à construire sa maison.

Titiar habite sur l'autre rive, pas très loin d'ici. Les pluies de ces derniers jours ont fait monter brutalement le niveau des eaux, submergeant le grand tronc par lequel on franchit ordinairement le Kapawi, et c'est sur la petite pirogue ballottée par le courant que nous traversons la rivière. La maison du frère de Wajari se dresse sur une grande terrasse sablonneuse à la confluence du Kapawi et d'un ruisseau aux eaux transparentes encaissé dans un petit ravin luxuriant. Elle est flanquée par le squelette d'une grande charpente déjà complètement armée, mais encore dépourvue de sa toiture de palme. Au contraire de celle de notre hôte, la maison est ceinturée par des parois en bois de palmier, interrompues à chacune des extrémités par une porte pleine. De son intimité ainsi dissimulée, on ne perçoit pour le moment que de grands éclats de voix.

Nous entrons par la porte du tankamash, en ponctuant notre arrivée du salut tautologique habituel : «Je viens!» Il faut quelque temps pour s'habituer à la pénombre et distinguer la guirlande d'invités qui tapisse le mur du tankamash face à la silhouette de Titiar trônant sur son chimpui. Après avoir navigué au milieu d'une profusion de pininkia remplis à ras bord, posés dans le plus grand désordre sur le sol et sur les bancs, on nous fait une petite place dans la rangée des visiteurs. Wajari n'est pas le seul à s'être endimanché car plusieurs hommes arborent des chemises qui feraient honneur à une école de samba. Ces vêtures flamboyantes contrastent avec la sobriété des contenances, le formalisme des attitudes et l'exotisme des parures. Tous les hommes ont le visage délicatement orné de peintures au roucou, certains portent des tubes karis dans les oreilles et arborent des couronnes de plumes de toucan ou des diadèmes de plumes d'ara.

Titiar est un bel homme mince aux yeux de velours, à l'élocution lente et mélodieuse, dont le maintien ostensiblement assuré paraît par moments trahir une secrète appréhension. Il est pour l'instant engagé dans un dialogue avec Tsukanka, un redoutable «vieux» d'une cinquantaine d'années, petit, râblé, au visage de gargouille, heureux possesseur de six épouses et plus grincheux qu'un oiseau-trompette. Je ne l'ai jamais vu rire ou sourire, ce qui vaut sans doute mieux car ses dents parfois brièvement révélées sont couvertes d'un vernis noir qui les rend semblables à un piège à loup. Quelles que soient les circonstances, Tsukanka parle très vite et très fort, avec une violence à peine contenue qui fait oublier sa petite taille. Il est d'autant plus formidable à présent qu'il est lancé dans le dialogue ordinaire des visites, le *yaitias chicham* ou «discours lent», qui contrairement à ce que son nom semblerait indiquer se déroule à un rythme que mes oreilles inexpertes jugent extrêmement vif.

Le discours lent est un mode canonique de conversation entre deux hommes, une sorte de répons se développant selon une ligne mélodique spécifique, scandé par des formules stéréotypées qui servent à marquer les différentes étapes du dialogue et à signaler les alternances de parole entre les deux interlocuteurs.

Cette forme d'expression est surtout employée comme entrée en matière lors des visites entre proches parents, mais dès qu'un entretien normal commence à porter sur un sujet grave ou important, c'est-à-dire susceptible d'engendrer un conflit, les hommes retombent de manière presque automatique dans les intonations appuyées et les phrases répétitives caractéristiques du discours lent. Or, comme les conversations à bâtons rompus paraissent ici inconnues et que les occasions de conflit ne semblent pas manquer, la communication entre les hommes prend généralement la forme d'un échange dialogué, plus ou moins alerte ou compassé selon que la prosodie musicale du discours lent est plus ou moins affirmée.

Les chefs de famille présents sont étroitement apparentés. Le maître de maison a épousé une sœur de Tsukanka, qui est lui-même marié à deux sœurs de Titiar. Selon la logique du système de parenté jivaro, cette relation d'alliance réciproque s'étend à Wajari puisqu'il est frère de Titiar. Naanch est un frère dit « embranché » *(kana)* de Wajari et de Titiar, car leurs pères respectifs étaient frères ; ils s'appellent donc « frère » et se considèrent comme tels. Mais Wajari a aussi épousé une sœur de Tseremp ; ce dernier, ainsi que ses deux frères Tarir et Pinchu, est ainsi allié collectivement à Wajari, Titiar et Naanch. En outre, Tseremp est le mari d'une fille de Tsukanka et souhaite-rait prendre pour deuxième épouse la sœur de celle-ci. Mukuimp, quant à lui, est le gendre de Wajari ; par le jeu extensif des catégories de consanguinité et d'affinité, il se trouve donc pourvu de trois « beaux-pères ». Enfin, Tayujin et Kuunt sont frères, et, leur sœur étant l'une des épouses de Naanch, ils ont également Wajari et Titiar comme beaux-frères ; Tsukanka est aussi leur beau-père, car Tayujin est marié à l'une de ses filles. Les hommes de cette petite collectivité ne s'adressent pas les uns aux autres par leur nom, mais par l'un des quatre termes de parenté qui dénotent leurs entrelacs de relations : *yatsur* ou « mon frère » (germain ou issu de germains de même sexe), *sairu* ou « mon cousin-beau-frère » (mari de la sœur, frère de l'épouse ou issu de germains de sexes opposés), *jiichur* ou « mon oncle-beau-père » (père de l'épouse, frère de la mère ou mari de la sœur du père) et *aweru* ou « mon gendre-neveu » (époux de la fille, fils de la sœur ou fils du frère de l'épouse).

Je me suis assis à côté de Tseremp. Agé d'une vingtaine

d'années, pas très grand mais bien découplé, il a ce tempérament sympathique et enthousiaste que l'on voit surtout chez nous aux jeunes chefs des troupes scoutes. Dans son espagnol rustique il m'explique que ce noyau de parentèle est venu s'établir ici il y a trois ou quatre ans à l'instigation de Wajari et de Titiar. Les familles vivaient auparavant dispersées dans toute la région du haut et du moyen Kapawi, à un ou deux jours de marche les unes des autres, leurs relations se bornant à des visites très épisodiques en dépit de la proximité de leur apparentement. Les hommes du Kapawi entretenaient depuis longtemps des rapports d'hostilité avec les Shuar du Makuma, à une dizaine de journées de marche vers le nord-ouest, et lorsque ces derniers furent « pacifiés » par des missionnaires protestants dans les années cinquante, mes compagnons prirent l'habitude d'aller de temps en temps chez leurs anciens ennemis pour troquer leurs sarbacanes et leur curare contre du sel, des outils métalliques et des fusils. Les missionnaires nord-américains entrevirent immédiatement le parti qu'ils pouvaient tirer des échanges occasionnels entre leurs ouailles et ces Indiens rebelles chez qui ils n'avaient pas réussi jusque-là à prendre pied. Ils confièrent donc à des Shuar endoctrinés la charge de convaincre leurs partenaires commerciaux du Kapawi d'abandonner leurs guerres intestines, de se regrouper en village et de construire la piste d'atterrissage que ces pasteurs volants imposent comme le premier pas vers une vie chrétienne. Les gens du Kapawi hésitèrent longtemps. Mais comme le principal réseau d'échange par lequel ils s'approvisionnaient en outils et en fusils chez leurs voisins achuar du Sud-Est s'était alors trouvé brutalement interrompu par un regain d'hostilité entre l'Équateur et le Pérou, ils finirent par céder aux sollicitations des émissaires shuar, avec l'espoir d'obtenir plus facilement auprès des missionnaires les armes et les outils dont ils ne pouvaient plus se passer.

A notre arrivée, les Achuar avaient terminé de défricher le terrain d'atterrissage depuis environ deux ans sans en tirer de bienfaits spectaculaires. Un village d'une douzaine de maisonnées s'était édifié à proximité de la piste, que les missionnaires protestants avaient appelé Capahuari en référence au nom équatorien de la rivière. Selon Tseremp, un petit avion venait vérifier de temps en temps que les Indiens ne s'étaient pas entretués ; s'il restait un peu de place à bord, l'un des hommes y embarquait avec des sarbacanes ou des parures de plumes pour aller faire des affaires avec son partenaire commercial shuar, s'épargnant ainsi le très long voyage à pied jusqu'au Makuma. Il revenait à Capahuari quelques jours après avec toute une quincaillerie rutilante de marmites et de machettes, mais sans les cadeaux qu'il escomptait des missionnaires. Fermement convaincues des vertus civilisatrices de la libre entreprise, les sectes fondamentalistes laissent en effet l'exercice de la charité aux idolâtres catholiques.

Wajari est en train de terminer le discours lent avec Titiar. Les deux frères se visitent constamment et, comme ils n'ont pas de nouvelles fraîches à échanger, leur entretien a été plutôt bref. Il se conclut sur une phrase stéréotypée dite dans une gamme constamment ascendante :

— Voyons, mon frère, t'ayant maintenant bien visité comme savaient le faire nos anciens et souhaitant à nouveau te visiter prochainement, il me faut à présent te laisser.

— C'est bien ! c'est bien !

La formule est rhétorique car nous devons passer la journée à travailler ensemble. Titiar donne d'ailleurs le signal du départ et nous sortons tous à la file vers la maison en construction.

Aux quatre coins d'un rectangle d'une vingtaine de mètres de long sur une dizaine de mètres de large, quatre piliers porteurs soutiennent des poutres horizontales qui s'appuient sur un poteau situé au milieu de chacun des grands côtés. Sur les deux petits côtés de ce grand parallélépipède sont montés les triangles des arbalétriers qui supportent une longue perche de faîtage. Les deux extrémités les plus étroites sont prolongées au sol par une série de petits poteaux disposés en demi-cercle qui donnent à la maison sa forme elliptique. Des chevrons de bambou sont brûlés à intervalles réguliers sur les deux pans latéraux du toit et en éventail sur les côtés arrondis. Le travail de la journée consiste à ligaturer aux chevrons de fines voliges sur lesquelles seront amarrées les palmes de la couverture.

Les tâches sont apparemment réparties de manière spontanée et personne, pas même Titiar, n'a l'air de diriger l'exécution des travaux. Ces hommes partagent un même savoir-faire et sont interchangeables dans la chaîne des opérations, mais j'admire que cette chaîne puisse se dérouler sans une définition préalable du rôle de chacun. Il est vrai que la for-

mule hiérarchique de la division du travail industrielle — où l'ingénieur programme les gestes qu'un contremaître est chargé de faire exécuter aux ouvriers — nous a rendus oublieux de ces anciens réseaux d'habitudes qui se tissaient dans l'ouvrage collectif. Sous les allures de la spontanéité, chacun y était attentif à l'humeur et aux gestes des autres, rendant ainsi inutile toute fonction d'autorité.

Les plus jeunes, Tseremp, Kuunt et Mukuimp, grimpent dans la charpente par des troncs de balsa entaillés d'encoches et commencent à attacher les voliges avec des lianes. Les autres préparent les voliges à partir de stipes de palmier qu'ils fendent dans le sens des fibres, puis dégauchissent avec minutie. L'atmosphère est plus détendue que dans la maison et chacun semble prendre plaisir à ce travail en commun. Tayujin plaisante avec son frère qui fait le clown dans la charpente ; il le compare à un singe hurleur.

— Tu m'as pissé dessus, petit frère au grand gosier, s'exclame-t-il d'un air faussement outré, je vais te tuer pour voler tes femmes.

Cette menace ne semble pas émouvoir Kuunt qui trépigne sur les chevrons en imitant à merveille le rugissement rauque du singe hurleur. Tayujin empoigne alors une volige et fait mine de tirer sur son frère comme avec une sarbacane.

— Je te souffle une fléchette dans le cul, petit frère singe hurleur, voyons maintenant si tu peux encore couvrir tes femelles.

Tsukanka ne trouve pas ça drôle. Il lâche une énergique bordée de remontrances et rappelle ses gendres à plus de retenue. De son temps, les hommes ne parlaient pas ainsi ; ils étaient fiers et forts, ils ne moquaient pas leurs frères ; maintenant les jeunes sont comme les Quichuas, ils n'ont plus aucune vergogne ; ils jouent avec les mots, ils donnent la honte, mais ils ne savent pas venger leurs parents.

Les apostrophes du père la pudeur sont accueillies dans un silence gêné par la jeune génération qui reprend le travail sans piper. Il est d'ailleurs probable que la bouffonnerie de Tayujin et Kunnt s'adressait en partie à moi. Les gens de Capahuari m'ont en effet donné un nom achuar tout à fait classique, Yakum, le singe hurleur, parce que ma barbe était de la même couleur que le pelage roussâtre qui couvre la gorge proéminente de cet animal. Durant l'épisode du toit, on me jetait des regards en coulisse que je feignais de ne pas remarquer, car si je commence à comprendre un peu la langue, je trouve plus judicieux de continuer à paraître ignorant, afin que les hommes ne prêtent pas attention à moi et puissent converser entre eux sans réserve. Les plaisanteries dont je suis l'objet ne sont pas méchantes : on brocarde ma maladresse et j'assume le rôle de croque-mitaine auprès des petits enfants indisciplinés qui se calment immédiatement lorsqu'on les menace d'être dévorés par le grand Yakum barbu.

Vers onze heures, Titiar clame le très attendu «*nijiamanch! jiamanch, jiamanch, jiamanch! wari, nijiamanch!*» et ses deux épouses rappliquent avec des marmites de bière de manioc et des empilements de calebasses et de pininkia. Toutes les voliges sont maintenant fixées aux chevrons et il est temps de faire une pause. Les hommes continuent pourtant de s'agiter avec ostentation, feignant d'être absorbés dans de petites finitions inutiles, tandis que Titiar les invite tour à tour avec insistance à venir s'abreuver. Chacun ayant fini comme à regret par abandonner sa tâche, le nijiamanch peut enfin couler à flots.

Le premier devoir d'un homme qui bénéficie de la coopération de ses parents et alliés consiste en effet à les abreuver avec libéralité. Un tel travail collectif est d'ailleurs appelé «invitation», *ipiakratatuin*, et celui qui en prend l'initiative fait d'abord la tournée des maisons pour convier chaque homme à l'aider par la formule standard : «Demain tu viendras boire chez moi la bière de manioc.» On ne fait jamais référence à la nature du travail à effectuer — tout le monde sait que Titiar termine le toit de sa nouvelle maison — ni même au fait qu'il faudra travailler. Les libations et les palabres, formelles ou informelles, occupent une grande place dans l'invitation, et le labeur communautaire semble être plus un prétexte à une petite fête qu'une nécessité strictement économique.

Chaque maisonnée achuar étant presque complètement auto-suffisante, un homme ne recourt à une invitation que pour des tâches bien spécifiques, tels l'essartage à la hache d'un nouveau jardin, la mise en place de certaines pièces particulièrement pesantes de la charpente ou le halage d'une grande pirogue sur des rouleaux depuis le lieu d'abattage où elle a été façonnée jusqu'à une rivière navigable. A dire vrai, seule la dernière de ces opérations exige une main-d'œuvre extérieure à la famille ; dans les autres cas, un homme et ses fils peuvent suffire à l'ouvrage, le travail collectif n'étant qu'un moyen de gagner du temps et d'épargner sa peine. Cette entraide n'est pas soumise à une comptabilité vétilleuse qui imposerait une stricte réciprocité dans le nombre des journées de travail dont bénéficient les uns et les autres. Mais comme les parents se doivent assistance, il est mal venu de décliner une invitation, d'autant qu'avec ses parlotes bien arrosées, celle-ci fournit l'occasion d'une agréable rupture dans la monotonie de la vie domestique.

Le désir de convivialité se fait moins aigu à présent que les Achuar du Kapawi se sont regroupés autour de la piste d'atterrissage et qu'ils peuvent se visiter quotidiennement sans effort. Il y a encore quatre ou cinq ans, ces hommes devaient marcher pendant plusieurs jours pour faire la tournée d'invitation chez leurs parents disséminés dans la jungle ; et si le travail en commun était pour cela moins fréquent, il se prolongeait en revanche plus longtemps et se concluait par une grande fête de boisson où l'on dansait jusqu'à l'aube. En fuyant l'isolement de l'habitat dispersé dans ce petit village dont l'unique rue mène au ciel, les Achuar sont en train de découvrir qu'une certaine promiscuité peut affadir les joies de la vie mondaine.

C'est Tsukanka, et non pas Titiar, qui prend finalement l'initiative de la reprise du travail. A aucun moment, le maître de maison n'a donné d'instructions à ceux qui étaient venus l'aider, si ce n'est pour les inviter à faire une pause. Les seuls ordres que j'ai entendus jusqu'à présent sont ceux que les maris adressent à leurs épouses et, sur le plan formel en tout cas, les hommes semblent bien y former une communauté d'égaux. Titiar commande justement à ses femmes de l'accompagner pour aller chercher des fardeaux de palmes de *kampanak* qu'il a coupées en forêt à plus d'une heure d'ici ; ce travail de portage est la seule opération dévolue aux femmes dans la construction de la maison.

Deux espèces de petits palmiers sont employées pour la couverture des toits : kampanak et *turuji* appartiennent à la même famille botanique et ont la grâce de pousser en colonies, ce qui rend leur collecte plus facile. Bien que ces plantes soient fort communes, il en faut de grandes quantités pour faire une toiture et les bosquets les plus proches sont rapidement épuisés ;

aussi, lorsque le toit de palme commence à pourrir après une douzaine d'années, il ne reste plus qu'à déménager sur un nouveau site. Toutefois, comme l'ancienne demeure de Titiar n'a pas plus de huit ou neuf ans, il compte bien récupérer une partie du chaume dont elle est couverte pour celle qu'il construit à présent.

Plus que toute autre ressource, c'est l'accessibilité des palmes et la résistance du toit qui vont conditionner le cycle des changements d'habitat. Quoi qu'il arrive, un homme doit reconstruire sa maison tous les douze ou quinze ans; s'il reste des colonies de kampanak et de turuji à proximité, si le gibier et les plantes de cueillette demeurent abondants, et si aucune guerre n'impose un éloignement tactique du territoire des ennemis, il édifiera la nouvelle habitation à côté de l'ancienne afin de pouvoir continuer à exploiter ses jardins de manioc. Dans le cas contraire, il lui faudra sélectionner un autre site d'habitat, à un ou deux jours de marche, et entreprendre un laborieux déménagement : essartage de nouveaux jardins, transplantation des boutures, construction de la maison et de son mobilier, etc. A Capahuari, ce cycle semi-nomadique a été récemment interrompu par le regroupement en village, mais ce bouleversement des formes d'habitat commence déjà à poser quelques problèmes; Titiar se plaignait d'avoir maintenant à se déplacer assez loin pour trouver les palmiers de couverture et les espèces de bois appropriées pour la charpente. Dans cette forêt où les ressources naturelles sont abondantes mais fort dispersées, la concentration des habitations et le passage à une vie sédentaire induisent ainsi rapidement des perturbations dans les modes traditionnels d'usage de la nature dont mes compagnons commencent à mesurer le coût; si luxuriante que la nature paraisse sous ces latitudes, elle supporte mal les pressions démographiques, même modestes.

Plusieurs fardeaux de kampanak étant déjà entreposés sous la charpente, le travail peut se poursuivre en l'absence de Titiar. Chaque palme est nouée séparément sur une volige par son pétiole, de manière qu'elle chevauche la précédente. La pose débute par les voliges de l'avant-toit, puis progresse vers le faîte, chaque nouvelle bande de palmes recouvrant partiellement la rangée inférieure de façon à assurer une étanchéité parfaite.

Le rythme du travail s'est considérablement ralenti et j'en

profite pour demander à Tseremp des précisions sur les conversations animées qui se déroulaient ce matin dans la maison. Comme je le soupçonnais, une vendetta est en train de se tramer, mais les protagonistes n'en sont pas encore clairement définis car les circonstances du *casus belli* demeurent obscures. La première partie de l'affaire est connue de tous : un certain Ikiam qui vivait au débouché du Copataza dans le Pastaza à trois jours de marche d'ici vers le nord-ouest, a été abandonné il y a quelques mois par sa femme Pinik, qu'il battait. Probablement avec la complicité de l'un de ses parents, celle-ci s'est enfuie en pirogue, descendant le Pastaza pendant plusieurs jours jusqu'à un petit groupe de maisons achuar situé à la confluence de ce fleuve avec le bas Kapawi. Un nommé Sumpaish habitait dans les parages et tomba sur-le-champ amoureux de la fugitive qu'il prit pour épouse.

La suite du vaudeville, dont personne ici n'était informé, fut rapportée ce matin par Tayujin, le gendre de Tsukanka, de retour d'une visite à son frère Narankas sur le Sasaïme. Enragé par son cocuage, Ikiam décida le mois dernier d'aller trucider l'infidèle et son nouveau mari. Il était parti seul en pirogue un beau matin, avec un fusil à baguette et une bonne provision de poudre et de plomb, et n'avait plus été revu depuis. Personne ne doute ici qu'il ait été assassiné, mais deux versions contradictoires s'affrontent quant à l'identité de son meurtrier. Certains pensent qu'il a été tué par Sumpaish, ce qui est le plus vraisemblable. Parfaitement conscient des conséquences probables de son mariage, le nouvel époux de Pinik demeurait sur ses gardes et il aurait surpris Ikiam tandis qu'il rôdait autour de sa maison. Selon une autre rumeur colportée par les gens de Sasaïme, le mari jaloux aurait été tué par l'un de ses beaux-frères, un certain Kawarunch, qui vit au bord du Pastaza à une journée de navigation en aval de chez lui. Kawarunch aurait tiré sur Ikiam par surprise, alors que celui-ci passait en pirogue devant sa maison pour aller accomplir sa vengeance sur le bas Pastaza. La culpabilité présumée de Kawarunch n'est fondée sur aucun autre indice que sa réputation d'homme irascible ; selon Tseremp, c'est un type dangereux avec pas mal de meurtres à son actif. Comme les Achuar du Copataza semblent vouloir monter un raid de vengeance, et que tout le monde à Capahuari est lointainement apparenté aussi bien à la victime qu'à l'un ou l'autre de ses meurtriers présumés, il s'agit de savoir de quel côté chacun des hommes va se ranger.

Le retour de Titiar et de ses deux épouses sous une montagne de palmes annonce la fin prochaine du travail de la journée. Après un remerciement collectif, le maître de maison convie bientôt tout le monde à regagner l'ancienne habitation où nous attend un copieux repas préparé par les jeunes filles en l'absence de leur mère. Outre des flots de nijiamanch, le responsable d'une invitation doit également offrir à ceux qui l'ont aidé un bon dîner, c'est-à-dire du gibier en abondance. Titiar a couru les bois deux jours d'affilée en prévision de sa petite festivité, ne rapportant d'ailleurs qu'un maigre butin : deux sapajous, un agouti et un toucan. J'ai hérité des mains de l'un des singes, petits poings noirâtres et recroquevillés nageant dans un bouillon gras comme des débris d'un festin cannibale. Ce morceau de choix étant réservé aux hôtes que l'on désire honorer, il me faut sucer ces tristes phalanges avec la conviction des convives bien élevés.

Une nouvelle tournée de bière de manioc succède au repas ; beaucoup plus alcoolisée que les précédentes, elle contribue bientôt à échauffer les conversations. Deux discours lents se tiennent simultanément, l'un entre Titiar et Naanch, l'autre entre Tsukanka et Wajari. Feignant d'ignorer les palabres parallèles, chacun des interlocuteurs parle à tue-tête à son vis-à-vis tout en crachant sans discontinuer. L'expulsion très contrôlée de la salive est un de ces talents de société qui s'exerce à l'occasion des visites, exutoire de style à l'acidité de la bière de manioc fermentée. Lors des discours lents, toutefois, le crachat acquiert une véritable valeur sémantique. Un coude posé sur le genou et la main en coquille masquant la bouche, le vigoureux parleur dérobe au regard la nudité des dents ; les phrases cadencées se répandent dans la maison en dissimulant leur origine trop humaine, comme échappées d'une muselière. A intervalles réguliers, deux doigts verticaux emprisonnent les lèvres dans une amorce de sifflet et dirigent à plusieurs mètres l'élégante parabole d'un jet de salive. Plus l'affaire discutée est sérieuse et plus le rythme des émissions s'accélère, animant d'un bombardement continu l'espace immobile où s'affrontent deux interlocuteurs figés comme des statues. Le crachat ponctue, souligne et donne de l'emphase ; son chuintement confère une sorte de rime aux dialogues. A mi-chemin de la parole et du geste, cette modeste fonction corporelle est ici élevée à la hauteur d'un artifice rhétorique.

L'affaire Ikiam est au centre de tout ce brouhaha codifié. Même en l'absence d'un motif plausible, les partisans de la culpabilité de Kawarunch sont les plus nombreux ; la vindicte dont on l'accable est manifestement antérieure au forfait qui en serait le prétexte. Deux voisins de Kawarunch sont à l'origine des accusations qu'on lui porte : Tukupi et Washikta vivent à l'embouchure du Sasaïme et ont acquis une grande renommée grâce à leurs exploits guerriers. Ils sont l'un et l'autre «beaux-frères» de Kawarunch, mais ils s'entendent assez mal avec lui à présent. Ce trio redoutable a pourtant mené de nombreux raids contre les Achuar du Sud avant que la discorde ne mine leur faction ; les gens de Capahuari qui leur sont alliés honorent Tukupi et Washikta du nom de *juunt*, «grand homme», par lequel on désigne les plus courageux et expérimentés des leaders militaires ; en revanche, Kawarunch n'est que *mamkartin*, «tueur», car il assassine sans panache, délaissant la gloire des affrontements directs pour la cautèle des embuscades.

Toutes ces supputations sur la culpabilité des uns ou des autres relèvent de ce que les Achuar appellent *pase chicham*, «les mauvaises paroles», un brouillard de rumeurs, d'accusations et de demi-mensonges particulièrement favorable au surgissement des guerres. La grande dispersion de l'habitat favorise la déformation systématique des nouvelles les plus anodines qui sont relayées de maison en maison par des visiteurs chaque fois différents. Ces messagers plus ou moins bien intentionnés interprètent les faits en fonction de leurs stratégies personnelles et transportent les plus invraisemblables calomnies chez ceux qui ne demanderont qu'à les croire. Et lorsqu'une animosité ancienne trouve un nouveau faisceau de médisances pour ranimer son ardeur, lorsqu'une vengeance longtemps différée reconquiert son actualité par un récent prétexte, alors la vie d'un homme ne tient plus qu'à une prudence de tous les instants.

Les généalogies que nous avons commencé à relever témoignent dans leur crudité statistique de l'ampleur de ces guerres de vendetta : dans la génération qui vient de disparaître, un homme sur deux est mort au combat. Derrière la façade sereine de nos hôtes, derrière la routine aimable de leur vie quotidienne, un monde plus tumultueux se profile peu à peu. Nul n'éprouve le besoin de m'en dissimuler les échos, peut-être en raison de mon incompréhension présumée, mais plus sûrement parce que la mort violente est ici au carrefour de tous les destins individuels.

Chapitre IV

TEMPS D'ARRÊT

Deux mois déjà que nous sommes à Capahuari! Le temps semble parfaitement immobile, sans épaisseur et sans rythme, à l'affût de l'événement. Seules les routines biologiques animent un peu le continu de notre existence; leur altération parfois introduit une note de fantaisie. Le piment qui asphyxie, la jolie chenille qui brûle à l'acide, les moustiques qui empêchent le sommeil, les acariens qui dévorent les jambes et le bas-ventre, les piqûres infectées qui suppurent, les poux qui picorent la tête, la mycose qui empuantit les pieds, la colique qui tord les boyaux, bref toutes ces petites infirmités habituelles aux tropiques contribuent à souligner une sorte d'extériorité de nos corps où se logent des endolorissements successifs. Rendons grâce à notre nature animale de suppléer par ce cortège de nouveautés aux cycles imperceptibles d'une nature végétale perpétuellement identique! *Semper virens*, toujours verte, disent les botanistes pour qualifier cette forêt qui jamais ne se dépouille pour renaître, dont les fleurs modestes et sans attrait évoquent tout au plus une banale fonction reproductive. Habitués que nous sommes à mesurer le temps par les changements de couleur des saisons, comment pourrions-nous appréhender l'écoulement d'une durée sans contrastes chromatiques?

A cette absence de variations saisonnières, les Indiens d'Amazonie répondent de façon volontariste : la juxtaposition des couleurs vives est dans cette région du monde un attribut de la culture qui assure sa prééminence sur une nature immuable par le jeu de franches discontinuités. Parures de plumes rouges, jaunes et bleues, peintures au roucou, colliers de perles de verre criardes, bracelets et pagnes multicolores amplifient sur les hommes le chromatisme d'une fraction de l'ordre animal chargée d'animer discrètement la nature par des livrées bariolées. Dans un univers monochrome, aras, toucans, momots ou coqs de roche se singularisent par l'éclat de leur apparence, et lorsque les Indiens miment leur ostentation multicolore en se parant de leur plumage recomposé, c'est par souci de les considérer en quelque sorte comme des égaux. Outre une vêture originale qui les prédispose à servir de matière première pour la confection des emblèmes les plus caractéristiques de la vie sociale, les oiseaux possèdent quelques qualités propres qui les rapprochent des hommes. Les étapes de leur croissance et les modifications radicales qui en résultent — différences entre l'oisillon, le jeune sujet et l'adulte, passage du duvet aux plumes, dimorphisme des sexes, etc. — sont particulièrement aptes à signifier les changements de statut dont les rites de passage sont l'expression. Il n'est donc pas étonnant que l'initiation des adolescents, l'entrée dans une société de guerriers ou dans une classe d'âge, l'accès à la chefferie ou la culmination de l'apprentissage chamanique soient souvent marqués en Amazonie par le port d'une parure de plumes bien distinctive. L'attachement des couples, les soins des parents à leur nichée, les manifestations d'altruisme ou l'organisation très réglée des espèces sociables présentent également beaucoup d'analogies avec les modes d'expression de l'affectivité humaine. Le chant des oiseaux, enfin, offre une complexité mélodique presque sans pareille dans le monde animal, et ces ramages que les Indiens savent reproduire avec une bouleversante exactitude leur évoquent une capacité à formuler des messages qui s'approche au plus près du langage des hommes. Dans la plupart des cultures amazoniennes, certains oiseaux au plumage exceptionnel comme les aras et les toucans sont ainsi d'exemplaires métaphores de la condition humaine au cœur même de la nature. Mais qu'elles jettent leur éclat sur un oiseau ou sur une parure, ces oppositions de couleurs où s'exprime le sceau du social se donnent à voir selon une contiguïté instantanée; elles ne sauraient marquer une périodicité temporelle devenue invisible faute d'illustrations.

Certes, il y a des jours de soleil et des jours de pluie. Les premiers sont interminablement dilatés dans la lumière crue du zénith qui mange les anticipations allègres de la matinée et les plaisirs sociables de l'après-midi. Les seconds, comme partout ailleurs, ne sont que des jours de pluie, moroses et domestiques. Certains jours de soleil s'obscurcissent dans l'après-midi sous des nuées orageuses; l'averse brutale ne dure qu'un moment et s'évapore bientôt en fumée sur la terre surchauffée. Parfois, les jours de pluie connaissent aussi leur parenthèse; une déchirure soudaine vient vers midi interrompre un petit déluge qu'on croyait éternel. Dans l'un et l'autre cas, un arc-en-ciel signe l'inattendu de sa présence. C'est une métamorphose céleste de l'anaconda, le grand serpent d'eau dont la peau chatoyante évoque en les mêlant toutes les tonalités du prisme. Comme lui, il augure le danger et sa présence est saluée du terme *pasun*, «mauvais présage», craintivement murmuré par les femmes. L'arc-en-ciel est aussi le signe de la transition, de l'intervalle, de la durée un moment découpée; les couleurs qu'il exhibe marquent une discontinuité unique dans le déroulement homogène du temps. Mais ce mirage irisé est si fugace qu'on oublie la césure qu'il avait pour fonction d'indiquer : la pluie revient ou le soleil reprend ses droits.

Le journal de terrain est notre calendrier de Robinson. Comme sur un navire, janvier ou juillet perdent leur saveur saisonnière pour n'être plus que les repères des jours qui s'écoulent. La chronique minutieuse du quotidien se dépouille ainsi de tout référent cosmique et s'asservit au rythme de la seule vie sociale. Les querelles de famille, les accusations de sorcellerie et les histoires de chasse en forment la trame principale, ponctuée épisodiquement par la rumeur frénétique d'une guerre en gésine.

Ces peuples de la solitude, comme les appelait Chateaubriand, ont une existence sociale bornée par un très petit nombre d'événements survenant dans un cercle étroit de relations; leur passé remonte rarement au-delà des souvenirs de l'enfance et s'abolit vite dans le monde tout proche de la mythologie. Peu d'Achuar connaissent le nom de leurs arrière-grands-parents, et cette mémoire de la tribu qui se déploie tout au plus sur quatre générations s'engloutit périodiquement dans la confusion et l'oubli. Les inimitiés et les alliances que les hommes ont héritées de leurs pères oblitèrent les configurations plus anciennes que les pères de leurs pères avaient établies, car nul mémorialiste ne s'attache à célébrer les hauts faits accomplis il y a quelques décennies par ceux dont le nom n'évoque plus rien à personne. Hormis les rivières, espaces fugaces et en perpétuel renouveau, aucun lieu ici n'est nommé. Les sites d'habitat sont transitoires, rarement occupés plus d'une quinzaine d'années avant de disparaître derechef sous la forêt conquérante, et le souvenir même d'une clairière s'évanouit avec la mort de ceux qui l'avaient défrichée. Comment ces nomades de l'espace et du temps ne nous paraîtraient-ils pas énigmatiques, à nous qui portons tant de prix à la perpétuation des lignées et des terroirs et qui vivons en partie sur le patrimoine et la renommée amassés par nos aïeux?

Dans cet univers social exigu et sans profondeur, l'événement le plus insignifiant finit par acquérir une dimension cosmique. La blessure d'un chien à la chasse prend autant de relief que la mort d'un enfant ou un projet de mariage, tous également objets de commentaires attentifs et d'interprétations circonstanciées. La routine des travaux quotidiens étant immuable tout au long de l'année, c'est à la succession des thèmes de conversation que l'on sent passer le temps, comme s'effeuille peu à peu une lente chronique de faits divers. Les guerres, l'abandon d'un conjoint ou les déménagements sur un nouveau site sont les temps forts qui scandent cette sociabilité monotone. Les histoires de vie que nous avons commencé à recueillir se résument ainsi à une suite d'accidents chaotiques : naissance en un lieu disparu, assassinat du père, fuite chez un oncle, conflit meurtrier, rapt de la mère, mariage en un lieu disparu, assassinat du conjoint, nouvelle fuite, nouveau mariage, nouvelle guerre, etc. Entre ces paroxysmes récurrents, la vie reprend ses droits et tisse un nouveau réseau de joies et de peines plus ordinaires. De ces grands éclats de violence qui viennent dissiper l'ennui, je n'ai connu jusqu'à présent que des échos lointains. J'ai devant moi le système clos dont je rêvais et, après quelques semaines d'observation, je voudrais déjà qu'il soit plus ouvert. Malgré la curiosité toujours en éveil et la routine du travail d'enquête, chaque jour qui passe est englué dans des filaments d'éternité ; notre existence se met doucement entre parenthèses.

Chapitre V

TRAFICS

Hier à l'aube, Wajari est parti seul à Montalvo pour troquer un ballot de peaux de pécari contre de la poudre, des amorces et du petit plomb. Il aimerait aussi rapporter du curare péruvien, réputé plus puissant que celui qu'il confectionne lui-même. Le taux d'échange est dérisoire : une peau de pécari contre une once de poudre noire et une petite boîte d'amorces, ou trois peaux contre une livre de grenaille. Dans cette région où l'argent est complètement inconnu, les colporteurs *regatones* de Montalvo ont le monopole presque exclusif de la traite et ils imposent sans difficulté aux Achuar leurs cours exorbitants. On imagine aisément le nombre des intermédiaires et l'ampleur de leurs profits dans cette chaîne mercantile qui mène la dépouille du pécari tué par Wajari jusqu'aux vitrines des grands maroquiniers ! Par un curieux paradoxe du commerce international, une industrie fondée sur l'ostentation du superflu se trouve dépendante pour sa matière première de ces modestes sous-produits dont une économie du strict nécessaire n'a pas elle-même l'usage.

Selon la coutume, le chimpui de Wajari est renversé sur le côté pour indiquer que la maison est vide, car temporairement privée de son chef. Ce signe sans équivoque a valeur d'avertissement : aucun visiteur masculin ne doit franchir le seuil de la demeure sous peine d'être soupçonné de vouloir séduire les femmes. Wajari a fait pour moi une exception à cette règle, me recommandant même avant son départ de bien veiller sur la maisonnée. Chacune des épouses de Wajari est pourtant également séduisante. Senur et Entza sont bâties sur le même robuste gabarit, les épaules solides, la croupe bien dessinée et la poitrine généreuse, l'aînée plus grave mais portée à l'ironie, la cadette toujours fendue d'un large sourire qu'un très léger strabisme rend curieusement aguichant. Quant à Mirunik, c'est encore une jeune fille aux formes souples et élancées dont la contenance réservée dissimule mal l'extraordinaire grâce des attitudes. La confiance que Wajari m'accorde s'appuie peut-être sur la présence rassurante d'Anne Christine, à moins qu'elle ne reflète son opinion sur le mode de dilection des Blancs.

Il est vrai qu'un bref voyage à Puyo, d'où nous sommes revenus il y a quelques jours, a sensiblement modifié notre statut au sein de la communauté. Profitant d'un atterrissage de l'avionnette des missionnaires nord-américains sur la piste de Capahuari — dont l'unique motif semblait être de vérifier la rumeur que nous étions installés là —, nous avions en effet obtenu d'être embarqués dans un prochain vol vers l'aérodrome de Shell-Mera. N'étant pas avertis du passage de l'avion, nous nous étions précipités vers la piste en l'entendant faire son approche. Je participais à un abattis collectif et, comme tous les hommes présents, j'avais le visage enduit de dessins au roucou. Le pilote, un colosse blond et rose aux vêtements immaculés, avait toisé avec une consternation dégoûtée ce clochard hirsute et peinturluré qui s'exprimait pourtant en anglais ; il s'était enfin résigné à négocier notre transport, au prix coûtant, vers l'hygiène civilisée dont nous avions à l'évidence tant besoin. Après avoir initialement refusé de nous acheminer chez les Achuar, les évangélistes avaient sans doute pris le parti de nous tolérer dans leur zone d'influence, puisque rien ne leur permettait de s'y opposer ; ils auraient eu mauvaise grâce maintenant à nous interdire les secours de leur avionnette.

Le petit Cessna blanc et rouge était effectivement revenu à Capahuari au jour dit. Un tel spectacle étant rare, la plupart des habitants du village avait envahi la piste pour nous voir partir ; les hommes et les adolescents faisaient les farauds autour de l'avionnette immobile, tandis que les femmes conversaient entre elles, accroupies à bonne distance. Dans ce joyeux brouhaha, personne ne nous avait manifesté un sentiment particulier. Au moment de grimper dans la carlingue, le silence se fit soudainement ; on entendit alors comme un lointain murmure la voix chevrotante des vieilles qui psalmodiaient mélancoliquement des chants indistincts.

Ce séjour d'une dizaine de jours à Puyo nous avait permis de reconstituer nos stocks de cadeaux et de médicaments, et d'acheter un petit moteur hors-bord d'occasion ainsi que plusieurs fûts de carburant. Le transport par avion de tout ce fourniment rendait maintenant possible un long séjour chez les Achuar, Capahuari pouvant servir de base pour des expéditions en pirogue vers des régions d'accès difficile que les missionnaires n'avaient pas encore fréquentées.

A notre retour dans la communauté, les hommes n'avaient pu cacher leur étonnement : malgré nos promesses de revenir au plus tôt, ils ne s'attendaient pas à nous revoir. Hormis un salésien légendaire, très loin dans le Sud, ils n'avaient pas connaissance que des Blancs aient jamais vécu aussi longtemps chez les Achuar. Notre premier séjour leur paraissait déjà assez remarquable par sa durée pour exclure toute idée d'une prolongation. En retournant parmi eux, et en rapportant comme convenu quelques-uns des objets manufacturés dont ils nous disaient avoir besoin, nous avions imprimé un tour différent à nos rapports : à l'évidence, Yakum et Anchumir — le nom indigène d'Anne Christine — n'étaient pas là de passage, et il faudrait désormais compter durablement avec eux.

Les gens de Capahuari ne comprenaient toujours pas le motif de notre longue visite, mais celui-ci avait fini par devenir pour eux une préoccupation secondaire qu'effaçait peu à peu la réalité de notre participation à leurs activités quotidiennes. Ils avaient assez rapidement perçu que nous n'étions pas des missionnaires protestants en raison de notre goût affiché pour le tabac ; se fondant sur des raisons théologiques assez mystérieuses, les évangélistes proscrivent en effet l'usage de ce réconfort dont nous sommes tant redevables aux Amérindiens. Nous ne pouvions pas non plus être des missionnaires catholiques, car ils avaient entendu dire que ces derniers étaient des hommes solitaires que leur absence de pénis rendait incapables de vivre avec une femme. Nous n'avions pas de visées colonisatrices explicites et j'avais même décliné la proposition qu'on m'avait faite vers la fin de notre premier séjour d'ouvrir un jardin et de construire une maison, contribuant sans doute par là à accréditer l'idée que nous repartirions bien vite. Enfin, la langue que nous parlions entre nous n'avait pas les sonorités de l'espagnol, et nous devions donc appartenir à une tribu très éloignée, probablement apparentée à celle des missionnaires nord-américains, mais s'en distinguant par des mœurs particulières. Notre identité étant impossible à définir par référence à des types existants, les gens de Capahuari avaient résolu de nous considérer comme une nouvelle variété d'existence des Blancs, originale sans doute faute de comparaisons accessibles. En revenant parmi eux, nous ajoutions la dimension de la durée à cette esquisse initiale. Tout semblait indiquer que nous serions là pour longtemps, et ce qui apparaissait dans les premières semaines comme une curiosité bizarre et temporaire pour leur idiome, leurs mythes ou le nom de leurs grands-parents, devait maintenant être considéré comme une volonté durable de partager leur vie.

Le voyage à Puyo avait eu un autre effet, plus inattendu, sur nos relations avec les Indiens. Loin d'estomper les rudiments de jivaro qu'un travail linguistique systématique nous avait permis d'acquérir, cette coupure de quelques jours nous avait au contraire fait franchir un seuil dans la compréhension de la langue. Obligés dès la descente de l'avionnette de soutenir des dialogues en achuar, nous avions constaté avec surprise que cet exploit s'était accompli tout naturellement de part et d'autre. Ce sentiment d'une déchirure soudaine dans le brouillard des mots n'avait cessé depuis lors de se renforcer. Certes, la rigueur scientifique nous contraignait à enregistrer au magnétophone les paroles qui ne souffraient pas le résumé ou le contresens, afin de pouvoir les transcrire et les traduire à tête reposée ; en revanche, le bavardage quotidien nous était devenu en grande partie accessible, révélant à nos oreilles soudain esgourdies un cortège de propos généralement marqués au sceau de la plus grande banalité.

Plus que tous les autres, Wajari avait été surpris de notre retour. M'ayant chargé, sans trop y croire, de quelques emplettes à Puyo — un fer de hache, des pièces de cotonnade, des machettes et des couvertures —, je lui avais demandé en échange de me réserver une sarbacane neuve qu'il destinait au troc. Je m'étais acquitté scrupuleusement de ma part de marché, mais Wajari, qui comptait manifestement ne pas me revoir, avait entre-temps donné sa sarbacane à un Quichua du Bobonaza contre deux ou trois marmites usagées. Sans exiger de contrepartie, et avec une ostentation perverse, j'avais alors remis à mon ancien hôte le petit ballot de fournitures que chacun avait eu le loisir de contempler au sortir de l'avionnette.

Son manquement à l'étiquette sourcilleuse des échanges avait plongé Wajari dans une consternation d'autant plus profonde que tous les hommes de la communauté en étaient informés. Car les Achuar sont rigoureux en matière de réciprocité et ils n'admettent pas que leurs transactions internes soient entachées de déséquilibres trop voyants. Chacun sait qui est débiteur de qui, l'absence de monnaie n'empêchant pas pour autant que tout le monde connaisse le cours officieux des objets ordinairement troqués. Pour masquer sa confusion, Wajari m'avait invité sur-le-champ à revenir nous installer chez lui et il s'était lancé avec diligence dans la fabrication d'un carquois qui devait compenser la sarbacane disparue. Dans le cycle éternel des dons et des contre-dons, j'avais pris une longueur d'avance qui nous garantirait au moins pour quelque temps le gîte et le couvert.

Lorsqu'un Achuar nous demande une machette, un couteau, une pièce de tissu ou des perles de verre, nous lui demandons une compensation : un bol de terre cuite pininkia, un peu de curare, une calebasse, un panier parfois, ou un ornement traditionnel de peu de valeur. Nous n'avons guère l'emploi de ces objets communs et habituellement usagés que les Indiens remplacent d'ailleurs rapidement ; aussi s'entassent-ils dans un poulailler désaffecté au bord de la piste d'atterrissage, en attendant un hypothétique transfert vers la civilisation où nous sommes censés en faire don à notre parentèle. Les Achuar trouvent leur compte dans ces contreparties plutôt symboliques à des biens fort convoités, et nous évitons ainsi d'être soumis à des demandes excessives ou injustifiées. La seule exception à cette règle du troc concerne les médicaments courants dont nous avons constitué un stock important et diversifié, et que nous dispensons bien sûr gratuitement à tous ceux qui viennent nous consulter.

Il peut paraître paradoxal, ou mesquin, d'utiliser sciemment les canons de la réciprocité indigène pour réclamer aux Achuar des objets inutiles à notre confort matériel, en échange de ces indispensables biens manufacturés qui nous coûtent si peu. Si congrus qu'ils soient, les deniers de la République nous permettraient de distribuer la camelote de Puyo avec libéralité et sans attendre d'autre compensation que notre pitance quotidienne et un toit pour nous abriter. Cependant, en choisissant de vivre comme les Indiens, nous nous étions résolus à adopter ostensiblement leurs modes habituels de comportement, pour nous faire accepter d'abord, mais aussi pour que notre présence ne perturbât pas trop l'équilibre fragile de leur indépendance. Or, les Achuar admettent que certains objets ont une valeur et qu'ils ne sauraient être donnés en vain. Ils établissent clairement une distinction entre les choses qui ne peuvent être l'objet d'une transaction, parce qu'elles sont comme des prolongements de la personne — les jardins de manioc, la maison et son mobilier, la nourriture ou le travail —, et les choses dont la valeur est objectivable car elles sont indépendantes des gens qui les possèdent, et donc susceptibles d'être converties indifféremment en n'importe quel équivalent possédant les mêmes propriétés : c'est le cas des biens échangés entre les Indiens — armes, curare, sel, parures, chiens, pirogues, etc. — ou de ceux troqués dans les deux sens avec les regatones de Montalvo — outils, tissus, ustensiles, peaux de pécari, de jaguar ou d'ocelot, etc. Certaines choses de la première catégorie peuvent être échangées contre elles-mêmes, sans que cela implique une réciprocité stricte puisque leur indistinction d'avec ceux qui les dispensent interdit que l'on puisse les quantifier ; offrir un repas ou participer à un abattis fait partie des obligations mutuelles entre parents et n'est donc pas soumis à une stricte comptabilité. Malgré l'absence de monnaie, les objets de la deuxième catégorie sont en revanche soumis aux règles d'une circulation tout à fait orthodoxe en ce qu'elle ne tolère pas les flux à sens unique. Il peut s'écouler plusieurs mois, voire plusieurs années, entre les deux moments de l'échange, mais la durée n'abolit pas l'obligation de rendre un bien de valeur à peu près équivalente à celle de l'objet obtenu.

En nous conformant aux modèles d'échange culturellement sanctionnés par les Achuar, nous prévenons les motifs de conflit qu'une distribution massive et indiscriminée d'objets manufacturés aurait pu provoquer : jalousies devant un traitement supposé inégal, surenchères dans les exigences, perturbation des circuits traditionnels, etc. Comme les gens de Capahuari n'ont pas l'expérience de la charité, nos petits trafics nous permettent ainsi d'exhiber vis-à-vis du monde des objets un comportement aisément reconnaissable ; il rend notre présence moins exotique et notre caractère plus prévisible. Outre la parité d'attitudes qu'elle instaure, cette adhésion ostensible aux règles du troc est aussi la seule manière de nous procurer le vivre et le couvert. A l'instar de toutes les sociétés où ne règne pas un marché formateur de prix, les Achuar bannissent en effet les transactions lucratives sur les aliments. Interprétée parfois comme un heureux moyen de préserver la solidarité d'une collectivité d'égaux, en rendant impossible en son sein le marchandage sur des denrées indispensables à la survie, cette proscription rend néanmoins bien malaisée la subsistance de l'ethnologue. A quoi servent ses dollars s'il ne peut se procurer à manger ? La nourriture et l'hospitalité sont offertes sans compter aux parents en visite, mais les Achuar ne prévoient pas que les étrangers puissent y accéder par un débours. Fascinante pour un esprit que charme la morale antique, cette ignorance du mercantilisme conduit à bien des tiraillements d'estomac : lorsque personne ne se soucie de votre assiette vide, on se prend à regretter les commodités d'un monde où l'argent permet de tout obtenir.

Grâce au troc, pourtant, nous devenons des substituts de parents. De même que les Achuar accueillent chez eux des visiteurs lointainement apparentés qui profitent de leur séjour pour se livrer aux échanges, on nous accorde l'hospitalité indispensable au bon fonctionnement de la circulation des choses. Recueillis et nourris par Wajari, nous lui donnons simplement contre ses objets des contreparties plus généreuses qu'aux autres Achuar. Cette plus-value systématique que nous ajoutons à la réciprocité est ainsi devenue une façon comprise par chacun de négocier notre accueil en sauvant les apparences de la gratuité des biens de subsistance.

L'absence temporaire de Wajari a quelque peu relâché la discipline de la maisonnée. Il est vrai qu'il pleut à fendre l'âme. La saison des fortes pluies n'a pourtant pas encore commencé, mais le climat du Haut-Amazone est notoirement erratique en raison de la formidable barrière des Andes qui accroche sur ses pics les grands flux venus de l'est. Les femmes ont donc décidé qu'elles n'iraient pas se faire tremper au jardin. Il reste d'ailleurs d'abondantes provisions de bière de manioc ; elles n'auraient sans doute pas résisté longtemps à la soif inextinguible du maître de maison, mais peuvent très bien étancher jusqu'à demain notre appétence plus modeste.

Senur est penchée sur une marmite où elle fait macérer les raclures d'écorce d'une variété de stramoine spécialement destinée à fortifier le caractère des chiens. L'ingestion de cette préparation provoque un état délirant accompagné d'effets hallucinatoires extrêmement puissants, en raison des fortes doses d'atropine et de scopolamine que la stramoine contient à l'état naturel. Les gens de Capahuari en cultivent plusieurs variétés à proximité de leur maison, chacune d'elles étant réputée convenir à un usage particulier : la « stramoine pour souffler sur les petits oiseaux », *chinki tukutai maikiua*, renforce la puissance du chasseur lorsqu'il souffle dans sa sarbacane ; la « stramoine eau-céleste », *yumi maikiua*, est utilisée en emplâtre pour guérir les plaies gangrenées, consécutives à une blessure de guerre, par exemple, ou à une morsure de serpent ; la « grande stramoine », *juunt maikiua*, suscite pendant plusieurs jours un violent délire, marqué par des phases alternées de narcose et d'excitation, au cours duquel les Achuar entrent en contact avec les esprits ancestraux *arutam* ; enfin la « stramoine des chiens », *yawa maikiua*, est destinée à améliorer leur flair, leur courage et leur pugnacité, en les plongeant momentanément dans un état d'hypersensibilité qui exalte toutes leurs facultés.

La destinataire du traitement est une chienne efflanquée, à la couleur indéfinissable, qui répond au nom martial de *Makanch*, le serpent fer-de-lance dont la morsure peut entraîner la mort en quelques heures. Contrairement à ce que l'on pouvait espérer, la malheureuse ne s'identifie pas à son redoutable homonyme ; elle est pleutre et faiblarde à en faire honte à sa maîtresse. La langueur de la chienne viendrait d'une liquéfaction de sa moelle causée par un pet de tamanoir. Selon une croyance assez commune en Amazonie, les flatulences de cet animal sont réputées plus périlleuses pour les chiens qui le suivent à la trace que ses longues griffes acérées qui incitent le jaguar à l'éviter prudemment. Il est vrai qu'avec son immense museau tubulaire d'où darde un serpentin vibrionnant, ce grand fourmilier paraît condamné à un tel rétrécissement des voies supérieures qu'il est peut-être destiné par nature à s'exprimer dans le seul registre de l'analité. La force létale de ses pets assure au tamanoir une totale impunité, comme à tous les animaux qui «puent mal», et dont la chair est en conséquence déclarée nauséabonde. Les plus notoires sont le tamandua, le tapir, le coati, l'opossum, la sarigue, le draguet rouge, l'anaconda, en même temps que les rapaces et les espèces carnivores en général. A ce club des fétides s'opposent globalement les animaux qui «puent bien» et qui, à ce titre, ont l'honneur de servir de gibier aux Achuar. La finesse olfactive des Indiens est certes remarquable, puisqu'ils affirment repérer la présence d'un animal à son odeur particulière avant même de l'apercevoir. Pourtant, cette distinction entre les bons et les mauvais puants a peu de chose à voir avec l'alchimie du nez : s'il est vrai que certains animaux, comme la sarigue, émettent des exhalaisons pestilentielles, il ne m'a pas paru que le fumet du pécari — gibier convoité, s'il en est — fût plus suave que celui du gracieux kinkajou, l'un et l'autre sécrétant une espèce de musc particulièrement vivace.

Cette définition du gibier par l'odorat n'est d'ailleurs pas exclusive d'autres systèmes de classification de la faune qui font appel à des critères extrêmement variés. Comme tout ethnologue dans sa première phase d'apprentissage d'une culture exotique, j'ai consacré beaucoup de temps depuis quelques semaines à établir des listes exhaustives de noms de plantes et d'animaux, tâchant d'identifier les espèces reconnaissables et recueillant le plus possible d'informations sur chacune d'entre elles. Les Achuar nomment un peu plus de six cents espèces animales dont à peine plus du tiers sont considérées par eux comme comestibles. C'est dans cette dernière catégorie que rentrent les animaux qui puent bien, en compagnie de toutes les espèces chassées ou collectées à la lumière du jour. A l'inverse, les animaux nocturnes sont généralement des chasseurs concurrents des hommes — félins, rapaces, prédateurs carnivores —, et cette prédilection pour la chair les rend eux-mêmes impropres à la consommation car trop peu distingués des Indiens par leur régime alimentaire. En sus des flatulences et des exhalaisons glandulaires, les animaux immangeables sont donc tels principalement parce que étant carnivores ils «puent du bec».

Au-delà de leurs vertus gastronomiques, les animaux peuvent aussi être classés selon qu'ils sont «de la forêt» ou «de la rivière». Ces derniers comprennent bien sûr les poissons, mais aussi toutes les bêtes qui apprécient l'habitat aquatique sans vivre pour autant en permanence dans l'eau : y figurent notamment les anacondas, les loutres, les grisons, les crabes, les ratons laveurs, les conépates et certains félins. De la même manière, les animaux de la forêt ne sont pas exclusivement terrestres : quadrupèdes ou ailés, leur existence se déroule pourtant dans l'espace végétal que bornent les dais des plus grands arbres. Ils constituent l'essentiel de la faune et du gibier, puisque seuls quelques rapaces sont dits animaux « du ciel », où ils tournent inlassablement pour repérer leurs proies dans le tapis ininterrompu des frondaisons. Les bêtes de la rivière sont aussi définies par le fait qu'elles mordent ou qu'elles pincent, tandis que les animaux sylvestres sont soit des fouisseurs qui grattent la terre — tatous, fourmiliers, pécaris ou marails —, soit des perceurs au bec proéminent ou acéré — toucans, cassiques, pics, barbus, agamis, etc. Les animaux comestibles se divisent eux-mêmes en quatre classes selon leur mode de capture et de préparation culinaire. Le « gibier » à plumes et à poil, *kuntin*, est chassé à la sarbacane ou au fusil et se mange bouilli ; le « poisson », *namak*, se pêche à la ligne ou au harpon et il est bouilli en tranches ou en filets tandis que le « fretin », *tsarur*, est capturé dans les pêches à la nivrée et se consomme cuit en papillotes dans des feuilles de bananier ; enfin, les « petits oiseaux », *chinki*, tirés à la sarbacane dans le jardin, correspondent étymologiquement à nos ortolans et sont rôtis en brochette. Mœurs, habitats, odeurs, utilité pragmatique, modes de défense se conjuguent ainsi dans un réseau d'indices pour ordonner le monde animal selon une logique du concret d'où ne sont pas totalement absents les attributs imaginaires.

Après l'épreuve du pet de tamanoir, la pauvre Makanch ne s'y reconnaît manifestement plus dans ces subtiles distinctions de qualités sensibles. Sans se douter du mauvais coup qu'on lui prépare, elle se gratte les puces sur le grand châlit réservé à la meute de Senur. Attachée par une laisse en écorce, elle se laisse saisir sans protester par sa maîtresse qui lui entrave les pattes en un tournemain dans un carcan rudimentaire. Couchée sur le dos, incapable de bouger, la gueule maintenue ouverte par une baguette de bois, la malheureuse bête couine et gargouille éperdument, tandis que Namoch, une femme de Naanch, lui enfourne dans le gosier et par la truffe de grandes rasades de stramoine qui lui dégoulinent dans les yeux. Makanch est finalement relâchée au bord de l'asphyxie et se met à divaguer sous la pluie en titubant, la queue entre les jambes. Elle trébuche et patine dans la terre détrempée, se heurte contre les souches, chute par moments de tout son long avant de se relever avec peine. Tantôt immobile et frissonnante, tantôt galopant à tout crin à la poursuite d'on ne sait quelle vision monstrueuse, la chienne exhibe tous les symptômes d'une transe délirante. Les garçonnets nus qui jouaient à faire de longues glissades sur le ventre dans l'argile visqueuse ont prudemment interrompu leurs exercices ; cuirassés de boue des pieds à la tête, ils sont partis se baigner en laissant le champ libre aux déambulations hallucinées de Makanch.

Accroupie sous l'avant-toit, Senur observe sa chienne en fredonnant entre ses dents une cantilène qu'elle acceptera peu après d'enregistrer. Chaque phrase se termine par une sorte de staccato guttural qui rappelle curieusement le « quilisma », cette antique technique vocale du plain-chant grégorien que Monteverdi remit à l'honneur dans sa musique sacrée.

« Ma chienne de Patukam, fille de tapir, coureuse de bois
Toujours ma petite chienne, fille de tapir, coureuse de bois, petit enfant
* de tapir, coureuse de bois*
En te voyant, la femme Sunka, la femme Sunka se réjouit
Créature domestique de la femme Nunkui
Toi qui noues des affinités, toi qui as des amis dans ceux qui vont en bande
Allant ainsi, ma chienne tayra, ma petite chienne tayra. »

Nous commençons depuis peu à mesurer l'importance accordée par les Achuar à ces brèves invocations chantées qu'ils appellent *anent*, d'autant qu'un prédicateur shuar de passage à Capahuari pour quelques jours nous a aidés à traduire en espagnol les enregistrements que nous en avions fait. Les anent servent à transmettre des messages aux esprits et aux êtres de la nature sur un ton alternativement comminatoire ou chargé d'humilité. Des premiers on sollicite l'aide ou l'intercession ; aux seconds — plantes ou animaux — on enjoint de se conformer aux normes idéales de leur espèce. Ces suppliques s'adressent également aux humains : elles permettent de véhiculer les pensées les plus intimes vers des destinataires hors d'écoute afin d'infléchir leurs sentiments, leurs actions ou même leur destinée.

C'est par ce moyen qu'on peut susciter l'amour, surmonter les brouilles entre parents, raffermir l'harmonie conjugale, éloigner les dangers qui planent sur un être cher ou prévenir les risques d'abandon. Habituées du malheur, les veuves sont expertes dans ce dernier registre qu'elles adoptent quasi machinalement chaque fois qu'un départ ravive les souvenirs de leur délaissement ; leurs voix tremblées en témoignaient de façon émouvante lors de notre départ en avion.

Comme bien des manifestations de l'affectivité achuar, les anent se caractérisent par une grande pudeur d'expression : il est rare que l'objectif recherché ou l'être qu'on y invoque soient explicitement désignés. Bien qu'adressé à Makanch, l'anent de Senur ne mentionne l'objet de ses soucis que par des combinaisons de métaphores, tissant autour de la chienne un réseau de plus en plus dense de qualités désirables incarnées par des animaux emblématiques. La férocité et l'aptitude à chasser en meute sont évoquées par la référence aux « chiens de Patukam », ces petits chiens sylvestres agressifs et rebelles à tout apprivoisement qui s'attaquent en bande à de très gros gibiers comme le tapir. Malgré l'absence reconnue par les Achuar de toute parenté génétique entre les chiens domestiques et les chiens sylvestres, ces derniers sont conçus comme l'archétype vers lequel les chiens de chasse devraient tendre, et c'est toujours par l'invocation de ce cousin sauvage inutile aux hommes que débutent les anent adressés aux auxiliaires moins sanguinaires du chasseur. Grand dévoreur de poules, le tayra manifeste quant à lui toutes les qualités de ruse et d'adresse d'une fouine dont il a d'ailleurs à peu près l'apparence en beaucoup plus grand. Enfin, si Makanch est appelée « fille de tapir », c'est pour que ses mamelles se gonflent de lait à l'instar de ce corpulent symbole d'une maternité exemplaire qui allaite son petit pendant de longs mois après l'avoir porté dans son ventre durant plus d'un an.

A l'image de leurs multiples destinataires, les anent couvrent un registre étendu de circonstances. Mais il est encore difficile de s'en faire une idée exacte car, contrairement aux mythes qui relèvent du patrimoine commun, ces chants magiques tous différents sont des trésors individuels jalousement gardés et qui ne doivent avoir pour auditoire que les êtres qu'ils invoquent. On ne les chante donc pas en public, ou alors mentalement et sans que rien n'y paraisse dans la contenance. Des prodiges de

diplomatie nous sont nécessaires pour les engranger discrètement dans le magnétophone, et à la condition de satisfaire la
curiosité de ceux qui veulent bien s'en dessaisir par l'écoute des
enregistrements de leurs prédécesseurs dans le confessionnal
magnétique.

Nous ne sommes pas pour autant devenus des trafiquants
d'anent car leur divulgation se fait avec le consentement de ceux
qui acceptent de nous les confier. En outre, la simple audition
des chants magiques ne permet pas de se les approprier ; il faut
encore savoir à quoi ils servent et dans quelles circonstances les
utiliser, toutes conditions que leur contenu très allégorique ne
permet généralement pas de deviner. Lorsque ce mode d'emploi
m'est révélé, c'est avec l'assurance que ma machine ne tourne
pas et, je le soupçonne, pour des anent auxquels leurs posses-
seurs attachent peu de valeur. Et, pourtant, le magnétophone
joue aussi un rôle positif de révélateur, puisqu'il donne aux
anent leur véritable dimension en les soustrayant à la clandes-
tinité erratique d'une mémoire individuelle. Les mots employés
dans les incantations sont en effet considérés comme de
véritables incarnations des entités auxquelles ils se réfèrent, des
substituts invisibles et malgré cela presque matériels, que le
chanteur ou la chanteuse s'approprie et emploie à la manière
d'un talisman pour agir sur le monde. C'est pourquoi les anent
peuvent être transmis comme des choses, et c'est aussi pourquoi
leur réalisation concrète et impersonnelle, sous la forme d'une
trace magnétique confinée dans une boîte, n'amoindrit aucunement leur efficacité, mais confirme plutôt aux yeux des Indiens
leur qualité d'objets magiques.

A quelques variations stylistiques près, les mots des anent ne
diffèrent du vocabulaire ordinaire que par les vertus qui leur
sont prêtées, métamorphose qui les transforme en éléments
d'une sorte de langue naturelle où les choses, les êtres et les
propriétés sont appelés par un nom différent de celui qu'ils
portent dans la réalité — leur véritable nom pourtant et celui qui
les définit depuis toujours. Pour éviter toute confusion, chaque
anent est donc adapté à une situation très précisément détermi-
née — semer du maïs en poquets, planter une bouture de manioc
ou favoriser la montée de lait chez une chienne. Au demeurant,
le chant n'est réputé vraiment efficace que s'il est accompagné
de pensées affectueuses pour la personne qui vous l'a enseigné,

l'intentionnalité propre à son caractère magique étant ainsi amplifiée par une intentionnalité de nature émotive. Les femmes les tiennent généralement de leur mère ou de leurs tantes ; elles les apprennent dans l'adolescence en mémorisant les paroles et après avoir absorbé du jus de tabac vert pour éclaircir leurs facultés mentales. Ainsi munies de leur petit répertoire d'anent comme d'un trousseau spirituel, les jeunes filles sont prêtes à affronter la condition de femme mariée.

Dans cet arsenal d'invocations chantées, celles destinées à influer sur les chiens occupent une place importante, à la mesure de la valeur que les femmes attachent à ces animaux familiers. Stimuler l'allaitement, restaurer le flair et la pugnacité, favoriser des portées nombreuses, protéger de la maladie, inciter à bien suivre une trace ou à forcer un gibier courant, attaquer les prédateurs du jardin, autant de circonstances désirables qu'un anent approprié permet de susciter. Cette conversion du chien en interlocuteur mystique ne naît pas de l'affection banale ordinairement éprouvée pour un animal de compagnie, plutôt du désir constant de le voir surpasser ses congénères. Le chien achuar n'est pas un confident, mais une sorte de projection symbolique des aptitudes de sa maîtresse. Une femme est jugée à la façon dont les qualités constitutives de la condition féminine sont rendues plus ou moins manifestes dans les produits de son travail. Des chiens beaux et courageux, un jardin opulent, une bière de manioc onctueuse, une poterie fine et délicatement ornée, des tissus aux motifs savants provoquent le respect des hommes et l'admiration envieuse des femmes ; ils révèlent au plus haut point le zèle à la tâche, le savoir-faire et l'habileté, et témoignent surtout d'une grande maîtrise de l'efficacité symbolique sans laquelle tout le reste ne servirait de rien. Le chien est donc l'enjeu d'une lutte feutrée pour le prestige, et les soins qu'une femme lui prodigue expriment moins sa sollicitude qu'un désir d'accomplissement.

La valeur d'un chien ne se mesure pas uniquement à l'aune de la considération personnelle ; elle se définit aussi en fonction d'une hiérarchie marchande qui convertit les meilleurs limiers en des biens extrêmement précieux. Si les chiots sont en général donnés sans contrepartie faute d'avoir pu encore révéler des qualités intrinsèques, les chiens adultes se troquent à des cours variables selon leur statut et leur provenance. Les plus réputés et les plus rares sont les chiens assez courageux et agiles pour forcer les ocelots, voire les jaguars ; on les acquiert sans barguigner en échange d'une pirogue ou d'un fusil à chargement par la culasse. Ce taux exorbitant — la fabrication d'une pirogue exige plusieurs semaines de travail continu — est en partie justifiable par les gains que le nouveau propriétaire escompte faire dans le commerce, illégal, des fourrures ; mais il traduit également la valeur disproportionnée que les hommes attachent au combat avec le jaguar, cet animal à la réputation légendaire dont la dépouille assoit une renommée de grand chasseur. Incarnation de toutes les vertus combatives et symbole de tous les dangers, le grand félin est un prédateur universel qui concurrence les hommes et les tue parfois ; il est l'auxiliaire des chamanes, tout comme l'anaconda, et partage avec lui le privilège d'inspirer une crainte respectueuse, en partie fondée sur les capacités de métamorphose qu'on lui prête.

Les chiens qui viennent de loin sont aussi fort appréciés, indépendamment de leurs vertus apparentes ; les Achuar s'efforcent d'en obtenir auprès des ethnies voisines, qui font de même avec eux. Bâtards de race indéfinissable évoquant vaguement un lévrier déchu, les chiens des Shuar et des Canelos ressemblent pourtant fort à ceux des Achuar ; ils sont même moins bons chasseurs, faute de pouvoir s'exercer dans leur région d'origine où le gros gibier a disparu sous la pression du front de colonisation et de l'expansion démographique. Cette circulation canine n'est donc pas objectivement explicable par les qualités des limiers de provenance lointaine ; elle relève d'un phénomène plus général, qui semble propre à tous les groupes jivaros : la valorisation fantasmatique de certains objets matériels ou immatériels — les pouvoirs chamaniques, par exemple —, auxquels une source étrangère garantirait une puissance et des qualités bien supérieures à celles d'objets identiques accessibles localement. Cette dépendance consentie envers l'extérieur ne peut qu'inciter au troc, les choses que l'on possède étant nécessairement moins estimables que celles dont le simple mouvement dans l'espace aura chargé de tous les mérites.

A l'exception des chiots, les chiens des femmes sont négociés par les hommes, seuls maîtres des échanges dans la sphère des objets de valeur. Une femme ne possède pas véritablement la meute dont l'usufruit lui est concédé par son mari puisque celui-ci peut toujours prélever l'un de ses membres pour le troquer. Dans la pratique, il est assez rare qu'un homme dépouille son épouse d'un chien auquel elle tient sans lui donner l'assurance d'une future contrepartie de valeur équivalente, soit un autre chien, soit un objet précieux d'usage exclusif comme une torsade de perles de verre. Cette imbrication des droits sur le chien reflète bien le statut ambigu de l'animal : placé entièrement dans la dépendance des femmes, élevé, soigné, nourri et dressé par elles, il sert surtout aux hommes dans l'une des actions les plus distinctives de leur condition.

L'ambiguïté du chien s'exprime aussi dans d'autres registres. Socialisé au plus près de l'humanité puisqu'il est le seul animal à dormir sur un lit et à manger de la nourriture cuite, le chien révèle pourtant une nature bestiale par son manque de discrimination alimentaire et sexuelle : il mange tous les déchets, y compris les excréments, et s'accouple indifféremment avec ses géniteurs sans respecter l'interdit de l'inceste qui régit la société. Il est en outre nommé par le même terme générique qui désigne le jaguar et quelques autres félins, *yawa*, dont il partagerait ainsi l'essence et le comportement. Cette sauvagerie participative est toutefois détournée au profit des hommes car le chien représente simultanément l'archétype du domestique, *tanku*, épithète qui lui est accolée pour le distinguer de ses faux cousins indomptables. Il reçoit d'ailleurs un nom propre, privilège qui n'est accordé à aucun des animaux apprivoisés. A l'intersection du naturel et du culturel, du masculin et du féminin, du social et du bestial, le chien est un être composite et inclassable ; sa position bizarre dans le bestiaire jivaro signale probablement une arrivée tardive dans la forêt du piémont, comme si sa place dans les hiérarchies animales n'était pas encore fermement établie.

Chapitre VI

LA MAGIE DES JARDINS

Les dialogues de l'arrière-nuit sont devenus plus déliés. Seul avec Wajari auprès du foyer, nous nous cherchons dans le détour des mots, comme suspendus entre le sommeil et l'aube par le cercle de feu qui nous isole des ténèbres. D'une voix basse mais intense, Wajari me détaille un rêve qu'il vient de raconter à Entza dans l'intimité du lit clos. Nunkui, l'esprit des jardins, lui est apparu cette nuit sous la forme d'une petite naine trapue au visage enduit de roucou ; assise sur une souche avec l'immobilité sereine d'un crapaud, elle était environnée d'un halo rouge tout vibrant. Wajari était surpris car Nunkui visite plutôt les songes des femmes qu'elle aide par ses préceptes dans les travaux du jardin. Lui ayant demandé de la suivre, elle le conduisit sur une berge escarpée du Kapawi ; là, d'un mouvement énergique du menton, elle lui indiqua un affleurement caillouteux prolongé par un petit éboulis. Au milieu des pierres, un point se mit à briller d'une lueur rougeoyante comme l'extrémité embrasée d'une de ces grosses cigarettes que Wajari se roule dans des feuilles de maïs séché. D'une voix fluette, Nunkui fredonna alors une petite chanson et Entza apparut à ses côtés ; puis elles disparurent soudainement, en même temps que la tache de feu dans l'éboulis. Selon Wajari, ce rêve exceptionnel est le présage, ou plutôt la préfiguration, de la trouvaille d'une pierre de Nunkui. Également appelés *nantar*, ces charmes très puissants favorisent la croissance des plantes cultivées en leur transmettant l'énergie qu'ils recèlent ; les femmes en chérissent jalousement la possession qui donnera à leurs jardins une opulence ostentatoire, source de prestige et d'envie.

Au lever du soleil, à peine lestés d'une platée de patates douces, nous partons en quête de la pierre magique. Wajari la trouve à l'endroit indiqué, trois méandres à peine en aval de la maison. C'est un petit éclat de silicate dont la couleur rougeâtre est animée çà et là de points brillants. Entza, à qui il est destiné, l'enveloppe soigneusement dans un chiffon de coton et le pose dans un bol pininkia qu'elle serre dans son panier-hotte ; puis elle revient à la maison, se harnache du nourrisson en bandoulière, saisit sa machette et un tison, libère ses chiens, fait signe à sa fillette de la suivre et toute la petite compagnie se dirige vers le jardin. Anne Christine l'accompagne et je les suis quelques pas derrière avec une désinvolture étudiée : les hommes ne sont pas bienvenus dans les jardins.

Bien sûr, ce sont les hommes qui essartent les clairières, mais, après l'abattage des grands arbres à la hache et le débroussaillage des taillis résiduels à la machette, ils font appel aux femmes pour le brûlis ; lorsqu'un épais tapis de cendres recouvre le futur jardin, leur dernière contribution est de planter les rangées de bananiers qui délimiteront les parcelles des différentes coépouses. Après ce geste symbolique qui définit l'appropriation sociale du jardin, ils se retirent de la scène et laissent le champ libre à leurs compagnes. A l'aide d'un pieu à fouir en bois de chonta, les femmes disposent alors les boutures de manioc sur toute la surface de leur lopin, puis répartissent en un apparent désordre les ignames, les patates douces, les taros, les haricots, les courges, les cacahuètes et les ananas. Il ne reste plus qu'à mettre en place ces arbres dont les fruits en saison relèvent l'ordinaire un peu monotone : palmiers chonta, avocatiers, chérimoliers, caïmitiers, ingas, cacaotiers et goyaviers. Ceux-ci sont plutôt plantés en bordure de l'aire parfaitement désherbée qui ceinture la maison, espace collectif qui échappe à la juridiction trop exclusive exercée par les femmes dans leurs propres parcelles. C'est également là qu'on trouve les plantes dont chacun se sert communément : le piment, le tabac, le coton, les buissons de clibadion et de lonchocarpe dont le suc asphyxie les poissons lors des pêches à la nivrée, les calebassiers, le roucou et le genipa pour se peindre le visage et, finalement, les différentes espèces de simples et les plantes narcotiques, comme la stramoine. En pleine maturité, le jardin prend l'aspect d'un verger clairsemé dans un potager monté en graine. Les hautes tiges des papayers surplombent un impressionnant fouillis; les taros s'épanouissent comme de monstrueux bouquets de feuilles d'arum, les bananiers desquamés s'enchevêtrent et culbutent sous le poids d'énormes régimes de plantains, les courges s'amoncellent comme des ballons au pied des souches calcinées, les tapis d'arachides jouxtent les bosquets de cannes à sucre, les marantes prospèrent le long des grands troncs couchés subsistant de l'abattis, et partout les buissons de manioc déploient comme des tentacules leurs feuilles digitées.

Entza s'est arrêtée à l'ombre d'un sapotier sauvage, épargné lors de l'essartage pour ses fruits succulents. Elle y amarre son nourrisson dans un petit hamac, retenu à l'autre extrémité par un piquet fiché en terre, puis elle allume un foyer en un instant avec quelques branches noircies qui ont survécu au brûlis. Elle est là en son royaume, au cœur du lopin qu'elle a créé, délimité dans le grand jardin de la maisonnée par un petit sentier qui la sépare de Senur et par un immense fromager abattu dont le fût érige une barrière plus haute qu'un homme entre son domaine et celui de Mirunik. Du côté bordant la forêt, une lisière de bananiers signale la fin de l'espace domestiqué.

Il est temps maintenant de s'occuper de la pierre de Nunkui. Entza prend le bol pininkia qui la contient, le recouvre par un autre pininkia de dimensions identiques et enfouit profondément ce petit réceptacle au pied d'une souche. Ainsi emprisonné, le nantar exercera son action bénéfique sans danger pour le nourrisson. Ces pierres magiques sont en effet dotées d'une vie autonome qui leur permet de se déplacer par elles-mêmes; si on les laissait vaquer à l'air libre, elles s'approcheraient subrepticement des enfants pour leur sucer le sang. Fort heureusement, Entza connaît un anent que lui a enseigné jadis sa mère et qui permet d'amadouer ces sangsues minérales pour qu'elles ne s'attaquent pas aux humains. En réponse à cette invocation, les nantar se mettent à rougeoyer comme des braises qu'on attise et l'énergie fécondatrice qu'ils tirent de Nunkui se diffuse dans les plantes. Pour parfaire ces conditions propitiatoires, il convient aussi d'abreuver régulièrement les nantar cannibales avec des infusions de roucou, substitut métaphorique du sang dont ils sont si friands.

Mais les pierres de Nunkui n'assurent pas à elles seules l'office du jardinage; il y faut aussi de bonnes suées. Progressant à croupetons en cercles concentriques, Entza s'est mise à sarcler à la machette. Jour après jour, elle traque les mauvaises herbes qui disputent le terrain aux plantes cultivées, ce labeur patient occupant le plus clair du temps passé au jardin. La tradition mythique rapporte que ces touffes de graminées parasites sont nées du duvet de Colibri qui les répandit à la surface de la terre pour punir les humains d'un excès de zèle horticole. Ayant été désobéi par deux sœurs, Wayus et Mukunt, qui n'avaient pas prêté foi à sa promesse de cultiver sans effort et s'étaient échinées à planter des boutures de manioc en ignorant ses conseils, Colibri lança une malédiction qui mit fin au travail facile : désormais les hommes devront peiner durement pour essarter les jardins et les femmes seront condamnées au désherbage perpétuel.

Bien que sanctionné par un irascible oiseau-mouche mythique, cet impératif culturel obéit moins à des raisons pratiques qu'à des préoccupations esthétiques. C'est la fierté intime d'une femme achuar que de présenter au regard critique de ses consœurs un jardin parfaitement maîtrisé où nulle plante adventice ne vient rappeler le désordre chaotique de la jungle toute proche. L'apparente confusion végétale qui frappe de prime abord l'observateur néophyte est en réalité le produit d'un équilibre savant entre des groupes de plantes fort diverses par leurs formes et leurs exigences, disposées en massifs d'affinités que séparent de petites coulées sablonneuses aussi méticuleusement peignées qu'un jardin japonais. Certes, le désherbage prolonge quelque peu la vie du jardin avant que l'épuisement de ces sols peu fertiles finisse par rendre inéluctable son abandon, après trois ou quatre années de culture. Pourtant, le soin maniaque qu'y mettent les Achuar paraît surtout commandé par leur goût pour la composition végétale et l'harmonie potagère, ainsi qu'en attestent *a contrario* les nombreuses ethnies amazoniennes qui s'abstiennent de sarcler leurs essarts sans pour autant s'exposer à la disette.

Hormis ce travail d'entretien fastidieux et en partie superflu, il est vrai que l'horticulture tropicale exige peu d'efforts. On n'est point astreint ici à retourner la terre, biner les mottes, arroser ou pailler les jeunes plants, amender les sols, tailler les pousses inutiles ou lutter contre les parasites. La plupart des plantes sont multipliées par voie végétative ; soit en bouturant la tige, comme avec le manioc, soit en plantant un rejet, de bananier par exemple, soit encore, pour l'igname, en enfouissant un fragment de tubercule. Le manioc, qui constitue sous ses très nombreuses variétés le gros de l'alimentation quotidienne, est un rêve de jardinier nonchalant. Chaque plant fournit entre deux et cinq kilos de racines qu'une poussée de la machette suffit à déterrer ; une fois celles-ci recueillies, deux coups de lame permettent de retailler la tige en un petit bâton qui, fiché en terre sans précaution, se couvrira bientôt de feuilles et offrira un nouveau lot de racines dans quelques mois. Tout comme l'igname, cette plante accommodante supporte d'être laissée en terre bien au-delà de sa période de maturation sans que ses racines se gâtent. Elle rend donc inutile le stockage des aliments, puisque, à la différence des mortes-saisons que connaissent les cultivateurs de céréales, le jardin est ici une réserve de féculents sur pied où l'on peut venir toute l'année puiser selon ses besoins.

Il existe bien quelques amateurs furtifs de tubercules, mais leurs déprédations sont finalement assez modestes. Les pacas, les acouchis et surtout les agoutis sont les plus assidus parmi ces terrassiers nocturnes qui viennent prélever leur pitance de racines dans les jardins. Contre leurs méfaits rapidement découverts, les hommes ne sont pas démunis : des pièges efficaces sont montés sur les chemins que tracent ces gros rongeurs dont la chair un peu grasse est fort prisée. Le plus commun est un petit tunnel de branchages où un tronc pesant est suspendu ; en s'engageant dans ce piège auquel le conduit la routine de son cheminement, l'animal trébuche sur un bâtonnet qui déclenche la chute de la masse.

L'on préfère parfois des mesures de rétorsion plus directes. Ainsi, l'autre nuit, Wajari a emprunté ma torche électrique pour se poster avec sa vieille pétoire à l'affût d'un agouti qui volait du manioc depuis quelque temps dans le jardin de Senur. Il ne tarda pas à le tirer, réveillant toute la maisonnée par une déflagration épouvantable. Au plaisir du guet, toujours vivace chez un chasseur, s'ajoutait la satisfaction de prendre une vengeance gastronomique sur cette espèce de gros cochon d'Inde étiré sur des pattes de belette. Plutôt que de clôturer leurs jardins, les Achuar préfèrent en laisser le libre accès aux prédateurs dont ils se nourrissent eux-mêmes, admettant avec philosophie qu'il est dans la nature d'un appât d'être occasionnellement grignoté.

Le soleil a déjà passé le zénith et Entza achève son sarclage. Avec l'aide de sa fillette Inchi, âgée de six ou sept ans tout au plus, elle ramasse les mauvaises herbes et les entasse sur le feu qui dégage bientôt d'épaisses volutes de fumée blanche. Comme toutes les petites filles, Inchi a été initiée très tôt aux tâches distinctives de la condition féminine : jardinage, cuisine, ménage, corvée d'eau, soins aux enfants... C'est dans ce dernier domaine surtout qu'elle se rend utile, berçant le nourrisson lorsque sa mère travaille ou écartant de lui les mouches importunes ; mais si l'aide qu'elle apporte à Entza demeure encore modeste, elle apprend auprès d'elle son rôle de future épouse et de bonne jardinière. La simplicité des façons culturales fait oublier que le jardin est un univers très complexe où coexistent des milliers de plantes relevant d'une centaine d'espèces, dont certaines, comme le manioc ou la patate douce, comportent plusieurs dizaines de variétés. Pour maîtriser cette société végétale dont leurs époux ignorent presque tout, il faut aux femmes un savoir botanique patiemment accumulé depuis l'enfance.

Par contraste, le jeune frère d'Inchi est totalement libre de contraintes. Unkush passe ses journées selon son bon plaisir, sans qu'il vienne à personne l'idée de lui demander un petit service, et cette oisiveté de garçon se poursuivra toute son adolescence. En équilibre instable sur une souche, il est pour l'heure occupé à gauler des papayes avec une longue perche. Les fruits du jardin sont principalement destinés aux enfants et ceux-ci ne manquent pas de se servir eux-mêmes chaque fois que l'envie leur en prend. Mais les papayes ne sont pas mûres et elles résistent obstinément aux coups que leur porte le petit bonhomme ; emporté par son élan, il finit par choir dans un semis de haricots dont il se relève en poussant un « *chuwa !* » dégoûté.

Toujours accompagnée d'Inchi, Entza s'est dirigée vers un plant de manioc qu'elle examine d'un œil critique. C'est une variété nouvelle qu'elle a plantée il y a quelques semaines et dont elle a obtenu la bouture de sa sœur Chawir qui vit au bord du Pastaza. Ses racines sont beaucoup plus grosses que celles des variétés cultivées à Capahuari et sa saveur un peu fade la destine exclusivement à la fabrication de la bière de manioc. Mais la terre ici est différente de celle du Pastaza ; compacte et argileuse, elle est, dit-on, moins fertile que les sols noirs et sablonneux qui bordent le grand fleuve. Aussi Entza craint-elle que la plante ne puisse s'acclimater. Accroupie devant le pied de manioc, elle lui chante d'une voix douce une petite supplique.

« Étant une femme Nunkui, je vais appelant le comestible à l'existence
Les racines sekemur, là où elles sont appuyées, là où elles se trouvent, je
*   les ai faites ainsi, bien séparées*
Étant de la même espèce, après mon passage elles continuent à naître
Les racines de sekemur se sont « spéciées »
Elles sont en train de venir à moi
Étant une femme Nunkui, je vais, appelant le comestible à l'existence
Derrière moi, répondant à mon appel, il continue à naître. »

La force du verbe est à nouveau affirmée : pour que l'irrépressible vampirisme des pierres de Nunkui soit contenu, ou pour qu'un pied de manioc s'épanouisse malgré sa transplantation, il faut toucher l'âme de ces entités muettes mais attentives par un anent adéquat. La parole agissante exige pourtant des précautions ; bien qu'il soit adressé à un plant de manioc, l'anent d'Entza ne mentionne l'objet de ses soucis que par une métaphore, le savon végétal *sekemur* dont la racine volumineuse évoque celle du manioc. L'âme des chiens comme celle des plantes ne supportent pas les interpellations trop directes. La sensibilité de ces interlocuteurs susceptibles se rebellerait devant l'exposé explicite de ce que les hommes attendent d'eux et doit donc être ménagée par des injonctions détournées qui effacent la crudité des exigences, et jusqu'au nom même de l'être destiné à les incarner.

Quel que soit leur objectif particulier, tous les anent de jardinage se réfèrent à Nunkui d'une façon ou d'une autre. Celle-ci est la créatrice et la maîtresse des plantes cultivées, ainsi qu'en atteste un mythe que même les plus jeunes enfants ont su me conter. Je tiens la version suivante — notre première tentative de traduction d'un mythe — de la vieille Chinkias, mère de Wajari et Titiar.

« Il y a longtemps, il y a bien longtemps, les gens n'avaient pas de jardins ; ils avaient constamment faim car ils vivaient des racines et des feuilles qu'ils cueillaient dans la forêt. Un jour, une femme partit ramasser des crevettes dans une petite rivière ; étant au bord de l'eau, elle vit dériver au fil de la rivière des épluchures de manioc et des pelures de plantain ; remontant la rivière pour voir d'où venaient ces épluchures, elle aperçut une femme qui pelait du manioc ; cette femme c'était Nunkui ; elle dit à Nunkui : "Petite grand-mère, par compassion, donne-moi du manioc"; mais Nunkui refusa et lui dit : "Prends plutôt avec toi ma fille Uyush (le paresseux) ; mais je te demande de bien la traiter ; quand tu seras revenue chez toi, tu lui diras qu'elle appelle les plantes cultivées." La femme fit ainsi et l'enfant Uyush nomma toutes les plantes des jardins : le manioc, le plantain, la patate douce, le taro, l'igname, toutes les plantes des jardins ; et elles existèrent de façon authentique. Ils étaient heureux car la nourriture ne manquait pas. Un jour qu'Uyush se trouvait seule avec les enfants de la maisonnée, ceux-ci lui demandèrent par jeu d'appeler à l'existence une araignée, ce qu'elle fit, puis un scorpion, ce qu'elle fit également ; ils exigèrent alors qu'elle appelle les esprits maléfiques Iwianch ; elle commença par refuser, puis céda à leur demande et d'horribles Iwianch pénétrèrent dans la maison ; complètement terrorisés, les enfants voulurent se venger d'Uyush et lui envoyèrent des poignées de cendre chaude dans les yeux ; Uyush se réfugia sur le toit de la maison. Là, elle se mit à chantonner à l'adresse des bambous géants *kenku* qui poussaient près de la demeure : "*Kenku, kenku* viens me chercher, allons manger des cacahuètes, *kenku, kenku,* viens me chercher, allons manger des cacahuètes." Poussé par une soudaine bourrasque, un bambou s'abattit sur le toit et Uyush s'y agrippa. Les enfants essayèrent de la rejoindre, mais Uyush pénétra dans le bambou d'où elle lança une malédiction sur les plantes cultivées qu'elle nomma tour à tour ; celles-ci se mirent alors à rétrécir, jusqu'à devenir minuscules ; puis Uyush descendit à l'intérieur du bambou, en déféquant régulièrement ; chacun de ses excréments a formé un nœud du bambou. Uyush vit maintenant sous la terre avec Nunkui ; ainsi m'a conté ma mère Yapan autrefois. »

Bien qu'il débute dans toutes ses variantes par la formule *yaunchu*, « autrefois », ce mythe n'instaure pas pour autant une coupure irrémédiable entre le temps présent et celui des origines.

Les mythes sont bien des «discours d'autrefois» *(yaunchu aujmatsamu)*, mais yaunchu désigne ici une simple antériorité qu'il est impossible de spécifier précisément dans le déroulement temporel en raison de l'heureuse amnésie où se complaisent les Achuar. L'univers des mythes s'est terminé il y a quelques générations tout au plus, à l'orée indistincte du souvenir de ces ancêtres proches que la chaîne de la mémoire relie encore aux vivants. L'époque des fondations de la culture n'est donc pas si lointaine que ses protagonistes n'aient encore leur mot à dire dans le déroulement du quotidien où leur présence est ressentie comme un écho atténué du rôle héroïque qu'ils remplirent jadis. Un commerce journalier avec les esprits contemporains des hommes les dépouille de tout mystère et prolonge dans un monde immanent, mais connaissable, les principes d'égalité qui régissent la société. Nulle séparation originaire, nulle ascension dans l'empyrée, nulle distinction des essences ne viennent ici fonder l'ordre humain par l'éloignement des dieux. Mes compagnons ne remercient pas Nunkui de son acte créateur, ils ne lui rendent pas d'actions de grâce pour ses bienfaits, ils n'accomplissent pas de sacrifices pour s'en rendre aimables; en bref, ils n'ont pas contracté à son égard de ces dettes morales inextinguibles qui rendent si contraignantes les religions de la transcendance.

Cet esprit débonnaire réside dans le sous-sol des jardins où elle veille au bien-être de ses enfants végétaux, sans tenir de rigueur apparente aux humains pour l'offense qu'ils firent jadis subir à Uyush. Les femmes s'assurent de sa présence en lui chantant des anent et passent avec elle un contrat implicite pour la tutelle conjointe des plantes cultivées. Grâce à un travail assidu, en effet, les Achuar ont réussi à circonvenir la malédiction d'Uyush et à faire croître à nouveau les miniatures végétales que celle-ci avait laissées derrière elle. Nunkui est en quelque sorte la métaphore de la bonne jardinière; dans la plupart des invocations qu'on lui adresse, la chanteuse s'identifie à elle explicitement comme si elle souhaitait capter les vertus de son modèle. L'autorité maternelle exercée par Nunkui sur sa progéniture végétale est ainsi idéalement concédée aux femmes qui savent établir avec cet esprit des rapports de bonne intelligence. Le jardinage se présente, en somme, comme la réitération quotidienne de l'acte d'engendrement au cours duquel Nunkui donna naissance aux plantes cultivées par l'intermédiaire de sa fille Uyush. Très logiquement, les plantes sont traitées comme leurs rejetons par les femmes qui s'en occupent et apparaissent dans les *anent* tels des enfants adoptifs de Nunkui.

Un tel maternage horticole traduit sans doute une contrainte technique bien réelle : la plupart des plantes cultivées par les Achuar se reproduisent par bouturage et dépendent donc pour leur existence et leur perpétuation des soins que les femmes leur prodiguent. Le manioc ne revient pas à l'état sauvage lorsqu'il est laissé à l'abandon, mais meurt bientôt sans postérité sous l'étreinte de la végétation secondaire sécrétée par la jungle environnante. L'horticulture procède alors d'un marchandage dialectique où le manioc se laisse manger par les hommes pourvu que ceux-ci prennent soin d'assurer la continuité de sa descendance. Ce cannibalisme végétal n'est pas du tout métaphorique pour mes compagnons, qui conçoivent le manioc comme un être animé, doté d'une âme *wakan*, et menant dans les essarts une vie de famille tout à fait orthodoxe. Bien qu'ils soient toujours placés sous les auspices de Nunkui, la plupart des *anent* de jardinage sont directement destinés à ce petit peuple du manioc pour l'inciter à croître et à se multiplier dans l'harmonie.

Ces enfants feuillus dévorés par ceux qui les élèvent savent trouver une compensation à leur sort : de même que les pierres de Nunkui, le manioc est réputé sucer le sang des humains et tout particulièrement de leur progéniture. L'anémie des nourrissons lui est souvent imputée lorsque les chauves-souris vampires ne peuvent être tenues pour responsables; contrairement à ces dernières, le manioc ne laisse pas de traces puisqu'il s'abreuve par le simple attouchement de ses feuilles omniprésentes. C'est pourquoi les Achuar aiment à se déplacer dans leurs jardins sur ces grands troncs couchés demeurant après l'abattage, sanctuaires surélevés au-dessus de la mer sournoise du manioc, qui font office de chemin pour les visiteurs. Obligés à un contact quotidien avec la plante vampirique, les femmes et leurs enfants sont évidemment les plus exposés. Ces derniers sont surveillés attentivement et on leur recommande de ne pas trop s'éloigner de leur mère qui tisse autour d'eux une barrière de protection invisible par des *anent* appropriés. Ces incantations incitent le manioc à se détourner des enfants pour s'attaquer plutôt aux étrangers qui pénétreraient subrepticement dans le jardin.

« Transperce-le sur-le-champ
Disant cela, je les ai entendus se régénérer
Le chaos rocheux, je me le suis représenté
Nous, nous-mêmes, venant pour prendre, je les ai entendus se régénérer
Je roule, je roule
Je les ai entendus se régénérer, faisant débouler le chaos rocheux
Mon petit jardin qui se régénère, je me le suis représenté
L'éboulis rocheux, je me le suis représenté. »

Le manioc reçoit ici un ordre sans équivoque. De sa bonne exécution dépend une monstrueuse destinée : en suçant le sang des intrus, la plante acquiert une puissance sans frein, ses racines se boursouflent et deviennent inaltérables comme un chaos rocheux dont la chanteuse aurait provoqué le gigantesque éboulis. Mais ces injonctions ne sont pas toujours entendues. Il y a quelques jours, Entza a ainsi déterré des racines striées de rouge qu'elle a immédiatement interprétées comme des traces du sang dont le plant s'était abreuvé. Cette menace la rend particulièrement précautionneuse, d'autant que le danger est maintenant augmenté par la présence toute fraîche du nantar dont elle ne sait pas encore bien maîtriser les propensions cannibales.

Le jardinage présente un curieux paradoxe : d'une entreprise débonnaire et dépourvue d'aléas, les Achuar ont fait une sorte de guérilla consanguine réglée par un périlleux équilibre des saignées. La mère se nourrit de ses enfants végétaux, qui prélèvent à leur tour sur sa progéniture humaine le sang dont ils ont besoin pour leur croissance. La fécondité des nantar est proportionnelle à leur nocivité vampirique et Nunkui elle-même décline ses attributs sur toutes les tonalités du rouge. Le rouge vermillon du roucou, d'abord, dont les femmes s'enduisent le visage pour lui plaire ; le rouge brunâtre du coucou du manioc ou le rouge orangé du petit boa *wapau*, deux animaux considérés comme des auxiliaires ou des avatars de Nunkui, que les femmes attirent dans leurs jardins par des anent séducteurs ; le rouge incarnat de la fleur sauvage *keaku cesa*, dont le bulbe est râpé dans une infusion de roucou et versé sur les boutures de manioc lors d'une première plantation.

Ce discret rituel qu'Anne Christine a pu observer il y a peu dans le nouveau jardin de Suwitiar, la jeune femme de Mukuimp, est généralement guidé par une vieille d'expérience. On avait demandé à Surutik d'officier : cassée sur son bâton de soutien, les seins en pendeloques et le nez rongé par la leishmaniose, elle offrait une triste incarnation de décrépitude et de stérilité. C'est elle pourtant qui vidait sur les fagots de tiges de manioc la calebasse contenant l'eau rougie, c'est elle qui exhortait les plantes à boire ce substitut du sang humain afin qu'elles épargnent dans l'avenir les enfants insouciants qui s'approcheraient d'elles. La ménopause a exclu Surutik du cycle de la fertilité et c'est sans doute pourquoi elle peut transmettre sans danger au manioc l'ersatz de ce sang qui en elle s'est tari. Une femme plus jeune aurait été exposée à une ponction subreptice, les boutures préférant le sang frais de leur maîtresse au pâle faux-semblant qu'on leur offre.

Le sang existe dans le monde comme une source d'énergie limitée et c'est sa déperdition progressive qui engendre la sénescence ; mais ce qui est perdu chez les uns ne peut que profiter aux autres, dans un subtil système de vases communicants. Le rapport des jardinières au manioc est ainsi du même ordre que l'étrange association qui lie certains insectes à leurs « mères ». Mes compagnons prétendent en effet que les anophèles et les maringouins résident en myriades sur des animaux-mères, à l'apparence de grands chiens, avec lesquels ils vivent en symbiose, pompant leur sang en permanence et leur réinjectant celui qu'ils prélèvent sur autrui. Le vampirisme du manioc et des pierres de Nunkui ne serait alors qu'un rétablissement des équilibres naturels dans un grand circuit d'échange physiologique, unissant les femmes et leurs rejetons humains et végétaux pour la nécessaire conservation du sang en quantité finie.

Heureusement, toutes les plantes du jardin ne manifestent pas les dangereuses dispositions du manioc. Beaucoup d'entre elles sont pourtant dotées d'une âme wakan, seul indice qui subsiste à présent de leur humanité antérieure, lorsque les héros mythiques n'avaient pas encore fractionné le vivant entre les différents ordres où il est maintenant incarné. C'est par exemple le cas de la pauvre jeune fille Wayus, condamnée par Colibri pour son excès de zèle à se transformer en ce petit buisson homonyme dont les feuilles servent à faire l'infusion d'avant l'aube. C'est le cas également des deux sœurs Ipiak (roucou) et Sua (genipa) qu'une voracité sexuelle impossible à satisfaire conduisit à se métamorphoser en ces cosmétiques naturels dont les hommes s'ornent le visage. Leur édifiante histoire me fut contée il y a peu par Naanch.

« Les anciens disaient qu'il existait autrefois une jeune femme appelée Sua, que nous connaissons maintenant comme une plante pour se peindre ; elle avait aussi une sœur appelée Ipiak. Elles étaient toutes deux célibataires et il leur arriva la même chose qu'à nous, les hommes, lorsque nous n'avons pas d'épouse et que nous avons très envie d'une femme ; avec les femmes sans mari, c'est exactement pareil. Elles désiraient beaucoup posséder un homme et elles se mirent en quête, ensemble. Elles avaient entendu parler de Nayap (un martinet à queue fourchue) comme d'un vrai mâle et elles décidèrent de se mettre à sa recherche pour l'épouser. Elles le rencontrèrent sur un chemin en forêt, alors qu'il était parti chasser des oiseaux à la sarbacane ; il leur demanda : "Où allez-vous ?" et elles répondirent : "Nous allions chez toi." Alors Nayap leur dit : "C'est bien, ma mère est restée à la maison pour moudre du maïs, allez la rejoindre !" Il ajouta : "Un peu plus loin le chemin bifurque ; sur le chemin qui mène chez moi il y a une plume caudale du perroquet *yusa* et sur le chemin qui va chez mon frère Tsuna (sanie) il y a une plume caudale du coucou *ikianchim* ; faites bien attention de ne pas vous tromper de chemin ! — C'est entendu", dirent-elles, et elles se mirent en route. Mais Tsuna était derrière elles et avait tout entendu. Émoustillé par ces belles jeunes femmes, il décida de les épouser et rentra à toute allure pour intervertir les plumes caudales ; les jeunes femmes prirent le mauvais chemin. Nayap, qui ne se doutait de rien, revint chez lui dans la soirée avec beaucoup de gibier pour les deux sœurs ; il demanda à sa mère : "Les femmes ne sont pas encore arrivées ?" et elle répondit : "Non, je n'ai pas vu de femmes." Alors Nayap s'exclama : "Que s'est-il donc passé ! Elles m'ont dit qu'elles venaient ici et je leur ai indiqué le chemin" ; il ajouta : "Peut-être ont-elles été plutôt chez mon frère Tsuna" ; il était très mécontent et décida d'oublier l'affaire. Pendant ce temps, les deux femmes étaient arrivées chez la mère de Tsuna ; celle-ci était en train de malaxer de l'argile pour faire des poteries. Surprises, elles lui demandèrent : "C'est bien toi la mère de Nayap ? — Oui, oui, c'est bien moi", s'empressa-t-elle de répondre. Les deux sœurs s'installèrent et attendirent le retour de Nayap. Lorsque la nuit fut tombée, il n'était toujours pas revenu ; elles demandèrent à la vieille : "Et ton fils, où est-il ?" et elle répondit qu'il était parti chasser des oiseaux. Elles veillèrent assez tard, jusqu'à ce que la vieille leur dise d'aller se coucher sur le peak. Tsuna finit par arriver en pleine nuit ; son aspect était tellement répugnant qu'il avait honte de se montrer à la lumière du jour. Il revenait bredouille de la chasse et rapportait seulement quelques crabes de rivière, mais cela ne se voyait pas à cause de l'obscurité. Il raconta ses prouesses de chasseur pendant que l'on mangeait les crabes et sa mère disait en grommelant : "Les oiseaux que tu as tués sont bien vieux et coriaces." Tsuna s'en fut alors se coucher entre les deux sœurs et toute la nuit se passa en caresses et en jeux érotiques ; épuisées, Sua et Ipiak finirent par sombrer dans le sommeil peu avant l'aube. Lorsqu'elles s'éveillèrent, il faisait grand jour et leur partenaire avait disparu ; elles s'aperçurent alors qu'elles étaient couvertes d'une sorte de sanie gluante et fétide. Les deux sœurs se demandaient ce qui avait bien pu se passer et elles décidèrent de ne pas dormir de toute la nuit suivante. Lorsqu'elles furent à nouveau couchées avec Tsuna, elles réussirent à tant le fatiguer par leurs caresses qu'il s'endormit bientôt ; lorsque l'aube parut, elles découvrirent son corps repoussant couvert de sanie. Elles s'éloignèrent vivement et se dissimulèrent pour observer. Lorsque Tsuna s'éveilla, sa mère lui dit : "Mon fils, tu commences à perdre ta vergogne !" Tout saisi, Tsuna se leva d'un bond, empoigna sa sarbacane et partit en courant vers la forêt. Ayant oublié son carquois, il n'osa pas revenir et appela sa mère pour qu'elle le lui apporte ; puis il disparut. Les deux sœurs décidèrent d'aller chez Nayap ; mais celui-ci était courroucé car il se rendait compte à leur odeur nauséabonde que les jeunes femmes avaient couché avec Tsuna. Nayap leur ordonna d'aller se baigner pour laver les sanies dont elles étaient couvertes. Après le bain, elles se frottèrent de feuilles odorantes et revinrent à la maison ; mais elles dégageaient encore des exhalaisons infectes et Nayap repoussa leurs avances. Sua et Ipiak se mirent alors en quête d'un autre homme. Elles arrivèrent chez une vieille dont le fils était monstrueux ; il était d'une taille minuscule mais possédait un pénis gigantesque qu'il portait enroulé autour du corps comme une corde. Sa mère le tenait enfermé dans un grand vase muits posé sur une claie au-dessus du lit. Ignorant cela, les deux sœurs demandèrent où il était et la vieille répondit : "Mon fils est parti tuer des ennemis, il n'est pas encore rentré. — C'est bien, dirent-elles, nous allons rester ici pour le prendre comme époux." Tous les jours elles demandaient des nouvelles du fils, et la mère répondait : "Je ne sais pas quand il va revenir." Or, chaque nuit, l'homoncule sortait son immense pénis du muits, le déroulait jusqu'au lit en contrebas et copulait avec les deux sœurs endormies. Au matin, celles-ci s'apercevaient qu'elles avaient été pénétrées, mais elles ne comprenaient pas comment. La vieille étant partie au jardin, les deux jeunes femmes se mirent à fouiller la maison et découvrirent le muits avec le fils monstrueux. L'ayant trouvé, elles décidèrent de le tuer ; elles firent bouillir de l'eau qu'elles versèrent dans le vase et le fils mourut ébouillanté. Sua et Ipiak reprirent leur quête en pleurant ; elles ne savaient pas où aller car aucun homme ne voulait d'elles. Tout en cheminant, elles disaient : "En quoi pourrions-nous nous métamorphoser ? Peut-être en colline ? Non, car lorsque les hommes courent les collines, ils se moqueraient de nous et nous aurions honte. Ou bien nous pourrions devenir des grenouilles dans un grand marécage ? Non, cela aussi serait honteux ! Pourquoi pas nous transformer en une grande plaine alluviale ? Cela ne convient pas, car les hommes se gausseraient de nous en disant qu'une personne s'est transformée en plaine." A la fin, Sua prit une décision : "Le mieux serait que je devienne Sua, car même les jeunes hommes pourraient dire à leurs épouses : — Donne-moi Sua pour que je puisse me peindre le visage ! et mon nom serait célébré." Puis Sua demanda à sa sœur : "Et toi, petite sœur, en quoi veux-tu te transformer ?" Ipiak répondit : "Eh bien alors, moi, je vais devenir Ipiak, car même les jeunes hommes diront à leur épouse : — Donne-moi Ipiak pour que je puisse me peindre le visage, et mon nom sera célébré." Sua se redressa de toute sa hauteur et écarta les jambes ; elle poussa un grand cri et devint la plante *sua* (genipa). Ipiak s'accroupit sur le sol et devint la plante *ipiak* (roucou). C'est pour cela que le roucou est un buisson bas, alors que le genipa est d'un port élancé. Elles se confondaient si bien avec le taillis que les oiseaux mêmes les survolaient sans crainte. Toutes sortes de gens vinrent alors les visiter pour se faire peindre ; Yakum ("singe hurleur") fut enduit de roucou par

Ipiak, de même que Kunamp ("écureuil"); Chuu ("singe laineux") fut bien orné par Sua qui lui mit du genipa sur la tête, sur les mains et sur les pieds. Et lorsqu'ils furent tous ainsi embellis, ils se métamorphosèrent. C'est tout.»

Aviliés par des prétendants hideux qu'elles avaient sollicités sans pudeur, repoussées par un bel homme à la queue fourchue que leur dévergondage dégoûtait, méprisées par tous ceux dont elles convoitaient la virilité, Sua et Ipiak firent durement l'apprentissage de la modestie. En prenant elles-mêmes l'initiative des épousailles, elles s'exposaient à la honte d'un désir trop manifeste et se condamnaient à le voir sans cesse abusé ou tourné en dérision. Cet excessif amour des hommes n'avait plus dès lors qu'un exutoire : épouser au plus près le visage et le corps de ceux qui refusaient de les prendre et embellir par leur souillure transfigurée tous ces amants dédaigneux. Et si ce mythe confère une certaine grandeur tragique aux modestes buissons de cosmétique qui bordent la maison, il énonce également une morale puritaine destinée aux femmes achuar. Les canons de la bienséance et les exigences des bonnes mœurs imposent à celles-ci une conduite réservée dont elles ne doivent jamais se départir sous peine d'être effacées de l'humanité. Tout comme le chat de Chester qui s'évanouit lentement dans le feuillage en laissant subsister son seul sourire énigmatique, les deux femmes avides de sexe disparurent dans le règne végétal en léguant aux hommes leurs pigments, symboles par excellence d'une domestication de la nature à des fins sociales.

Toutes les plantes du jardin n'ont pas connu des destinées aussi dramatiques : la patate douce et la courge ont une âme féminine, et le bananier une âme masculine, sans qu'on leur connaisse pour autant un passé mythique. Leurs attributs de genre évoquent également la sexualité mais ils sont plus prosaïquement dérivés d'homologies métonymiques avec les organes de la reproduction, rappelées à l'occasion dans des jeux de mots pleins de sous-entendus. Cette humanisation de la plupart des plantes cultivées signifie que celles-ci sont réceptives aux invocations anent qu'on leur adresse. L'âme wakan dont elles sont dotées est une faculté d'entendement ; elle les rend aptes à communiquer entre elles au sein d'une même espèce et leur permet de comprendre les messages des femmes qui les maternent comme les injonctions de Nunkui ou de ses animaux familiers. Toutefois, c'est seulement dans les rêves et les transes hallucinatoires que ces êtres feuillus peuvent reprendre leur apparence humaine jadis perdue et dialoguer avec les Achuar dans leur langue.

Cette animation des végétaux n'est pas propre au seul jardin. Tout comme les gracieuses hamadryades de l'Antiquité ou les aulnes chevelus des légendes germaniques, de nombreux arbres de la forêt déguisent sous leur port frêle ou majestueux une conscience à fleur d'écorce. Ils sont les créatures de Shakaim, frère ou époux de Nunkui selon les interprétations, qui cultive la jungle comme une gigantesque plantation et indique aux hommes les lieux les plus appropriés pour y ouvrir des essarts. Les limites de la nature sont ainsi repoussées par cette socialisation des végétaux, la forêt si sauvage d'apparence n'étant que le jardin surnaturel où Shakaim exerce ses talents d'horticulteur. En créant des clairières pour y installer leurs cultures, les hommes ne font que substituer les plantations de Nunkui à celles de Shakaim, domestiquées à leur profit les unes comme les autres par des esprits complaisants.

Senur est venue rejoindre Entza auprès du feu qui s'éteint doucement. Tout en pointant sa machette d'un air menaçant vers un bosquet de bananiers malingres, celle-ci grommelle d'une voix de gorge, comme le font les femmes vexées par l'indifférence ou les brocards de leur mari.

— Mes bananiers sont malades, petite sœur ; depuis une lune déjà ils se dessèchent et se consument de chaleur ; ne seraient-ils pas peut-être en train de mourir à cause de la jalousie ?

— A voir, petite sœur, peut-être cela n'est-il pas faux.

— Mes petites patates douces sont comme des grosses papayes du Pastaza, mes racines de manioc sont rebondies comme le ventre d'un tapir, tout mon petit comestible se multiplie ; étant une femme Nunkui, petite sœur, comment les enfants de mon jardin pourraient-ils mourir ? Ne serait-ce pas la jalousie d'une mauvaise qui fait dépérir mes petits bananiers ? Ne meurent-ils pas de malédiction ?

Le mot est lâché, *yuminkramu*, la malédiction d'une femme envieuse s'est peut-être abattue sur le jardin d'Entza, portée par des anent tellement secrets qu'aucune femme n'admet les

connaître. Senur, l'aînée et la confidente, lui prodigue conseils et consolation.

— Peut-être dis-tu vrai, petite sœur; ainsi savent faire les mauvaises parce que leur comestible est rachitique; elles pensent avec jalousie pour dire : « Les plants de ma sœur sont beaux et multiples, voyons voir qu'ils périclitent ses plants ! » Il faut penser pour vérifier, petite sœur; ne serait-ce pas une qui est venue dans ton jardin ? Ne serait-ce pas une qui a dit : « Petite sœur, tes bananiers sont beaux comme ceux des Kukam de l'aval, les miens sont graciles comme les *winchu* sauvages du bord de l'eau; par compassion, dis-moi comment tu les fais croître ! » Une mauvaise ne tient pas un discours droit, petite sœur, et dans son cœur est la jalousie; souviens-toi, petite sœur, souviens-toi qui t'a visitée avec des paroles courbes; elle, certainement elle, t'a jeté la malédiction.

Entza devra maintenant passer en revue dans sa mémoire toutes les femmes qui sont venues voir son jardin; parmi elles se cache celle qui par des louanges excessives laissait transparaître sa jalousie. Au moyen d'un anent destiné à cette circonstance, il lui faudra alors renvoyer dans le jardin de la jeteuse de sort la malédiction même qui affecte ses bananiers. Cette justice distributive doit bien parfois se tromper de cible, mais c'est là un effet inévitable de toutes les sorcelleries domestiques.

L'après-midi est déjà fort avancé et les travaux du jardin s'acheminent vers leur conclusion. Tandis que Senur regagne la maison, Entza déterre une demi-douzaine de pieds de manioc et replante rapidement les tiges après avoir entassé les racines dans son panier-hotte. Elle y rajoute quelques patates douces et deux gros ignames, puis se dirige vers la rivière pour peler et laver les tubercules encroûtés de terre. Une fois cette tâche accomplie, elle dépose son panier à la maison et emmène ses enfants se baigner à la rivière. Sur le chemin elle croise un Wajari tout gaillard, la sarbacane sur l'épaule et portant suspendus dans son dos deux singes hurleurs aux grands yeux vides. Assez loin en aval, une fumée épaisse s'élève paresseusement du nouvel abattis de Tseremp, dispensant jusqu'ici son odeur de bois vert consumé. Un couple d'aras se dirige en piaillant vers le couchant, trop hauts pour qu'on puisse les tirer; c'est le signe, dit-on, qu'une femme achuar a été enlevée par des guerriers shuar qui l'emmènent chez eux. Un petit poisson-chat s'est ferré à la ligne de Chiwian ; il virevolte dans l'eau en frémissant des moustaches et finit par être tiré sur la berge où un coup de bâton l'achève. Les enfants s'éclaboussent en riant dans la rivière, la peau luisante comme un cuir verni ; sous leurs mouvements désordonnés le sable monte du fond en tourbillons, comme des nuages aquatiques où vient se réfracter la lumière en mille petits éclats suspendus. Tissée d'événements insignifiants, cette agitation paisible ramène Entza dans le giron de la maisonnée et suspend le dialogue intérieur qu'elle tient dans son jardin.

Chapitre VII

RÊVES

Voilà quelques jours que nous sommes installés chez Pinchu, le frère de Mirunik. Située un peu en amont sur l'autre rive du Kapawi, sa grande maison est très proche de notre ancien gîte et l'on y perçoit les vociférations de Wajari lors de ses baignades matinales, de même que nous pouvions chez lui entendre la flûte de Pinchu traversant mélancoliquement les brumes de l'aube. Ce n'est pourtant pas l'attrait d'une âme musicienne ni les commodités d'une maison plus spacieuse qui nous ont fait déménager chez Pinchu, mais l'obligation de diversifier nos mentors et de ne pas froisser les quelques hommes qui nous ont offert l'hospitalité avec une insistance répétée. Wajari a accueilli notre décision avec bonhomie, d'autant qu'il s'entend plutôt bien avec son beau-frère. Il regrette certainement notre départ, en partie à cause de mes petits cadeaux, en partie aussi parce que nous étions devenus ses mascottes et que notre présence continue chez lui était à la fois une occasion exceptionnelle de distraction et une marque de distinction dont il tirait discrètement parti vis-à-vis des autres hommes. Il est possible enfin que l'amitié naissante que j'éprouve pour lui soit partagée et que les paroles affectueuses qu'il m'a prodiguées avant le départ n'aient pas été dictées seulement par le protocole de l'hospitalité.

Par contraste avec Wajari, Pinchu est frêle de complexion et exubérant dans ses mouvements. Des membres délicats aux attaches très fines et une allure dégingandée lui donnent un petit air de dandy que soulignent un sourire charmeur et de larges yeux noisette constamment cernés. Ses deux épouses s'opposent aussi point par point. Tandis que Yatris promène avec une grâce languide un admirable visage de Joconde qu'illumine un demi-sourire mystérieux, Santamik est pleine de la vivacité garçonnière des jeunes filles robustes. Les bandelettes qu'elle porte très serrées au-dessus des chevilles font saillir avec beaucoup de grâce le galbe de ses mollets, attirant le regard furtif des visiteurs masculins. La maison est à l'image de ces hôtes aimables : semblable aux autres par son architecture et son mobilier, tout y paraît néanmoins plus élégant et mieux achevé, en raison sans doute d'un équilibre subtil des proportions. Dans une société où le respect de la tradition rend inconcevable d'ériger une maison qui ne se conformerait pas au modèle canonique, l'originalité et l'amour du beau peuvent trouver à se satisfaire par des rapports de dimensions harmonieux entre des éléments de la charpente pourtant disposés à la manière commune.

Pinchu se lève un peu moins tôt que Wajari, c'est-à-dire rarement avant quatre heures du matin, mais il porte aux libations de wayus une attention tout aussi cérémonieuse. C'est Santamik qui ce matin a préparé l'infusion, franchement amusée de voir son « frère » barbu se plier à cette coutume. J'ai acquis cette germanité fictive grâce aux propriétés classificatoires du système de parenté jivaro qui permet de déduire ma relation à n'importe quel interlocuteur par dérivation logique à partir d'une autre relation déjà connue. Or, comme Wajari m'appelait « frère », j'ai hérité de sa parentèle infiniment extensible et je suis donc devenu *ipso facto* le « beau-frère » de Pinchu et, par réversion, le « frère » de ses épouses. Ce petit exercice de permutation témoigne de ce que nous avons fini par acquérir une position repérable dans le jeu des relations entre nos hôtes et, par là, l'amorce d'une existence socialement agréée.

Pour l'heure, notre hôte est pensif et silencieux, buvant à petites gorgées l'infusion douceâtre. Il écoute d'un air préoccupé des sifflements mystérieux qui traversent la nuit au-dessus de la maison. Ce ne sont pas des cris de rapace ou des hululements de chouette ; on dirait plutôt le vrombissement très aigu d'un rhombe projeté dans l'espace à vive allure.

— Attends, beau-frère, écoute ; n'entends-tu pas là-haut *juij, juij, juij* ?

— Oui, beau-frère, j'entends.

— Ce sont certainement des *tsentsak* qui passent ; elles viennent de loin, ces fléchettes, du Kupatentza ou du

Kunampentza ; là-bas il y a beaucoup de mauvais chamanes qui veulent nous manger ; ici nous n'avons pas de chamanes ; alors ils nous liquident avec leurs tsentsak ; *tsak !* elles rentrent dans les bras, *tsak !* elles rentrent dans les jambes, *tsak !* elles rentrent dans le ventre, et nous mourons bien vite.

— Est-ce vrai, beau-frère, qu'il n'y a pas de chamane ici ?

— Or donc, beau-frère, Mukuimp, le gendre de ton frère Wajari, il sait un peu ; mais il n'est pas très fort, il n'a pas beaucoup appris ; il ne peut pas lutter à armes égales avec Chalua ou Yuu ; il n'a pas les tsentsak des Quichuas, lui ; il ne sait sucer que les fléchettes qui se décrochent facilement du corps.

— Vraiment, beau-frère, et les fléchettes des chamanes, sont-elles comme les fléchettes des sarbacanes ?

— Oui, elles sont de la même sorte ; mais seuls les chamanes peuvent les voir lorsqu'ils ont bu le *natem* ; ils les voient là où elles sont fichées dans le corps, comme le reflet du poisson sous la surface de l'eau ; nous, les gens ordinaires, nous ne les voyons pas, mais nous les entendons voler.

J'ai pris l'habitude, moi aussi, de débuter mes phrases par le terme de parenté adéquat et d'orner mes réponses de cette litanie d'interjections obligées sans lesquelles un dialogue perdrait sa raison d'être. J'y prends, je l'avoue, un plaisir un peu satirique : ces ajouts rhétoriques qui attestent du ton personnel de la conversation et lui donnent sa marque de vérité sont si proches du discours stéréotypé des Peaux-Rouges de bandes dessinées que j'ai parfois l'impression de déférer aux conventions de la fiction plutôt qu'aux règles d'une sociabilité réelle.

Le passage des fléchettes chamaniques a manifestement beaucoup troublé Pinchu qui retombe dans un silence morose. Yatris et Santamik chuchotent dans un coin et commentent probablement l'événement, mais je n'arrive pas à distinguer ce qu'elles disent. Je tente de ranimer la conversation.

— Que vas-tu faire aujourd'hui ?

— Je vais en forêt ; j'irai promener les chiens ; j'ai fait un rêve *kuntuknar* ; j'étais sur un chemin en forêt et j'ai entendu des hommes qui s'approchaient ; je me suis caché et j'ai aperçu une troupe de Shuar avec leurs fusils ; ils étaient peints pour la guerre mais ils avançaient à la file sans précautions, en faisant les matamores ; ils répétaient : « Je vais tuer ! je vais tuer ! je vais tuer ! » Ils venaient pour nous attaquer ; ça, beau-frère, c'est un bon rêve kuntuknar pour aller en forêt! Moi aussi je vais me mesurer aujourd'hui!

Contrairement à ce que pourrait laisser prévoir son message explicite, ce rêve n'annonce pas une escarmouche avec des guerriers, mais la rencontre d'une harde de pécaris à lèvres blanches. Les kuntuknar constituent des augures favorables à la chasse et leur signification latente s'interprète par une inversion terme à terme de leur contenu manifeste. Un songe est généralement défini comme kuntuknar s'il met en scène des êtres humains agressifs ou particulièrement inoffensifs, énigmatiques ou très nombreux, désespérés ou séduisants. Ainsi, rêver d'une femme bien en chair qui invite au coït en exhibant son sexe ou rêver d'une foule de gens qui se baignent bruyamment dans une rivière annonce une rencontre avec des pécaris à lèvres blanches, tandis qu'un songe où un homme en colère apparaît en proférant des menaces doit être considéré comme un signe favorable pour la chasse aux pécaris à collier. L'interprétation repose sur des homologies discrètes de comportement ou d'apparence : la vulve béante symbolise la carcasse éventrée du pécari, une attitude belliqueuse évoque le tempérament batailleur de ces animaux, tandis que les ébats dans l'eau d'une multitude rappellent le tumulte causé par une harde lorsqu'elle traverse un cours d'eau.

Cet ensauvagement du monde humain a valeur de présage pour de nombreuses espèces de gibier. Des visages de femmes en pleurs suspendus dans les arbres comme fruits en saison augurent, par exemple, une bonne chasse aux singes laineux, ce spectacle pathétique rappelant le désespoir que manifestent les femelles d'une troupe lorsqu'un des mâles est tué. Rêver d'un petit bébé gras et potelé devient, par une métaphore presque cannibale, le signe d'un agouti dodu; un visage blafard aperçu en songe se convertit en la frimousse pâle du sapajou; le regard d'un guerrier impassible peint au roucou évoque un jaguar ramassé sur lui-même avant son bond, tandis qu'un homme à barbe rousse présage un singe hurleur. Ce dernier rêve est devenu moins improbable depuis que ma présence lui a donné un support concret et je me plais à penser qu'en visitant les nuits de mes compagnons je contribue au moins à leur laisser espérer des réveils giboyeux.

L'interprétation du kuntuknar par un processus de naturalisation métaphorique de l'humanité n'est qu'une des formes possibles d'inversion qui définissent son contenu augural. Ainsi, rêver que l'on tire sur des oiseaux branchés est un signe favorable pour la pêche, de même qu'un songe de capture de poisson annonce un succès dans la chasse au gibier à plumes. Le croisement des termes est ici systématique : l'animal aérien, immobile et visible, qu'un dard tue à distance se convertit en animal aquatique, mobile et invisible dont on s'assure la prise directement par une ligne ou un harpon. Une autre forme de renversement joue sur la faculté qu'ont les femmes d'avoir des rêves kuntuknar pour leur mari : un songe représentant une activité typiquement féminine deviendra un présage favorable pour cette action éminemment masculine qu'est la mise à mort d'un animal. L'interprétation est aussi fondée sur des similitudes gestuelles ou visuelles très ténues : lorsqu'une épouse rêve qu'elle enfile des perles, cela signifie qu'elle aura prochainement à vider les intestins d'un gibier abattu, rêver de filer du coton indique qu'elle plumera bientôt le ventre blanc d'un hocco, tandis que rêver de porter un panier-hotte rempli à ras bord de manioc annonce qu'il lui faudra ramener sur son dos un pécari tué par son époux. Les images d'affrontement, de séduction ou de détresse qui dominent les songes masculins cèdent ici le pas à des visions domestiques plus paisibles, en accord avec une organisation quotidienne des tâches où les femmes règnent sur l'univers de la maisonnée et ne s'aventurent en forêt que comme auxiliaires des chasseurs.

En transposant le contenu des tableaux oniriques pour les convertir en augures favorables à la chasse, les Achuar utilisent avec beaucoup d'imagination les propriétés de l'inconscient telles qu'elles se manifestent dans le rêve. Comme d'autres sociétés amazoniennes, du reste, ils jouent d'une règle de conversion qui suppose une correspondance entre des domaines de la pratique ou des ensembles de concepts apparemment inconciliables : les humains et les animaux, le haut et le bas, l'aquatique et l'aérien, les poissons et les oiseaux, les activités des hommes et celles des femmes. Les Indiens exploitent ainsi à des fins pragmatiques ce trait original des rêves de prendre pour matière les divers rapports d'un sujet à son environnement physique et social plutôt que les objets singuliers qui sont mis en scène dans ces rapports, chaque songe devenant alors l'expression d'une des relations que le rêveur peut expérimenter dans l'état conscient. Les Achuar ne s'y sont pas trompés, qui attachent moins d'importance aux termes mis en rapport dans le rêve qu'à la relation qu'il exprime, relation de caractère purement logique et qui se prête donc aisément à ces permutations par homologie, inversion ou symétrie dans lesquelles le message augural prend sa source. Ainsi, lorsqu'une femme rêve qu'elle enfile des perles de verre, ce ne sont pas ces parures hautement estimées qu'elle va doter d'une signification symbolique, mais bien l'opération très prosaïque par laquelle elle superpose des petits objets durs et creux sur un support souple et linéaire, opération identique, quoique symétriquement inversée, à celle qu'elle accomplit quand elle vide des boyaux en faisant glisser des objets mous et pleins hors d'un support creux lui aussi souple et linéaire. Les gestes de la main sont parfaitement semblables, mais s'opposent dans la direction de leur mouvement, de même que s'opposent l'origine naturelle ou artificielle des objets et la relation entre contenant et contenu qu'ils entretiennent.

Un tel système d'interprétation se révèle tout à la fois très normatif et complètement ouvert; il sélectionne dans le matériel infiniment diversifié des rêves les systèmes relationnels que des règles de conversion simples permettront de doter d'une fonction augurale. Aussi les exemples de kuntuknar que je recueille consciencieusement chaque matin ne doivent-ils pas être pris comme des éléments d'un vaste tableau de correspondances entre symboles oniriques stéréotypés et catégories de présages, mais comme des témoignages de l'inventivité dont témoignent mes hôtes dans l'exercice de facultés analytiques sollicitées en permanence par le désir de s'assurer une prise sur le futur. Nul besoin de recourir à des équivalences exhaustivement répertoriées par la tradition en une clé des songes, puisque toutes les interprétations de rêves de chasse deviennent valides si elles se conforment à ces lois de dérivation que les Achuar ne formulent pas explicitement, mais qu'ils savent exploiter à leur profit.

Bien que le jour se soit levé depuis quelque temps déjà, Pinchu ne fait pas mine de partir à la chasse. Il est vrai qu'une pluie fine s'est mise à tomber avec persistance, de celles qui s'établissent pour la journée et trempent jusqu'à la moelle. Le rythme des tournées de bière de manioc ne paraît pas faiblir et Pinchu s'abreuve d'abondance, contrevenant sans vergogne à cette abstinence que tout chasseur s'impose avant de partir en forêt. Il a mis sa petite calebasse de curare à réchauffer près du feu et a sorti du carquois une dizaine de fléchettes dont il affine la pointe avec le canif que je lui ai offert. Procédant avec le soin tranquille d'un homme peu pressé, il trempe ensuite les fléchettes dans le curare ramolli par la chaleur et enduit les pointes d'une mince couche de cette pâte noire et brillante ; puis il fiche les fléchettes dans la terre meuble tout autour du foyer pour les faire sécher.

Sous son apparence amorphe, le curare est une substance vivante qui se nourrit du sang des animaux ; il faut donc le traiter avec considération si l'on souhaite qu'il remplisse son office. La puissance d'un curare se mesure à son amertume *(yapau)*, testée par la sensation qu'il produit quand on s'en frotte légèrement la langue. On doit lui éviter le contact avec les animaux qui puent mal afin de ne pas le rendre malade, et lui chanter des *anent* s'il se sent faible. En effet, l'amertume du curare disparaît, et avec elle la force du poison, lorsqu'elle est accidentellement combinée avec d'autres saveurs d'origine naturelle, comme le nauséabond, *mejeaku*, ou culturelle, comme le salé, *yapaku*, le sucré, *yumin*, et le pimenté, *tara*. L'essence volatile du poison de chasse impose aux hommes des précautions complexes dans sa préparation et son maniement : la chasteté d'abord, assimilée à une rétention d'énergie vitale à son bénéfice, et l'interdiction de consommer les aliments ou condiments caractérisés par l'une des saveurs qui lui sont antithétiques. La susceptibilité fantasque du curare condamne ainsi les chasseurs à un régime de fadeur, seule manière pour eux de ne pas le contrarier par des substances dont le goût trop affirmé pourrait débiliter son pouvoir.

Après m'avoir servi, Yatris dépose aux pieds de Pinchu quelques morceaux de manioc grillé qu'il accepte sans protester ; elle a manifestement interprété la procrastination de son époux comme un signe qu'il renonçait pour la journée à ses projets de chasse.

— Est-ce que tu vas aller en forêt aujourd'hui ?

— Non ! Peut-être ne vois-tu pas qu'il pleut ; est-ce que, par hasard, je serais comme Amasank, la mère du gibier, qui vit au milieu de ses familiers ? Comment pourrais-je trouver les animaux si le bruit de la pluie m'empêche d'entendre ce qu'ils disent ? Restons ici pour converser.

Le rêve kuntuknar est donc une condition nécessaire de la chasse, mais non une condition suffisante. Nécessaire, car aucun homme n'ira battre la jungle si lui ou son épouse n'a reçu au cours de la nuit l'augure discret qui annonce le gibier, et dont l'interprétation au réveil commande le déroulement de la journée. Les chiens et les animaux prédateurs eux-mêmes ne sauraient capturer leurs proies sans en avoir été avertis par un songe, ce déclic de l'imaginaire qui assujettit à son caprice les hôtes de la forêt. Cette exigence préalable définit moins un résultat qu'elle ne rend possible une action ; le kuntuknar n'assure pas un succès automatique, mais demeure indispensable pour qu'il advienne. En ce sens, une partie de chasse débute bien avant la plongée dans la pénombre vaporeuse du sous-bois, puisque c'est la divagation dans les labyrinthes du sommeil qui la déclenche. On peut toutefois décider de ne pas faire droit aux incitations du rêve si les circonstances sont défavorables : indisposition passagère, engagements préalables, pluies diluviennes... La chasse ne peut donc se réduire à l'accomplissement ordonné du présage qui la rend possible ; comme toutes les activités où s'engagent les Achuar, elle exige un savoir complexe, des qualités physiques et le secours de moyens magiques, sans compter cette part de bonne fortune que les ingrédients précédents ne sauraient totalement compenser.

Jorge Luis Borges avait coutume de déplorer que la langue espagnole ne distinguât point le rêve du sommeil : les deux se disent *sueño*. En chroniqueur méticuleux des univers oniriques, il désespérait d'une telle confusion entre la réalité fantastique des songes et cette petite mort quotidienne qu'ils viennent animer. Une telle imprécision terminologique ne recouvre pourtant pas nécessairement un privilège accordé au néant. Les Achuar, qui s'en rendent également coupables, signalent au contraire par là que le sommeil n'est qu'un long rêve (*kara* est le terme indistinctement employé pour l'un et pour l'autre). Dès que la conscience éveillée s'abolit, l'âme quitte le corps inerte pour vagabonder dans un monde parallèle dont elle rapporte au réveil les échos encore vibrants.

La mémoire onirique très vivace dont témoignent les Indiens est sans doute en partie le résultat d'un sommeil discontinu, fragmenté en courts épisodes qu'interrompent les pleurs d'un enfant, un bruit suspect, l'aboiement d'un chien ou une insistante sensation d'inconfort lorsqu'un feu mourant ne parvient plus à dissiper la fraîcheur de la nuit. Au sortir de chacune de ces petites excursions de l'âme, le contenu des rêves est brièvement remémoré, voire commenté à voix basse dans le lit clos, de sorte que le réveil définitif offre une riche matière d'images propices à l'exégèse. Celle-ci occupe les petites heures d'avant l'aube et revêt d'autant plus d'importance que presque tous les songes apparaissent à mes compagnons comme des présages d'événements futurs. Commun à beaucoup de civilisations prémodernes, cet asservissement de l'avenir à une herméneutique des rêves fut très tôt remarqué chez les Jivaros; un conquistador du XVIᵉ siècle n'écrivait-il pas déjà que leur religion se limite à «une tromperie des songes et à quelques chants d'oiseaux»? Sous la formulation laconique du soldat se dessine pourtant l'amorce d'une vérité : ce monde invisible auquel le sommeil donne accès, c'est celui où les esprits tutélaires, les êtres de la nature et les personnages de la mythologie se donnent à voir aux hommes en toute immanence, dans l'abolition des contraintes de l'espace et du temps.

L'oisiveté temporaire de Pinchu et son humeur communicative m'incitent à explorer plus avant les méandres des présages oniriques. Les interprétations de rêves que je recueille chaque jour laissent en effet transparaître deux autres catégories de songes, aussi courants que les kuntuknar, et désignés respectivement comme *karamprar* et *mesekramprar*.

— Mesekramprar, c'est lorsque nous rêvons les choses qui nous annoncent le malheur, la maladie peut-être, ou la mort. La guerre aussi, lorsque les ennemis viennent pour nous tuer, ou lorsque nous les rencontrons inopinément sur un chemin, cela aussi nous le rêvons. Ceux que nous combattons sont comme des furieux; ne sont-ils pas peut-être des tueurs comme le jaguar ou l'anaconda? Lorsque je rêve du jaguar qui rôde autour de la maison en rugissant, *juum, juum, juum*, pour égorger les chiens, je sais que ceux de l'aval, de la même façon, ils vont nous encercler pour tirer. Et maintenant l'anaconda, je rêve qu'il s'enroule autour de moi pour m'étouffer; peut-être vais-je mourir, pour rien; Pujupat ne va-t-il pas me tuer avec son fusil, caché au bord de la rivière? De même les pécaris à lèvres blanches, avant de charger en multitude, ils font *taash, taash* en claquant des défenses; et le vieux mâle tout noir, le plus féroce, qui rugit avant d'attaquer ; cela aussi je le rêve, et c'est la guerre qui s'annonce ; je tire sur les pécaris, mais ils sont nombreux, comme nos ennemis.

— Alors, mesekramprar, c'est toujours pour annoncer la guerre ?

— Non, écoute-moi bien ! Moi, je suis fort, je ne crains pas de mourir ; qu'ils viennent pour voir, les ennemis ! Moi, j'en ai tué d'autres ; peut-être suis-je une femme pour avoir peur d'être tué ? Mesekramprar, c'est le mauvais augure *(pasun)*, la mort par les maléfices ou les maladies. Nous sommes tristes parce que nous pensons avec compassion à nos femmes et à nos enfants lorsqu'ils souffrent. Que pouvons-nous contre les mauvais chamanes ? Tes médicaments, tes piqûres, que peuvent-ils contre les fléchettes tsentsak ? Certains rêves nous font souffrir car nous ne pouvons rien contre ce qu'ils présagent. Je rêve que mes enfants perdent leurs cheveux et que leurs dents se déchaussent, et peut-être vont-ils mourir ; de même quand je rêve que je mange une soupe de larves de palmier. Lorsque mon père a été tué, sur le Kashpaentza, j'ai rêvé peu avant qu'un marail à tête humaine s'envolait lourdement ; j'ai entendu longtemps son cri, *wiaa, wiaa, wiaa.* Quand j'étais plus jeune aussi, je n'avais pas encore épousé Santamik, j'ai rêvé que je copulais avec une femme très belle, à la peau pâle, qui me serrait fort entre ses cuisses ; ayant ainsi rêvé, j'ai été mordu par un serpent fer-de-lance au cours d'un abattis, pendant longtemps j'étais comme mort, ma jambe était pleine de vers, c'est un chamáne du Bobonaza qui m'a guéri. C'est comme ça, beau-frère !

Le rêve de mauvais augure se présente comme une sorte de kuntuknar inversé : annonciateur de mort et de calamités, il exprime la méchanceté des hommes par des images empruntées à la nature sauvage, tandis que le rêve de chasse propose son catalogue de gibier par l'exhibition d'une humanité familière. La transposition est d'ailleurs réversible dans les rares cas où les animaux se présentent en position d'agresseurs, puisque le malheur qu'ils peuvent provoquer est toujours révélé par un songe qui les exclut. Ainsi la morsure d'un serpent se profile-t-elle dans l'analogie transparente du coït, comme dans le rêve d'une piqûre anodine causée par l'usage maladroit d'une aiguille, d'un hameçon ou d'une fléchette. De même, l'attaque fort improbable par un anaconda apparaît dans un rêve d'étouffement par une moustiquaire. En augurant un danger naturel d'un songe irrigué par des activités proprement humaines l'exégèse achuar rétablit pourtant sur ses pieds l'ordre des responsabilités. Les jaguars, les anacondas ou les serpents venimeux sont, en effet, les auxiliaires zélés des chamanes et la menace qu'ils font planer sur les Indiens n'est finalement que l'expression d'un péril plus réel dont ils sont les instruments consentants. Les rêves de mauvais augure témoignent de ce que la nature est moins à craindre que l'animosité d'autrui. Dans ce théâtre onirique de l'infortune, les animaux n'apparaissent que comme des figurants ; ils servent de métaphores pour des ennemis humains que l'on sait nommer, et lorsque parfois le travail de l'interprétation dévoile en eux des dangers anonymes, c'est encore d'un personnage redoutable qu'ils sont la métaphore, le chamane.

A l'exception de la mort violente, tout malheur est réputé provenir d'un chamane si sa gravité, ou simplement sa persistance, paraît le dissocier d'une causalité plus ordinaire. Maladie, accident, mélancolie, malchance ou trépas ne sont pas des caprices du destin, mais des manifestations d'un dessein malveillant que les songes annoncent sans toujours en préciser la source. Le chamane est donc implicitement désigné par la plupart des rêves qui présagent l'adversité, même lorsque leur interprétation se borne à dévoiler l'hostilité de ces animaux dont chacun sait ici qu'ils le secondent. Cette attribution automatique de responsabilité explique pourquoi certains mesekramprar sont de simples métaphores descriptives de symptômes ou d'états dont personne n'ignore l'origine chamanique. Ainsi, les innocentes larves de palmier dont les Achuar raffolent sont l'image monstrueusement agrandie des vers blancs qui prospèrent dans toute charogne. Le morcellement de l'intégrité physique engendré par la mort s'exprime également par des visions de mutilation — perte de dents ou de cheveux — ou par l'errance du dormeur dans un brouillard si épais qu'il ne distingue plus les limites de son corps, dilué sans espoir dans un environnement uniforme.

Les correspondances sont parfois plus strictes. Le rêve d'innombrables poissons asphyxiés, dérivant au fil de l'eau après une pêche à la nivrée présage, par exemple, une épidémie. Cette exégèse que j'ai recueillie il y a quelque temps de la bouche de

Wajari m'a comblé d'aise. Les poisons de pêche et les maladies épidémiques possèdent en effet des propriétés analogues : leur action est soudaine, et les ravages qu'ils causent dans les rangs des poissons ou des hommes tranchent de façon spectaculaire sur des formes de mortalité plus habituelles. Or, cette connexion logique établie par Wajari dans l'interprétation d'un rêve avait déjà été suggérée par Lévi-Strauss, au terme d'un raisonnement complexe, pour résoudre les problèmes que posait l'analyse d'un groupe de mythes amazoniens sur l'origine des maladies et des poisons de pêche. En devenant explicite dans un présage achuar, la relation structurale isolée par l'analyse d'un matériel mytho-logique étranger à la culture jivaro avait pris la densité incontestable du vécu ; je me trouvais alors dans cette situation bien connue des physiciens où un expérimentateur « découvre » l'existence empirique d'un phénomène que la théorie avait prédite. Loin de porter préjudice à la fraîcheur du regard, une certaine érudition offre finalement à l'ethnographe l'occasion de ces petites démonstrations par le réel qui animent le travail de terrain du plaisir de la trouvaille.

— Le rêve véritable, *penke karamprar*, c'est une visite de l'âme à nos familiers ; nous voyons ceux que nous connaissons et nous leur parlons comme à toi présentement. En revanche, les gens qui nous apparaissent dans les kuntuknar ou les mesekram-prar sont inconnus, leurs visages sont anonymes. Lorsque mon frère part en visite loin d'ici, je pense à lui avec affection, mais je suis inquiet car je crains qu'il ne soit tué. Il vient me visiter en rêve et je suis heureux, car je sais alors qu'il se porte bien. Au réveil, je suis plein de nostalgie car le songe m'a rappelé son absence. Parfois, nous rêvons des morts, peu après leur trépas ; les défunts viennent se plaindre à nous : ils gémissent de leur solitude et demandent à manger avec insistance car ils ont toujours faim. Il faut alors remplir les bols de nourriture et de bière de manioc sur leurs tombes, sinon ils ne nous laissent pas en paix. Les morts sont malheureux et ils s'en prennent à nous.

— Est-ce que les morts peuvent vous causer du mal ?

— Oui. Ils cherchent à nous attirer, ils veulent nous rendre comme eux ; c'est très dangereux de rêver des morts, cela nous affaiblit et nous pouvons mourir aussi ; après, quand le temps a passé, ils ne peuvent plus rien contre nous. Écoute ! Je vais te dire. Il y a longtemps de cela, mon frère Tseremp a tiré sur un *iwianch japa* (un daguet rouge, semblable à un petit chevreuil); quatre fois de suite, il a tiré et le daguet continuait d'avancer. Mon frère était très jeune alors et, par bravade, il ne respectait pas les injonctions des anciens. Nous autres, nous ne tuons pas les daguets rouges car c'est en eux que vient parfois se loger l'âme des morts. Comment donc pourrions-nous manger les morts? En outre, seuls les maladroits blessent le gibier sans l'achever; pourquoi faire souffrir ceux qui ont une âme comme nous? Ils vont voir leur chamane à eux pour se faire soigner, mais ils nous en gardent rancune et évitent par la suite de s'exposer à nous. C'est pour cela que certains chasseurs rentrent souvent bredouilles. Ayant épuisé sa provision de poudre, mon frère revint chez beau-père Tsukanka, car il venait juste de se marier; ils vivaient alors tous loin d'ici sur le Chundaykiu. Tseremp prit les chiens et finit par forcer le daguet à la course et par le tuer. Une fois la bête ramenée, on s'aperçut que sa chair ne cuisait pas : c'était un Iwianch, l'esprit d'un mort. La même nuit, Tsukanka fut visité en rêve par le mort, un nommé Tiriats; il avait la tête ensanglantée et récriminait avec amertume contre l'agression dont il avait été la victime. Tiriats était mort depuis quelque temps déjà; il vivait sur l'Ishpinkiu et Tsukanka l'avait connu jadis car ils avaient fait la guerre ensemble contre ceux de l'autre rive du Pastaza. En revanche, Tseremp ne l'avait jamais vu, ce Tiriats. Le mort dit à Tsukanka qu'il devait éduquer son gendre; qu'on ne devait pas tirer sur les daguets Iwianch où s'incarne l'âme des défunts. Tsukanka, tu sais, il parle fort; le lendemain, il fit la leçon à Tseremp; il était furieux et sa réprimande dura longtemps. Mon frère était vexé et, pour un peu, il abandonnait sa femme.

— Les ennemis que tu as tués, ils viennent aussi te visiter dans les rêves?

— Oui, et nous les craignons. Quand on les tue, leur âme est assoiffée de vengeance, elle devient *emesak*, «le nuisible». Emesak vient tourmenter le tueur dans son sommeil, lui faire peur; il rêve de choses horribles. Parfois emesak prend la forme du mort pour menacer et susciter la frayeur, parfois aussi emesak provoque des accidents. Peu à peu «le nuisible» s'affaiblit, puis disparaît des rêves. Que peut-il alors devenir? Je ne sais pas.

A la différence des présages oniriques kuntuknar et mesekramprar qui mettent en scène des tableaux silencieux, le rêve karamprar est bien un dialogue des âmes. Les premiers sont interprétables à partir d'indices visuels anonymement présentés, tandis que celui-ci trouve sa signification immédiate dans les messages verbaux qui sont sa raison d'être. Ces songes conversés requièrent une identification préalable de l'interlocuteur et permettent de poursuivre avec lui dans le sommeil un commerce interrompu par une absence temporaire ou définitive. Les morts eux-mêmes ne visitent que ceux qui les connaissent : ainsi Tiriats était-il venu importuner son compagnon d'armes et non le jeune freluquet qui l'avait agressé sous son avatar animal. Sources de tristesse, de nostalgie et surtout d'anxiété, les incursions oniriques des défunts dans le monde des vivants apparaissent aux Achuar comme un mal nécessaire. Cet exutoire modeste à une condition peu enviable est en somme la garantie que les morts ont bien franchi les frontières de l'existence humaine, au-delà desquelles ne sont plus perceptibles que les échos lointains de leur insatisfaction. Le principe de vengeance emesak lui-même est en grande partie désarmé face au tueur victorieux qui a provoqué son apparition. Certes, le fantôme de la victime assouvit sa vindicte en peuplant de cauchemars effrayants les nuits de son assassin, mais ces inconvénients très temporaires pèsent peu devant le glorieux fait d'armes dont ils sont la conséquence.

L'initiative revient donc aux défunts d'abolir ponctuellement une séparation qu'ils jugent sans doute plus douloureuse que ces vivants rapidement oublieux des peines de la disparition. Pourtant, les visites des morts dans les rêves ne sont pas toujours subies avec inquiétude ou fatalité ; elles offrent parfois l'occasion de réunir à nouveau brièvement des destinées divergentes, sans s'exposer pour autant à des tribulations du genre de celles d'Orphée. Entza relatait il y a peu un songe émouvant dans lequel un fils mort-né lui était apparu sous la forme d'un garçonnet plein de tendresse : émergeant de la lisière du jardin où elle travaillait, il s'était précipité dans ses bras pour une étreinte trop fugitive. Ces rêves lui revenaient périodiquement, l'enfant se présentant chaque fois sous une apparence légèrement modifiée par les étapes d'une croissance que la mort n'avait pas interrompue. Ce fœtus sans nom, soustrait à la vie sociale par une naissance prématurée, poursuivait une maturation inutile, scandée par de nostalgiques retrouvailles avec la mère qu'il n'avait pas connue. Pour lui, comme pour Entza, le songe était devenu l'ultime recours d'une impossible consolation.

Outre qu'ils permettent de dialoguer avec l'âme vagabonde des vivants et des morts, les rêves karamprar sont aussi un moyen de communication privilégié avec les êtres disparates installés aux lisières de l'humanité : esprits tutélaires, représentants des espèces animales, génies personnels, auxiliaires magiques, etc. Ces entités discrètes ne sont habituellement perceptibles que dans l'état singulier de clairvoyance engendré par le sommeil ou les drogues hallucinogènes ; débarrassée des limitations de la sensibilité corporelle, l'âme peut divaguer à sa guise et se transporter dans d'autres plans de la réalité inaccessibles d'ordinaire. Cette translation est moins une extase qu'un raffinement de lucidité, une épuration soudaine des conditions physiques d'exercice de la vue et de la parole. Le songe permet en effet un dépassement transitoire des contraintes du langage ; il instaure une communauté de langue avec tous ces êtres dépourvus en nature de capacités d'expression linguistique, mais qui peuvent grâce à lui revêtir leur essence d'une apparence perméable à l'entendement humain. C'est le cas, par exemple, des nantar, ces charmes de jardinage dangereusement vampiriques qui se matérialisent parfois en rêve sous l'aspect d'une jeune fille pour se plaindre à leur maîtresse de n'être point assez abreuvés en roucou.

Le rêve est une démonstration pratique de l'arbitraire des frontières ontologiques : réceptives aux anent qu'on leur adresse, mais incapables d'y répondre dans la langue des hommes, les entités de la nature choisissent la voie des songes pour affirmer qu'elles ne sont pas muettes. Sous l'illusion des distinctions de forme transparaît un continuum où les êtres sont ordonnés moins par leurs modalités d'existence que par leurs différentes manières de communiquer. Cet effet d'immanence s'exprime au mieux dans les relations avec les esprits tutélaires, puisque c'est par le rêve qu'est régulièrement confirmé le pressentiment de leur action bienveillante. Nunkui et Shakaim sont sans doute les plus réguliers de ces conseillers nocturnes qui dispensent aux Achuar leurs recommandations. De telles visites sont attendues, voire recherchées : avant d'entreprendre une tâche importante ou délicate — essarter un nouveau jardin, pour un homme, ou semer une plante difficile, pour une femme — les époux s'abstiennent, par exemple, de tout commerce sexuel, les plaisirs charnels étant réputés éloigner les rêves et empêcher les esprits de délivrer leurs conseils. Au moins autant que la chasse, le jardinage est une activité en partie onirique dont l'exigence préalable repose paradoxalement sur une sublimation partagée.

Si tous les rêves sont des augures, ils ne présagent pas tous de la même façon. Certains sont la condition nécessaire d'une action future à l'issue positive (kuntuknar), d'autres l'indice d'événements malheureux ou conflictuels à venir (mesekramprar). Rêves de chasse et rêves de guerre ou de mort ont toutefois en commun d'acquérir leur véritable signification par un travail d'exégèse matinal qui réduit leur contenu imagé à une formule logique d'inversion symétrique : les attributs des êtres naturels sont traduisibles en comportements humains, tandis que les activités culturelles fournissent le registre des rapports aux animaux. L'interprétation est ici strictement métaphorique. En revanche, le rêve véritable, karamprar, est intelligible sans médiation puisque, contrairement aux autres, il se définit par une rencontre dialoguée. Le message qu'il annonce est alors directement révélé par un personnage connu, quoique éloigné dans l'espace ou distant sur l'échelle des êtres. L'interprétation n'est plus métaphorique mais littérale.

Dans tous les cas, les songes paraissent pourtant contraindre la destinée en introduisant dans la vie quotidienne un déterminisme pointilleux qu'un simple démenti de la réalité pourrait suffire à mettre en doute. Comme toutes les techniques magiques, l'oniromancie est ainsi condamnée à un minimum d'efficacité pour assurer sa perpétuation. Les Achuar ont conscience de cet élément hasardeux qui fait dépendre leurs actions futures des caprices de leur mémoire onirique ; méticuleusement conduit au sortir de la nuit, le travail d'interprétation permet donc de plier le contenu des rêves aux nécessités du moment. C'est le cas pour les songes kuntuknar et mesekramprar qui se définissent comme tels au moment de l'exégèse par les larges possibilités d'inversion qu'ils suggèrent. Ces réservoirs de métaphores proposent des images oniriques manipulables selon des règles élémentaires de permutation leur permettant de recevoir une signification immédiatement pratique. En se refusant le secours d'une clé des songes où chaque symbole répertorié supporterait une traduction constante, les Achuar se sont en réalité donné un large champ de manœuvre. N'importe quel élément du rêve devient en effet signifiant pour peu qu'il puisse subir une transformation réglée : inversion entre contenant et contenu, transposition des codes naturels et culturels, homologies de forme ou de comportement, etc.

L'interprétation achuar des rêves présente ainsi de curieuses analogies avec la méthode d'analyse structurale des mythes employée par Lévi-Strauss. Tandis que celui-ci met au jour les problèmes intellectuels que le mythe tente de résoudre, en étudiant les rapports entre des propriétés latentes révélées dans des personnages, des situations et des enchaînements de séquences narratives, ceux-là dissèquent le matériel onirique pour en extraire des relations élémentaires, elles-mêmes suggestives par homologie d'autres relations qu'un événement désirable ou redouté pourrait matérialiser. Le savant décompose le donné du mythe pour y découvrir la formule d'un rapport d'idées, les Indiens décomposent les images nocturnes en unités logiques minimales pour en tirer des indications pratiques. Cette affinité paradoxale des méthodes suggère une affinité des objets : la connexion longtemps pressentie entre mythe et rêve se fonde probablement sur un même cheminement du sensible à l'intelligible, du concret à l'abstrait. Inconscient individuel et inconscient collectif seraient moins liés par la contiguïté ou la dérivation que par l'usage de procédures identiques de codage de la diversité du réel en systèmes élémentaires de relations.

Si l'oniromancie achuar présente des traits communs avec l'analyse structurale des mythes, elle diffère en revanche de l'interprétation psychanalytique des rêves. Cette divergence tient d'abord à ce que Freud — et Jung plus encore — ne met pas en doute la conception réaliste des symboles oniriques. En s'appuyant d'ailleurs sur le fonds commun de la mythographie et du folklore, le fondateur de la psychanalyse croit à la possibilité de constituer un lexique universel des équivalences entre certains types d'images et de situations et certains phénomènes de nature généralement sexuelle. A des pulsions partout identiques correspondrait terme à terme un registre fini de productions imaginaires communes à toute l'humanité; un dictionnaire transculturel des symboles, en somme, scientifiquement sanctifié par le divan. Les Achuar ont exploré une voie différente. Loin de donner aux symboles qui peuplent leurs songes une signification constante, ils s'efforcent au contraire de les effacer derrière les opérations logiques qu'ils rendent manifestes : ce n'est pas la qualité métaphorique des objets rêvés qui prend valeur divinatoire, mais les attributs métaphoriques de leurs relations. En faisant primer la forme sur le fond, en accordant une préséance aux propriétés des signes sur leurs contenus figuratifs, mes compagnons tournent le dos à cette herméneutique des symboles dont Freud, par une tournure d'esprit propre à son époque, attribuait tout uniment la paternité aux peuples primitifs pour n'avoir point à envisager son caractère relatif.

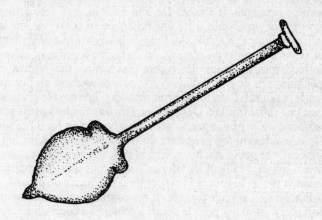

Chapitre VIII

PARTIE DE CHASSE

Le sentier serpente sur l'arête de la falaise, séparé du vide par un étroit rideau de végétation qui laisse difficilement filtrer la lumière exsangue de l'aube. De loin en loin, une échancrure ouverte par un éboulis offre une échappée en contrebas sur la vallée où coule le Kapawi. Au fond de la cuvette que délimitent les rebords abrupts du plateau, on distingue à peine au milieu des écharpes de brume les taches plus claires des jardins et quelques toits de palme d'où s'élève paresseusement un filet de fumée. Loin vers l'amont, le bruit régulier d'une cognée résonne avec une clarté insolite. Devant moi, Pinchu marche à petits pas rapides dans la pénombre, sa grande sarbacane en équilibre sur l'épaule et le carquois ballottant sur les reins. Santamik me suit, armée d'une petite machette, tenant en laisse sa meute de cinq chiens qui me reniflent les talons. Nous avons quitté la maison avant la pique du jour, à la rencontre d'une harde de pécaris.

Pinchu s'est réveillé fort tôt en me confiant qu'il avait eu un bon rêve kuntuknar pour le pécari à collier : au cours d'une fête de boisson, alors que tous étaient passablement ivres de bière de manioc fermentée, une violente dispute avait éclaté entre Wajari et lui. Les beaux-frères s'étaient menacés de leurs armes, puis ils avaient échangé quelques horions. Une telle scène l'amusait beaucoup tant elle était improbable : outre que les deux hommes exhibent ordinairement tous les signes d'une affinité satisfaite, ils ne régleraient pas un différend à mains nues. Les Achuar méprisent leurs voisins quichuas du Nord qui n'osent pas tirer sur leurs ennemis, mais se battent avec leurs poings, sans dignité et sans vergogne, comme des enfants ou des chiens bagarreurs que l'on sépare à coups de bâton. Ce genre de familiarité violente fait ici horreur, où l'inimitié la plus extrême s'exprime toujours à la distance d'un canon de fusil. Les songes offrent évidemment des exutoires commodes à tous ces pugilats ravalés qu'un sang-froid sourcilleux empêche d'éclore : dépeintes sans fard dans l'innocence du rêve, les mille tensions refoulées de la vie sociale ne sont plus que prétextes à parties de chasse.

Bien qu'il ait déroulé son interprétation du kuntuknar sans réticence, Pinchu n'a pas vraiment dit qu'il irait chasser : le rêve indique la rencontre d'une troupe de pécaris, mais reste muet sur le sort qu'on leur réserve. Après la bière de manioc lampée à la hâte dans la nuit finissante, le maître de maison s'était simplement levé, lançant à la cantonade : «Allons promener les chiens!» C'était à Santamik de le suivre, puisqu'il avait passé la nuit avec elle et que Yatris l'avait accompagné en forêt trois jours auparavant. Les Achuar prennent tellement soin de ne pas afficher leurs projets de chasse que le mot même n'existe pas, remplacé par de multiples périphrases d'où l'idée de mort est systématiquement bannie. Cette tartuferie sémantique vaut comme précaution : pas de risque ainsi d'irriter les esprits qui veillent sur le gibier.

Rendus automatiques par la coutume, le songe divinatoire comme la censure des intentions sont des mesures propitiatoires dont Pinchu aurait pu aujourd'hui se dispenser. Ces circonspections s'alimentent en effet à une certitude : une harde de pécaris a fourragé hier non loin de Kusutka, en bordure du petit marais où poussent les palmiers bâches. Revenant en fin d'après-midi d'une sortie de cueillette, le panier-hotte plein de tronçons de liane *machap* pour faire du curare, Pinchu a vu le sol retourné par les coups de groin et la vase encore fraîche émiettée en raclures au pied des troncs. Il a suivi quelque temps la passée qui remontait bien nette vers l'Achuentza : une belle troupe d'une vingtaine de bêtes, avec quelques marcassins encore jeunes. Le temps lui ayant manqué, il s'est hâté de rentrer, mais il a pris toutes ses dispositions pour aujourd'hui. La première d'entre elles fut, au coucher du soleil, d'interpréter sur sa longue flûte traversière un anent spécialement destiné à appeler un kuntuknar : admirable précaution qui cherche à réduire doublement le hasard, puisque, en supprimant l'aléa du rêve, on se prémunit contre les aléas de la chasse. Les hommes cherchent par là à s'assurer d'un songe favorable qui viendra avérer une résolution déjà arrêtée d'aller chasser, soit parce que l'absence de venaison fait murmurer les femmes, soit parce que des traces fraîches de gibier ont été récemment repérées. Peu avant le sommeil, cette technique d'autosuggestion induit une imagerie mentale et une prédisposition émotive très propices au surgissement des visions nocturnes qu'elles anticipent. Les rêves présageant la chasse — comme ceux qui annoncent les conflits — ne sont donc pas des événements totalement spontanés ou fortuits, mais plutôt des confirmations prévisibles d'une intentionnalité préalable. Ils ont la qualité d'un acte volontaire qui abolit en partie le déterminisme introduit par l'oniromancie dans la conduite des affaires courantes.

Quittant brusquement la crête du coteau, le sentier s'enfonce vers l'ouest et devient bientôt un layon indistinct, une foulée serpentine sur la litière de feuilles mortes. Le plateau est régulièrement entaillé par des vallons escarpés où coulent des petites rivières à l'eau claire, presque bucoliques dans leur murmure cristallin. La chaleur qui commence à s'épaissir et les mouches à sueur collées en grappes à la peau éloignent toute illusion romantique. D'autant que la forêt paraît maintenant hérissée comme un roncier : ce ne sont partout qu'angles aigus, épines à foison, rameaux qui cinglent, racines à trébucher, fourmis hostiles ou lianes entortilleuses. Ces obstacles, que l'on évite à peu près en terrain plat, deviennent inextricables sur les dévers abrupts des combes où une mince jonchée de feuilles recouvre traîtreusement des toboggans d'argile. Surtout, ne se rattraper à rien pour prévenir la glissade ! La branche secourable qu'on croche au hasard transperce la main de ses aiguilles ou recèle une colonie de fourmis, la liane qu'on saisit en garde-fou cède sous le poids et fait pleuvoir des petites choses piquantes dans l'encolure, le beau tronc lisse qu'on agrippe au passage s'abîme sous le choc, miné par la pourriture. Tandis que je patine dans la gadoue, soulevant à chaque pas d'énormes mottes de glaise engluées à mes semelles crantées, Pinchu gravit devant moi les pentes avec légèreté sur la pointe de ses orteils préhensiles.

Ce paysage chaotique que nous arpentons en détours innombrables paraît aussi familier à mon guide que celui d'une promenade mille fois recommencée. Tel un campagnard dévidant les anecdotes qui s'attachent à une fontaine, un calvaire ou un carrefour, Pinchu ponctue notre route de petits récits cocasses ou tragiques. Dans ce ravin, autrefois, Tsukanka est tombé dans une embuscade : ayant échappé par miracle au feu de salve des pétoires, il s'est enfui précipitamment les fesses à l'air, son itip s'étant accroché à des épines ; là, au pied de ce fromager, Tayujin est resté plusieurs jours à attendre les visions arutam, ivre de tabac vert et de stramoine ; un peu en surplomb du Chirta, à la confluence avec ce petit ruisseau, Tarir a évidé une pirogue de belle taille : il a dû faire venir beaucoup de monde pour la haler sur des rouleaux jusqu'au Chirta.

Désert selon les apparences, ce territoire est pourtant quadrillé de mille événements qui, mieux encore que des lieux-dits, donnent à la forêt anonyme la substance historique de ses points de repère. Il est vrai qu'à deux heures de marche à peine de la maison de Pinchu nous sommes encore presque dans son arrière-cour. Franchi il y a peu, le Chirta représente la frontière de l'espace domestique où s'ébattent les femmes et les enfants : c'est dans cette aire qu'ils vont récolter le miel sauvage, cueillir des fruits de saison ou pêcher à la nivrée dans les ruisseaux. Au-delà commence la vraie contrée de chasse, le domaine de l'inhabité. Vers le couchant, il faut deux jours pour gagner la maison la plus proche, celle de Kawarunch au bord du Pastaza. Trois jours sont nécessaires vers le nord pour atteindre la maison de Yaur, au débouché du Kupatentza. Au sud-est, c'est pis encore : le sentier s'est perdu qui menait en une semaine chez Nayapi, à la confluence du Kapawi et du Chundaykiu. Dans ces immensités vides, la rencontre d'un homme n'est jamais fortuite.

Nous traversons le Kusutka vers le milieu de la matinée et infléchissons notre route vers le sud, sur une brisée à peine perceptible. C'est une sente de chasse de Pinchu, juste marquée de loin en loin par un rameau cassé dont les feuilles détonnent sur le feuillage environnant, un chemin sans logique apparente ni destination. Le pas fort circonspect depuis quelque temps, mon mentor s'est arrêté au pied d'un arbre dont il renifle l'écorce.

— Ils ont pissé là, dit-il à voix basse.

— Qui, les pécaris ?

— Non, non, les perroquets.

Me faisant signe de le suivre avec prudence, Pinchu grimpe une petite colline, s'interrompant régulièrement pour me désigner des débris de cacao sauvage au bas de certains arbres.

— Ils se sont régalés, les perroquets, chuchote-t-il d'une voix hilare.

Santamik est restée au pied de la butte avec ses chiens. Parvenus au sommet, nous apercevons au loin des mouvements désordonnés dans la ramure d'un arbre gigantesque : confusément entrevues, des dizaines de formes rougeâtres s'agitent sans méfiance. Pinchu engage une fléchette dans sa sarbacane, en glisse deux dans son épaisse chevelure pour les avoir immédiatement sous la main, et s'avance avec précaution jusqu'au pied même de l'arbre où perchent les singes laineux. Les appeler «perroquets» était une ruse classique pour tromper leur vigilance car ils ont, paraît-il, l'oreille fine à leur nom. Renversant la tête en arrière, la lourde sarbacane complètement verticale, Pinchu a soufflé sans un bruit son premier dard et recharge aussitôt. Le projectile s'est fiché dans le thorax d'un gros mâle qui, surpris, l'arrache d'un coup sec. Peu importe, car la pointe enduite de curare est demeurée dans la blessure : l'extrémité de la fléchette avait été soigneusement entaillée auparavant avec la mâchoire de piranha que Pinchu porte toujours attachée à son carquois.

Au moment où il se plaçait pour tirer un deuxième animal, l'aboiement très lointain d'un chien provoque une commotion dans la troupe ; les grands singes se jettent en tous sens et celui qu'avait choisi Pinchu se déplace hors d'atteinte. Tentant d'éveiller sa curiosité pour l'attirer, Pinchu lance d'une voix douce mais gutturale : « *Chaar, chaar, chaar* », le cri de ralliement propre à l'espèce. Un deuxième aboiement vient ruiner ces effets et toute la troupe prend brutalement la fuite. Seule demeure la première victime, coincée dans un enfourchement et embrassant dans un tremblement convulsif un gros rameau secondaire, la queue vigoureusement enroulée autour d'une branche. La mort ne tarde pas à venir, mais ne résout pas pour autant le problème du chasseur. Les yeux écarquillés, l'animal reste obstinément agrippé à son perchoir, tétanisé par l'agonie dans une étreinte définitive. Au-dessus de grands contreforts tabulaires, l'arbre présente un large fût rectiligne totalement dépourvu d'appuis ; y grimper est manifestement impossible sans une hache pour tailler des encoches. Fixant sa proie hors d'atteinte, Pinchu chantonne entre ses dents un anent résigné ; mais l'interpellation magique reste sans effet : le singe laineux ne tombera pas.

— *Tcha!* J'ai soufflé pour rien ! Mon petit curare, c'est pour les vautours qu'il a sucé le sang du singe ; la bonne graisse, ce sont les vautours qui vont s'en rassasier. Après tout, est-ce que par hasard j'ai eu un kuntuknar pour les singes laineux ? C'est ainsi. Viens, beau-frère ! Il ne faut pas s'attarder, car l'*amana* pourrait nous voir.

L'amana des singes laineux est en quelque sorte leur prototype, un très vieux mâle chenu mais gigantesque, habile en toutes circonstances à se soustraire aux yeux des chasseurs. Incarnant au plus haut point les aptitudes de l'espèce, il en constitue la figuration emblématique, un peu à la manière des essences nominales de la philosophie platonicienne qui se perpétuent dans l'empyrée des idées comme autant de modèles parfaits des éléments du monde. L'amana veille avec bonhomie sur ses congénères : grâce à son pouvoir d'ubiquité, il épie les propos des chasseurs fanfarons et avertit les autres singes des menaces qui pèsent sur eux. Il ne s'oppose pourtant pas à la chasse, mais demande qu'elle se déroule dans les règles : ainsi, abandonner aux charognards un cadavre branché manque de dignité, et le départ précipité de Pinchu apparaît comme l'aveu de son malaise, comme la reconnaissance implicite d'une dérogation à l'éthique de la chasse.

L'existence même de l'amana repose en partie sur cette nécessité d'offrir un miroir individuel au remords du chasseur. Bien qu'ils chassent tous les jours pour leur plaisir autant que pour leur pitance, mes compagnons ne sont pas indifférents au fait de mettre à mort des êtres à plumes et à poils qu'ils parent d'une affectivité bien humaine. Or, une espèce animale n'est jamais qu'une catégorie abstraite au moyen de laquelle la pensée subordonne de petites différences d'apparences entre certains individus à des ressemblances générales plus essentielles qui les distinguent collectivement des autres formes du vivant. En animant cette classe purement nominale par un être singulier qui la représente tout entier, il devient possible de donner une expression dynamique aux sentiments ambivalents que la suppression d'une vie ne peut manquer de susciter. Devant l'innocence manifeste de chaque proie, il faut bien que, toutes

146

ensemble au sein de chaque espèce, elles aient donné naissance à l'image vindicative d'un censeur.

Lorsque nous la rejoignons, Santamik est en train de corriger l'un de ses chiens avec une badine, dans un tumulte de couinement et d'imprécations : Wampuash, encore jeune et inexpérimenté, n'a pas su résister au plaisir de japper après un mulot qui détalait dans les feuilles mortes, provoquant ainsi la fuite des singes alarmés. Malgré son dépit, Pinchu ne dit rien, laissant à sa femme toute responsabilité sur la maîtrise de sa meute.

C'est au bord d'un affluent marécageux du Kusutka qu'apparaissent les premiers signes des pécaris à collier : après s'être roulées dans la fange noirâtre, les bêtes se sont vigoureusement frottées sur des stipes de palmier, laissant suinter de leur glande à musc l'âcre effluve qui les distingue. Leur passage est récent : les bulles fermentent encore au fond des bauges irisées et l'odeur puissante des cochons flotte dans l'air, exhalée par la vase putride. La trace n'est pas facile à suivre car les pécaris ont poursuivi leur chemin dans le marais peu profond, très groupés sans doute autour du vieux qui mène la harde. Les chiens sont maintenant bien utiles pour flairer le gibier dans ce pataugement glauque qui engloutit derrière soi tout signe de passée. La machette vigoureusement empoignée et les yeux brillants d'excitation sous la frange ombreuse, Santamik offre l'image d'une Diane tropicale ; elle anime sa meute en répétant d'une voix basse mais pressante : «*Sik! sik!*», l'injonction encourageante qui précède la ruée finale. De temps en temps, elle flatte d'une intonation caressante le nom de la chienne de tête, la noire Shuwinia.

Abordant sur un îlot couvert de fougères arborescentes, Pinchu fige la petite troupe par un vaste revers de bras et indique du menton un tertre allongé dominant les eaux noires.

— N'entends-tu pas ? Ils font *tush, tush, tush.*

On perçoit en effet distinctement le claquement des défenses qui s'entrechoquent comme un fond assourdi de crécelles : les bêtes ont dû trouver une jonchée de fruits à coque dure.

Pinchu donne ses dernières instructions à Santamik avant l'approche finale :

— Tu resteras derrière avec les chiens ; lorsque tu entendras le gibier courir, faisant *juu, juu, juu,* tu lâcheras Shuwinia, puis les autres un peu après elle ; ils ne sont pas encore très vaillants ; il ne faudrait pas qu'ils se fassent étriper.

Le bras de marais est traversé dans un silence absolu, à la grande joie des maringouins qui, par nuées, en profitent pour nous butiner en toute impunité. Les pécaris sont très dispersés, comme toujours lorsqu'ils s'arrêtent pour fourrager : le danger est alors moins grand de se faire charger par toute la troupe.

Le premier cochon que nous rencontrons est seul dans une petite clairière, à une trentaine de mètres : la hure massive bien soulignée par le collier grisâtre, les soies raides dressées sur le râble, la bête pousse de très légers grognements en fouissant sous les racines d'un arbre couché au sol. Dissimulé par un tronc, Pinchu l'ajuste sans hâte et lui souffle son dard dans le flanc, à la jonction du cuissot, le plus près possible du cœur pour que le curare agisse rapidement. L'animal détale aussitôt en poussant des grondements gutturaux, déclenchant une confusion indescriptible. Pinchu se lance à sa poursuite dans le taillis, vociférant pour appeler les chiens, tandis que les autres cochons s'enfuient au hasard, reviennent sur leurs pas et s'entrecroisent en tous sens, stimulés dans leur panique aveugle par les aboiements frénétiques de la meute. Suivant Pinchu à grand-peine dans les entrelacs du sous-bois, je le rejoins à une courte distance, au moment où, paralysé par le poison, le pécari s'abat brutalement sur son avant-train, les pattes arrière secouées de violentes ruades.

Entre-temps le tumulte s'est apaisé : on n'entend plus au loin que le concert furieux des chiens, manifestement immobiles devant une proie au réduit. Abandonnant la bête à ses derniers soubresauts, nous rejoignons la meute. Le poil hérissé et les crocs découverts, les chiens entourent d'un demi-cercle menaçant l'entrée d'une cavité à peine visible entre les racines d'un arbre énorme d'où jaillissent des claquements de mandibules. La hure pointe hors du terrier chaque fois que Shuwinia fait mine d'approcher, pourfendant l'air de ses défenses aiguës avant de se remettre aussitôt à couvert. Coupable d'avoir fait fuir les singes, le jeune Wampuash gémit doucement à l'écart, l'épaule déjà ouverte par une dilacération profonde qu'il nettoie à petits coups de langue dolents. Profitant d'une estocade de la bête habilement esquivée par Shuwinia, Pinchu lui loge une fléchette dans le cou. La chasse se termine avec ce coup de grâce car la harde a maintenant pris trop d'avance pour qu'on puisse espérer la rattraper avant la tombée de la nuit.

Après cet hallali, le dépeçage du gibier semble une chute bien prosaïque. Les deux pécaris sont étripés sur-le-champ, Santamik plongeant à pleines mains dans la cavité fumante pour en extraire des paquets d'entrailles bleuâtres. A l'ordinaire, les intestins ne sont pas considérés comme des mets dédaignables, mais chaque bête dépasse la trentaine de kilos et il faut pouvoir alléger la charge lors du long trajet de retour. Le foie est en revanche soigneusement conservé : grillé en brochettes, il récompense le chasseur de ses efforts.

Pinchu extrait la glande à musc située à la base de la queue et en frotte énergiquement la truffe des chiens pour bien les imprégner de cette odeur puissante, qui est comme l'épithète du pécari. Il leur jette ensuite ces sortes de rognons malodorants, non plus pour former leur flair au cochon sauvage, mais pour qu'en dévorant l'organe d'où émane sa puanteur native, ils en acquièrent un peu de sa férocité. Depuis au moins Gaston Phoebus, qui l'évoque dans un antique traité de vénerie, les chasseurs des pays d'Oc suivent fidèlement cette coutume lorsqu'ils chassent le sanglier. En terre jivaro, comme dans le Comminges ou le pays de Foix, l'incorporation des humeurs du gibier sert à ensauvager périodiquement les chiens trop domestiques et, parce qu'elle fait de leur bestialité reconquise une arme plus acérée, cette mise à distance les amène à mieux servir les hommes dont ils s'étaient trop rapprochés.

L'un des pécaris est dépecé sommairement : la hure, les longes, la poitrine et les cuissots sont enveloppés tout sanguinolents dans de larges feuilles et prennent place dans le panier-hotte de Santamik. Pinchu ligote les quatre pattes de l'autre animal avec une liane et arrime le tout sur son dos par un bandeau d'écorce qui lui ceint la poitrine. Ainsi harnachés, mes hôtes repartent d'un pas rapide vers la maison, songeant sans doute avec nostalgie aux doux ébats que ma curiosité a rendus impossibles. Les confidences que j'ai pu extraire des jeunes hommes sont en effet concordantes sur ce point : la chasse permet aux époux de se livrer aux plaisirs de la chair sans craindre d'avoir à juguler des appétits dont l'expression un peu vive serait embarrassante dans l'enceinte fort peuplée de la maison. Lorsqu'un homme invite l'une de ses épouses à l'accompagner en forêt, prenant soin de respecter le tour de chacune pour ne pas s'exposer à la colère de toutes, c'est aussi pour satisfaire aux obligations conjugales. Cette sexualité sylvestre n'est probablement pas de pure commodité : dans une solitude immense, mais sous le regard de la nature, à côté parfois du gibier abattu, les époux embrassés cherchent peut-être dans leur plaisir à redoubler l'excitation de la traque et son paroxysme mortel.

C'est avec près de dix heures de marche dans les jambes que nous retrouvons finalement la maison. Délassé par le bain et rendu jovial par le spectacle des pécaris entassés sur un boucan, Pinchu est d'humeur à bavarder.

— L'amana des pécaris à collier, beau-frère, comment est-il?

— Le véritable amana c'est Jurijri, c'est la mère des pécaris. Jurijri, tu sais, il est pâle comme toi; il porte la barbe et les cheveux longs; et puis aussi, il parle toutes les langues, la nôtre, le quichua, l'espagnol et ta langue aussi, celle que tu parles avec Anchumir. Jurijri porte des bottes, un casque en fer et une épée. Dans sa nuque, il a une bouche avec de grandes dents, mais on ne la voit pas à cause des cheveux; avec cette bouche-là, il mange les gens, ceux qui se moquent du gibier, ceux qui tuent des animaux pour rien, pour le plaisir. Jurijri, il vit sous la terre; il y en a beaucoup là-dessous et ils sortent par les terriers et les arbres creux. Les pécaris à collier vivent avec eux; comme des chiens, ils pullulent autour de leurs maisons.

Je comprends mieux cette insistance furtive qu'avaient au début les adolescents à m'examiner l'occiput : ils cherchaient les canines ! Préparé à amadouer des chasseurs de têtes, j'étais pris pour un porcher cannibale résidant dans les entrailles de la terre, métaphore sinistre du Blanc revêtu des oripeaux d'un conquistador. Un peu partout en Amazonie, les Indiens conçoivent en effet les pécaris comme des cochons domestiques placés sous la férule de féroces maîtres surnaturels, qui les tiennent parfois enfermés dans de vastes enclos d'où ils sont lâchés au coup par coup pour affronter les projectiles des chasseurs. On ne tue donc jamais un animal par hasard : il y faut le consentement de son gardien invisible, toujours prompt à retenir ses bêtes s'il pense qu'on leur a manqué de respect.

Assez curieusement, l'exemple offert par les esprits protecteurs du gibier ne fut guère imité par les Indiens qui n'ont pas entrepris de domestiquer réellement les espèces sauvages qui pouvaient s'y prêter. Certes, ils recueillent les petits des animaux qu'ils ont chassés, et ils les traitent d'ordinaire avec l'affection un peu brusque qu'on réserve aux orphelins. Seule la progéniture du gibier est adoptée, en compensation peut-être du sort que les chasseurs ont fait subir à leurs parents et comme pour dissiper une mauvaise conscience qui n'ose se déclarer. Il est d'ailleurs rare que les Amérindiens mangent ces compagnons familiers, même quand ceux-ci succombent à une mort naturelle. Peu d'espèces se montrent véritablement rétives à cette vie dans l'univers des hommes, et certaines maisons de Capahuari semblent une arche de Noé où cohabitent sans enthousiasme les représentants les plus dissemblables de la faune amazonienne : aras, ouistitis, toucans, sapajous, perroquets, pacas, agamis, lagotriches, etc. Pinchu s'est lui-même entiché d'un très jeune pécari qui, au grand dam des chiens, batifole chez lui avec autant de liberté que le compagnon de saint Antoine.

L'expérience empirique de l'apprivoisement n'a pas conduit les Indiens de la forêt à tenter une véritable domestication, c'est-à-dire la reproduction contrôlée par l'homme de certaines espèces : en dehors de ceux que la Conquête a amenés, l'Amazonie est vide d'animaux domestiques. Les raisons en sont sans doute moins techniques que culturelles. Certaines espèces autochtones occasionnellement apprivoisées, comme le pécari, le tapir ou l'agouti, auraient probablement fini par se prêter à un élevage en semi-captivité, fournissant ainsi l'équivalent tropical d'un cochon, d'une vache et d'un lapin. Une telle robinsonnade était utopique, car si la chasse appelle l'apprivoisement comme son prolongement symbolique, la domestication en est sa négation. L'élevage implique un rapport de sujétion réciproque avec l'animal, chacun voyant dans l'autre la source prosaïque de son alimentation et de son bien-être; fondée en partie sur la reconnaissance du ventre, cette dépendance mutuelle prend le masque d'une convivialité sans surprises, aux antipodes de la ferveur ludique qui anime le chasseur indien dans son plaisir quotidiennement renouvelé.

L'absence d'animaux domestiqués localement paraît d'autant moins attribuable à un défaut de compétences que les Amérindiens sont de grands expérimentateurs du vivant, attentifs à ses propriétés multiples et passés maîtres dans les travaux pratiques de génétique végétale. Voilà plus de cinq mille ans que la culture du manioc est née en Amazonie, bientôt suivie par celle de centaines d'espèces comportant d'innombrables variétés adaptées aux plus petites variations de sol et de climat. Mais, contrairement à ce qui s'est passé au Proche-Orient, cette très ancienne domestication d'une large palette de plantes n'a pas eu ici pour corollaire la domestication des animaux. Il est vrai que celle-ci aurait été quasiment redondante puisque, à l'instar des Achuar, de nombreuses tribus amazoniennes se représentent les bêtes de la forêt comme déjà assujetties à des esprits qui les protègent, et donc dans un état insurpassable de domesticité. Les soumettre à l'élevage a dû sembler aux Indiens une entreprise inutile, voire périlleuse, en raison des conflits d'attribution ou de préséance qui n'auraient pas manqué de surgir avec des éleveurs surnaturels évidemment jaloux de leurs prérogatives sur le gibier. Les animaux domestiques ne sauraient appartenir simultanément à plusieurs maîtres ; et si les esprits acceptent à certaines conditions que les hommes viennent puiser dans leurs troupeaux sylvestres pour se nourrir, ils ne supporteraient sans doute pas de se voir totalement dépossédés. La chasse procède ainsi d'un droit d'usufruit temporaire que les gardiens du gibier aiment à voir constamment renégocié, elle suppose une éthique du contrat et une philosophie de l'échange sans commune mesure avec la morale douceâtre de l'étable et du poulailler.

— Quel anent chantais-tu, beau-frère, lorsque nous allions pour tirer les singes laineux ?

— Écoute, c'est comme ça :

« Petit amana, petit amana, si nous sommes tous deux des amana, comment allons-nous faire ?
Je m'obscurcis comme le Shaam, comme le Shaam
Petit amana, petit amana, envoie-moi tes enfants !
Sur ce tertre même, qu'ils crient churururui, churururui, churururui, qu'ils fassent waanta, waanta, waanta, en secouant les branches. »

Voilà une habile supplique, qui joue de part en part sur l'équivoque des identifications ! Identification avec l'amana des singes laineux, d'abord, cet animal exemplaire qui représente les intérêts de l'espèce et dont le chasseur requiert la connivence ainsi qu'il est de règle entre gens de qualité. Identification avec le Shaam, aussi, l'un des esprits qui veillent attentivement aux destinées du gibier. De cet invisible habitant des marais ou des taillis obscurs, réputé porter son cœur en bandoulière sur la poitrine comme une méduse palpitante, on connaît seulement les gémissements plaintifs qu'il laisse sourdre au crépuscule.

— Et lorsque le singe laineux est resté accroché dans la ramure, quel anent chantais-tu?

« Petit beau-frère, petit beau-frère, petit beau-frère, abaisse jusqu'à moi la branche!
Mon petit hameçon, ma petite fléchette, comment, comment, comment ne t'a-t-elle pas transpercé?
Mon beau-frère à moi, je t'ai tué en des terres lointaines. »

Gibier emblématique à l'instar du toucan, le singe laineux est représenté par le chasseur comme un beau-frère, c'est-à-dire un preneur ou un donneur de femmes. Ce rapport d'alliance enserrant les partenaires dans une dette mutuelle inextinguible n'est pas, chez les Achuar, exempt de tracas : les ennemis potentiels se recrutent en effet chez les parents par alliance. Le comportement des beaux-frères, fait de dépendance réciproque et d'aménités indispensables, offre ainsi un modèle de camaraderie ambiguë, propre à définir la relation équivoque liant le chasseur à sa proie. Cette affinité retorse contraste avec l'esprit de concertation égalitaire qui marque l'invocation à l'amana : ce dernier est un pair à qui l'on demande de livrer ses dépendants.

— Mais le singe laineux était mort; comment pouvait-il entendre ton anent?

— Il était mort, tu dis vrai. Pourtant, son wakan était encore tout près de lui. Les anent, ceux à qui nous les chantons, ils ne les entendent pas comme tu m'entends à présent; ils n'entendent pas les mots que nous prononçons. Les pensées que nous portons dans nos anent, elles rentrent dans le wakan de ceux que nous invoquons et elles s'y établissent, comme dans une maison. Alors, sans le savoir vraiment, ceux pour qui nous chantons veulent comme nous voulons; ils se plient à nos pensées car nos désirs mêmes les habitent.

Tandis que nous conversions, le pécari de la maison était arrivé en trottinant pour se coucher à mes pieds dans un creux du sol de terre battue épousant étroitement sa forme. Affalé sur le flanc dans sa souille sablonneuse, l'animal avait attiré mon attention par des petits coups de groin dans les chevilles : comme à l'accoutumée, il souhaitait que je lui gratte le dos. Le dialogue s'est donc poursuivi, tandis que je promenais la pointe de mon godillot sur son râble hérissé. Lorsque parfois j'interromps ma caresse, la bête se redresse à moitié pour me fixer d'un air indigné et ses grognements de plaisir font place à des grondements moins amènes. Lassé de cet exercice, je finis par m'arrêter. Le pécari se lève alors et vient se frotter pesamment sur mes mollets, ses petits yeux en bouton fixés sur moi, tout à sa tyrannie d'animal familier. Juste derrière nous, un grand cadre de bois est posé contre les poteaux qui soutiennent l'avant-toit, exposant au soleil du soir la peau de la bête ramenée par Pinchu. Grotesquement distendue par les lianes qui l'attachent, encore marbrée çà et là de taches sanglantes où s'agglutinent des mouches vertes, la dépouille de son congénère laisse mon tourmenteur indifférent.

Chapitre IX

LE MIROIR DES EAUX

Wajari et Mukuimp s'affairent sur le déversoir du petit barrage, forçant la voix pour dominer le bruit continu de l'eau qui chute.

— Dans ma nasse, peut-être vais-je capturer une belle Tsunki à la peau blanche, avec une poitrine magnifique et de longs cheveux noirs, s'exclame Mukuimp d'un ton joyeux.

— Oui, mais les femmes Tsunki ne savent vivre que dans les rivières ; il te faudra la suivre chez son père, dans la grande maison dont les portes battent sous l'eau ; et cela je ne le veux pas, car tu es mon gendre et tu dois rester avec ma fille près de moi.

— Qui sait ? Le beau-père Tsunki, il a peut-être plusieurs filles à me donner, lui ! Il n'est pas mesquin, à ce qu'on dit.

— Et qu'en feras-tu de ces femmes de la rivière quand tu vivras dans l'eau et que les piranhas t'auront croqué la verge ?

Le jour s'est levé depuis peu et les rayons obliques du soleil traversent les frondaisons du Kusutka pour poser çà et là de grandes taches de lumière sur l'eau verte du bassin amont, étale et secrète sous la voûte végétale comme une fontaine romantique. Déjà étroit à l'ordinaire, le lit de la rivière est ici rétréci au point de ne plus faire que cinq ou six mètres de large entre des berges abruptes qui atteignent presque la hauteur d'un homme. L'endroit est bien choisi pour le barrage temporaire que Wajari et Mukuimp ont érigé en préparation de la pêche à la nivrée. Plantés au milieu du Kusutka, quatre chevalets maintiennent une forte traverse horizontale, elle-même ligaturée à ses extrémités aux arbres des rives ; sur cette traverse repose une série continue de pieux solidement fichés dans le lit de la rivière et formant un plan oblique incliné vers l'amont, un peu comme un peigne gigantesque. La partie inférieure de cette palissade demeure étanche grâce à des couches de feuilles superposées que la pression du courant maintient en place. Entre les chevalets centraux, une grande plate-forme faisant office de déversoir repose sur une armature tabulaire ; surplombant le bief aval d'environ un mètre, elle guide le trop-plein d'eau qui s'écoule en cascade. Cette construction aussi élégante qu'ingénieuse se fond dans le paysage forestier dont elle semble être un prolongement naturel, moins un obstacle à la paresseuse sérénité du cours d'eau qu'une occasion de la souligner par un bruissement argentin.

Lorsque nous sommes arrivés sur le Kusutka hier dans la matinée, le barrage était déjà monté. Wajari et Mukuimp y avaient travaillé toute la journée précédente et il ne restait plus qu'à obturer hermétiquement le bas de la palissade avec de larges feuilles de balisier. Partis dès l'aube de la maison de Wajari où nous avons nouvellement élu domicile, nous étions parvenus ici après trois heures de marche tranquille. En route, les chiens avaient tué un sapajou, malade sans doute ou trop vieux pour s'échapper, et nous l'avions mangé au bord de l'eau. Dans l'après-midi, Mukuimp avait tressé un grand panier avec de fines lianes *kaapi*, tandis que Mirunik et Senur allaient ramasser des fruits du palmier *kunkuk* dont la saison vient de débuter. Jusqu'à la brune nous avions bavardé en suçotant leur chair huileuse, mince enveloppe douceâtre autour d'un énorme noyau. Pour distraire sa petite sœur, Paantam avait collé, je ne sais comment, une grosse mouche verte toute vrombissante sur la pointe d'une badine qu'il agitait devant le bébé ravi. Dès la nuit tombée, nous nous étions couchés à même le sol sur une jonchée de palmes, serrés en rang d'oignons dans le petit abri à un pan qui jouxte la rivière.

La cahute rudimentaire où nous avons dormi est une sorte de loge de chasse que Wajari restaure ou reconstruit chaque fois qu'il revient séjourner au bord du Kusutka. Un tout petit jardin l'entoure, planté de manioc, de bananiers et de bouquets de patates douces qu'étouffent les herbes folles. Des buissons de lonchocarpe encerclent ces légumes étiques, les protégeant sans doute d'une annihilation définitive sous la dent des agoutis, des pacas ou des pécaris. La racine du lonchocarpe contient en effet un suc toxique dont les Achuar se servent pour asphyxier les poissons, et c'est à cette fin que la plante est cultivée dans tous les jardins. Nous en avons déterré hier de grandes quantités pour la pêche d'aujourd'hui, en prenant soin chaque fois de replanter une partie de la racine.

La plupart des hommes de Capahuari possèdent une loge de chasse du même genre à quelques heures de leur résidence principale. Miniatures d'une maison normale ou simples huttes temporaires, ces abris sont destinés à de brefs séjours et jouent un peu le rôle du cabanon ou de la palombière dans la France méridionale : ils offrent l'occasion d'interrompre la routine de la vie rurale par une petite parenthèse divertissante dont un travail dans la nature fournit opportunément le prétexte. Certes, ces pavillons de chasse à la mode jivaro ont également une fonction pratique, puisqu'ils étendent le rayon d'action des chasseurs et leur donnent un accès immédiat à des régions plus giboyeuses que celles, trop rebattues, entourant leur résidence principale ; comme à présent, ils permettent aussi de pêcher à la nivrée dans des rivières éloignées sans avoir à acheminer sur de longues distances des fardeaux de racines de lonchocarpe. Ces retraites discrètes servent en outre de refuge temporaire lors des guerres car, le plus souvent, aucun sentier discernable n'y accède. Toutefois, c'est principalement comme des lieux de récréation que les Achuar considèrent les loges de chasse. L'atmosphère de vacances qui règne ici depuis hier en porte témoignage : chacun vaque à ses petites occupations avec une nonchalance marquée, au milieu d'éclats de rire et de plaisanteries bon enfant qui tranchent sur le formalisme parfois guindé de l'habituelle étiquette domestique.

C'est dans l'après-midi aussi que Wajari et Mukuimp ont fabriqué leurs harpons, en à peine une heure de temps. A l'aide d'une machette bien affûtée qu'ils percutaient avec une pierre, ils ont entaillé deux grands clous de charpentier rapportés par Wajari de son voyage à Montalvo, dégageant un ergot effilé sur chacun des côtés pour former les pointes barbelées. Les hampes furent faites en quelques minutes avec des tiges bien droites de *taun*, évidées à l'une des extrémités pour y ficher la pointe mobile, tandis que la cordelette reliant celle-ci à la hampe était tressée en un tournemain avec la fibre du palmier chambira.

Cette faculté qu'ont mes compagnons d'improviser dans l'instant bien des choses dont ils ont besoin ne cesse de m'émerveiller : un harpon de pêche, un radeau en balsa pour traverser une grande rivière, une corde pour amarrer une pirogue, une longue perche pour la pousser, un panier pour transporter un chargement imprévu, un métier à tisser ou un lit pour les visiteurs, tout cela est confectionné sur-le-champ lorsque les circonstances l'exigent et souvent abandonné aussitôt que l'usage ne s'en fait plus sentir. Il est vrai que l'équipement matériel des Indiens peut paraître rudimentaire à un œil non averti ; mais c'est qu'ils dédaignent de s'embarrasser d'ustensiles que leur ingéniosité et un emploi du temps peu contraignant leur permettent de recréer à tout moment. Cette sage disposition a été mal interprétée par notre civilisation technicienne : depuis les débuts de l'aire coloniale, elle alimente les accusations d'imprévoyance que nous portons à l'encontre de tous les peuples qui ont récusé l'accumulation des objets pour ne point entraver leur liberté de mouvement.

Wajari et Mukuimp finissent d'obturer le déversoir avec une claie souple qui interdit désormais le passage aux poissons tout en laissant filtrer l'eau courante. Les deux hommes se dirigent ensuite vers l'amont où ils vont immerger une partie du poison de pêche, tandis que je me rends avec les femmes jusqu'à un dépôt intermédiaire à environ trois cents mètres du barrage. Les racines de lonchocarpe sont entassées sur un socle en rondins au bord de la rivière et mon travail — cette opération ne pouvant être accomplie que par un homme — consiste à les marteler avec un petit tronc afin d'en exprimer le suc blanchâtre. Les femmes ont entre-temps abattu à la hache deux palmiers voisins ; ma tâche achevée, nous nous installons confortablement sur la berge pour en manger les cœurs en attendant l'arrivée de la nappe toxique. Juste en face, un grand hoazin perché en surplomb de la rivière nous insulte d'une voix de crécelle en secouant son aigrette miteuse ; sa chair nauséabonde le protège de la marmite, mais non point des onomatopées vexatoires dont les femmes l'accablent en retour. Sans doute attiré par le vacarme, un oisillon tout déplumé sort du nid en plate-forme, obscène dans sa malhabile nudité rosâtre. Un caillou lancé par Mirunik lui fait perdre l'équilibre et il tombe comme une pierre dans la rivière où il se met aussitôt à nager sous l'eau avec une aisance superbe, avant de reprendre pied dans les arums de la berge en s'aidant des petites griffes qu'il possède sur les ailes à l'instar des chauves-souris. Fruit du désœuvrement, l'animosité joyeuse des femmes à l'encontre du petit hoazin est moins cruelle qu'expérimentale : on ne se lasse jamais de demander à la nature une confirmation de ses bizarreries.

Peu après, Wajari et Mukuimp nous rejoignent très excités ; le poison qu'ils ont mis à l'eau en amont est près d'arriver. En effet, une nappe laiteuse débouche du dernier méandre, opacifiant l'eau jusqu'ici parfaitement transparente. Les deux hommes enfournent alors dans des paniers les racines que j'ai écrasées, puis les trempent dans le Kusutka en les remuant en tous sens afin que le suc se répande complètement. Cela fait, tout le monde entre dans la rivière peu profonde, les hommes et les adolescents avec des harpons ou des machettes et les femmes avec des paniers, et nous commençons à descendre lentement vers le barrage.

Appelé *barbasco* dans l'espagnol du piémont andin, le lonchocarpe et son cousin le clibadion provoquent l'asphyxie des poissons dans les eaux qu'ils contaminent, mais n'ont pas d'effets durables sur eux s'ils réussissent à s'échapper ; d'où la nécessité du barrage et l'obligation de capturer rapidement sa proie avant qu'elle ne se ressaisisse. De fait, la rivière se met bientôt à tourbillonner de frétillements d'argent, des dizaines de poissons sautant en tous sens, tendus en des bonds désespérés pour échapper à l'étouffement. Nombreux sont ceux qui échouent dans la végétation touffue des berges où femmes et enfants n'ont plus qu'à les recueillir. Au pied du barrage un énorme poisson-chat virevolte en battant de la queue, juste à côté de Mukuimp qui brandit triomphalement une raie venimeuse au bout de son harpon, soulagé sans doute d'avoir échappé à son redoutable dard barbelé. Portant en sautoir une demi-douzaine de petits poissons enfilés par les ouïes sur une liane, Chiwian essaie d'assommer à coups de gourdin un piranha obstinément vivace. Gare au geste maladroit en l'attrapant : même moribond, il peut encore sectionner un doigt ! Tout le monde manifeste une gaieté exubérante, les rires et les cris s'entrecroisent, les lazzi fusent. Seule la petite Nawir pleure amèrement. Elle a renversé son panier de poissons dans la rivière en trébuchant sur une grosse branche immergée et son butin file au gré du courant pour le plus grand profit de ses frères et sœurs postés en aval. Que la pêche à la nivrée réunisse de nombreuses maisons, ou qu'elle soit, comme ici, une affaire de famille, la coutume veut que chacun prenne tout le poisson qu'il peut, les déséquilibres éventuels n'étant pas compensés par le partage. Cette entreprise menée collectivement ne suspend donc pas l'individualisme pointilleux qui gouverne toutes les actions de nos hôtes.

Debout sur la plate-forme du déversoir, plongé jusqu'aux chevilles dans un magma frétillant, Wajari ramasse méthodiquement les poissons restés prisonniers du barrage : surtout des poissons-hachettes *titim*, quelques *pushin* à l'apparence et au goût de rouget, et cette sorte de perche que les Achuar appellent *yutui*. La pêche miraculeuse est terminée : en quelques heures de barbotage allègre elle nous a ramené plus de deux cents poissons.

Nous sommes à la mi-janvier, c'est-à-dire, d'après les Indiens, dans les derniers jours d'étiage avant que ne commencent les fortes pluies qui dureront jusqu'au mois d'août et rendront impossible toute pêche à la nivrée dans les rivières en crue. La période qui s'achève s'appelle « le temps des basses eaux » ou « le temps des poissons », cette saison sèche d'où la pluie ne s'absente jamais vraiment étant ainsi placée sous le signe de la rivière. Le courant paisible y permet de longs voyages en pirogue que l'époque des crues rend parfois difficiles, notamment lorsqu'il faut remonter vers l'aval à la force des bras en peinant des jours durant sur de longues perches. Partout, le poisson devient d'un accès facile : dans les bras morts des fleuves et les marigots de décharge où il demeure prisonnier après la décrue, dans les petites rivières des plateaux, comme le Kusutka, dont le cours transparent est devenu facile à barrer, dans les fosses et les *pongos* dont les remous sont maintenant moins périlleux. D'août à octobre, les grosses tortues d'eau sont aussi plus aisées à capturer car elles viennent pondre leurs œufs savoureux dans les bancs de sable découverts par l'étiage ; de plus, attirés par cette friandise qu'ils affectionnent autant que les Indiens, les caïmans accourent en nombre sur les plages où ils peuvent être chassés facilement.

La provende aquatique disparaît ou s'amenuise lors de la saison des fortes pluies qui amène son cortège de ressources propres. Le « temps des fruits sauvages », d'abord, dont nous avons déjà commencé de mesurer les bienfaits puisqu'il débute à la mi-novembre pour s'achever à la fin avril. Des dizaines d'espèces prodiguent leurs fruits simultanément, et certaines, comme le sapotier, le manguier ou le cacaotier sauvages, le grenadillier, l'arbre à pain et l'inga, les palmiers aguaje, llarina ou chambira font regretter que le génie domesticatoire ne les ait pas annexés. Par contrecoup, et selon cette logique de prédation généralisée qui lie tous les habitants de la jungle dans une grande chaîne de dépendance alimentaire, les animaux désormais mieux nourris deviennent des proies plus désirables pour les chasseurs. Il faut au gibier qui sort d'une période de rareté relative trois ou quatre mois pour se remplumer, et c'est seulement à partir de mars que débute la saison que les Achuar, avec un grand souci de précision anatomique, appellent « le temps de la graisse de singe laineux », en référence à la belle couche de gras que cet animal accumule alors sur le torse.

Ici et dans une grande partie du monde amérindien traditionnel, la graisse est rare faute d'animaux domestiques, et d'autant plus convoitée que les occasions d'en manger sont peu nombreuses. Un tel goût pour le gras va bien au-delà des simples exigences du métabolisme, il traduit la valeur qu'accordent ces sociétés à l'embonpoint et aux chairs potelées comme signes de santé et de beauté. Les Indiens estiment d'ailleurs que cette attirance est universelle. Une vieille croyance andine, partagée par de nombreuses tribus du piémont, attribue ainsi à des Blancs pervers un appétit insatiable pour la graisse des indigènes qu'ils se procurent en faisant cuire dans de grandes marmites les malheureux qu'ils capturent ou en les vidant comme des outres. Certains prétendent que ces pratiques macabres servent en réalité à approvisionner en lubrifiant et combustible les machines gigantesques grâce auxquelles les Blancs ont établi leur pouvoir sur le monde, monstrueux Moloch d'acier qu'un sacrifice permanent doit alimenter. Appelés *pishtaco*, les démons avides de graisse sont d'autant plus craints et haïs que rien ne permet de les distinguer des autres Blancs, de sorte qu'il est fort dangereux pour un homme à la peau pâle de s'aventurer dans certaines régions où son cannibalisme supputé pourrait lui valoir un mauvais sort. Quelques explorateurs naïfs en ont fait ces dernières années la triste expérience. Mal préparés à admettre l'idée d'une responsabilité collective, ils ignoraient sans doute que tous les Blancs sont des pishtaco en puissance, l'exploitation sans merci à laquelle les Indiens des Andes sont soumis depuis plusieurs siècles par leurs colonisateurs ne pouvant que trouver son expression la plus juste dans cette métaphore de dévoration devenue progressivement littérale.

Au-dessus des foyers les femmes ont fabriqué des boucans, grandes claies en bois vert montées sur des piquets, où elles entassent les poissons après les avoir vidés. Senur interrompt soudain sa tâche pour examiner une petite concrétion colorée qu'elle a tirée des entrailles d'un gros poisson-chat. Appelé en consultation, Wajari se penche brièvement sur l'objet et approuve avec satisfaction : « *Pai! pai! namurkaiti!* » C'est bien un *namur*, un charme de chasse. Par un de ces renversements systématiques que la pensée achuar affectionne, les calculs trouvés dans les poissons servent d'auxiliaires magiques pour attirer le gibier, tandis que ceux provenant des oiseaux et des mammifères sont employés pour la pêche. D'un air péremptoire, et finalement assez convaincant, Wajari rajoute à mon intention qu'Amasank, l'un des esprits « mères du gibier », l'avait il y a peu prévenu en rêve de cette trouvaille, lui annonçant même que ce charme-là serait destiné à la chasse au toucan. Chacun des namur possède en effet un pouvoir d'attraction sur un gibier particulier, déterminé en fonction de sa forme, de sa couleur ou de l'animal où il a été trouvé, et il est vain de vouloir étendre son usage ou de le substituer à un autre.

L'inversion entre l'origine du charme magique et l'usage qu'on lui destine définit l'efficacité propre des namur selon une procédure mentale qui rappelle l'interprétation des présages oniriques kuntuknar. Tout comme dans certains rêves, la liaison établie entre oiseau et poisson tire sa vertu d'une conjonction terme à terme des contraires : l'aérien et l'aquatique, le visible et l'invisible, le haut et le bas, le statique et le mobile, le bavard et le muet. Sous des apparences de spontanéité arbitraire, la pensée magique à l'œuvre dans ces associations est régie par un déterminisme strict ; le rapport de causalité qu'elle établit entre des objets ou des phénomènes spécifiques étant entièrement fonction de leurs caractéristiques singulières, il ne peut être étendu à des domaines différents où les termes en présence exhiberaient des propriétés d'une autre nature. Loin de refléter une vague philosophie participative, connectant indifféremment tous les étages du cosmos dans une grande indistinction originelle, objets magiques et pratiques divinatoires révèlent l'attention minutieuse portée par les Indiens à une classification des phénomènes où chaque effet requiert une cause qui lui soit propre. A l'instar du positivisme triomphant du siècle passé, et contrairement à la science moderne, cette physique du particulier ne tolère pas le hasard.

Profitant des derniers rayons du soleil, nous allons nous baigner entre hommes, un peu en aval du barrage maintenant démantelé. Mukuimp est ce soir d'humeur grivoise : il fait mine de copuler dans l'eau tout en soufflant bruyamment, à la grande joie de ses jeunes beaux-frères.

— Alors, beau-père, me dit-il avec un sourire ironique, as-tu vu ce matin ? J'ai baisé la rivière ; elle est devenue blanche avec mon sperme ! C'est la femme Tsunki qui m'a frotté la queue avec des herbes *piripiri* ; elle m'a fait une énorme verge pour que je puisse la baiser, parce que sa vulve, tu sais, on y mettrait la tête.

— Et qui est cette femme Tsunki dont tu parles toujours ? Suwitiar peut-être ne te suffit pas pour que tu veuilles encore une femme ?

— La femme Tsunki, je ne l'ai jamais vue, mais Nayapi, celui qui vit à l'embouchure du Chundaykiu dans les terres basses, lui il m'a raconté. Une nuit il a vu en rêve un vieillard aimable aux cheveux très longs qui lui a dit : « Donne-moi ta fille, je te donnerai la mienne en échange pour que tu puisses l'épouser. » Le vieux est revenu en rêve plusieurs fois lui faire la même demande, c'était Tsunki. Un matin, après l'un de ces rêves, Nayapi est parti chasser tout en amont du Chundaykiu. Là, il a vu une femme nue d'une beauté extraordinaire qui se baignait dans une cascade ; sa peau était très blanche et sa longue chevelure d'un noir parfait. Elle s'est offerte en disant qu'elle était à lui en échange de sa fille. Elle était sans vergogne, écartant les cuisses pour exhiber sa patate douce et dardant la langue comme le font les femmes qui veulent notre verge ; mais comme c'était une Tsunki, un être des eaux, Nayapi a eu peur et il est parti. Il l'a revue plusieurs fois en songe et elle le poursuivait de ses assiduités. Une fois, elle lui est apparue sur une plage du bas Kapawi, pas loin de là où vit Taish ; elle sortait du bain et jouait avec une portée de jolis chiots tout noirs. Elle s'est approchée de lui et ils se sont frotté le nez ; alors Nayapi a fait l'amour avec elle. Depuis, elle le suit partout ; en rêve, elle lui dit de venir plus souvent la visiter, qu'elle s'ennuie de lui. Elle a un fils de Nayapi et les chiots ont grandi ; maintenant ce sont de grands jaguars noirs. Elle vit dans le Chundaykiu au pied de la butte, juste sous la maison. Lorsqu'une des femmes de Nayapi ne veut pas venir avec lui à la chasse, il dit : « Ça ne fait rien, j'ai une femme Tsunki qui m'accompagne avec ses chiens. »

La nuit est presque tombée lorsque nous rentrons nous sécher aux feux des boucans. Une odeur exquise de poisson fumé s'exhale du campement. Les chiens couinent lamentablement devant ce festin auquel ils ne seront pas conviés, tandis que les enfants, saisis au contraire par un mutisme extatique, regardent la graisse goutter lentement sur les flammes en crépitant.

— Dis-moi, frère, y a-t-il des Tsunki ici aussi, ou à Capahuari ?

— Il y en a très peu, me répond Wajari, car les rivières sont rapides et peu profondes ; autrefois j'habitais très en aval d'ici, dans les terres basses, près de l'actuelle maison de Nayapi. Quand j'allais me baigner avant l'aube j'entendais des gens converser sous l'eau, tout à fait comme nous au moment de la wayus ; on entendait aussi le martèlement du tambour tuntui. Lorsque j'ai construit ma maison là-bas, il y avait un anaconda gigantesque qui vivait dans un petit lac en contrebas ; il était féroce et passait son temps à faire trembler la terre. Une nuit, une loutre géante m'est apparue en rêve, puis elle s'est transformée en homme avec des cheveux très longs, jusqu'à la taille. La loutre a demandé de devenir mon amik, mon ami cérémoniel, et m'a promis de m'aider à lutter contre l'anaconda. « Si tu ne veux pas devenir mon amik, disait-elle, l'anaconda mangera tes femmes et tes enfants. » J'ai donc accepté ; comment aurais-je pu mettre en danger tous les miens ? Tsunki a tenu parole et plus jamais on ne vit l'anaconda. En rêve, Tsunki venait souvent me visiter et j'ai fait serment de ne plus jamais chasser de loutres de peur de tuer mon amik. Celui-ci me disait : « Si je meurs, toi aussi tu mourras bientôt. » Et puis Tii est venu me visiter et il me raconta qu'il avait tué deux loutres géantes peu avant d'arriver chez moi, mais qu'il n'avait pas pu les récupérer car elles avaient coulé à pic. Depuis, mon amie loutre n'est plus jamais revenue me voir ; sans doute Tii l'avait-il tuée.

— Alors Tsunki peut aussi se transformer en anaconda ?

— Non, je ne crois pas. Anaconda est une créature domestique de Tsunki, il lui obéit en tout comme un chien. Yuu — tu ne le connais pas, il vit sur le Kunampentza — il y a quelques années, il a visité Tsunki dans sa maison et les anacondas y étaient très nombreux; il a eu fort peur. Ce Yuu, il a rencontré Tsunki parce qu'il est un chamane puissant, un *uwishin*; il voit ce que nous ne voyons pas. Il avait érigé un petit « rêvoir » sur la berge de la rivière et il allait s'y retirer régulièrement pour avoir des visions; il se saoulait au jus de tabac et au natem aussi. Une nuit, m'a-t-il raconté, une jeune Tsunki est venue le trouver dans ses visions, mais ce n'était pas une « fréquenteuse » comme celle de Nayapi. Elle lui a dit que son père voulait le connaître pour converser, et elle l'a emmené au fond de la rivière, là où il y a un gros tourbillon, en l'enveloppant de ses longs cheveux. Yuu dit que, dans l'eau, les Tsunki ont des maisons comme les nôtres, et ils sont tout semblables aux humains; ils ont des jardins aussi. Le vieux Tsunki était installé sur un anaconda enroulé et il fit asseoir Yuu sur une grande tortue, qui sortait la tête pour le fixer de ses yeux ronds; d'autres Tsunki étaient assis sur un caïman le long des murs et d'énormes jaguars noirs lui tournaient autour en aboyant comme des chiens. Tout cela Yuu l'a vu.

Eurêka! L'énigme de la tête de caïman sculptée sur le chimpui de Wajari est en partie résolue, cette énigme qui m'avait donné il y a quelques mois la cuisante mesure de mon incapacité à comprendre la signification d'un détail aussi trivial que la forme d'une poignée. En partie résolue, car s'il est maintenant clair que les tabourets et les bancs dont se servent mes compagnons sont des figurations symboliques des animaux employés comme sièges par les Tsunki dans leurs demeures aquatiques, la raison de ce parallélisme entre les deux univers n'apparaît pas immédiatement. C'est qu'on touche ici aux limites explicatives de l'ethnographie, c'est-à-dire aux limites de ce qu'un informateur complaisant est capable de présenter de façon synthétique et explicite à partir des normes de cohérence servant ordinairement dans sa culture à donner un sens aux comportements.

Ce que les ethnologues appellent un système de représentation n'est généralement systématique que pour l'observateur qui le reconstruit et en dégage les structures; la logique sous-jacente isolée par l'analyse savante affleure en effet rarement à la conscience des membres de la culture étudiée, qui ne peuvent pas plus la formuler qu'un jeune enfant n'est capable de traduire en règles la grammaire d'une langue dont il a pourtant la maîtrise. L'exercice de formalisation auquel je me suis livré pour tenter de comprendre l'oniromancie achuar relève de cette entreprise d'explication de l'implicite qui caractérise en propre la démarche ethnologique. A la différence de l'ethnographie qui enregistre et interprète, l'ethnologie s'efforce de mettre au jour les principes qui gouvernent le fonctionnement des différents systèmes identifiables par hypothèse au sein de chaque société — système politique, système économique, système symbolique ou système de parenté —, ouvrant ainsi la voie à la comparaison avec d'autres cultures. Certes, chaque société est irréductible aux autres ; elle constitue une totalité dont la compréhension s'appauvrit lorsqu'on la décompose, pour les besoins de l'analyse, en sous-systèmes relativement autonomes, juxtaposition d'assemblages formels qui contraste assurément avec le regard global et subjectif que porte l'observateur sur le génie d'un peuple. Cette perte de sens est le prix à payer pour une intelligence plus haute du fait social. En effet, si les phénomènes sociaux et culturels paraissent dotés d'une singularité têtue qui les rend à première vue incommensurables entre eux, les logiques qui organisent leur diversité relèvent peut-être d'un ordre moins cahotique, car elles ont des propriétés comparables dont on peut espérer formuler un jour les principes de combinaison. C'est du moins là l'utopie fondatrice de notre vocation.

L'obsession de rendre raison, pour employer une vieille formule platonicienne, a valu bien des reproches aux ethnologues. Combien de fois ne s'est-on pas gaussé de leurs prétentions à révéler, mieux que les hommes et les femmes qu'ils avaient étudiés, les ressorts fondamentaux d'une culture avec laquelle ils n'avaient eu qu'un contact assez bref ? On a voulu voir dans cette ambition un témoignage du mépris dans lequel ces professionnels de l'altérité tiendraient le savoir réflexif des sociétés qu'ils prétendent expliquer. La volonté de dépasser le sens commun n'est pourtant pas l'apanage des seuls ethnologues. Personne ne se scandalise lorsqu'un sociologue nous explique les mécanismes de reproduction de nos élites ou lorsqu'un linguiste nous montre les distinctions implicites qui gouvernent l'organisation des temps du verbe français. Nous admettons que, chacun dans leur domaine, ces savants maîtrisent un savoir spécialisé, susceptible de jeter sur notre réalité quotidienne un éclairage entièrement original que notre seule connaissance intuitive serait incapable d'apporter. Pourquoi se choquer dès lors que certains d'entre nous aient choisi d'élucider l'inconnu non pas au coin de la rue et en notre langue, mais au-delà des mers et en des idiomes aux consonances étranges? L'on prétend parfois que les sociétés sans écriture jouissent du privilège d'être entièrement transparentes à elles-mêmes, mais qu'étant trop étrangères à notre manière de voir, elles ne peuvent que nous demeurer à jamais opaques. Loin de combattre efficacement l'ethnocentrisme, cette idée romantique conduit à reconstituer l'ancien clivage entre Nous et les Autres. Sous couvert de respect envers une différence culturelle jugée trop vaste pour être véritablement comprise, resurgissent ces incompatibilités que l'on croyait révolues entre connaissance sensible et connaissance scientifique, entre mentalité prélogique et pensée rationnelle, entre sauvages et civilisés. Voilà de trop commodes distinctions de nature qu'un racisme toujours dispos serait bien heureux de voir remises au goût du jour.

La description que Wajari et Mukuimp font de l'univers des Tsunki est représentative de la matière première dont nous sommes généralement tributaires pour édifier nos interprétations : confidences grappillées au hasard des circonstances, tissées d'anecdotes et de propos rapportés, mêlant les forfanteries pittoresques aux aveux d'ignorance, entrecoupées de réminiscences mythiques et de supputations philosophiques, ces «données ethnographiques» sont tout sauf un savoir constitué. Figuration recomposée par un observateur singulier plutôt que copie fidèle d'un irréel insaisissable, elles forment la palette un peu brouillonne d'où naît par touches successives une cosmologie impressionniste. Les esprits aquatiques jouent un rôle important dans cette théorie du monde en pointillé puisqu'ils incarnent manifestement aux yeux de mes compagnons tous les préceptes d'une sociabilité idéale. Le mariage d'amour, l'épouse accomplie à la fois comme amante et comme partenaire de travail, la déférence affectueuse vis-à-vis du beau-père, autant de traits enviables du bonheur familial et de l'affinité réussie dont les Tsunki offrent le modèle sans défaut. Au sein du panthéon des esprits, ces êtres casaniers sont d'ailleurs les seuls à vivre dans une maison véritable. Contrairement aux Shaam,

Amasank, Jurijri, Titipiur ou autres Iwianch — engeance difforme et malveillante de cour des miracles, condamnée au séjour souterrain ou à l'errance dans les bois et les marais —, les esprits des eaux respectent l'étiquette de la vie sociale ; ils présentent aux hommes toujours prompts à se laisser charmer une apparence séduisante qui est comme leur signe distinctif. En s'asseyant sur des simulacres de tortue ou de caïman, les Indiens ne font sans doute pas autre chose qu'évoquer au cœur de leur vie domestique le patronage de ces esprits aimables qui perpétuent au fond des rivières l'invention de la civilité. Étale ou tumultueuse, transparente ou blanchie par les limons, la surface des eaux occupe dans la cosmologie achuar une fonction identique à celle du miroir d'Alice, plan familier et franchi presque par hasard, mais qui ouvre à un tel univers de transpositions fantasmagoriques que la précédence de l'original sur son reflet finit par se brouiller.

DEUXIÈME PARTIE

HISTOIRES D'AFFINITÉ

« Dans la forêt, ainsi que dans la société, le bonheur
d'un individu peut être plus ou moins grand que celui
d'un autre individu ; mais je soupçonne que la nature
a posé des limites à celui de toute portion considérable de la nature humaine, au-delà desquelles il y a à
peu près autant à perdre qu'à gagner. »

Abbé RAYNAL
Histoire philosophique des Indes.

Chapitre X

AMITIÉS SÉLECTIVES

Taish est arrivé avant-hier à Capahuari pour visiter Tarir, son ami cérémoniel. Il a mis cinq jours pour remonter le Kapawi sur une méchante pirogue qui prend l'eau, avec sa femme Mamati et deux chiens. C'est un homme fluet aux membres étonnamment grêles, le visage chafouin sous une frange veloutée, qui marche toujours d'une allure précautionneuse comme s'il craignait de souiller ses pieds menus. Tout le monde sait déjà que Taish a apporté à Tarir un magnifique *mayn akaru*, l'un de ces fusils à chargement par la culasse que convoitent tous les hommes de Capahuari. Provenant du Pérou mais de fabrication nord-américaine, ces armes tirent des cartouches de seize et sont incomparablement supérieures aux pétoires équatoriennes qui se chargent par la gueule. Les unes comme les autres sont appelées *akaru*, un terme qui dérive probablement d'*arcabuz*, l'arquebuse espagnole. Du reste, l'on distingue les deux types d'armes par leur origine immédiate plus que par leur fonctionnement : ce sont les Mayn Shuar, des Indiens jivaros du Pérou, qui procurent aux Achuar les fusils à cartouche, d'où leur nom de *mayn akaru*, tandis que les fusils à baguette acheminés jusqu'ici depuis les Andes par l'intermédiaire d'un groupe jivaro du piémont sont connus comme *shiwiar akaru*, du nom que les Achuar donnent à cette autre tribu.

Dès que Taish est arrivé, Tarir l'a entraîné dans un tourbillon de visites mondaines, chacun ici étant naturellement avide de connaître les nouvelles qui circulent dans l'aval et se montrant désireux de potiner tout son saoul sur les heurs et malheurs des uns ou des autres. Cela fait plus d'un an que personne n'est descendu sur le bas Kapawi ou n'en est remonté, aussi Taish se plie-t-il avec une sorte de délectation morose à ce rôle d'échotier auquel ses piètres talents de conteur ne le prédisposent pourtant pas, mais qui lui permet de passer ses journées en libations répétées.

Flanqué de Tarir, qui ne se lasse pas d'exhiber avec une fierté touchante le canon luisant de son bel akaru, le voyageur est présentement chez Titiar à qui Wajari et moi-même étions venus rendre visite. Il nous sert comme un morceau de choix le dernier épisode du feuilleton Ikiam, cet homme du Copataza dont la disparition mystérieuse alimente depuis quelque temps déjà les rumeurs les plus contradictoires. Yaur, le frère d'Ikiam, paraissait convaincu de la culpabilité de Sumpaish, l'homme du bas Kapawi chez qui Pinik, la femme fugitive de la victime, avait trouvé un nouveau foyer. En l'absence de preuves, car le cadavre n'a toujours pas été retrouvé, Yaur supposait que son frère avait commis une quelconque imprudence en cherchant à se venger de sa femme et de l'homme qui la lui avait ravie, et que ce dernier avait tué Ikiam par mesure de protection. Il semble que Yaur ait d'abord songé à se venger lui-même en allant occire Sumpaish — c'était là son devoir impératif en tant que plus proche parent d'Ikiam —, mais il a préféré demander une compensation matérielle, bien conscient que Sumpaish avait probablement supprimé son frère en légitime défense.

Tuer Sumpaish maintenant, c'était une entreprise aventureuse car l'homme était doublement sur ses gardes; c'était aussi s'exposer aux représailles de ses parents qui n'auraient pas admis le bien-fondé de la vengeance. En de pareils cas, la partie lésée peut demander au meurtrier d'acquitter par le don d'un fusil ce que les Achuar appellent littéralement la «dette de sang», *numpa tumash*. L'échange des biens et la vendetta, c'est-à-dire l'échange des morts, sont en effet régis par des principes identiques; le même terme, *tumash*, s'emploie dans le troc pour désigner l'obligation qui est faite de rendre un objet de valeur équivalente à celui que l'on a reçu et, dans les conflits, pour caractériser la situation où se trouve le meurtrier d'avoir à payer la vie qu'il a prise à autrui avec la sienne propre ou avec un fusil, lui-même appelé tumash. Yaur avait donc chargé son beau-frère Kawarunch d'aller exiger en son nom aux gens du bas Kapawi la remise d'un fusil de compensation.

En choisissant Kawarunch comme intermédiaire, Yaur avait peut-être voulu mettre une fin ostensible aux rumeurs accusant ce personnage controversé d'être l'assassin d'Ikiam, rumeurs colportées par les propres voisins de Kawarunch, ses beaux-frères Tukupi et Washikta, hommes de renom que beaucoup à Capahuari ne demandaient qu'à croire. Accompagné de Narankas, un frère du Tayujn de Capahuari, Kawarunch avait donc descendu le Pastaza jusqu'à l'embouchure du Kapawi pour se rendre d'abord chez Tii, son ami cérémoniel, qui l'avait ensuite escorté chez Nayapi, lequel agissait comme représentant de Sumpaish. Ce dernier, semble-t-il, était prudemment tapi dans sa maison non loin de là. Or, selon Taish, qui n'habite qu'à quelques heures de pirogue de Sumpaish et de Nayapi, et qui prétend avoir été présent lors de la grande confrontation, il est absolument impossible qu'Ikiam ait été tué par Sumpaish car, au moment où les faits se seraient déroulés, ce dernier était justement parti avec la belle Pinik se mettre à l'abri d'une possible attaque du cocu vindicatif chez un parent vivant fort loin de là, sur le bas Kurientza. Cet alibi fut confirmé par plusieurs témoins, à la satisfaction apparente de Kawarunch, qui refit le long trajet en sens inverse pour aviser Yaur des résultats de ses tractations. Pour l'heure le mystère Ikiam demeure donc entier.

Le séjour de Taish à Capahuari nous offre une bonne occasion de grappiller des informations sur la région d'où le visiteur est originaire et que nous souhaitons explorer prochainement grâce au moteur hors-bord ramené de notre bref voyage à Puyo. Il nous faut encore une embarcation, mais j'ai bon espoir de récupérer pour notre usage une grande pirogue fabriquée l'année dernière à l'instigation des évangélistes nord-américains par les hommes de Capahuari pour aller porter la bonne parole à leurs frères de l'aval toujours plongés dans les ténèbres du paganisme. Ce projet, désormais abandonné, aurait en fait permis aux membres de la communauté d'aller sans fatigue faire du troc dans les terres basses, puisque les *gringos* devaient obligeamment fournir un moteur. Selon toute apparence, l'échec de l'entreprise provient de ce que les Achuar du bas Kapawi entretiennent eux-mêmes des réseaux d'échange avec les Achuar et les Mayn du Pérou, qui les dispensent donc de passer sous la coupe des missionnaires pour s'approvisionner en biens manufacturés. De cette croisade avortée demeurent la pirogue et sa vocation, maintenant principalement commerciale, d'instaurer un trait d'union avec le bas de la rivière, vocation que notre hors-bord a opportunément relancée.

L'intérêt que nous portons aux Indiens de l'aval est éveillé par le fait que leur région paraît constituer une sorte d'isolat culturel, protégé jusqu'à présent des incursions missionnaires par un accès particulièrement malaisé. L'habitat y est très dispersé : en descendant le Kapawi on rencontre d'abord la maison de Taish, à environ trois jours d'ici, puis une succession discontinue d'habitations le long du fleuve jusqu'à son embouchure, de même qu'au bord du Pastaza et le long de ses affluents. Il y a donc là une population assez nombreuse, mais éparpillée dans une forêt partiellement marécageuse, à l'écart des grandes voies naviguées et inaccessible par avion faute de pistes d'atterrissage. Selon Taish, le bas Kapawi est en paix pour l'instant ; toutefois une guerre ferait rage un peu plus à l'est entre les gens de l'Apupentza et ceux du Kurientza, avec déjà plusieurs victimes.

Notre curiosité est dépassée par celle dont témoignent les hommes de Capahuari, très attentifs à tout ce que leur rapporte Taish de la situation qui prévaut dans l'aval. La perspective de renouer, grâce à notre moteur, des rapports d'échange avec le bas Kapawi après une longue période d'interruption les incite en effet à s'informer du mieux possible sur la situation actuelle d'individus qu'ils connaissent, personnellement ou par ouï-dire, qui leur sont souvent lointainement apparentés, mais dont ils ignorent dans quelles dispositions ils sont présentement, quel est l'état de leurs alliances, et même précisément où ils demeurent. Bien des habitants de Capahuari résidaient autrefois beaucoup plus en aval et la distension des liens avec les gens du bas de la rivière est moins le produit d'une hostilité ouverte ou larvée que l'effet d'une relative paresse : sans moteur, le retour en pirogue est particulièrement éprouvant, presque impossible en période de crue. L'installation à Capahuari a donc conduit à réorienter les réseaux d'échange vers des voisins moins inaccessibles. De fait, les hommes d'ici ont des amis cérémoniels chez les Achuar du Sasaïme, à deux jours de marche, quelques-uns sur le bas Copataza plus éloigné, et certains aussi parmi les Achuar du Bobonaza, à Tawaynambi ou à Montalvo ; en revanche, peu nombreux sont ceux qui, comme Tarir, ont des partenaires de troc dans l'aval.

Profitant de la présence de Taish, je l'interroge sur l'identité de ses amis cérémoniels, afin de reconstituer le maillage sociologique dont il est le centre et qui le connecte d'un côté aux gens de Capahuari et, de l'autre, à des Indiens très éloignés, tels les Mayn du haut Makusar ou les Achuar du Wampuik. Wajari, que cette conversation semble exciter au plus haut point, fait des signes discrets à son frère Titiar pour l'inciter à parler. Profitant d'un silence, ce dernier se tourne alors vers moi et, après quelques raclements de gorge soulignés d'un crachat, finit par se déclarer.

— Mon frère Wajari, chez qui tu vis depuis longtemps avec ta femme, il me demande de te dire qu'il aimerait être ton amik. Nous, les Achuar, lorsque nous pensons à quelqu'un avec affection et que nous voulons être comme son frère, alors nous nous faisons amik. Maintenant que tu vas rester parmi nous, tu dois avoir un amik qui va te protéger et te nourrir ; car tu ne sais pas vraiment chasser comme nous les Achuar, et si tu n'as pas d'amik pour te donner du gibier, qu'est-ce qu'elle va manger ta pauvre Anchumir ? Elle sera très malheureuse et va peut-être te quitter.

La manœuvre a sans doute été longuement concertée entre les deux frères. Par cette initiative, Wajari rend patent aux yeux de la communauté l'espèce de droit de priorité qu'il a progressivement acquis sur tout ce qui concerne nos personnes, droit dont il a évalué les avantages ces derniers jours — je comprends maintenant pourquoi — en me questionnant discrètement sur l'étendue de mes richesses et en s'assurant, par des commentaires fleuris et des anecdotes circonstanciées, que je connaissais bien les devoirs de générosité et d'assistance caractéristiques d'un rapport entre amik. Outre qu'il me serait difficile de refuser ostensiblement une telle proposition sans humilier Wajari, l'idée de renforcer mes liens avec lui par un attachement formel me paraît plutôt bonne. L'amitié cérémonielle permettrait de pérenniser dans une relation socialement reconnue un commerce fondé jusqu'à présent autant sur la sympathie mutuelle que sur la rencontre de convenances personnelles, combinaison instable qu'un système d'obligations réciproques clairement codifiées rendrait moins aléatoire.

Aussitôt mon acquiescement obtenu, Titiar va chercher une couverture crasseuse qu'il dispose sur le sol du tankamash, puis il nous invite, Wajari et moi, à nous agenouiller face à face. Dans cette posture incommode nous nous donnons des accolades sur le côté droit et le côté gauche en répétant avec conviction : « Mon amik ! mon amik ! » C'est ensuite au tour d'Anne Christine et d'Entza, la troisième femme de Wajari, de se livrer à ces embrassades rituelles qu'elles ponctuent de : « Ma *yanas* ! ma *yanas* ! » Désormais Wajari et Entza devront m'appeler « mon amik », formule que j'emploierai également pour m'adresser à Wajari, tandis que je dirai « ma yanas » à Entza, cette expression lui servant aussi dans ses rapports avec Anne Christine et réciproquement. Se substituant aux termes de parenté classiques employés auparavant, ce réseau d'appellations nouvelles vient signifier que les anciennes relations de consanguinité ou d'affinité doivent s'effacer au profit d'un lien plus fort, parce que délibérément recherché et publiquement institué. L'amitié cérémonielle introduit à un ordre propre, contradictoire parfois avec les principes sociologiques qui règlent les relations ordinaires : en jouant sur l'appariement de deux couples, par exemple, elle brise l'égalité de statut entre les différentes épouses d'un même homme, car seule l'une d'entre elles peut désormais jouir des avantages de l'attachement contracté par son mari. Aussi sommaire qu'elle ait été, la cérémonie instaurant notre nouveau statut m'a comblé d'aise : j'éprouve toujours une pointe d'émotion à constater que des coutumes dont j'avais jusqu'à présent une connaissance livresque sont suffisamment vivaces pour que je puisse en devenir l'acteur. C'est peut-être cette confirmation répétée par toutes les expériences ethnographiques qui donne la garantie de vérité aux abstractions sociales décrites dans la littérature anthropologique et qui, en définitive, rend possible leur comparaison.

Le terme *amik* paraît dérivé de l'espagnol *amigo*, et le bref rituel que nous venons d'accomplir ressemble lui-même à la cérémonie d'inspiration féodale au cours de laquelle les conquistadores du XVIᵉ siècle conféraient à leurs soldats méritants une *encomienda*, c'est-à-dire la mission de « civiliser » et d'évangéliser un village ou un groupe de villages indigènes, mission dont ils se payaient sans ménagement en exigeant un tribut des habitants. Malgré cette coloration hispanique, l'institution a très vraisemblablement une origine autochtone. Il est d'abord significatif que le lien d'amitié cérémonielle exclut les étrangers puisqu'il n'est ordinairement établi qu'entre des partenaires parlant un dialecte jivaro. Le mot amik est certes employé à l'occasion comme une marque de respect pour s'adresser à certains Blancs, missionnaires ou regatones, mais sans que cela implique de part ou d'autre l'adhésion au système des obligations qui caractérise la relation. Certains Achuar septentrionaux qui ont des contacts réguliers avec les Quichuas christianisés ou avec les quelques métis de Montalvo choisissent, du reste, de formaliser les relations commerciales qu'ils entretiennent avec eux par le biais du compadrazgo. Tels qu'ils sont conçus par les Achuar, les engagements réciproques des *kumpa* (compères) se réduisent en fait à l'observance d'un code minimal de bonne conduite pour la pratique du troc.

Par contraste avec le «parrainage», la relation d'amitié cérémonielle ne prend vraiment son sens qu'au sein de la culture jivaro, c'est-à-dire pour des gens qui parlent la même langue et partagent les mêmes valeurs, dont les principes de conduite et les subtilités de comportement renvoient au même code social, qui adhèrent enfin à une même éthique de l'honneur personnel. Car les amik ne sont pas seulement des partenaires commerciaux, même si cette fonction tend à prévaloir dans la définition qu'en donnent spontanément les Indiens ; ils sont aussi liés par des devoirs plus contraignants : se fournir assistance et refuge en cas de guerre, faire office d'intermédiaire auprès de leurs ennemis réciproques, et se garantir mutuellement leur sauvegarde lors de visites en territoire hostile, toutes obligations dont le bon accomplissement suppose à l'évidence une certaine proximité géographique, sociale et culturelle. Pour surprenante qu'elle puisse paraître, ma cooptation dans un système aussi fermé n'est pas complètement inattendue ; elle procède du désir de participer quelque peu à la jouissance de mes richesses supputées et de l'habitude qu'Anne Christine et moi-même avons prise de respecter l'étiquette achuar du savoir-vivre ; cette habitude est bien peu conforme au comportement des rares Blancs que nos hôtes ont pu apercevoir et a dû faire germer dans leur esprit l'idée que je ne me déroberai pas à des engagements plus contraignants.

L'amitié cérémonielle est très commune dans le monde

amazonien et c'est là une autre raison pour penser que la variante jivaro de ce phénomène ne doit rien aux conquérants ibériques. Le contenu de cette institution est très variable selon les cultures. Le plus généralement, elle fonctionne comme un instrument de commerce à longue distance et un mécanisme de redistribution économique, la formalisation d'un lien d'amitié assurant la sécurité des échanges entre des partenaires qui appartiennent souvent à des tribus hostiles. Beaucoup plus rares sont les cas où, comme chez les Jivaros, les amis cérémoniels se garantissent protection et assistance lors des guerres, système judicieux dans des sociétés hautement conflictuelles, car il ménage pour chacun des zones de neutralité active ou d'alliance potentielle. Chez les peuples du Brésil central, en revanche, où chaque membre du village se voit enserré dès sa naissance dans un réseau intriqué de groupements sociaux en opposition complémentaire — clans, moitiés cérémonielles, classes d'âge, sociétés de guerriers —, l'amitié formelle perd son caractère d'affinité élective pour devenir une relation collective comme les autres, elle aussi héritée des parents. Elle se résume alors à une série de devoirs strictement codifiés vis-à-vis de certains individus : fabriquer leurs parures, les orner pour les cérémonies ou organiser leur enterrement. Enfin, quelques tribus tupi ont poussé l'institution dans une direction tout à fait opposée puisque, loin d'en faire le support d'obligations quasiment liturgiques, elles la conçoivent comme une joyeuse communauté de corps et d'esprit s'étendant tout naturellement aux épouses : les amitiés se scellent entre couples mariés et entraînent le libre accès nocturne au hamac du partenaire de sexe opposé.

La mutualité sexuelle de certaines sociétés tupi souligne avec éclat un trait par ailleurs présent dans la plupart des formes d'amitié cérémonielle amazoniennes : celles-ci se développent en marge des relations sociales ordinaires, comme une alternative ou, peut-être, un antidote. Dans cette région du monde, en effet, la vie publique et privée tend à s'organiser à partir d'une division fondamentale entre deux classes de personnes : les parents consanguins et les parents par alliance, les gens qui sont pour moi comme des frères et sœurs, et ceux chez qui il m'est permis de trouver un conjoint. Les propriétés de la parenté classificatoire propre à ce type de société sont telles que, par le jeu de dérivations logiques menées à partir d'un petit noyau de relations généalogiquement attestées, n'importe quel membre de la tribu sera nécessairement pour moi soit un parent, soit un affin. Grâce à leur relative abstraction, ces deux catégories mutuellement exclusives trouvent un champ d'application potentiel qui dépasse largement la seule sphère sociale pour englober idéalement la totalité de l'univers : ainsi mes compagnons conçoivent-ils le jardinage sur le mode d'un rapport de consanguinité entre les femmes et les plantes qu'elles élèvent, tandis que la chasse passe par l'établissement d'un lien d'alliance entre les hommes et le gibier. L'amitié cérémonielle vient briser cette symétrie un peu contraignante en introduisant un troisième type de relation qui combine certaines propriétés des deux autres. Comparable à l'affinité par ce qu'elle suppose de distance relative entre des partenaires ayant conclu un pacte, mais merveilleusement intacte des obligations qu'on encourt pour l'éternité auprès des gens qui vous donnent des femmes, le lien amik puise son inspiration affective dans l'intime confiance mutuelle propre aux rapports entre frères de sang. C'est toujours par référence à la conduite prescrite entre germains que les Achuar décrivent les devoirs de l'amitié cérémonielle, au premier rang desquels figure évidemment la vengeance. Il est donc compréhensible que Wajari ait souhaité nouer avec moi un lien amik : à mi-chemin d'une parenté trop peu vraisemblable et d'une affinité bien encombrante, cette amitié codifée qui garantit notre tranquillité mutuelle et procure un accès privilégié à ma pacotille est sans doute la niche sociologique idéale pour caser le drôle de barbu et sa blanche compagne.

Dans le choix de leurs amik, les gens de Capahuari sont portés par deux considérations apparemment contradictoires : renforcer des liens avec des parents très proches, des frères ou des beaux-frères, par exemple, et se créer des relations avec des individus très lointains, socialement comme géographiquement. A des degrés divers, les deux stratégies répondent pourtant à un même besoin de se garantir des appuis fidèles et diversifiés à tous les niveaux où ils pourraient être nécessaires.

Il est vrai que l'amitié rituelle entre frères, même utérins, est un peu une perversion du système, sans doute moins destinée à raffermir une germanité distendue qu'à offrir aux yeux d'adversaires potentiels l'image dissuasive d'une coalition sans défaut. C'est le cas de Tarir et Pinchu, inséparable duo fraternel qui se donne pompeusement du « mon amik » en toute occasion. Les relations croisées sont si étroites que lorsque Santamik, la femme de Pinchu, accompagne celui-ci pour un voyage de quelques jours, elle confiera ses enfants aux soins de sa yanas Nampirach, la femme de Tarir, plutôt qu'à Yatris, la deuxième épouse de son propre mari. La dimension économique d'un tel rapport est évidemment mineure, puisque c'est un avantage plutôt politique que les deux frères comptent en retirer et qu'ils possèdent chacun tout un réseau d'amik lointains avec qui pratiquer le troc à longue distance. Il reste qu'intérêt commercial et avantage social sont souvent difficiles à dissocier. Pinchu se plaignait ainsi amèrement il y a quelques jours de ce que Tarir ne voulait pas lui donner un peu de son curare ; de fait, Taish avait amené ce curare à son amik Tarir en retour d'un fusil à baguette qu'il avait reçu de lui auparavant, et Tarir voulait garder le poison pour le donner à son amik Washikta, de Sasaïme, de qui il espère obtenir un fusil à chargement par la culasse. L'« amitié fraternelle » pesait ici d'un faible poids devant des amik éloignés, mais pourvoyeurs de biens rares et précieux.

Les amis lointains ne sont pourtant pas tous du même type. Il y a d'abord les partenaires de négoce qu'on choisit vraiment loin, dans une tribu voisine, parce qu'ils sont situés en un lieu stratégique pour le contrôle de certaines ressources devenues indispensables aux Achuar. Depuis longtemps les gens du Kapawi ont ainsi des amik shuar dans la région du haut Makuma, grâce auxquels ils obtiennent des biens manufacturés que ces Indiens déjà acculturés se procurent eux-mêmes plus à l'est, chez d'autres Shuar vivant au contact direct du front de colonisation. C'est par ce moyen qu'arrivent non seulement les fusils à baguette, mais aussi une bonne partie des couteaux, machettes, couvertures, pièces de tissu et autres articles de traite consommés ici. Les amik du Makuma servent aussi d'intermédiaires pour l'approvisionnement en sel, traditionnellement produit à partir de sources salines par les Shuar du Mangosiza, et qui circule sur de très longues distances sous forme de grands pains compacts. A l'exception du sel, les échanges avec les amik achuar et les kumpa quichuas du Bobonaza portent sur le même type d'objets, puisque, tout comme les Shuar, ces Indiens utilisent leur proximité des regatones de Montalvo pour contrôler la diffusion des biens occidentaux vers le Kapawi. Les Quichuas exercent en outre un monopole sur les colorants minéraux indispensables à la décoration des poteries, des petites concrétions enrobées d'argile, noire pour le *kitiun*, rouge pour le *pura* et blanche pour le *pushan*. Quant aux Indiens du Sud, Mayn ou Achuar du Pérou, ils sont les pourvoyeurs des trois sortes de biens les plus valorisés par les gens de Capahuari : les fusils à cartouche, les *shauk* et le curare.

Les shauk sont tout simplement des perles de verre, de préférence rouge corail, blanches, jaunes ou bleu outremer, montées en simple cordon ou en torsade, parfois tissées en bracelet ou en ceinture. Traditionnellement fabriquées en Bohême, ces perles ont peu à peu remplacé les *mullu*, des grains rose nacré produits depuis des temps immémoriaux à partir d'un coquillage très abondant dans le golfe du Guayas, et dont la diffusion centralisée sous l'empire inca couvrait déjà une grande partie des Andes et du piémont amazonien. Encore à présent, les Achuar prétendent que les shauk procèdent des « gens du Soleil », et il est possible que cette genèse mystérieuse soit une référence à l'origine inca des parures précolombiennes dont les perles de verre sont l'actuel substitut. Bien que ces dernières soient parmi les plus anciens articles de traite introduits par les Européens en Amazonie, elles demeurent introuvables en Équateur et doivent se frayer un interminable chemin jusqu'aux Achuar depuis les lointains comptoirs péruviens. C'est aussi le sort du curare de qualité, fabriqué en quantité quasi industrielle par des groupes indigènes très éloignés, tels les Lamistas ou les Cocamas, puis centralisé dans des villes comme Tarapoto ou Iquitos par des regatones qui en assurent ensuite la diffusion vers les Indiens de la frontière.

En échange de ces biens si divers, les Achuar donnent généralement à leurs amis lointains deux sortes d'objets pour lesquels ils sont justement réputés dans une bonne partie de la Haute-Amazonie : des sarbacanes et des couronnes de plumes *tawasap*. Il s'agit dans les deux cas d'une véritable production marchande, entièrement destinée au négoce intertribal. Chaque homme de Capahuari fabrique au moins une demi-douzaine de sarbacanes par an et toutes les maisons contiennent à l'ordinaire plusieurs de ces armes à différents stades de finition, depuis la matière première à peine dégauchie — de longues lattes de bois de palmier qu'il faut laisser sécher plus d'un an avant de commencer à les façonner en forme de demi-cylindre — jusqu'au tube achevé qui n'attend plus que son embout en fémur de jaguar. Les tawasap ne sauraient être produites à une telle cadence car leurs soyeuses plumes jaunes et rouges proviennent exclusivement d'une petite touffe située à la base de la queue du toucan, plusieurs dizaines de ces infortunés volatiles étant ainsi nécessaires à la confection de cette parure masculine. Il est vrai aussi que la valeur d'une tawasap est très supérieure à celle d'une sarbacane : la première peut s'échanger contre un fusil à cartouche flambant neuf ou contre une belle pirogue, tandis que la seconde ne vaudra qu'une méchante couverture de nylon ou une paire de chemises. Mes compagnons procurent aussi à leurs amik shuar et à leurs kumpa quichuas certaines ressources naturelles devenues rares dans le territoire de ces tribus : des tronçons de certaines espèces d'arbres appropriées à la fabrication des flûtes et des sarbacanes, des morceaux de palmier *iniayua* pour confectionner des fléchettes et de la fibre de kapok pour leur empennage, des dents de dauphin d'eau douce qui servent d'amulettes à la chasse et à la pêche, etc. Enfin, et comme ils ont eux-mêmes une situation de monopole dans les réseaux de diffusion des biens venus du Pérou, les gens de Capahuari sont les fournisseurs obligés des Shuar et des Quichuas pour la fameuse triade des richesses : curare, shauk et mayn akaru.

Bien qu'elle paraisse obéir à la sage rationalité des manuels d'économie, cette division régionale de l'échange où chacun exporterait ses produits et ses ressources spécialisés pour compenser les inégalités de la nature et de l'industrie est en réalité plutôt comparable à une manière d'artifice destiné à perpétuer des relations diplomatiques entre États belligérants. En dehors du sel — qui n'a certes pas d'équivalent, mais dont existent au Pérou des sources alternatives exploitées depuis des millénaires —, tous les biens indigènes troqués entre amik lointains pourraient en effet être produits par ceux qui cherchent à les acquérir ou remplacés par des substituts très convenables. Rien n'empêcherait, par exemple, les Shuar ou les Quichuas de fabriquer des sarbacanes, du curare ou des tawasap, puisque tout indique qu'ils le faisaient encore dans un passé récent : la matière première s'est amenuisée mais n'a pas disparu, et le savoir-faire pourrait être facilement revivifié. S'ils ne le font pas, c'est d'abord qu'ils trouvent leur avantage à obtenir ces produits difficiles et longs à fabriquer en échange d'une pacotille relativement bon marché et qui leur est d'un accès facile. Hormis ce simple motif d'intérêt, la répartition entre tribus des spécialisations artisanales et commerciales aboutit également à faire du troc un instrument forcé d'interaction régionale : par lui se tissent des relations durables de dépendance réciproque entre des groupes d'hommes qui pourraient parfaitement vivre en autarcie. Fondé sur une rareté artificiellement maintenue, codifié dans les obligations mutuelles des amik, nourri par les détours erratiques du capitalisme marchand, l'échange à longue distance répond donc autant à une nécessité économique qu'à la volonté politique de maintenir une forme de liaison entre des gens qui s'apprécient assez peu.

Le commerce entre amis ne fait pas pour autant disparaître les affrontements intertribaux ; il les précède et les prolonge, les oriente dans quelques cas et contribue même parfois à les suspendre. Depuis des temps immémoriaux les Shuar du haut Makuma sont les ennemis traditionnels des Achuar du Kapawi en même temps que leurs partenaires de troc : c'est sur le Kapawi que les Shuar venaient, il y a encore une dizaine d'années, pour chercher des têtes à réduire et c'est naturellement vers le Makuma que les gens de Capahuari lançaient leurs expéditions de représailles. Ces relations hostiles n'empêchaient apparemment pas les amik des deux tribus de se visiter en toute confiance, l'hôte assurant personnellement la sécurité de son invité pendant la durée du séjour et l'escortant même à son retour jusqu'aux limites où la sauvegarde de l'un mettait la sûreté de l'autre en péril. Les amis cérémoniels jouissent ainsi des garanties d'immunité généralement accordées aux diplomates. On sait qu'il s'agit d'un statut commode pour aller espionner les ennemis, discuter avec eux de la suspension temporaire des hostilités ou mettre sur pied un renversement d'alliance. C'est par de tels intermédiaires que s'établirent il n'y a pas très longtemps les premiers contacts entre les missionnaires évangélistes du Makuma et les Achuar du Kapawi, initiative à laquelle ces derniers finirent par se résoudre, précisément afin de préserver leur approvisionnement en biens manufacturés qu'une moins grande perméabilité de la frontière avec le Pérou rendait désormais incertain. Si dettes de mort et dettes de richesse se combinent pour former la trame du rapport général entre les tribus, elles ne coexistent jamais dans une relation singulière d'amitié entre un Shuar et un Achuar, l'engagement de troquer des objets excluant tout recours à la vengeance. Attestée dans toute l'Amazonie, cette paradoxale association entre guerre et commerce cst peut-être le moyen de résoudre une contradiction, commune à tous les peuples de la région, entre l'irrépressible désir d'autonomie éprouvé dcs voisins qui se ressemblent trop et la nécessité, propre à tout groupement humain, de définir son identité en se posant comme terme d'une relation d'échange avec autrui.

Une telle contradiction gouverne aussi le choix d'un amik achuar «à bonne distance», c'est-à-dire hors du cercle des familiers, mais encore suffisamment proche pour que l'on puisse espérer mobiliser son soutien actif dans une vendetta. C'est le cas, pour Tarir, de Taish ou de Washikta : appartenant à des réseaux de parents et d'affins distincts du sien sans en être totalement séparés, vivant à quelques jours de marche tout au plus, c'est-à-dire dans un relatif voisinage à l'échelle du pays achuar, ils feraient des ennemis parfaits dans les guerres intestines de la tribu si l'amitié cérémonielle ne les avait transformés en alliés potentiels. Bien plus encore que dans les relations intertribales, ce type de lien amik utilise les apparences d'un échange économique pour habiller une volonté de diversifier des alliances ; il permet aussi de souligner les contours d'une position sociale à travers des rapports d'antagonisme et d'échange producteurs d'altérité. A chaque genre d'ennemi correspond ainsi un genre d'ami, subtile disposition qui donne tout son sel à la vie sociale et l'anime au quotidien des piquantes incertitudes d'une politique à la florentine.

La relation amik est cérémonieuse autant que cérémonielle. Elle exhibe au plus haut degré le formalisme régissant toute sociabilité masculine, combinaison de rhétorique ampoulée et de postures convenues qui évoque irrésistiblement les pires clichés de la littérature d'exploration. Il me faudra donc être très attentif à employer avec Wajari les formules de courtoisie appropriées et, de façon plus générale, m'essayer à chaque occasion au maniement du langage fleuri qui sied aux conversations entre hommes.

Titiar, sans doute le plus pompeux des Achuar de Capahuari, en offre présentement une illustration ; les visiteurs ayant presque tous quitté sa demeure, il en profite pour délivrer une harangue à son gendre Chumapi, un jeune homme de dix-sept ou dix-huit ans.

— Mon gendre, maintenant que je t'ai donné ma fille, tu vis dans ma maison et nous sommes bien tous ensemble, ainsi qu'il doit être. Nos anciens ne disaient-ils pas que le gendre doit habiter avec son beau-père et lui prêter assistance, n'avaient-ils pas raison, peut-être ? Nous, les Achuar, nous faisons comme le disent les anciens.

— C'est vrai, c'est vrai, beau-père !

— L'amik de mon frère Wajari, lui aussi, il apprend la façon de se conduire prescrite par les anciens ; il sait lire et écrire, il sait tout ce que savent les Blancs et peut-être lui aussi est-il allé voyager dans la lune ; pourtant, lui aussi, il veut connaître ce que les anciens disent qu'il faut faire, parce qu'il est correct de se conduire ainsi.

— Ainsi en est-il, beau-père. Parfaitement !

— Un gendre ne doit-il pas aider son beau-père, peut-être ? Peut-être doit-il dire de mauvaises paroles sur sa belle-mère ? Peut-être doit-il tourner le dos quand les ennemis de son beau-père menacent ? Non, un gendre qui ne se mettrait pas au service de son beau-père serait comme la souris qui vient dérober les cacahuètes, un voleur de femme, un homme sans parole.

— Tout à fait, beau-père ! Un voleur de femme, un homme sans parole.

— Les jeunes gens à présent ne respectent plus ce que disent les anciens ; ils font les colibris avec les filles, ils veulent seulement coucher avec elles ; *tsak !* un coup par-ci, *tsak !* un coup par-là ; n'est-il pas honteux de se comporter ainsi ! Ils ne veulent pas prendre femme, car ils ne veulent pas travailler. Ne faut-il pas essarter un jardin pour son épouse, peut-être ? Peut-être ne faut-il pas chasser pour elle ? Peut-être ne faut-il pas lui donner des shauk ?

— Tu dis bien, beau-père.

— Gendre, n'as-tu pas vu que le poulailler est en ruine ?

— Absolument en ruine.

— Que faire avec les poules maintenant ? La nuit, les ocelots et les tayras viennent manger les poules ; peut-être te souviens-tu que j'ai fait un piège, il y a une lune, mais ils ont su l'éviter ; seul Inchi, le chien de beau-frère Tsukanka, s'est fait prendre, le pauvre imbécile ! Nos poules se terminent ; qu'allons-nous donner aux Quichuas à présent? N'avons-nous pas besoin de chemises et de couvertures?

— Bien vrai, beau-père.

— Les anciens nous ont appris qu'il fallait construire des poulaillers pour protéger les poules; les anciens se trompaient-ils, peut-être! L'amik de mon frère Wajari, lui aussi, il dit que les Blancs font des poulaillers pour y mettre des poules énormes, grosses comme des vautours.

— Tout à fait, beau-père, comme des vautours! Certaines comme des aigles!

— Voyons, voyons, gendre; demain je t'invite, si tu le veux bien, à refaire le poulailler avec moi.

— D'accord, d'accord!

Après cette leçon de morale domestique, il nous faut rapidement prendre congé de Titiar dont l'humeur sentencieuse paraît prête à s'exprimer derechef. Dire que j'enrageais il n'y a encore pas si longtemps de ne rien comprendre aux conversations!

De retour chez Wajari à la nuit tombante, nous trouvons Chiwian et Paantam dans le jardin, en train de chasser les oiseaux à l'affût avec des sarbacanes miniatures que leur père a confectionnées à leur usage. Ils sont postés à portée d'un *yakuch*, un petit arbre sauvage que l'on épargne lors des abattis, car ses fruits appréciés par les toucans servent opportunément d'appâts. Non loin de là, Nawir est assise sur le sol avec un air renfrogné. Senur nous apprend qu'elle boude ainsi depuis le milieu de l'après-midi pour un motif dont personne ne se souvient plus, et bien que chacun tour à tour ait essayé sans succès de la consoler. Chagriné, Wajari va longuement parlementer avec la fillette d'une voix câline. Dans cette société particulièrement portée sur les conflits, on prend très au sérieux les bouderies des enfants, comme s'il était impératif de débusquer tout ressentiment durable au sein de la famille afin de mieux expulser l'agressivité vers des objets extérieurs.

Depuis la maison, nous voyons passer Naanch sur l'autre rive avec un ocelot de belle taille sur le dos; c'est au moins le troisième qu'il tue en quelques jours. Wajari est un peu vexé, car l'un de ses chiens a été tué, il y a peu, par une femelle jaguar qui s'est échappée, tandis que les chiens de Naanch sortent tous indemnes de leurs affrontements avec des félins.

— Moi j'ai un amik blanc, dit-il en riant, mais Naanch, lui, il a fait amik avec les ocelots. C'est pour cela qu'il n'arrive jamais rien à ses chiens ; j'aurais dû lui demander qu'il intercède auprès de sa yanas jaguar pour qu'elle épargne mon chien. Vois-tu, un homme véritable doit avoir des amik de toute sorte !

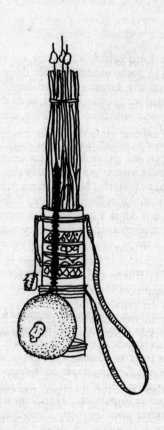

Chapitre XI

VISITE AUX GENS DU FLEUVE

Une haute fortification en troncs de palmier protège la maison, mais la porte ouverte, taillée dans une seule pièce de bois, invite à rentrer. Le petit enclos délimité par la palissade est désert, détrempé par la pluie et parsemé de débris domestiques : poteries ébréchées, jonchées de palmes, paniers hors d'usage, bois de chauffage entassé en désordre. La demeure est elle aussi ceinturée d'un mur en lattes de palmier, interrompu du côté du tankamash par une porte basse, rendue plus étroite par les planches mobiles à peine écartées qui la condamnent ordinairement. Tsukanka, Wajari et Mukuimp me précèdent dans ce trou obscur, tandis qu'Auju, Senur et Entza demeurent à l'extérieur en compagnie d'Anne Christine. Au milieu des aboiements furieux des chiens entravés et des imprécations des femmes qui les corrigent, nous prenons place sur les *kutank* des visiteurs. En rentrant, chacun d'entre nous a prononcé la formule habituelle : *Winiajai!* « je viens ». Assis sur son chimpui, mais évitant soigneusement de nous regarder, Kawarunch nous a répondu chaque fois : *Winitia!* « viens ».

Le visage anguleux du maître de maison est recouvert d'un sanglant bariolage de roucou. Le fusil négligemment posé entre les jambes, légèrement détourné de façon à ne pas nous voir, il ordonne à ses femmes de nous apporter la bière de manioc. Un long silence s'installe tandis que nous dégustons le nijiamanch, interrompu par des coups de langue approbateurs. Imitant les autres visiteurs de Capahuari, je tends mon bol d'un geste large à travers la porte pour qu'Anne Christine, accroupie à l'extérieur avec les autres femmes, puisse elle aussi se désaltérer ;

derrière son regard impassible, je devine l'amorce d'un sourire ironique.

Pivotant d'un bloc pour nous faire face, Kawarunch fixe soudain Tsukanka droit dans les yeux. Commence alors cet extraordinaire morceau de bravoure de la rhétorique achuar qu'est le grand dialogue de visite, l'*aujmatin* ou « conversation ».

— Beau-frère, tu es venu ?
— *Aih !*
— *Haa !*
— *Aih !* Beau-frère, je suis venu !
— *Aih !*
— *Haa !*

Dans une confusion d'autant plus difficile à démêler que chacun s'exprime d'une voix de stentor, les deux hommes se mettent alors à prononcer simultanément des formules presque identiques, Tsukanka marquant un léger temps de retard sur Kawarunch, comme dans un chant en canon.

— *Aih ! Aih !* Beau-frère ! Nous autres, les Achuar, étant là où nous sommes. *Aih !* Beau-frère ! Restant dans notre petite maison, nous autres véritables Achuar, ne sommes-nous pas présents ? Ainsi nous demeurons. *Maah !* Ainsi même, étant assis, tu viens à moi, ainsi même ne faisons-nous pas ainsi ? Demeurant ainsi même chez nous pour attendre celui qui vient, de la même façon que nos anciens, nous faisons ainsi, ainsi même ne faut-il pas faire ? *Aih !*

Suite à cette mêlée introductive, le dialogue proprement dit commence ; il prend la forme d'une litanie psalmodiée selon un rythme très vif, chaque courte phrase se développant dans un crescendo continu, puis redescendant brutalement, et avec une forte accentuation, vers une note légèrement inférieure à celle de départ. L'interlocuteur ponctue la fin de chacun de ces decrescendo d'une vigoureuse interjection d'acquiescement ; il peut aussi entremêler un bref commentaire, énoncé sur la même échelle mélodique, mais plus raccourcie. Après s'être brièvement toisés au début de l'aujmatin, Kawarunch comme Tsukanka évitent maintenant de se fixer dans les yeux. Le coude posé sur un genou et la main portée en coquille devant la bouche, chacun n'est plus relié à l'autre que par le contrepoint de voix puissantes désormais privées de toute origine visible. On a le sentiment d'une passe d'armes bien codifiée ; après la soudaineté du premier contact visuel, il convient d'occulter la source physique du discours et des regards, pour ne plus laisser qu'à des paroles devenues immatérielles le soin de livrer les véritables intentions des deux rivaux en éloquence. Seule exception à cette dissimulation de toutes les composantes corporelles du dialogue : les jets de salive que Kawarunch et Tsukanka émettent à intervalles réguliers en emprisonnant leurs lèvres entre deux doigts. Ces projectiles accompagnent les mots dans leur trajectoire et affirment leur véracité.

— Et toi étant venu pour agir comme il convient, ainsi je demeure !

— C'est vrai !

— Pour commencer à faire ce que dois, ainsi je suis présent !

— Beau-frère tu es présent pour moi !

— *Haa!* Nous autres qui savons faire ainsi. Et lui ! Et lui !

— *Tsa, tsa, tsa, tsaa!*

— *Haa!* Sans savoir les nouvelles, je reste à la maison !

— *Aih!*

— Pour me dire ces informations que tu m'apportes, ainsi tu viens pour moi !

— *Haa!* c'est vrai !

Presque identiques par leur signification, mais variant légèrement dans leur expression, les clichés s'enchaînent à une cadence accélérée jusqu'à ce que Kawarunch interrompe soudain le balancement harmonieux de ses phrases pour lâcher une formule toute semblable aux autres, mais dite sur un ton parfaitement monocorde. C'est le signal que Tsukanka doit prendre la relève. Avec autant de brio que de conviction, celui-ci démarre à tue-tête dans la même veine, tandis que Kawarunch souligne à son tour les banalités du visiteur par des approbations enthousiastes. Et le dialogue se poursuit dans cette alternance convenue de prises de parole, sans que le motif de notre présence ne transparaisse, sinon de manière fort allusive. Perdue au sein d'une avalanche d'affirmations stéréotypées sur l'opportunité des visites et les règles immémoriales de l'hospitalité, l'information réellement échangée par les deux hommes est minimale : Tsukanka est en route pour visiter son amik Washikta qu'il espère trouver chez lui ; oui, ce dernier est à la maison ; la région de Capahuari est présentement sans conflits ; bonne nouvelle, la région du Sasaïme également. Près de vingt minutes après le

début de l'aujmatin, la conclusion arrive enfin par la bouche de Tsukanka dans une gamme constamment ascendante.

— Ayant ainsi bien conversé, comme il est convenable que le fassent les vrais hommes, *haa*! Voyons! Devant repartir après t'avoir visité, nous nous reverrons une autre fois; maintenant je dois te laisser!

— Bien! Bien!

— *Aih!*

Une pause s'installe alors; Kawarunch bavarde avec ses épouses, tandis que les hommes de Capahuari échangent quelques banalités sur un ton de gaieté forcée, hôte et visiteurs s'ignorant à nouveau délibérément. Puis le maître de maison se tourne vers Wajari et un autre aujmatin commence. Le contenu en est aussi pauvre que le premier: Wajari annonce qu'il va rendre visite à son beau-père Tukupi, en compagnie de son gendre Mukuimp, de son amik Yakum — un membre de la mystérieuse tribu des *Pransis* venu pour apprendre la langue des vrais hommes — et de sa yanas Anchumir. Notre présence n'a pas l'air d'étonner Kawarunch qui s'abstient poliment de poser toute question à ce sujet.

Tandis que le dialogue déroule ses alternances scandées, mon esprit encore engourdi par la lassitude de la marche se met à vagabonder au fil des impressions laissées par le voyage. Nous sommes partis de Capahuari hier à l'aube, cheminant presque sans discontinuer jusqu'au crépuscule dans une forêt dense, extrêmement accidentée et désespérément vide. Malgré ma jeune expérience de coureur des bois, j'étais encore bien incapable de discerner la brisée serpentueuse que nous suivions à la queue leu leu, les hommes en tête et en serre-file pour protéger les femmes d'un enlèvement éventuel par un mauvais esprit Iwianch. A ma satisfaction morose, les Indiens perdirent le chemin à plusieurs reprises, s'arrêtant pour discuter de la direction à prendre. Vers le soir, nous rencontrâmes une bruyante troupe de singes hurleurs et, miraculeusement, j'en tirai un du premier coup pour le dîner. Passée sous un abri rudimentaire de palmes, la nuit fut froide, pluvieuse et peu réparatrice. Nos chaussures et nos vêtements, détrempés par le passage de plusieurs rivières à gué, exhalaient une odeur de pourriture; les enfiler comme des suaires glacés dans la brume du petit jour ne contribua pas à fortifier la vocation qui nous avait menés jusque-là.

Vers le milieu de la matinée, nous rentrâmes dans le grand marécage du Mente Kusutka que nous traversâmes en pataugeant jusqu'aux cuisses pendant plus d'une heure, mollement aspirés à chaque pas dans les déglutitions du fond vaseux et trébuchant sans cesse sur des racines ou des branches mortes invisibles dans l'eau noire. Sous les racines exhaussées des mangliers, au pied des palmiers bâches et de gigantesques fougères arborescentes, la surface étale s'agitait par moments d'une inquiétante vie animale qui figeait tout le monde en alerte. Par son inhumanité primordiale, le marais se confondait peu à peu avec les chromos des encyclopédies de mon enfance où des illustrateurs inventifs faisaient cohabiter dans un décor antédiluvien les spécimens les plus inquiétants de la mégafaune du Crétacé ; hébété par l'extrême fatigue de la marche, je n'aurais sans doute pas été surpris de voir surgir tyrannosaures et ptéranodons au détour d'un tronc moussu.

Au sortir du marigot, il nous fallut encore gravir un bourrelet escarpé dont nous suivîmes quelque temps la ligne de crête, avant de dévaler l'autre versant par une coulée glissante à flanc de falaise. Et soudain ce fut l'illumination : par une trouée de lumière nous découvrîmes un paysage sans fin, horizontal et paisible. C'était la plaine du Pastaza, découpée par les entrelacs des bras morts et des chenaux en un chapelet d'îles basses que bordaient des plages de galets gris. Sur les plus vastes des langues de terre sablonneuses isolées par les caprices du fleuve croissaient des taillis de bambous géants et des bosquets de balisiers, refuges jacassants de myriades de pluviers ; haut perchées sur leurs pattes grêles, des aigrettes blanches déambulaient à la lisière des eaux calmes, indifférentes à notre présence. Ébaubi par cette scène édénique qui contrastait tant avec la touffeur darwinienne du marais, je ne savais plus où porter mon regard, subitement débordé par un ciel immense que traversait une caravane de nuages pommelés. Le grondement lointain du fleuve ajoutait à l'ampleur du spectacle en agrandissant l'horizon de sa respiration puissante.

Pour mesurer mon émotion, il faut comprendre que notre univers était confiné depuis des mois à des clairières implacablement closes par une végétation verticale, sans échappées ni lignes de fuite, le firmament réduit à une fenêtre minuscule, trop tôt occultée par la tombée de la nuit. Quelques pas à travers les jardins et nous étions déjà happés par une pénombre sous-marine, continue comme un châtiment éternel. Même les Indiens paraissaient heureux d'émerger de l'interminable tunnel verdâtre où nous progressions depuis deux jours : ils s'assirent quelque temps sur les galets pour contempler en silence la vision majestueuse du grand fleuve. Fixant d'un œil rêveur la mince ligne verte qui signalait la reprise de la forêt sur l'autre rive, Wajari prononça un laconique : « C'est beau ! » seul jugement esthétique que je l'aie entendu faire sur un paysage. Quelques minutes plus tard nous parvenions chez Kawarunch.

Celui-ci palabre maintenant avec Mukuimp, manifestement moins à l'aise dans l'exercice rhétorique que ses aînés : ses tirades sont moins longues, entachées parfois d'un bref bredouillement, et dites d'un ton peu assuré. L'aujmatin est une redoutable épreuve pour les jeunes hommes qui s'y préparent pourtant dès l'adolescence, en s'exerçant avec leurs frères ou leurs cousins dans l'intimité de la forêt, à l'abri des remarques ironiques que pourraient leur adresser les hommes adultes. A la différence du yaitias chicham, ou discours lent, le mode de dialogue quasi naturel pour tous les hommes, la conversation n'est de rigueur que pour les visites à des maisons distantes, que ce soit par la géographie, par la généalogie ou par la suspicion d'inimitié. Ces trois critères de défiance sont ordinairement conjugués car un parent éloigné n'est jamais sûr, surtout si ses alliances politiques se trament dans une région où l'on a soi-même peu de relations. C'est le cas pour Kawarunch, avec qui Tsukanka et Wajari n'ont que des liens d'affinité lointains, mais que les gens de Capahuari soupçonnent d'avoir tué Ikiam, lui-même oncle maternel d'Auju, l'épouse de Tsukanka. Si cette culpabilité était avérée, Tsukanka serait dans l'obligation d'aider les parents de sa femme à se venger de notre hôte, ce qu'ils ne paraissent pas disposer à faire dans l'immédiat, puisque Yaur, le frère d'Ikiam, est par ailleurs amik de Kawarunch, et l'a même chargé il y a peu de réclamer le tumash à Sumpaish, l'autre coupable présumé.

Les circonstances de cette ténébreuse affaire sont présentes à l'esprit de chacun, mais rien n'en transpire dans les aujmatin successifs dont je suis le témoin. La « conversation » a ceci de particulier, en effet, qu'elle exclut toute véritable conversation : l'enchaînement des formules stéréotypées, dont beaucoup n'ont aucun sens, l'anaphore systématique, la répétition du même verbe dans plusieurs modes, l'emploi de synonymes et l'usage de la paraphrase contribuent à une redondance extrême du discours où surnagent à peine quelques bribes de signification. Celles-ci se réduisent à l'affirmation reprise à l'infini de ces quelques valeurs cardinales de la culture achuar que sont la nécessité des visites, les règles de l'hospitalité, le devoir d'assistance entre parents et l'obligation de bravoure échue aux hommes. Le temps de parole de chaque interlocuteur étant en outre limité par la prosodie de l'alternance, il devient impossible de poser une question ou de développer un thème qui échappe à ces poncifs : contrairement à un entretien normal, on ne saurait ici orienter le dialogue sur un sujet désiré ou le laisser dériver dans une direction inattendue. C'est que l'aujmatin est une forme d'échange verbal où la sémantique joue un rôle bien mineur. Les messages qui circulent ne sont pas tant contenus dans les paroles que dans l'interaction même dont elles fournissent l'occasion, dans la mise en scène minutieusement codifiée qui fait s'affronter deux personnages ayant quelque raison de se méfier l'un de l'autre et qui trouvent dans cette entrée en matière l'occasion de s'épier mutuellement. D'où l'importance des attitudes, de l'intonation, de l'ordre des interpellations, de la succession réglée des épisodes, de l'exhibition des parures et des armes, en bref, de tout ce qui constitue l'entour du dialogue. La conversation est tout autant un combat rhétorique qu'un instrument de médiation au moyen duquel des individus affichant au départ une position d'écart maximal sont progressivement conduits, par la réitération conjointe d'un credo partagé, à réduire la distance sociale qui les séparait. A son terme, la hiérarchie des protagonistes est établie et une sociabilité normale peut dès lors renaître.

Notre hôte a fini de soumettre le malheureux Mukuimp à la torture et, comme j'ai pris grand soin de ne pas croiser son regard pour éviter d'être moi aussi apostrophé, Tsukanka peut exposer le prosaïque objet de notre visite : nous avons besoin que Kawarunch nous fasse traverser le Pastaza dans sa pirogue pour aller voir Tukupi et Washikta sur l'autre rive.

Nous partons peu de temps après, cheminant dans un labyrinthe de grèves et d'îlots jusqu'au bras principal du fleuve qui charrie à grands fracas des morceaux de forêt dans des tourbillons d'eau brune. Deux voyages sont nécessaires pour que tout le monde franchisse ce formidable obstacle, la fragile embarcation ballottée tel un fétu par un flot irrésistible et empêchée à plusieurs reprises de chavirer dans les remous des hauts-fonds par un coup de rame expert de Kawarunch. En débarquant dans une petite anse surplombée par des kapokiers, Wajari me raconte d'un ton détaché qu'au cours d'une traversée précédente la pirogue que manœuvrait son amik Picham s'était mise en travers du courant et avait fini par verser. Le fleuve les avait roulés pendant plusieurs centaines de mètres avant qu'ils puissent reprendre pied sur un affleurement caillouteux et la petite Nawir, rejetée bien plus en aval par les eaux, était restée longtemps sans connaissance.

Laissant la pirogue solidement attachée, nous reprenons notre progression par des bras morts tapissés de galets pour arriver, après une heure de marche, à une plage tranquille où débouche un sentier. Les hommes procèdent alors à une toilette méticuleuse : après s'être peignés, ils divisent leurs cheveux en trois queues entortillées par des cordonnets, puis mettent les couronnes tawasap et enfilent des chemises bariolées qu'ils tenaient serrées dans leurs sacoches en filet. Piquant à tour de rôle avec un bâtonnet dans une minuscule gourde à cosmétique remplie d'une poudre à base de roucou pilé, nous nous peignons ensuite le visage. J'ai fini par adopter le motif dit «de l'anaconda», composé d'un double croisillon sur le nez, d'une large bande enserrant des petits traits sur les joues et d'un élégant réseau de lignes qui part des commissures de la bouche et de la base des narines pour rejoindre le lobe des oreilles. Anne Christine n'a pas cette chance qui, comme les autres femmes, doit se contenter d'une ornementation plus modeste, en l'occurrence un croissant entourant un point sur chaque pommette. Afin de paraître à son avantage, Wajari m'emprunte mon fusil, ayant donné le sien il y a peu à l'un de ses amik. C'est dans cet appareil splendide que nous arrivons enfin chez Tukupi.

Le jardin paraît immense et jouxte un grand ruisseau à l'eau claire, le Sasaïme. Visible de loin, la maison est plus grande que toutes celles que j'ai vues jusqu'à présent. Bien que les chiens nous aient entendus arriver depuis longtemps, Wajari signale notre présence comme il se doit, en embouchant le canon du fusil pour émettre un meuglement de cor de chasse. Le maître de maison trône en majesté sur son chimpui : trapu et musculeux, âgé de quarante à cinquante ans, il émane de lui une impression de force contenue que souligne un visage carré sur un menton volontaire. Curieusement, sa chevelure a des reflets blond cuivré, presque vénitien. Un homme jeune est assis à quelques pas de lui sur un chimpui plus modeste ; c'est Naychap, le fils aîné. Sa ressemblance avec Tukupi est patente, mais comme schématisée par une copie hâtive, la puissance de caractère du père ne transparaissant plus chez son rejeton que sous les traits d'une brutalité renfrognée. Deux autres visiteurs sont présents : Asamat, le seul frère survivant de Tukupi, dont je découvre vite à ses grognements gutturaux qu'il est sourd-muet, et Washikta, un immense escogriffe au visage sec et impassible de condottiere, qui converse à grands éclats de voix avec le maître de maison. S'interrompant peu après notre arrivée, celui-ci fait servir la bière de manioc, puis interpelle Tsukanka pour un aujmatin particulièrement impétueux.

Appliquées à profusion sur toute la face en grands traits pâteux, les peintures de ces Achuar du fleuve sont plus grossières que celles en vogue à Capahuari ; la poterie est également moins fine, à peine rehaussée de quelques motifs maladroits. Cette esthétique primitive qui récuse toute complexité d'ornementation s'accorde bien avec l'élocution féroce et saccadée des hommes du lieu comme avec la vigilance de leurs attitudes. L'ensemble suggère un style distinctif nouveau pour moi et plus conforme à ce que la littérature rapporte des Jivaros, mélange de violence contenue et de fierté sans pareille. A l'exception de Tsukanka, mes compagnons de voyage paraissent d'ailleurs un peu intimidés par Tukupi, Wajari tout particulièrement, dont l'habituelle bonhomie s'est presque dissoute devant un beau-père aussi formidable.

Mon amik a acquis cette relation d'alliance dans des circonstances assez martiales. Il y a sept ou huit ans, en effet, Tukupi et Washikta étaient engagés dans une vendetta sans merci contre deux frères, Jimpikit et Tiriruk, qui vivaient à une journée de marche plus à l'est. Les parentèles mobilisées de part et d'autre étant de force à peu près égale, aucun avantage décisif ne faisait pencher la balance des combats. Tukupi et Washikta décidèrent alors d'appeler en renfort des alliés du Kapawi, dont Tsukanka, Wajari et son frère Titiar. Quelques-uns vinrent aussi du Surikentza, beaucoup plus au sud. Après plusieurs morts de chaque côté, ceux de Sasaïme finirent par l'emporter : Tiriruk et Jimpikit furent tués, de même que Yurank, gendre de ce dernier, abattu par Chumpi, un homme du Surikentza dont il avait précédemment tué le frère. Retournant d'un raid, le parti victorieux tomba par hasard sur les femmes de la faction vaincue tandis qu'elles pêchaient à la nivrée ; elles furent enlevées en bloc. Kawarunch prit Atinia, Kayuye prit Nuis et Tukupi prit Tsitsink, la veuve de Jimpikit. Cette dernière était accompagnée de ses filles, dont deux très jeunes, Entza et Chawir, suivirent leur mère chez Tukupi. La troisième, Senur, était l'épouse de Yurank. Pour récompenser Wajari d'une conduite valeureuse, et parce que Chumpi ne réclamait pas Senur pour lui-même, Tukupi octroya la veuve à mon amik qui l'emmena sur le Kapawi pour en faire sa deuxième épouse. Avec Senur venait aussi sa fille Suwitiar — que Wajari donna plus tard en mariage à Mukuimp —, son jeune fils Sumpa, et la mère de Yurank, Awasant, qui vit actuellement chez Mukuimp. Par l'enlèvement de Tsitsink, Tukupi était automatiquement devenu « père » de Senur, Entza et Chawir, les filles qu'elle avait eues d'un premier lit ; aussi, lorsque Wajari en visite chez son « beau-père » avec Senur y rencontra la jeune Entza, il obtint sans grandes difficultés de la prendre pour troisième épouse. Ces événements tragiques paraissent cependant bien lointains, et l'harmonie présente des maisonnées de Wajari et de Mukuimp ne permet en rien de deviner que quatre des cinq femmes qui les habitent sont originellement des prises de guerre, attribuées sans ménagement à l'un de ceux qui contribuèrent à assassiner leurs pères, leurs fils et leurs époux. La dislocation engendrée par la vendetta dans la vie quotidienne des familles, les meurtres, les séparations et les enlèvements qui périodiquement les endeuillent sont ainsi en partie atténués par le traitement affectueux des captifs : actes de violence au départ, rapts et adoptions forcées finissent par apprivoiser les inimitiés passées en les dissolvant avec le temps dans une intimité domestique peut-être mieux accordée que si elle était née d'un libre consentement.

Les gens de Capahuari considèrent Tukupi comme le « grand homme » *(juunt)* de toute la région du Sasaïme. Ce terme de respect désigne un homme valeureux *(kakaram)*, reconnu par ses pairs comme le leader d'une faction de guerriers en raison de son intelligence tactique et du charisme qui émane de sa personne.

Dans une société où tous les hommes adultes sont égaux et ne dépendent que d'eux-mêmes, où la suprême valeur masculine est la bravoure au combat, et où les risques sont grands de prendre une décharge de plomb à l'improviste, il n'est pas aisé d'acquérir et de conserver une telle prééminence. Outre un courage sans faille, attesté par de nombreux exploits individuels, il y faut un certain don d'expressivité théâtrale et un incontestable talent d'orateur. La maîtrise de la parole dialoguée sert en effet à convaincre, séduire et s'imposer, à intimider par la manifestation d'une force d'âme peu commune les alliés réticents et les ennemis potentiels. L'éloquence ardente du grand homme ne vise pas à promouvoir le bien public, l'harmonie ou la vertu, comme c'est le cas dans d'autres tribus sud-américaines où des chefs dépourvus de toute autorité effective moulinent sans trêve des discours édifiants que personne n'écoute. A la différence de ces sermonneurs impuissants, le juunt fait toujours peser sa puissance de conviction sur un interlocuteur particulier dont il peut mesurer l'adhésion ou la méfiance. Habile manœuvrier, sachant recourir au mensonge quand il le faut, passionnément attaché à sa gloire et au prestige de sa faction, il est un fauteur de guerre et non un faiseur de paix.

Une telle carrière ne peut être menée qu'avec l'active complicité de nombreuses épouses. L'aptitude à coaliser autour de soi un groupe de parents et d'alliés susceptibles de s'engager dans un coup de main suppose qu'on fasse preuve d'une hospitalité constante. Le concours des femmes se révèle indispensable en la matière, puisque ce sont elles qui pourvoient aux repas et dispensent l'inépuisable bière de manioc. Il faut aussi être bon chasseur, et conserver quelque viande fraîche ou boucanée, car ne pas servir de gibier à un invité serait déshonorant. Le degré de munificence d'un grand homme se mesure très concrètement à la taille de ses jardins, à la dimension de sa maison, à la diligence de ses épouses et à l'abondance de sa venaison, éléments qui contribuent à sa capacité d'accommoder en toutes circonstances de nombreux visiteurs.

Obtenir des femmes est autant un résultat de la stratégie politique du leader qu'un moyen de mener à bien ses entreprises. La vendetta offre bien sûr l'occasion de s'approprier les épouses d'autrui sans rien devoir à personne, puisque les obligations d'assistance qu'on contracte habituellement vis-à-vis des affins sont ici suspendues par l'état même d'hostilité qui a rendu le rapt possible. La pratique systématique du lévirat, qui permet à un individu d'épouser les veuves de ses frères, constitue aussi un moyen commode pour agrandir sa famille dans une société où beaucoup d'hommes meurent avant d'avoir atteint la force de l'âge. Grâce à cette institution que la Bible nous a rendue familière, le plus brave ou le plus chanceux d'un groupe de frères acquiert progressivement la fertilité et le travail de ses belles-sœurs, en même temps que certaines conditions sociales pour devenir un juunt. Toutefois, comme un jeune Achuar ne part à la guerre qu'une fois marié, et généralement sous la houlette de son beau-père, le cycle des mariages démarre à l'ordinaire dans des circonstances moins dramatiques. Le choix d'une première épouse obéit à une règle très simple : un homme doit la prendre parmi les filles de ses oncles maternels ou de ses tantes paternelles, les jeunes femmes qui répondent à cette catégorie étant appelées par lui du terme de *waje*. Lorsque le mariage avec une véritable waje se révèle impossible, il faut se rabattre sur des «cousines» plus éloignées, issues des frères et des sœurs des conjoints des germains de sexe opposé de ses parents. Ainsi, Tukupi s'est d'abord marié avec sa waje Yapan, la fille de la sœur de son père, puis avec Shamich, une waje également, mais déjà plus éloignée, car fille du frère du père de Yapan. Il a par la suite épousé Yamanoch, la veuve du frère de Yapan — un mariage quelque peu irrégulier —, Tsitsink, qu'il a enlevée à Jimpikit, Pirisant, veuve de son frère Wampush tué dans une vendetta, et enfin Ishkui, qu'il avait ravie à Tiriruk, mais que celui-ci a reprise.

Le mariage entre cousins croisés — selon la terminologie en usage chez les ethnologues — est commun à de nombreux peuples sous toutes les latitudes. Contrairement à ce que nos propres coutumes pourraient nous induire à penser, il ne s'agit pas d'une union entre consanguins, puisque, dans un tel système, les frères de ma mère, les sœurs de mon père, et leurs enfants sont tenus pour mes parents par alliance, tandis que les frères de mon père, les sœurs de ma mère, et leurs enfants sont considérés comme mes parents par le sang. Chez les Achuar, le mariage avec la waje contribue à resserrer périodiquement des relations déjà étroites entre des parentèles voisines, qui peuvent se reproduire et perpétuer leurs alliances dans un cercle d'endogamie très restreint. Le renchaînement des mariages au sein d'un réseau social dont tous les membres sont raccordés par un ou plusieurs liens généalogiques tend à fixer un lacis de solidarités familiales, constamment entretenues par les obligations d'assistance mutuelle que se doivent parents et alliés dans un degré rapproché. L'indéfectible complicité qui lie Washikta et Tukupi dans les guerres de vendetta est ainsi fondée sur une extrême intrication de leurs rapports d'affinité, puisque la mère du premier était la sœur du père du second, qu'ils se sont réciproquement donné leurs sœurs en mariage, que le fils du frère de Tukupi, adopté par ce dernier après la mort de son père, a épousé la fille de Washikta, et que le fils de celui-ci est marié à la fille de Chawir, que Tukupi avait enlevée avec sa mère Tsitsink.

Devenir le pivot d'une faction un peu durable requiert du grand homme qu'il se constitue au fil du temps une parentèle plus ample que celle dont il a hérité de ses parents. Ses frères et un ou deux affins solides — tel Washikta pour Tukupi — en forment le noyau de départ, auquel viennent progressivement s'agréger des alliances mieux diversifiées. Afin d'avoir accès à un groupe de beaux-frères élargi susceptibles de l'assister, il lui faut d'abord prendre des épouses dans plusieurs familles différentes et s'y créer des obligés en donnant ses sœurs en mariage. Les affins de ses frères et les consanguins de ses alliés privilégiés viendront également grossir le rang de ceux dont il pourra solliciter l'aide, sans toutefois que leur adhésion à ses projets ne soit, dans ce cas, automatiquement acquise. Enfin, à mesure qu'il prend de l'âge, le juunt finit par disposer d'un petit groupe de dépendants qui ont envers lui un lien d'allégeance personnel : en premier lieu ses fils, mais aussi ses gendres, obligés par la coutume à vivre plusieurs années dans la maison de leur beau-père ou à sa proximité immédiate. Les fils du grand homme ne sont pas astreints à une telle règle de résidence, et c'est peut-être dans cette exception à la norme commune que se manifeste le plus immédiatement la singularité du statut de leader : afin de conserver le plus longtemps possible le soutien de ses enfants mâles, il s'arrangera en effet pour leur faire épouser des orphelines ou des filles d'un homme lointain et marginal, incapable de résister aux pressions d'un allié si redoutable. Là encore, Tukupi offre l'illustration exemplaire d'un parcours sans fautes puisque, en jouant sur sa parenté et sur celle de son beau-frère Washikta, il peut compter à présent sur le concours actif d'une demi-douzaine d'hommes de sa génération et d'une dizaine de jeunes guerriers, fils, gendres ou neveux.

La construction des réseaux d'alliance et leur mobilisation lors des vendettas sont facilitées par le fait que les parents et alliés les plus proches ne vivent guère à plus d'une journée de marche ou de pirogue les uns des autres. L'idéal est de se marier au plus près, généalogiquement comme géographiquement, c'est-à-dire au sein d'une aire de voisinage dont la configuration et les habitants vous sont familiers depuis l'enfance. C'est ce que suggéraient déjà les biographies de mes compagnons de Capahuari et que confirme sans détour tout ce que nous apprenons sur la région du Sasaïme. La nouveauté ici réside dans l'évidente dimension politique du rôle de Tukupi, reconnu comme un chef de guerre par une bonne partie des hommes de sa parentèle, et donc mieux placé que quiconque pour incarner vis-à-vis de l'extérieur l'identité sociale du territoire qu'il anime de sa présence. Naanch et Tsukanka remplissent sans doute un peu cette fonction de grands hommes à Capahuari, mais d'une façon très atténuée car, depuis que l'influence missionnaire a commencé de se faire sentir dans leur région, aucun conflit d'envergure ne leur a permis de confirmer leur prestige par un rôle effectif de leaders de faction.

Profitant d'une interruption dans la série des conversations entre Tukupi et les hommes de Capahuari, Washikta se tourne vers Kawarunch et l'interpelle violemment sur le mode du discours lent. Il lui demande si les rumeurs qui le désignent comme le meurtrier d'Ikiam sont fondées, lui reproche d'un ton amer de troubler la paix de la région, l'accuse de tromper Yaur, le frère de la victime, par des discours fielleux qui l'incriminent lui, Washikta, et prend Tsukanka à témoin de la gravité de telles allégations. Cette spectaculaire virulence s'exhibe manifestement à notre seule intention : Washikta ne vivant pas très loin de Kawarunch, il est peu probable qu'il ait attendu jusqu'à présent pour débattre avec lui d'une affaire qui remonte à plusieurs mois. Sous l'œil goguenard de Tukupi, Kawarunch se disculpe avec véhémence, invoquant le lien sacré qui l'unit à son amik Yaur et imputant à Washikta la responsabilité des troubles qui pourraient surgir après des calomnies aussi exorbitantes. La fureur des deux hommes allant croissant, Tsukanka finit par intervenir pour calmer les esprits, à grands coups de sentences lénifiantes sur la nécessité d'éviter la discorde entre parents et sur la bienséance qu'il convient d'observer pendant les dialogues.

A l'évidence, Kawarunch est la brebis galeuse de la région du Sasaïme. Beau-frère de Tukupi comme de Washikta, il a été autrefois leur allié dans des vendettas, mais demeure maintenant sur son quant-à-soi, isolé sur l'autre rive du Pastaza par un brouillard de médisances. On dit qu'un certain Tuntuam l'accompagne dans sa disgrâce; bien que cousin de Tukupi et frère « embranché » de Washikta, il est également en froid avec eux et visite souvent Kawarunch dont il a épousé la sœur. La faction qu'un grand homme comme Tukupi est susceptible de mobiliser à l'occasion d'un conflit n'intègre pas tous les hommes de l'aire de voisinage où s'exerce son influence; il existera toujours quelques membres de sa parentèle qu'un ressentiment réciproque aura éloignés de lui et qui refuseront en conséquence de se prêter à son jeu. Les aléas de l'antipathie et la totale liberté d'action reconnue à chacun contribuent sans nul doute à prévenir l'accomplissement d'un véritable pouvoir local, en empêchant quiconque d'exercer une autorité durable sur des parents perpétuellement disposés à se désunir. Malgré la crainte respectueuse qu'il suscite, malgré le prestige qui l'entoure, malgré les guerriers dont il peut solliciter l'assistance, Tukupi n'est pas un chef car personne n'est forcé de subir son ascendant.

Washikta nous ayant invités à venir le visiter, nous prenons longuement congé et partons à sa suite, à l'exception de Kawarunch qui regagne sa maison la rage au visage. L'œil en alerte et le fusil chargé, Washikta nous conduit quelque temps à travers une forêt alluviale de haute futaie avant de pénétrer dans un autre grand jardin. Mes compagnons de voyage commentent avec enthousiasme l'exubérance et la variété des plantes cultivées, soulignant la vigueur des arachides et des haricots, la taille des cacaoyers, la diversité des types de piment et de manioc, et l'épanouissement touffu des bananiers. Au contraire de la terre compacte et lourde de Capahuari, le sol d'ici est noir et léger, sa fertilité régénérée par les limons du fleuve; après tous ces patouillages dans la glaise des collines et la vase des marais, il offre à mes pieds enfin nus et martyrisés par les ampoules un tapis merveilleux, chaud et élastique.

Un succulent repas nous attend chez Washikta, le premier depuis avant-hier : du pécari boucané à point et une soupe de cacahuètes avec des feuilles de manioc bouillies en guise d'épinards. Auju refuse pourtant de manger malgré les injonctions discrètes de Tsukanka. Mukuimp m'expliquera un peu plus tard que, soupçonnant Washikta d'avoir tué Ikiam, elle craint de s'empoisonner en mangeant du gibier tiré par le fusil qui aurait servi à assassiner son oncle. L'appétit des autres convives n'est pas réfréné par cette contagion instrumentale qui affecte exclusivement les consanguins de la victime. On pense en effet que l'arme se nourrit du sang des êtres qu'elle tue et que ceux-ci en sont partiellement contaminés ; or, les parents étant réputés partager le même sang, celui-ci ne saurait être mis en conjonction avec lui-même par l'intermédiaire d'un animal sans occasionner des troubles physiologiques graves. Dans cette immunologie à rebours, c'est l'identique qui est pathogène, d'où le tabou sur le fusil que les Achuar appellent *kinchimiartin*.

Nombreuses sont les femmes qui s'affairent dans la maisonnée. Des sept épouses que Washikta a eues, deux ont été tuées dans des guerres et deux autres sont mortes lors d'une épidémie de rougeole ; la dernière, une jeunette particulièrement avenante, contribue sans doute à consoler ses vieux jours. Contrairement aux autres enfants qui restent cantonnés dans l'ekent, une fillette de six ou sept ans sert la bière de manioc ; elle est ornée comme une adulte : peintures au roucou, torsade de shauk, nombreuses bandelettes tissées aux poignets et aux chevilles. C'est la femme de Samiruk, le gendre du maître de maison, un grand garçon costaud dont la jovialité n'a pas l'air entamée par l'abstinence qu'il doit subir jusqu'aux premières règles de sa jeune épouse. Le mariage avec des filles impubères est apprécié de mes compagnons car il suscite, paraît-il, un attachement durable à l'époux, forgé à une période de la vie où l'apprentissage du rôle conjugal se confond encore avec le jeu. Les compétences domestiques de la petite n'étant pas très affirmées, c'est Pirisant, la mère de Samiruk, qui assure l'intendance. Cette grosse vieille toujours souriante est la veuve de Wampush, le frère de Tukupi, que ce dernier avait pris pour femme après l'assassinat de son premier mari ; elle n'est pas vraiment répudiée, mais semble plus heureuse d'exercer sa sollicitude maternelle chez Washikta que de vivre chez un époux déjà bien pourvu.

La nuit est tombée et seule une torche de résine éclaire le tankamash; la lueur vacillante semble faire revivre la dépouille d'un aigle-harpie cloué au mur par des épines de chonta, ses ailes blanches déployées sur près de deux mètres comme une effigie fantastique. Après la tension des premières visites, l'obscurité complice et la satisfaction des ventres rassasiés ont détendu l'atmosphère de façon perceptible. Washikta choisit ce moment pour remettre à Tsukanka son fusil.

— Tiens, mon amik, prends ça pour moi!

— C'est bon, c'est bon! réplique simplement l'obligé.

Il n'a pas l'air particulièrement troublé par le soupçon que Washikta pourrait avoir tué Ikiam avec cette arme. Malgré la grave insinuation que son refus de manger implique, Auju, elle, ne s'est pas laissée fléchir: accroupie à la lisière de l'ekent, elle fixe le tube luisant d'un regard indéchiffrable.

Chapitre XII

L'AMOUR AU PLURIEL

Wajari paraît tout gaillard de sa baignade vespérale avec Entza ; depuis la maison de Picham où nous sommes installés je les vois plaisanter comme deux tourtereaux le long du sentier sablonneux qui vient du Pastaza tout proche. Si Wajari a demandé l'hospitalité de Picham durant notre séjour à Sasaïme, c'est que ce dernier est son amik et qu'ils partagent le redoutable privilège d'être gendres de Tukupi : Chawir, la femme de notre hôte, est une sœur de Senur et d'Entza, les trois Grâces jadis enlevées par Tukupi avec leur mère Tsitsink. Cette dernière vit maintenant chez Chawir, et l'évident bonheur que ces femmes ballottées par le destin éprouvent à être réunies infuse aussi d'une amicale complicité les rapports entre Wajari et Picham. Le maître de maison est au demeurant d'une nature joviale ; c'est un homme robuste d'une trentaine d'années, portant coquettement l'itip en toutes circonstances : avec son visage régulier mais massif que noie une longue chevelure, il m'évoque irrésistiblement un joueur de rugby travesti en femme.

Tenant par l'oreille une Entza hilare, Wajari pénètre d'un pas triomphal dans la maison.

— Regarde, mon amik, le grand poisson que j'ai pêché ; elle n'a pas résisté à mon gros hameçon !

Senur intervient d'un ton moqueur.

— Il n'a pourtant pas beaucoup de viande pour appâter, ton hameçon ; peut-être devrais-tu plutôt chasser du coati !

Tout le monde s'esclaffe, Picham particulièrement, qui ponctue ses rires de *hey ya !* répétés, signe de parfaite réjouissance. Le trait est bien ajusté : la verge du coati est dotée d'un os long et fin qui assure à celle-ci une rigidité constante. Cette particularité anatomique ayant frappé l'imagination des Indiens, les hommes en tirent parti pour se confectionner un philtre en râpant l'os dans une décoction de tabac vert ; bu au moment opportun, le mélange est réputé prévenir ou pallier toute défaillance virile.

La plaisanterie de Senur m'a surpris par son audace ; elle reflète l'harmonie qui règne dans la famille de Wajari en même temps qu'une certaine liberté de ton perceptible chez mes amis depuis notre arrivée à Sasaïme, cette escapade de quelques jours ayant suffi à estomper la pudique discrétion qui contraint habituellement les rapports entre les sexes. En public, les époux restent séparés, se parlent peu et usent rarement de termes d'affection ; c'est dire que même les conjoints les mieux appariés s'abstiennent de badiner devant des spectateurs. Une telle retenue n'est pas de la bégueulerie, elle résulte plutôt de l'autocensure d'une sexualité vigoureuse dont chacun semble craindre la manifestation trop débridée : toute ironie un peu osée entre un homme et une femme est en effet immédiatement interprétée comme une invite à faire l'amour.

Entre hommes aussi les gauloiseries sont mal reçues, car elles suggèrent une dérision offensante de la virilité. « Est-ce que je suis une femme, peut-être, pour que tu me parles ainsi ? » disait l'autre jour Tarir avec sévérité à l'adresse de son jeune frère Tseremp qui lui proposait en bouffonnant son pénis en échange d'un peu de curare. Cette crainte de voir s'estomper les différences entre les sexes explique sans doute pourquoi l'homosexualité affichée ou même clandestine paraît ici inconnue. Certes, comme partout ailleurs, les adolescents s'éveillent parfois au désir sur le corps déjà familier de leurs compagnons. Lorsque deux garçons de Tsukanka furent surpris il y a quelque temps en train d'essayer de se sodomiser, tout le monde poussa de hauts cris, mais sur un ton rigolard qui démentait la gravité supposée de leur turpitude. Le père, lui, n'a pas apprécié du tout et la sévère raclée qu'il leur a infligée est peut-être la raison pour laquelle ce genre d'inclination demeure ensuite profondément refoulé. Les Achuar m'ont d'ailleurs parlé à plusieurs reprises avec une véritable horreur de l'existence d'« hommes-femmes » chez les Quichuas du Bobonaza, des homosexuels qui font de la poterie, travaillent dans les jardins, préparent les repas et se comportent en tout comme de véritables femmes. La réprobation qu'un tel comportement suscite chez mes compagnons n'exprime pas tant une morale de la conformité que la répugnance devant une confusion entre des domaines et des catégories dont l'absolue séparation est réputée nécessaire à la bonne marche du monde.

La boutade de Senur témoigne aussi des bons rapports qu'elle entretient avec sa sœur. A l'évidence, Wajari et Entza venaient de faire l'amour sur une plage isolée et leur gaieté d'amants rassasiés avait poussé Senur à rappeler ironiquement ses propres droits sur la virilité de l'homme que les deux femmes se partagent. Nul dépit en l'espèce, plutôt l'affirmation d'une complicité entre épouses à la sexualité exigeante. La jalousie menaçant toujours la concorde des ménages polygames, l'accomplissement du devoir conjugal réclame quelques précautions, notamment d'éviter les transports amoureux dans l'enceinte surpeuplée de la maison. Aussi, lorsqu'un homme emmène une de ses épouses à la chasse ou à la baignade dans un endroit écarté, ses autres femmes n'ignorent rien des plaisirs qu'ils se promettent. Si le mari respecte scrupuleusement le tour de chacune, et si sa verdeur lui permet de les combler toutes avec une régularité raisonnable, cette sexualité cyclique est généralement bien tolérée. Selon ce que Mukuimp m'a confié, une épouse délaissée n'hésite pas à faire valoir explicitement ses désirs en empoignant le sexe de son époux lorsqu'une occasion d'intimité se présente. De telles privautés restent rares et supposent une grande rancœur. La modestie demande en effet que les femmes soient plutôt passives dans l'acte sexuel, leur jouissance pleine et rapide ne requérant apparemment pas ces subtilités érotiques que Mukuimp découvrait avec un ébahissement croissant à mesure que mes questions systématiques lui révélaient l'inventivité d'autres cultures en la matière. Il est vrai qu'avec sa haute concentration d'insectes désagréables et de plantes hostiles la nature sous ces latitudes n'incite pas à prolonger outre mesure l'amour au grand air.

Satisfaire les désirs charnels d'une épouse, c'est aussi contribuer à sa domestication : les hommes disent qu'il faut littéralement travailler les femmes au corps pour maîtriser leur sauvagerie native et les dresser à la cohabitation conjugale. En épousant des fillettes à peine nubiles, les Achuar peuvent commencer très tôt cette œuvre de familiarisation réputée nécessaire au succès du mariage. C'est également par un mélange de sexe et de coercition physique que l'on dresse à leur nouvelle condition les femmes capturées aux ennemis. Devant mon étonnement discret de ce que Senur n'ait pas cherché à s'enfuir après son enlèvement, Wajari me disait comment il avait procédé.

— Au début, il faut se fâcher très fort. Je lui ai dit : « Si tu ne viens pas avec moi, je te tue sur-le-champ ! » Elle avait peur et m'a suivi. Dans les premiers temps, je la surveillais sans cesse, je l'accompagnais lorsqu'elle allait pisser ou déféquer. Je l'accompagnais lorsqu'elle allait chercher du manioc au jardin, je ne la quittais pas. Elle pleurait beaucoup, elle ne parlait pas et voulait s'enfuir chez son frère ; alors j'ai menacé de la tuer et elle s'est tenue tranquille. Je voulais qu'elle oublie Yurank, alors je lui ai fait l'amour sans tarder. Elle ne voulait pas, elle pleurnichait et me donnait des coups de poing ; mais les femmes sont comme nous, elles ne peuvent pas vivre sans forniquer. Alors comme je la « travaillais » beaucoup, elle s'est rapidement habituée à moi.

L'idée que la sexualité contribue à l'apprivoisement des femmes ne reflète pas uniquement une illusion des hommes, prompts, comme on le sait, à déguiser la domination qu'ils exercent sur leurs compagnes derrière des fantasmes qu'ils veulent croire partagés. A cette vision naturaliste des rapports conjugaux les femmes consentent jusqu'à un certain point ; elles aiment ainsi à se représenter comme de petits animaux familiers, impuissantes à survivre seules dans le vaste monde et dépendantes de la patience et de la tendresse de leur maître pour s'épanouir pleinement. On mesure la désarmante poésie de cette identification à l'écoute des anent que les épouses chantent dans la solitude de leur jardin pour tenter d'influer sur les sentiments de leur mari sans qu'il en prenne conscience. Celui-ci, par exemple, où Mamati se compare implicitement à un tamarin ou à un saïmiri, ces petits singes que les Achuar de tous âges portent agrippés aux jambes ou aux cheveux.

« *Mon petit père, mon père chéri, mon petit père, tes petites cuisses me plaisent*
Mon petit père, tes cuissettes, moi elles m'attirent
Mon petit père chéri, je cause à tes petits testicules bronzés

Mon petit père, je me retire de tes petites cuisses, je leur parle et les chéris
tendrement
Mon petit père, ton petit crachat, moi il me plaît
Mon père chéri, tes cuissettes, moi elles m'attirent
Moi j'aime ton petit torse, il me manque lorsque je l'abandonne. »

Convention commune à tous les anent féminins, l'emploi du terme « père » pour désigner l'époux correspond à une marque de respect ; il suggère aussi que l'assujettissement à l'autorité du mari est un prolongement de la tutelle paternelle sur les filles. Même dans le contexte tendrement érotique d'un anent qui demeure en principe secret, les égards dus au chef de famille condamnent tout usage de sobriquet affectueux. A l'inverse, pères et maris n'hésitent pas à appeler par des noms plaisants leurs filles et leurs épouses : « moustique » ou « cuissette » pour les premières, « petit rebut » ou « souricette » pour les secondes.

La domination masculine n'est pas aussi complète que les hommes se plaisent à l'imaginer ou que les femmes consentent à le leur laisser croire. Les épouses jouissent d'abord de l'indépendance épisodique que leur donnent des domaines réservés. Le jardin, bien sûr, espace d'accomplissement baigné de la bienveillante protection de Nunkui, théâtre d'une sociabilité sans contraintes réunissant les enfants, les amies intimes et le peuple des plantes, refuge où épancher son chagrin lors des crises conjugales et des deuils. L'ekent également, siège par excellence de la vie domestique, où les femmes sont moins confinées que retranchées, et dont elles excluent tous les hommes à l'exception de l'époux, discret visiteur nocturne d'un gynécée qui sait parfois l'ostraciser efficacement. Seules maîtresses de la cuisine et de la bière de manioc, les femmes tiennent, dans leur degré d'empressement à servir le mari, un moyen de pression tout à fait redoutable puisque, cuirassé dans sa virilité superbe, le pauvre homme ne saurait sans déroger pourvoir lui-même à son alimentation. Expression classique de la mauvaise humeur des épouses, la réticence ou le refus qu'elles opposent à préparer les repas conduisent en général l'époux volage ou trop brutal à une rapide résipiscence. Il existe évidemment des anent masculins appropriés à cette situation courante, comme celui-ci où Titiar tente d'éveiller la pitié de sa femme en se comparant à un oisillon abandonné.

« Ta colère, ta colère douloureuse a fait cela de moi
Sans rien à manger, je reste assis, délaissé, invoquant la divinité
Séchant mes plumes ébouriffées, je me blottis
A cause de ta colère, ta colère douloureuse, à cause de ta colère, de ton
   refus de me nourrir,
Je reste assis, seul et plein de honte, invoquant la divinité
Dans un arbre effeuillé, séchant mes plumes ébouriffées, je me blottis
   inconsolé. »

Une femme maltraitée n'est pas seule dans son ressentiment.
L'obligation qui est faite aux jeunes hommes de vivre plusieurs
années dans la maison de leurs beaux-parents, astreints vis-à-vis
d'eux à une déférence sans relâche, et scrutés à tout instant par
une maisonnée attentive, cette obligation tisse autour d'eux un
tel réseau de contraintes morales que bien peu s'aventurent dans
ces conditions à brutaliser leur épouse. C'était pourtant le cas
d'Antunish, un joli garçon à l'œil langoureux récemment arrivé
à Capahuari depuis le haut Copataza pour fuir la vie impossible
que lui menait son beau-père parce qu'il frappait sa femme ;
irascible mais séduisant, il s'était échappé avec une très jolie fille
qu'il dominait enfin à sa guise. Même lorsqu'il gagne une
indépendance ardemment attendue en fondant sa propre maisonnée, le jeune époux n'échappe pas pour autant à la surveillance discrète des parents de sa femme, les frères en particulier,
qui font clairement savoir leur déplaisir s'ils apprennent que leur
sœur est malheureuse. Le père de Tseremp en a fait la fatale
expérience : malgré les remontrances de ses affins, il battait tant
l'une de ses femmes qu'elle finit par tomber malade et mourir,
provoquant la colère d'un parent de celle-ci qui le tua peu après.
C'est qu'une femme n'appartient jamais complètement à son
mari, qui doit composer sans cesse avec ceux qui la lui ont
donnée et conservent sur elle des droits inextinguibles. La seule
façon de ne pas encourir cette dette perpétuelle est d'épouser des
orphelines, recours sans gloire et propre aux « mesquins » *(suri)*,
hommes au cœur sec qui peuvent régner sans partage et sans
frein sur les délaissées de la fortune. Les malheureuses qu'aucun
parent ne peut défendre sont particulièrement dépendantes des
anent pour se concilier un époux peu amène, voire provoquer
son effroi, comme dans ce chant désolé où Mamati donne à

entendre qu'elle est une Jurijri, esprit souterrain et maître du gibier qui dévore les chasseurs trop avides.

« Mon époux, tu me courrouces tant
Faisant trembler la terre, disparaissant dans le sol, je partirai, réunie avec
*   mes petits enfants*
Faisant trembler la terre, je m'en irai
"Et pourtant je savais que cela finirait ainsi tant je m'emportais contre
*   ma femme"*
C'est cela que tu diras, mon petit père
Toujours à te fâcher contre moi
Ne provoque pas ma colère
Réunie avec mes petits enfants, je partirai en faisant trembler la terre
Mon père qui se languira de moi, ayant soudain viré du ressentiment à la
*   nostalgie de mes petits enfants. »*

Quelques femmes ont aussi leur pointe de caractère : certes pas des mégères, mais de fortes personnalités à l'aplomb sans faille et à la langue bien pendue. Notre amie Senur, bien sûr, qui voyant l'autre jour Wajari se préparer à partir seul à la chasse, s'empare d'une machette et d'un panier et déclare tout de go en détachant ses chiens : « Attends, Wajari, moi aussi je viens ! », acte d'autorité que peu de femmes oseraient se permettre. Sa fille Suwitiar n'est pas en reste, par vertu d'éducation peut-être ; c'est une belle plante de vingt-cinq ans, puissamment charpentée comme sa mère, avec un visage potelé et malicieux qu'encadre une immense et sensuelle chevelure. Mise au courant des projets de son époux de demander en mariage une autre fille de Wajari, je l'entendis annoncer à Mukuimp d'un ton mi-figue mi-raisin : « Si tu épouses une de mes sœurs, je prendrai ton frère comme amant ! » Une épouse ombrageuse pourra mettre à profit la présence d'étrangers à la maisonnée pour manifester publiquement une indépendance parfois embarrassante pour l'époux. Ainsi une femme qui se repose dans l'ekent fera-t-elle semblant de ne pas entendre son mari qui lui demande d'apporter la bière de manioc à un visiteur. Si le maître de maison s'emporte, en pure perte généralement, il passe pour manquer de cette assurance tranquille qui distingue les vrais hommes ; ne pas réagir le fait au contraire apparaître comme un faible, incapable même de régenter sa famille, et lorsque l'épouse consent enfin à se lever pour accomplir de mauvaise grâce le service qui lui a été demandé, le mari mortifié n'a pour toute ressource qu'un bref regard assassin. Sans doute parce que bien peu parmi elles se risquent à aller plus loin, les femmes sont adroites à infliger des humiliations muettes. La vie d'un chasseur malchanceux ou maladroit est par exemple bien difficile : on ne commente jamais son retour, qu'il ramène ou non du gibier ; mais lorsqu'il revient encore une fois bredouille, quel silence pesant soudain dans la maison ! Quels visages brusquement fermés par un espoir détrompé ! Et bientôt quel remue-ménage de vaisselle pour cacher les soupirs !

L'âge et le statut secondent le tempérament de certaines femmes à la personnalité puissante que les hommes considèrent presque comme leurs égales. C'est généralement le cas des épouses parvenues à la maturité, maîtresses despotiques d'une cohorte de fillettes et terreurs de leurs gendres, dames de franc-parler qui n'hésitent pas à s'immiscer dans les conversations des hommes lorsqu'elles servent la bière de manioc ou à les commenter d'une voix de tête depuis les profondeurs de l'ekent. Qu'ils feignent de les ignorer ou qu'ils y répondent en plaisantant, les maris et leurs hôtes ne prennent pas à la légère ces interventions du gynécée. La femme de caractère est souvent une première épousée, ou *tarimiat*, ce hasard chronologique la dotant d'une certaine prééminence dans la maisonnée. Il arrive, bien sûr, qu'une deuxième épouse, plus âgée que la tarimiat, finisse par exercer un ascendant qui n'est pas reconnu à celle-ci ; c'est le cas chez Wajari où, malgré son antécédence dans le mariage, Mirunik occupe une position plus effacée que Senur et pâtit de la complicité exclusive liant cette dernière à sa sœur Entza. Mais, généralement, la tarimiat s'efforce de tenir son rang : les autres femmes lui parlent avec respect, surtout si elles sont beaucoup plus jeunes, et elle jouit de prérogatives formelles, comme de distribuer le gibier quand l'homme est allé seul à la chasse ou encore de faire prévaloir son point de vue lors de la répartition des lopins dans un nouveau jardin.

A mesure que de nouvelles femmes viennent grossir la maisonnée, les plus anciennes gagnent en autorité ce qu'elles perdent en témoignages d'affection. La justification de la polygamie par les hommes est en effet sans ambages : aussi avenante et tendre que soit une jeune épouse, elle finit par lasser vos ardeurs érotiques que des appâts nouveaux doivent alors réveiller. Cette accoutumance sexuelle survenant à intervalles réguliers, le cycle des épousailles n'est plus bridé que par la vigueur du mari et par sa capacité à obtenir et entretenir de nouvelles femmes. Tseremp, qui s'est frotté au vaste monde dans les campements pétroliers, résume bien la philosophie de cette nuptialité répétitive : « Pourquoi les Blancs disent-ils qu'il ne faut pas avoir plusieurs épouses ? Eux, ils ont des maîtresses et ils paient pour coucher avec des putains ; nous les Achuar, nous ne changeons pas de femmes, nous en ajoutons d'autres. » Et il reprend, en référence évidente à son propre sort : « C'est très dur de n'avoir qu'une seule épouse ; il y a des moments où on ne peut pas lui faire l'amour ; lorsqu'elle a accouché et qu'elle n'est pas encore "sèche", quand elle a le "sang de la lune" ou qu'elle est malade ; avec plusieurs épouses nous ne souffrons plus. »

« Ajouter des femmes », ainsi qu'on désigne le mariage polygame, permet aussi au mari de surmonter une première union malheureuse en évitant la répudiation, ce qui lui épargne les foudres du beau-père. L'initiative vient parfois de la jeune épouse : Chumapi, le gendre de Titiar, qui couchait discrètement avec la sœur cadette de sa femme Pincian, prétend que c'est cette dernière, probablement à l'instigation de leur mère, qui aurait poussé la fillette dans ses bras afin de l'obliger à l'épouser. En prenant ainsi les devants, la tarimiat prépare le futur : elle obtient une assurance de n'être pas abandonnée si son mari se lasse d'elle et, plutôt que de se voir un jour imposer une étrangère, elle choisit elle-même une proche parente avec qui elle sait pouvoir s'entendre. La manœuvre de Pincian a finalement échoué car la petite sœur brûle d'un amour platonique pour le bel Antunish malgré les faveurs qu'elle accorde à Chumapi et celui-ci, dépité, n'a plus voulu d'elle.

Même les unions cumulatives avec des sœurs ne garantissent pas la concorde de la maisonnée. En dépit de l'ascendant dont elles jouissent, les femmes plus âgées tolèrent parfois mal l'enthousiasme que met leur mari à s'éclipser régulièrement avec la dernière épousée et elles ne perdent pas une occasion de se venger en morigénant la belle, accusée de négliger ses tâches domestiques. A l'inverse, et parce que les hommes tendent à compenser leur tiédeur par des distributions plus généreuses de shauk, de marmites ou de pièces de tissu, les jeunes mariées se plaignent de ce que la tarimiat reçoit un traitement de faveur.

La mésentente entre les épouses se transforme rarement en guérilla ouverte — le mari y veille —, mais elle engendre une atmosphère grincheuse que l'observateur perçoit rapidement. Ainsi chez Titiar, dont les deux femmes, Wawar et Wirisam, s'entendent notoirement mal ; la première, petite maigrichonne au visage bilieux et plissé par l'amertume, contraste en tous points avec la seconde, une robuste matrone à l'allure faussement bonhomme, mais toujours prête aux éclats. Dans cette maison où règne la discorde, les chiens se battent à longueur de journée, sans doute sensibles à l'antipathie entre leurs maîtresses respectives ; les enfants des deux lits se disputent pour la moindre peccadille, chaque femme défendant ses rejetons à grands cris et critiquant la mauvaise éducation des autres chenapans ; la mère de Wawar grommelle dans son coin tandis que celle de Titiar, plutôt favorable à Wirisam, récrimine dans le sien, les deux vieilles également édentées ne s'adressant plus la parole depuis belle lurette. Sans que jamais une véritable scène n'éclate, ce ne sont que criailleries et remarques acariâtres, figures revêches et mesquineries de tous les instants.

Ce n'est pas chez Tsukanka qu'on verrait s'exprimer de telles dissensions : tout au long de sa carrière conjugale, l'homme a fait régner l'ordre domestique par la violence. Il a d'abord épousé Masuk, sœur de Wajari et Titiar, puis Tsapak, une sœur « embranchée » de la première, et Inkis, une cousine éloignée. Lorsque les Shuar ont pris la tête de son frère Arias, Tsukanka a récupéré les trois veuves de ce dernier, sans tenir compte des protestations de son autre frère qui prétendait naïvement les partager. De ces trois-là, il en a tué une qu'il soupçonnait d'adultère, l'autre s'est enfuie pour échapper à ses mauvais traitements et la dernière, Auju, a tenté de se suicider il y a peu en absorbant du poison de pêche. La pauvre était désespérée — elle l'aime, faut-il croire — parce que l'insatiable brute venait enfin d'obtenir la jeune sœur d'Inkis qu'il réclamait depuis longtemps à son père Uwejint, noble vieillard réfugié avec sa fille à une journée de marche de Capahuari par crainte des menaces de représailles qu'un premier refus avait provoquées.

Tsukanka est violent de manière sélective, c'est-à-dire qu'il épargne celle de ses épouses dont il pourrait craindre que les frères ne se fâchent. Ainsi la malheureuse qu'il a tuée d'un coup de fusil — alors qu'elle traversait le Kapawi à la nage pour échapper à ses coups — ne fut pas vengée faute de parents proches. La rumeur publique, chez les femmes notamment, tient toujours rigueur à Tsukanka de ce crime jugé gratuit, l'infidélité dont il accusait la disparue étant, dit-on, imaginaire. Et si rien ne saurait protéger la femme adultère d'une décharge de chevrotine lorsqu'elle est surprise en flagrant délit, en revanche le simple soupçon — parfois fondé, mais difficile à étayer en raison des précautions prises par les amants — n'entraîne habituellement que des volées de coups. La violence de Tsukanka est donc moins exceptionnelle que réputée excessive, tous les hommes s'arrogeant le droit de battre leurs épouses si elles encourent leur déplaisir.

En dehors de la vigilance de ses consanguins, une femme a peu de recours individuels devant ces brutalités : si émouvant soit-il, l'anent ne porte pas toujours ses fruits ; quoique commune, la fuite est une solution aventureuse ; la grève de la cuisine se révèle inefficace si la maison compte de nombreuses épouses peu solidaires ; plus rare enfin, le suicide ne convient pas à tous les tempéraments. En revanche, une bonne entente entre les épouses, forgée par le partage des mêmes épreuves, peut les amener à l'occasion à se liguer contre un mari brutal. C'est ce qui est arrivé récemment à Tsukanka : ayant planifié un voyage de plusieurs jours avec des hommes de Capahuari pour reconnaître l'emplacement éventuel d'un nouveau village, il se trouva exposé au moment de partir au ridicule public, ses femmes n'ayant pas, malgré ses instructions, préparé les paquets de pâte de manioc indispensables à la nourriture de l'expédition. Rendu muet de fureur, il dut surseoir au départ sous le regard amusé des autres hommes.

La violence maritale est tellement ancrée dans les mœurs qu'elle en devient un thème de jeu pour les enfants. J'ai vu hier chez Washikta un garçonnet poursuivre sa sœur de ses imprécations en brandissant une machette, tandis qu'elle s'enfuyait, les mains sur la tête pour se protéger, entremêlant ses appels à la clémence conjugale de grands éclats de rire. Le réalisme était saisissant : c'est avec des coups du plat de la machette sur la tête que les hommes frappent leurs épouses ; plus rarement, et dans les accès de rage les moins contrôlés, avec le tranchant de la lame, qui entaille profondément le cuir chevelu et baigne de sang le visage de l'infortunée.

216

Le spectacle d'une femme battue est de ceux qui mettent à l'épreuve le devoir de neutralité que s'imposent les ethnologues, par principe respectueux des cultures dont ils s'efforcent de comprendre la logique et peu enclins à exporter leur morale chez des gens qui n'en ont que faire. Ayant appris des missionnaires que ces brutalités suscitent la réprobation des Blancs, les Achuar de Capahuari s'abstiennent de maltraiter leurs épouses en notre présence, d'autant qu'il n'est pas convenable pour un homme de déroger à la maîtrise de soi devant un étranger à la maisonnée. C'est donc en pansant les plaies et les contusions des unes et des autres que nous sommes informés de leurs déboires conjugaux. Il y a quelque temps déjà, j'avais tenté de raisonner Naanch qui venait de casser le bras d'une de ses épouses dans un coup de colère. L'homme n'a pourtant pas l'air d'un tyran domestique ; la quarantaine séduisante, avec ce visage à la fois distingué et ironique que l'on voit à certains acteurs du cinéma italien, il semblait s'entendre très bien avec ses épouses, au demeurant fort éprises de lui à en juger par leur comportement. De sa voix mélodieuse et posée, Naanch avait répondu à mes reproches que l'affaire était sans importance, qu'il devait bien mettre de l'ordre lorsqu'une dispute éclatait entre ses six femmes, que les Achuar avaient toujours fait ainsi sans que personne s'en plaigne, et qu'il s'étonnait que je parle comme les missionnaires évangélistes alors que j'avais plutôt l'habitude jusqu'ici de brocarder leurs préceptes absurdes.

Cette leçon de relativisme culturel m'avait déconcerté et, pour tenter de surmonter une indignation que la répétition finit d'ailleurs par émousser, j'en suis venu à interpréter la violence conjugale des Achuar moins comme l'expression d'une brutalité naturelle que comme une manière de socialiser les femmes par les coups, analogue dans son intention à leur apprivoisement symbolique par la sexualité. L'idée, par ailleurs fort commune, que celles-ci sont plutôt du côté de la nature suppose en effet que les hommes doivent non seulement éduquer les femmes au quotidien — la bonne épouse doit être *unuim*, « réceptive à l'apprentissage » —, mais aussi les marquer des stigmates d'une loi masculine posée comme incarnation de la culture. De même que, dans de nombreuses sociétés, les tatouages et les scarifications portent témoignage sur un corps jugé trop nu, trop naturel ou trop invisible, des dimensions sociales de la personne et des contraintes collectives qui la façonnent, de même les cicatrices dont les maris zèbrent le crâne de leurs compagnes seraient comme la trace indélébile d'une domestication bien menée.

Mes compagnons des deux sexes prétendent en outre que tous les hommes sont par tempérament *kajen*, « disposés à la colère ». Il n'y a rien de naturel dans cette propension : dès la plus tendre enfance, les crises de rage des garçons sont accueillies avec une indulgence amusée, voire approuvées de façon discrète comme un indice de leur force de caractère, tandis que les fillettes se voient sévèrement réprimandées si elles viennent à se départir de la réserve réputée convenir à leur état. La fureur serait donc une sorte de fatalité propre à la condition masculine : pas un motif d'orgueil car elle témoigne d'un défaut de maîtrise de soi, mais pas non plus un réel handicap puisque c'est elle qui nourrit la bravoure du guerrier. De fait, les hommes cultivent leur colère comme l'on cultiverait un don, tâchant avec l'âge de l'adapter aux circonstances et d'en contrôler l'expression théâtrale, sans tenter d'en prévenir l'éclatement. Or il n'est pas toujours possible de canaliser la violence vers une hostilité de bon aloi : la ritualisation de la guerre et d'inévitables considérations stratégiques introduisent généralement un délai assez long entre le coup de sang d'un homme offensé et son exutoire dans les combats. Dans une société où la domination masculine est très marquée, les femmes deviennent alors les victimes par proximité de ce trait de caractère supposé inné chez leurs compagnons, lorsqu'ils ne peuvent pas l'employer à des fins plus glorieuses. Peut-être satisfaisantes pour l'esprit, ces explications me sont, à vrai dire, d'un faible réconfort moral. Essayer d'apaiser par des interprétations raisonnables le sentiment de révolte que suscitent des pratiques qui heurtent leurs convictions est pourtant le seul secours dont disposent les ethnologues, condamnés par la nature de la tâche qu'ils accomplissent à ne pas se poser en censeurs de ceux qui leur ont accordé leur confiance.

Évidente et détestable, la violence trop commune des époux n'exclut pas la délicatesse des sentiments, voire une conception presque romantique de la sensibilité amoureuse. Ainsi, et malgré l'attitude fanfaronne qu'ils adoptent volontiers, les jeunes gens sont sujets à des accès de langueur où les plonge le désir insatisfait d'une tendresse féminine. Tel le jeune Chateaubriand, errant dans les bois de Combourg en quête de son insaisissable

Sylphide, ils promènent leur vague à l'âme dans la forêt, aspirant à rencontrer un amour partagé pour y déverser le trop-plein d'une affection sans objet. Leur sentimentalité confuse peut s'accommoder de liaisons éphémères et clandestines avec des jeunes filles de leur âge ou avec des femmes plus mûres, sans que ces passades constituent un exutoire à un tourment plus abstrait. « Faire le colibri », ainsi qu'on désigne le donjuanisme juvénile, ne manque pas de piquant en raison des risques encourus : un mari jaloux a vite fait de vous expédier un coup de fusil et vaincre la vertu d'une vierge se paie souvent de la vie si ses frères ont quelque motif de vous en vouloir. Cette sexualité adolescente ne délivre pourtant pas les jeunes gens de leur malaise car elle relève d'un autre registre : initiation aux plaisirs érotiques, elle s'assimile au jeu et aboutit rarement à des attachements durables.

Dans sa forme la plus extrême, l'affliction amoureuse devient une mélancolie pathologique, reconnue comme un trouble de la personnalité et causée, comme il se doit, par un chamane malveillant. Elle affecte surtout des gens jeunes, hommes ou femmes, qu'ils soient ou non mariés. Sombrant dans l'abattement et le dégoût de soi-même, en particulier au crépuscule, la victime est agitée de pulsions suicidaires et de désespoirs incontrôlables. Shakaim, un gendre encore presque adolescent de Naanch, m'a ainsi confié son chagrin à Capahuari : le cœur gros d'une indéfinissable insatisfaction, il contemple chaque jour le lever et le coucher du soleil en pleurant silencieusement, persuadé contre toute évidence que sa jeune et tendre épouse ne l'aime plus. D'une voix entrecoupée de sanglots, il me disait l'irrépressible désir de quitter sa belle-famille, la vision du soleil posé sur l'horizon étant comme la promesse d'un ailleurs radieux qui rendait plus pénible sa condition présente. Préoccupé par l'état pitoyable de Shakaim, Naanch avait résolu de conduire son gendre à Montalvo pour qu'un chamane le délivre de sa neurasthénie.

Que l'amour soit une tension vers une plénitude inaccessible plutôt qu'un état de bonheur satisfait se trouve bien exprimé dans la sémantique du terme qui en est le plus proche équivalent en achuar : *aneamu* combine étroitement affection, vouloir, tendresse, souvenir et désir de la présence de l'être cher. L'organe en est le cœur, *ininti*, siège de la pensée, des émotions et de l'intentionnalité, racine aussi d'une constellation de mots apparentés : *aneajai*, «je chéris», «je languis pour», «j'ai la nostalgie de» ; *anearjai*, «je suis attentif à» ; anent, l'incantation magique ; *inintaimprajai*, «je me souviens de» ; *inintaimsajai*, «je pense à», «j'agis par la pensée sur», etc. Le désir charnel, *kunkatmamu*, et la copulation, *nijirmamu*, n'appartiennent pas à cette configuration terminologique, portant témoignage que, pour ce qui est du sens en tout cas, le domaine de l'affectivité et celui de la sexualité sont relativement séparés. L'amour se nourrit bien sûr d'une attirance réciproque pour le corps de l'autre et pour les qualités physiques qui le rendent désirable, mais il est aussi le fruit d'un attachement à des vertus morales et sociales précisément définies. Chez un homme, les femmes apprécient l'éloquence, le courage, l'énergie, un tempérament joyeux, le talent musical, l'excellence à la chasse et la maîtrise technique, tandis que sont valorisées chez les femmes la modestie souriante, la disponibilité, la douceur, l'aptitude à remplir les tâches domestiques, les mérites de jardinière et la virtuosité dans le tissage et la poterie ; les uns comme les autres, enfin, se doivent de posséder un répertoire étendu de chants anent. Si prosaïques que certaines de ces vertus puissent paraître, elles forment, en combinaison, l'image désirable où s'alimente l'idéal amoureux.

Ce sont encore les anent, véritables gloses poétiques du quotidien, qui révèlent le mieux cette idée que l'amour est d'abord un ravissement de l'espérance, un élan nostalgique nourri par l'éloignement. Ainsi en est-il, par exemple, de celui-ci ; chanté par Chawir afin de hâter le retour de son mari parti pour une visite lointaine ou pour la guerre, il stimule l'affection de l'époux absent par l'évocation d'une séparation définitive.

« Mon petit père, mon père chéri, mon père, mon petit père
M'attendant sans trêve sur le chemin, mon père chéri, m'attendant sans
*   trêve sur le chemin*
"J'étais vraiment à ses côtés, j'étais vraiment dans ses bras, je l'ai vu
*   parfaitement, j'ai perdu ma femme", dit-il, planté sur le chemin*
Mon petit père, tout impatient, immobile, tu brûles pour moi
Mais j'ai disparu, mon petit père, j'ai laissé mon père chéri, j'ai disparu
*   en fumée*
"Ah ça ! j'arrive !
Ma propre femme, évanouie !" se lamente-t-il, ainsi planté

" Ah ça !" soudain en alerte
" Ah ça ! Qu'est-ce qui m'arrive ?"
Tu restes là, l'esprit en déroute, mon père, mon père chéri, planté là,
*   éperdument désireux d'être à mes côtés*
" Ma femme chérie", tu t'imagines rangeant mes breloques dans un
*   panier*
" Elle morte, que vais-je devenir ? me voilà seul avec ses souvenirs dans un
*   panier*
Ah ça ! Malgré cela, je m'emportais contre ma femme
Ayant enfoui les petits trésors de ma femme au fond du panier, je resterai
*   seul*
Son jardin retournera en friche, et moi, comme un homme, j'irai,
*   errer en des terres lointaines*
Ma mort sera solitaire
Ah ça ! Sans ma femme, mieux vaut mourir, dirai-je
Ma femme, en vérité, est morte à cause de moi
Dans le jardin de mon épouse, ce jardin qui était le sien, dans le jardin de
*   manioc où elle ne sera plus, ainsi l'ai-je traitée"*
Sur ces mots, il restait dans le chemin, dressé dans mon attente, dressé
*   dans mon attente*
Oh ! mon petit être, figé là pour moi, mon petit père, seul dans son désir
*   ardent. »*

Narcissisme poignant que cette délectation dans le chagrin imaginé d'un époux soudain face à son bonheur manqué et à une solitude si insupportable qu'elle le conduit au suicide, « l'errance en des terres lointaines » évoquant la recherche de la mort dans un affrontement téméraire avec les ennemis. Les hommes, pour qui l'absence est plutôt un stimulant, ne sont pas moins Narcisse que leurs compagnes, mais dans un registre fort différent. En témoigne cet anent chanté par Jempe à son épouse demeurée à la maison.

« Toi, toi, comme un vol de toucans au crépuscule, et toi ma femme
" C'est vraiment la tombée du jour", penses-tu peut-être
Mais c'est moi ! C'est moi !
C'est ma tête flamboyante qui s'approche, j'arrive tout rayonnant
Jaune incandescent, je viens à toi
Chantant kirua, kirua, je m'abîme dans le soleil déclinant
Reste donc à me contempler, ma femme, ma femme, toi, toi seule
" C'est vraiment le crépuscule", penses-tu peut-être
Mais c'est moi qui viens à toi

Ma tête roule vers toi
J'arrive tout rayonnant, j'arrive
Fixe-moi de tes yeux impassibles
Sous ton regard intense, je m'abîme dans le soleil déclinant. »

La mélancolie et le désir que ressent l'épouse solitaire ne sont pas causés par le soleil dont elle contemple la disparition, mais par les pensées tendres du mari lointain qui se pressent dans le ciel sous la forme d'un vol de toucans. L'image condense deux motifs caractéristiques du langage de l'affectivité : le crépuscule est le moment nostalgique par excellence, bref interlude où la pensée se transporte plus aisément vers ceux qui sont au loin, et rendez-vous quotidien des absents de corps ou de cœur pour ce dialogue sans écho qu'est l'anent. Quant au toucan, il symbolise de manière flamboyante la beauté virile, la puissance sexuelle et l'harmonie conjugale. Selon Wajari, l'oiseau était autrefois un homme ordinaire et c'est la belle Sua qui, l'ayant tendrement orné avec du genipa, du roucou et du coton, lui donna son apparence présente ; lorsque le coquet volatile chante, c'est pour remercier Sua de sa parure.

Ces cantilènes sont touchantes, dira-t-on, mais comment les Achuar peuvent-ils éprouver un amour véritable puisqu'ils n'ont pas eu leur mot à dire dans des unions avant tout déterminées par les règles coutumières et la loi du plus fort ? De fait, l'habitude que nous avons prise en Occident de considérer le choix du conjoint comme résultant des seules inclinations individuelles librement exprimées rend peu acceptable à beaucoup qu'un amour conjugal puisse s'épanouir dans le cadre d'un mariage arrangé. Cette situation, qui était en Europe, il n'y a guère si longtemps, celle des maisons nobles et de nombreuses sociétés paysannes, est pourtant moins contraignante qu'il n'y paraît.

L'obligation d'épouser des personnes qui rentrent dans la catégorie waje, en d'autres termes des enfants de mes oncles maternels et de mes tantes paternelles, n'est d'abord pas absolue : quelques Achuar s'en dispensent. En outre, la taille des familles est telle que presque tout le monde est assuré de disposer dans cette catégorie d'au moins une dizaine de conjoints potentiels, beaucoup plus si l'on prend en compte les waje « classificatoires », c'est-à-dire issus des frères et des sœurs des conjoints des germains de sexe opposé de mes parents. Cette ribambelle de « cousins » et de « cousines » se fréquente dès l'enfance au gré des visites et développe des affinités et des inimitiés qui, l'adolescence venue, aboutissent à des sentiments plus durables d'affection ou d'antipathie. Confiée à un père pour un garçon et à une mère pour une fille, la tendre inclination qui rapproche deux élus du cousinage aboutira sans difficulté à un mariage d'amour. Le cercle des relations ouvert à de jeunes Achuar est en second lieu très étroit : la grande dispersion de l'habitat, l'hostilité qui règne entre les différents groupes de voisinage et l'insécurité qui s'ensuit, l'absence d'occasions qui pourraient réunir un grand nombre de garçons et de filles du même âge, tout concourt à limiter les choix du cœur sans que les intéressés aient conscience de cette restriction, vécue comme aussi naturelle que l'est pour nous la diversité des accointances. Ajoutons que la polygamie ou la répudiation permettent aux hommes d'échapper à une première union malheureuse, tandis que les femmes trouvent un secours plus circonspect dans le divorce ou l'adultère. Rien donc, au fond, qui distingue tant la vie amoureuse des Achuar de celle d'une humanité en apparence plus affranchie.

Le couple que nous formons, Anne Christine et moi, contribue certainement à nous rendre moins exotiques aux yeux des Indiens : jour après jour, il leur renvoie l'image d'un lien affectif et social d'autant plus aisé à identifier que nous nous efforçons de suivre en public les règles de comportement matrimonial prescrites par l'étiquette. On me plaint un peu de n'avoir qu'une seule épouse, et quelques hommes m'ont laissé entendre qu'ils aimeraient me donner une de leurs filles, situation fort avantageuse pour eux au vu de mes richesses supputées, puisque, comme tous les gendres, je serais dès lors soumis à la tutelle de mon beau-père et obligé de résider chez lui. Je me suis jusqu'ici toujours tiré de ce mauvais pas en évoquant la figure redoutable du père d'Anne Christine et sa colère s'il apprenait que je fuyais mes obligations à son égard en passant sous la dépendance d'un autre homme. La condition de ma compagne est, selon les femmes, moins enviable : alors qu'elle a rapidement gagné leur estime en maîtrisant la plupart des savoir-faire propres à leur sexe, mon incapacité persistante à la pourvoir en gibier et mon apparence efflanquée paraissent faire de moi un parti peu ragoûtant.

Sans doute dépourvue de bien des attraits que les Achuar associent au mariage, notre monogamie nous humanise pourtant et rend notre apprivoisement moins problématique. Le célibat est en effet une incongruité; objet d'une commisération ironique lorsque, dans le cas des salésiens, par exemple, il est attribué à une infirmité physique, il peut aussi éveiller la suspicion quand il résulte de circonstances temporaires. Cet état, propre à de nombreux ethnologues sur le terrain, rend parfois difficile leur insertion sociale. Un collègue italien en visite chez les Achuar du Sud me disait la défiance dont il était entouré lorsqu'il arrivait dans une maison et les précautions extrêmes qu'il lui fallait prendre pour parler à une femme sans qu'on le crédite d'arrière-pensées séductrices. Une conjugalité ostensible fournit en revanche aux Indiens l'occasion de résoudre par l'observation les questions qu'ils se posent sur nos propres mœurs et tempère quelque peu leurs inquiétudes quant à notre étrangeté. Une vérification expérimentale plutôt cocasse nous en fut donnée il y a peu. Alors qu'Anne Christine et moi lavions nos hardes dans l'eau boueuse du Pastaza, environnés de nuées de moustiques, fatigués de la marche des jours précédents et amoindris physiquement par plusieurs mois de vie en forêt, j'avais laissé échapper dans le courant notre dernier savon; il en résulta une aigre dispute, exutoire prévisible d'un moral assez bas. Une pirogue aborda sur ces entrefaites avec une famille d'Achuar à nous inconnue : ils contemplèrent d'abord avec une évidente appréhension le spectacle inédit de cette querelle entre Blancs, peut-être les premiers qu'ils voyaient. Quand ils comprirent qu'il s'agissait d'une scène de ménage, les visiteurs partirent d'un rire soulagé mais discret que nous finîmes par partager. L'incident fut vite rapporté et alimenta pendant quelques jours l'ironie bienveillante des gens de Sasaïme.

Exister pour les Indiens sous les espèces rassurantes d'un couple, même sans enfants, concourt à rendre moins visibles nos deux personnalités respectives, effacées derrière la figure sans surprise d'une relation répertoriée. Cette indifférenciation apparente résulte aussi de l'identité de nos comportements, conscients et inconscients, dans la situation exceptionnelle de solitude à deux où nous nous trouvons. La forte connivence affective et culturelle qui nous unit, Anne Christine et moi, et qui nous fait réagir aux événements de manière similaire en apparence, l'usage entre nous d'une langue qu'aucun autre être connu ne parle, la maîtrise conjuguée de certains savoir-faire particuliers — l'écriture, la photographie ou l'arpentage —, la possession enfin d'objets usuels identiques mais hors du commun, des sacs de couchage aux Pataugas, tout contribue à nous faire percevoir par les Achuar comme une catégorie générique d'humanité plutôt que comme des individualités clairement séparables. A qui s'étonnerait de ne pas rencontrer plus souvent ma compagne dans ces pages, il faut donc confesser que ce regard porté sur nous a dû se glisser dans mon écriture, et que si je suis seul à tenir la plume de cette chronique, nous sommes bien deux à nous y exprimer, tant émotions, expériences et connaissances furent indissolublement partagées.

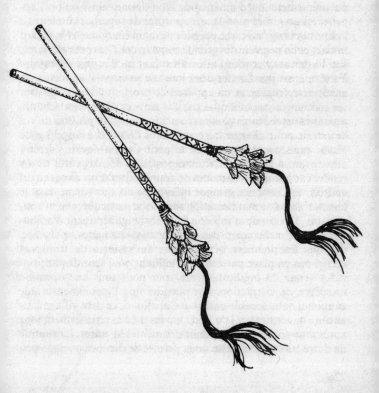

Chapitre XIII

IMAGES DU DEHORS, IMAGES DU DEDANS

Grand événement hier matin : l'avionnette du Missionnary Aviation Fellowship s'est posée à Capahuari pour y débarquer un prédicateur nord-américain. Don Jaime, ainsi qu'on l'appelle, est un grand blond carré, portant de superbes côtelettes à la Elvis Presley, avec une poignée de main énergique et le regard intense et un peu vide des grands convaincus. Outre ses glacières, son lit de camp et tout l'attirail rutilant qu'il a jugé nécessaire à son confort pendant les deux jours de sa visite, il apportait un groupe électrogène et un appareil de projection afin d'illustrer ses enseignements bibliques par des séances de cinéma. Chunji, qui se sent mal depuis plusieurs semaines, voulait profiter du vol de retour pour aller se faire soigner à l'hôpital évangéliste de Puyo ; mais ayant appris que le petit Cessna devait s'arrêter auparavant à la piste du Kunampentza, il décida plutôt de s'y rendre car plusieurs chamanes de grande réputation vivent en cet endroit. A l'insu des gringos bien-pensants qui voient dans le chamanisme une manifestation satanique particulièrement abominable, l'avion de la mission sert ainsi régulièrement d'ambulance pour acheminer des clients aux chamanes indigènes, devenus les premiers bénéficiaires du système de transport aérien mis en place par ceux qui militent pour leur disparition.

La venue du prédicateur est pour nous tous une occasion inespérée de distraction. On imagine mal l'incommensurable ennui qui nous accable parfois à Capahuari, ce petit village sans aucune ouverture sur le monde, où les mêmes têtes défilent jour après jour pour nous entretenir des mêmes histoires. La routine de notre travail d'enquête nous permet de dissiper quelque peu la monotonie de notre existence par une occupation systématique, mais celle-ci n'a rien de bien exaltant : au milieu du fatras d'informations que nous accumulons méthodiquement, il en est bien peu qui nous procurent la satisfaction intellectuelle d'une véritable trouvaille. S'il n'y avait pas quelques incidents pour nous rappeler notre situation un peu exceptionnelle — la piqûre d'Anne Christine par un scorpion benoîtement tapi dans son sac de couchage ou mon angoisse le jour où, ayant eu la mauvaise idée d'aller chasser seul, j'ai tourné en rond dans la jungle jusqu'à ce que Wajari me retrouve au crépuscule —, nous pourrions aussi bien nous croire employés dans l'étude d'un petit notaire de province. Les Indiens paraissent souffrir autant que nous de l'ennui — un peu moins, peut-être, grâce à la diversion que nous leur apportons —, et j'en viens à me demander si les vendettas dont leur vie est ponctuée ne sont pas pour eux une façon d'échapper de temps à autre à la grisaille du quotidien.

La prestation du pasteur n'avait malheureusement pas répondu à nos attentes. L'après-midi s'était étiré en prêches interminables, don Jaime lisant des passages du Nouveau Testament traduit en jivaro par les missionnaires du Summer Institute of Linguistics et les commentant sans grande inspiration devant un parterre nombreux mais peu attentif. Malgré son terrible accent du Midwest, il parlait fort correctement le shuar standardisé des évangélistes auquel les Achuar de Capahuari avaient fini par s'habituer en écoutant les émissions de la radio protestante de Makuma sur de rustiques postes à transistors distribués par la mission. Si les Indiens comprenaient les mots de son homélie, ils étaient loin d'en saisir le sens. Par distraction, d'abord : la prise de parole étant commandée chez les Achuar par des règles strictes d'alternances dialoguées, il leur est difficile de s'intéresser à un discours sans interlocuteur précis. Même lors des enseignements traditionnels, lorsqu'un père raconte un mythe à ses enfants, c'est à l'un d'entre eux en particulier qu'il s'adresse et dont il attend qu'il intervienne dans le cours de la narration en la ponctuant par des manifestations d'intérêt ou par des demandes de précisions. Le shuar comme l'achuar sont en outre des langues fortement accentuées dont les Indiens savent jouer à merveille en modulant leurs phrases d'amples variations mélodiques, scandées par des exclamations et des onomatopées explosives où se ravive l'attention de l'auditeur. Rien de tel dans le débit monocorde de don Jaime ; patiemment acquise dans une école biblique d'Oklahoma City, son éloquence religieuse se dévidait au milieu du brouhaha des apartés comme un monologue sans véritable destinataire.

Le sujet de ses sermons était aussi mal choisi. Croyant illustrer la puissance de Jésus par le récit de la résurrection de Lazare, il ne réussissait qu'à troubler les Indiens qui craignent par-dessus tout l'opiniâtre obstination des morts à vouloir revenir parmi les vivants. Évoquée dans un même esprit apologétique, la marche sur les eaux du lac de Tibériade était accueillie par des spéculations à mi-voix sur la possible connexion entre le Christ et Tsunki, l'esprit des rivières, maître ultime de ces pouvoirs chamaniques que le fils de Dieu devait sans doute aussi posséder pour accomplir tant de guérisons miraculeuses. Quant à l'injonction maintes fois répétée par don Jaime d'aimer ses ennemis comme des frères et de ne pas se venger des offenses subies, elle était reçue avec une incrédulité horrifiée par ces hommes et ces femmes élevés dès l'enfance dans le culte de la vendetta. La question était d'autant plus délicate à aborder que l'assassinat d'Ikiam — connu du prédicateur — n'avait pas encore trouvé un dénouement, faute d'un meurtrier avéré. Notre récente visite à Sasaïme avait confirmé certains hommes de Capahuari dans l'idée de la culpabilité de Kawarunch, tandis que d'autres éprouvaient des doutes sur l'innocence de Washikta. Enfin, Sumpaish, l'homme du bas Kapawi qui avait épousé la femme fugitive d'Ikiam, était à nouveau soupçonné lui aussi, en dépit des conclusions de la mission de bons offices menée par Kawarunch pour le compte de Yaur — frère de la victime — qui le mettaient hors de cause. Selon Antunish, en effet, revenu récemment d'un court séjour chez ses parents du Copataza, Yaur aurait été informé par Tukupi que Sumpaish se vantait d'avoir tué Ikiam. Tukupi l'aurait vu lors d'une visite sur le bas Kapawi affirmer avec forfanterie qu'il n'avait pas peur de Yaur et qu'ayant tué le premier frère il n'hésiterait pas à tuer le second. La multiplication des coupables potentiels rend donc la situation explosive, chacun choisissant son camp en fonction d'un passé de rancœurs accumulées.

Deux ou trois hymnes que don Jaime s'efforçait sans grand succès de faire ânonner aux enfants devaient conclure cette consternante séance de piété. Après les païens, les mécréants : m'ayant demandé si je n'avais pas peur que les communistes prennent prochainement le pouvoir en France pour y extirper le christianisme, le missionnaire m'invita à méditer un petit pamphlet spécialement apporté pour mon édification. Il s'agissait d'une bande dessinée, fabriquée aux États-Unis mais traduite en espagnol. L'histoire débutait dans la salle de cours d'un collège ; les premiers rangs étaient occupés par un ramassis de hippies hirsutes et crasseux, de Noirs patibulaires et de voyous avachis, les pieds sur les pupitres et la cigarette au bec ; un professeur courtaud et huileux, affublé du nez crochu et de la lippe pendante qu'affectionnent les tracts antisémites, était planté sous un tableau représentant un singe en train de manger une banane, couronné de la légende « Notre Ancêtre ». C'était, on l'aura deviné, un cours sur l'évolution des espèces. L'abject consensus des impies était bientôt troublé par un jeune Aryen immaculé surgi du dernier rang, la tête auréolée de lumière et brandissant une Bible. Sous les quolibets des autres élèves et les menaces du professeur, il entreprenait de réfuter patiemment les fondements scientifiques du darwinisme en s'appuyant sur une interprétation littérale de la création tirée de la Genèse et, comme contre-exemple, sur quelques supercheries paléontologiques démontrées. Promptement exclu de la classe, il remettait son exemplaire de la Bible au professeur avant de partir, et celui-ci, scrupuleux malgré tout, finissait par se convaincre du bien-fondé de la doctrine créationniste en feuilletant le texte sacré dans un moment de curiosité désœuvrée. Ses traits sémites progressivement atténués par la révélation divine, l'enseignant proclamait au conseil d'administration du collège sa foi nouvelle et ses vœux de ne plus enseigner une doctrine erronée. Le malheureux se voyait immédiatement congédié ; devenu aussi lumineux et presque aussi aryen que le jeune homme qui l'avait converti, il était assassiné à la porte du collège par la horde furieuse de ses anciens étudiants. La dernière image figurait l'apothéose : un ange éblouissant emmenait l'âme du professeur vers un destin de félicité, tandis que l'instrument de son salut contemplait la scène avec béatitude. Proprement édifié, mais sans rancune, j'ai acheté un Nouveau Testament en jivaro à don Jaime ravi.

La session du soir fut un peu moins morne : dans une maison

abandonnée au bord de la piste, le missionnaire gratifia un public absolument ébahi de plusieurs films produits par les Living Christ Series Inc. Dans un décor de désert et de cactus plus proche de l'Arizona que de la Galilée, une poignée de jeunes athlètes blonds aux yeux bleus, vêtus de gandouras et de jupettes multicolores, s'essayaient à rejouer sans grand talent mais avec conviction quelques épisodes choisis des Évangiles. En dépit des commentaires en shuar de don Jaime, les Indiens ne comprenaient rien aux épisodes retracés, leur curiosité étant plutôt stimulée par les paysages et les costumes. Assis à côté de moi, Mukuimp me posait à l'occasion des questions ironiques. «Pourquoi les *pankerista* (évangélistes) veulent-ils que nous coupions nos cheveux et que nous portions des pantalons, alors que leurs chefs portent des cheveux longs et sont vêtus d'itip? Pourquoi nous demandent-ils de renoncer à boire du nijiamanch, alors que Jésus a multiplié les jarres de nijiamanch lors du mariage? Pourquoi ne voit-on pas Jésus marcher sur les eaux?» Quand, après bientôt deux heures de projection, don Jaime proposa de repasser tous les films, je m'éclipsai discrètement avec Anne Christine. Mukuimp m'attendait à la sortie et me dit à voix basse: «Demain, viens voir notre cinéma à nous.» Devant mon incompréhension, il ajouta: «Demain, on boira le natem chez ton amik.»

Le jour décline rapidement et, tandis que là-bas, près de la piste, don Jaime se prépare à une deuxième séance de projection, nous attendons chez Wajari que Mukuimp apporte le natem. Natem est le nom donné par les tribus jivaros à un breuvage hallucinogène connu sous diverses appellations indigènes dans une grande partie de l'Amazonie (*ayahuasca* en Équateur et au Pérou, *caapi* sur le moyen Amazone, *yagé* de la Colombie à l'Orénoque, etc.); on le concocte à partir de certaines lianes sauvages du genre *Banisteriopsis*. Les Achuar en ont acclimaté plusieurs espèces dans leurs jardins, dont les deux principales, *natem (Banisteriopsis caapi)* et *yaji* (probablement *Banisteriopsis rusbyana*), sont régulièrement utilisées par les chamanes comme par tous ceux qui souhaitent se transporter à l'occasion dans la partie ordinairement invisible du monde. La préparation est à la portée de tous: les lianes sont sectionnées en plusieurs tronçons, martelées avec un pilon et soigneusement empilées au fond d'une marmite ; à ce stade, des feuilles de yaji sont ajoutées, puis recouvertes d'une deuxième couche de tiges de natem ; le tout doit mijoter à feu doux pendant au moins trois heures jusqu'à obtenir un liquide visqueux de couleur brunâtre.

A vrai dire l'invitation de Mukuimp n'est pas spontanée. Ce dernier est le seul chamane de Capahuari, sans avoir d'ailleurs la figure austère qu'on imaginerait associée à l'emploi ; c'est une sorte de Gavroche monté en graine, lent et presque maladroit dans ses mouvements, mais l'œil pétillant d'ironie et la réplique toujours vive, peut-être pour dissimuler son tourment secret : sa huitième fille vient de naître et il n'a toujours pas de garçon. Mukuimp s'était montré réticent à me parler de sa fonction, en partie à cause de la réprobation virulente exprimée par les missionnaires évangélistes à l'encontre du natem et du chamanisme, un sentiment qu'il croyait naturellement partagé par tous les Blancs. Pour surmonter ses préventions, j'avais cru judicieux d'invoquer la banalité de ces pratiques dans mon pays d'origine et la grande familiarité que j'en avais. Mukuimp m'avait alors déclaré que, pour apprendre à connaître les pouvoirs dont il disposait, il fallait « m'enivrer au natem » ; or, il craignait que j'en sois incapable, que je succombe à l'expérience, et que « mon frère de France » vienne jusqu'ici pour se venger sur lui de ma mort. Afin de sonder les mystères du chamanisme achuar, j'avais donc été conduit à m'enferrer dans ma forfanterie et, connaissant déjà, grâce à la littérature ethnologique, les buts et les effets de la prise de natem, je m'étais vanté de surmonter l'épreuve sans difficulté. Mukuimp m'ayant demandé si je serais disposé à chanter pendant la transe, j'avais accepté volontiers malgré mes médiocres talents musicaux, ce qui paraissait avoir emporté sa décision. De fait, tout Capahuari bruissait de la rumeur que j'allais ce soir « chanter » chez Wajari, sans que je parvienne à comprendre en quoi cela pouvait constituer un événement.

Mukuimp arrive à la nuit tombée, portant la marmite de natem et un *tsayantar*, sorte d'arc musical composé d'un roseau tendu par un boyau d'opossum que l'on fait vibrer dans la bouche comme une guimbarde ; il est accompagné de Piniantza qui amène son *arawir*, une vièle à deux cordes dont on joue avec un archet et qui paraît lointainement inspirée par le violon européen. On ne compte donc pas sur mes seuls dons pour égayer la soirée !

Sans cérémonie, Wajari, Mukuimp, Piniantza et moi-même buvons chacun la valeur d'une demi-tasse à café de natem avant de nous rincer la bouche à l'eau chaude. A l'écart en compagnie des autres femmes, Anne Christine est préposée au magnétophone. Je dois lutter quelques instants contre une violente nausée, car la décoction est horriblement amère ; c'est, paraît-il, le signe de sa puissance, à l'instar d'autres substances classées comme « fortes », tels le curare, le tabac, le poison de pêche, ou la stramoine.

Nous nous installons confortablement sous l'auvent de la maison, face au Kapawi d'où s'élève une brume paresseuse, juste assez légère pour brouiller les frondaisons de l'autre rive baignées par la pleine lune. Mukuimp et Piniantza commencent à jouer de leurs instruments respectifs, sans s'accorder, me semble-t-il, mais avec des effets assez semblables : l'impression au début assez agaçante d'une colonie de frelons affolés tournant dans une bouteille au son d'un crincrin finit par céder la place à une harmonie plus subtile. Suspendu à la musique, le temps paraît se dilater au rythme d'un organisme immense, comme si la forêt tout entière respirait paisiblement d'une basse continue, tandis que mon corps frissonnant se déploie peu à peu sur les ailes de la tonique, en spirales immobiles et pourtant toujours plus vastes. A l'insu de mes membres devenus lourds et incommodes, je m'ouvre au monde et me déverse en lui ; je deviens source et réceptacle de mille sensations à la fois aiguës et indistinctes, ne conservant pour tout souvenir de mon identité physique qu'une persistante crispation de la mâchoire. Sur ce magma extravagant, mon esprit flotte avec une totale lucidité.

Invité à chanter par Mukuimp, c'est sans inhibition aucune et avec une gravité hilare que j'enfile quelques couplets de Brel et deux ou trois blues revenus à ma mémoire. Miracle des narcotiques ! Des commentaires appréciatifs saluent ma performance où l'on a reconnu des chants de natem indubitables. Mais l'ivresse prend bientôt un autre détour. Sur la luminescence sereine de la nuit, des cercles phosphorescents commencent à tourbillonner, puis se chevauchent et se dédoublent pour devenir des figures colorées, diaprées, incandescentes, en perpétuelles transformations kaléidoscopiques. Tous les motifs dont la nature invente la symétrie se succèdent en un continuum subtil : losanges alternés de rouge, de jaune et d'indigo, nervures délicates, prismes cristallins, écailles irridescentes, ocelles de papillon, mouchetures de félins, carapaces réticulaires. Une animalité sans espèces reconnaissables étale devant mes yeux ses métamorphoses et ses mues : la peau moirée de l'anaconda se fond dans les mailles de la tortue, celles-ci s'allongent comme les bandes du tatou, puis se recroquevillent en crête d'iguane, se disloquent sur le bleu intense des ailes d'un papillon *Morpho* pour s'effiler en raies noires, aussitôt fragmentées en une constellation d'auréoles se détachant de la robe soyeuse d'un félin. Curieusement, ces visions détachées de tout support n'abolissent pas le paysage immobile qui leur sert de cadre, un peu comme si je les percevais à travers l'oculaire d'un microscope, découpé en une fenêtre de dimensions variables au milieu de mon champ visuel demeuré intact.

J'entends avec une clarté inhabituelle tout ce qui se passe autour de moi et sans pouvoir séparer le bruit de fond des sons plus proches : le murmure du fleuve, le grésillement continu des insectes, le coassement des grenouilles et la conversation de mes compagnons résonnent à mes oreilles avec une égale intensité. Mukuimp et Piniantza parlent avec animation de fléchettes chamaniques, d'esprits Iwianch, de *pasuk*, de *supai*, mon attention flottante m'empêchant d'enregistrer autre chose que quelques mots épars dans leur dialogue. Mukuimp ne cesse de souffler bruyamment en claquant des lèvres, comme s'il propulsait des dards dans une sarbacane imaginaire. Le détachement avec lequel je vis cette expérience est d'autant plus grand que ma conscience du monde semble dédoublée : spectateur bienveillant de mon propre délire, j'assiste avec autant de curiosité à l'altération de ma sensibilité qu'aux événements extérieurs. Il s'agit moins d'une dissociation du physique et du mental — si une telle chose est possible hors de la métaphysique cartésienne — que d'une agréable fragmentation du corps, dont chaque élément devenu autonome serait doté d'une intelligence propre et offrirait tour à tour un point de vue différent sur la composition démembrée dont il est issu.

Incapable, on s'en doute, de questionner Mukuimp sur les délicats points de doctrine que cette transe partagée devait l'inciter à révéler, je jouis pourtant d'une acuité d'esprit suffisante pour méditer à loisir sur les parallèles entre mon état second et ce que je sais déjà du « voyage » des chamanes. Il est probable que les êtres étranges, les esprits monstrueux, les animaux en perpétuelles métamorphoses qui peuplent leurs visions — mais qui ne m'ont pas encore visité — leur apparaissent comme une succession de formes temporairement coagulées sur le fond mouvant de ces motifs géométriques dont j'éprouve l'étrange beauté. Un peu comme dans ces figures employées par la Gestalt pour démontrer les illusions perceptives, les hallucinations vivement colorées induites par le natem se prêtent à des « reconnaissances » d'êtres animés à l'aspect codifié et qui doivent sembler d'autant plus réalistes malgré leur apparence fantastique qu'ils empruntent une livrée vivante à l'arrière-plan sur lequel ils se détachent. Ainsi s'explique que les images d'écailles chatoyantes, de fourrures tachetées ou de filaments lumineux puissent devenir, par une sorte de métonymie visuelle, le support de ces incarnations d'esprits animaux — anaconda, jaguar, araignée — dont les chamanes font leurs auxiliaires. Mon corps en mille morceaux, le sentiment persistant d'être étranger à moi-même font aussi flotter jusqu'à la surface de ma mémoire des lambeaux d'érudition : le voyage de l'âme du chamane, délaissant son enveloppe corporelle pour communiquer sans entraves avec les entités qui le secondent, est rapporté pour toutes les formes de chamanisme, même en l'absence d'hallucinogènes. Je mesure mieux à quel point leur usage facilite cette disposition.

Mukuimp et Piniantza m'invitent à une baignade. Je glisse jusqu'au Kapawi comme un fantôme sous la lune, conscient de l'infinie douceur de la vase où s'enfoncent mes pieds nus. Des nuées légères flottent à la surface du fleuve. L'eau est d'une fraîcheur délicieuse après la nuit tiède, mais je n'ai pas la sensation de changer d'élément tant sa fluidité immatérielle est semblable à celle de l'air. Un chuchotis paraît sourdre du Kapawi, tour à tour ample et ténu, modulé et indistinct. Le visage grave, Mukuimp me dit : « Écoute chanter les poissons et apprends ! » C'est bien le seul enseignement que j'aurai tiré de cette soirée.

Chapitre XIV

EN ROUTE VERS L'AVAL

Le réveil chez Nayapi est plutôt maussade. Arrivés hier à la tombée du jour, on nous a fait coucher sur une mince litière de feuilles de bananier posée à même la terre battue, dérisoire protection contre les nids-de-poule dont le sol est criblé. Il y a bien deux lits dans le tankamash, mais ils sont surélevés à plus de deux mètres de haut. Les adolescents qui les ont construits n'aiment pas céder leur couche aux visiteurs et savent que, grâce à ce stratagème, ils n'auront pas à le faire : jamais on ne se risquerait à offrir un éventuel poste de tir en surplomb à des étrangers toujours soupçonnés de mauvaises intentions. Les anophèles, dont on ne trouve pas trace à Capahuari ou à Sasaïme, sont en outre apparus depuis que nous avons atteint les terres basses de l'aval, obligeant à un sommeil fractionné entre des périodes de sudation sans piqûres au fond du sac de couchage et des moments de fraîcheur urticante hors de sa protection. Pour comble de malheur, Masurash, le gendre de Nayapi, décidait vers deux heures du matin qu'il avait assez dormi ; s'emparant sans façon de la radio de Tseremp, il nous a abreuvés de tout ce que la musique populaire des Andes équatoriennes peut produire de plus discordant. Le blanc-bec est persuadé que la maisonnée tout entière réveillée par ses soins admire silencieusement son aptitude à dormir peu, une vertu hautement prisée des Achuar lorsqu'elle s'affiche avec moins d'ostentation. Personne ne s'avisant de morigéner le jeune homme, nous devons subir son exhibition de virilité avec stoïcisme jusqu'à ce que Nayapi nous invite enfin à venir boire la wayus.

Nous avons quitté Capahuari il y a cinq jours pour la longue expédition en pirogue que je préparais depuis notre bref séjour à Puyo et qui devrait nous permettre d'explorer pendant plusieurs semaines le bas Kapawi, le bas Bobonaza et certains de leurs petits affluents où vivent de nombreux Achuar demeurés à l'écart de toute influence missionnaire. La saison s'y prête car les rivières sont encore suffisamment hautes pour que nous ne risquions pas d'échouer sur des bancs de vase. En revanche, les remous sont fréquents et rendent la manœuvre d'autant plus délicate que l'embarcation est alourdie par une demi-douzaine de fûts de carburant acheminés à Capahuari par l'avion de la mission. L'eau affleure presque le plat-bord et le moindre clapot inonde le fond, nous obligeant à écoper sans cesse avec une calebasse. Tseremp et son demi-frère Tarir qui connaissent bien la rivière ont accepté d'être du voyage ; après m'avoir aidé à modifier le tableau de la pirogue pour y adapter le petit hors-bord, ils se sont familiarisés avec une remarquable rapidité à son maniement. Je ne suis pas mécontent d'avoir convaincu Tarir de nous accompagner : c'est un homme grand et mince d'une trentaine d'années, à l'allure un peu effacée et à la conversation monotone, mais sage dans ses jugements et réfléchi dans ses actions.

Ce n'est pas seulement pour des raisons climatiques que notre départ vient en temps opportun. Après la séance de natem chez Wajari, la rumeur a commencé à courir dans Capahuari que j'étais doté de pouvoirs chamaniques car, sous l'emprise de la drogue, j'avais chanté des anent particulièrement remarquables. Loin d'atténuer l'efficacité supposée de mes malheureux couplets, le fait qu'ils étaient incompréhensibles pour les Indiens n'aboutissait qu'à renforcer le crédit que ceux-ci leur accordaient ; en vérité, les chamanes eux-mêmes ont pour habitude de mêler le quichua à l'achuar dans leurs chants, établissant qu'ils tirent leur puissance et leur savoir de sources d'autant plus formidables qu'elles sont plus lointaines. On m'avait sollicité à plusieurs reprises pour assister Mukuimp dans des sessions de cure chamanique et plusieurs hommes, dont Mukuimp lui-même, voulaient à toute force que je leur cède quelques-unes de mes fléchettes magiques tsentsak, ces projectiles invisibles stockés dans le corps du chamane et qui lui servent à ensorceler ou à guérir. Malgré mes tentatives embarrassées d'expliquer que les tsentsak de mon pays étaient d'une nature différente et qu'elles devenaient inopérantes si loin de leur lieu d'origine — empêtré dans cette fable que je croyais innocente, je ne pouvais plus à présent me dédire —, les enchères ne cessaient de monter ; à chacun de mes refus on m'offrait des objets de plus en plus précieux : couronnes tawasap, chiens de chasse, un fusil même. Mes dénégations n'aboutissaient qu'à confirmer les habitants de Capahuari dans le soupçon que j'étais un chamane, mais d'une espèce probablement redoutable, puisque je rechignais à négocier mes tsentsak et à les utiliser pour le bien commun. Il était donc urgent que je prenne le large pour quelque temps.

La descente vers l'aval fut difficile car le lit du Kapawi était régulièrement obstrué par des arbres énormes arrachés aux berges par les crues. Lorsqu'il subsistait quelque espace entre le tronc et la surface du fleuve, il fallait décharger la pirogue pour la glisser sous l'obstacle, au risque de la submerger ; quand l'arbre était partiellement immergé, Tseremp et Tarir se relayaient pour y tailler à la hache un passage jusqu'au niveau de l'eau, puis, en prenant beaucoup d'élan et le moteur poussé au maximum, nous nous précipitions dans la brèche ouverte que nous franchissions avec un grand choc. Notre progression fut très lente ce premier jour, d'autant que le fleuve se déroulait en innombrables méandres dont certains formaient des boucles presques complètes. La plupart de ces coudes avaient la même physionomie : une muraille rocheuse les bordait d'un côté, couronnée d'arbres et de lianes surplombant de leur ombre fraîche un tourbillon d'eau profonde, tandis que la rive opposée, plate et souvent sablonneuse, parfois ourlée de petites plages, était couverte d'un taillis inextricable mais de faible hauteur, piqué çà et là par les hautes silhouettes des palmiers et des kapokiers.

Pas trace de présence humaine le long de cette sinuosité aquatique d'une interminable monotonie ! A un moment, nous nous étions arrêtés au pied d'une petite terrasse où Wajari avait vécu il y a une dizaine d'années ; rien ne subsistait de son séjour en ces lieux, si ce n'est deux beaux palmiers chonta et quelques buissons de lonchocarpe noyés sous une friche déjà presque semblable à la forêt environnante. Faute d'hommes pour les pourchasser, les animaux avaient le champ libre ; peu farouches, on les entendait autour de nous vaquer à leurs petites affaires. Une troupe de singes laineux n'avait pas cru devoir bouger en nous voyant passer et j'avais pu sans difficulté en tirer un pour le dîner. Un peu plus tard, quelques cabiais qui s'ébrouaient dans la vase nous avaient contemplés en grognant avec placidité. A deux reprises, des caïmans qui se doraient au soleil sur des troncs avaient plongé tranquillement à quelques brasses de notre pirogue.

Peu avant la nuit, nous avions établi un campement rudimentaire sur une berge surélevée. Sans paraître le moins du monde gêné par la pluie drue qui s'était mise à tomber, Tarir avait allumé un feu en un tournemain avec du bois mort gorgé d'humidité et une seule de mes allumettes. Malgré les milliers d'arbres qui nous entouraient, nous avions dû faire un long parcours pour ramasser assez de branches point trop pourries; aussi Tseremp avait-il écorcé un arbre sur pied afin qu'il meure lentement et puisse servir de combustible lors d'une halte ultérieure, l'un des très rares gestes témoignant d'une prévision à long terme que j'aie jamais vu effectuer par un Achuar. La pluie ne cessa pas de la nuit. Peu avant l'aube, une sensation d'humidité soudain plus vivace nous réveilla complètement : le fleuve était monté d'au moins trois mètres pendant la nuit et l'eau envahissait peu à peu l'abri. La pirogue que nous avions laissée en contrebas, attachée à une très longue liane, se balançait maintenant tout près de nous.

Le second jour du voyage fut presque identique au premier, plus difficile peut-être, en raison des troncs que la crue charriait sans ménagement et qui manquèrent plusieurs fois de nous faire chavirer. La pluie tomba sans discontinuer, transformant la pirogue en une baignoire d'eau sale qu'il fallait écoper à chaque instant. Vers le soir, le paysage commença à changer : après la confluence avec l'Ishpinkiu, le fleuve était devenu plus large et moins sinueux, le courant s'était assagi. Les rives n'étaient plus aussi escarpées et s'ouvraient parfois sur des chenaux menant à de vastes marigots en partie couverts de végétation. Nous étions parvenus dans cette partie de leur territoire que les Achuar appellent *paka*, les «terres plates», ou plus simplement *tsumu*, l'«aval».

Après une nuit sans histoires, nous avions repris le cours désormais plus tranquille du Kapawi pour aboutir chez Taish

dans la soirée. Il nous reçut fort civilement, mais sans enthousiasme excessif : son amik Tarir ne lui avait rien apporté. Repartis dans l'après-midi du lendemain, nous arrivions à la tombée du jour au pied d'une grande maison fortifiée, tout en haut d'une colline à pic sur le fleuve, à laquelle menait un escalier en rondins presque vertical. C'est dans cette espèce de redoute qu'en compagnie de ses deux frères vivait Sumpaish, l'homme que l'on soupçonnait d'avoir tué Ikiam après avoir épousé Pinik, sa femme fugitive. Sumpaish était en visite chez Nayapi, mais Kajekui et Tsamarin nous offrirent pour la nuit une hospitalité un peu compassée. Posté en haut du raidillon, un gamin surveillait le Kapawi en permanence et, lorsqu'il rentra au crépuscule, les hommes barricadèrent la porte de la palissade avec un pieu en étai. Au détour d'aujmatin longs et cérémonieux, on nous assura que Sumpaish n'était pour rien dans le meurtre d'Ikiam et qu'il allait d'ailleurs s'acquitter prochainement du tumash auprès de Yaur non pas pour prix du sang de son frère, qu'il n'avait pas tué, mais comme légitime compensation pour Pinik, laquelle aurait dû normalement échoir à Yaur par lévirat, même si elle avait abandonné son époux et trouvé un autre mari avant que tous ces événements ne surviennent. Informés par l'intermédiaire d'Antunish de la «rumeur Tukupi», selon laquelle Sumpaish se serait targué d'avoir assassiné Ikiam, Tarir et Tseremp ne savaient plus que penser.

Kajekui, Tsamarin et Sumpaish formaient un trio un peu singulier. Sauf circonstances exceptionnelles, en effet, il est rare qu'un groupe de frères mariés réside longtemps sous le même toit, tant les Achuar ont en horreur la promiscuité de la vie collective et craignent les brouilles qu'elle peut susciter, même entre parents les plus proches. Des nécessités défensives conduisent parfois à des regroupements temporaires, mais le cas présent est bien différent car les trois frères habitaient ensemble bien avant que Sumpaish ne soit en danger. Leur isolement social et géographique paraît recherché : Kajekui est veuf d'une orpheline, Tsamarin a ramassé une femme abandonnée par son mari et Sumpaish une fugitive, ce qui leur évite à coup sûr tout assujettissement à un beau-père, mais les prive aussi de l'assistance éventuelle d'un réseau d'affins. Pour renforcer cette frileuse association, Sumpaish et Tsamarin sont amik, comme Pinchu et Tarir, bien qu'ils n'aient pas plus qu'eux l'occasion

d'échanger grand-chose. Une sœur entre deux âges vient com-
pléter l'isolat fraternel; veuve d'un chamane renommé, libre
d'allure et de propos, Nakaim élève les enfants de Kajekui et
remplit auprès de lui avec une tendre sympathie les charges
domestiques d'une épouse. Les mauvaises langues, en l'occurrence Taish et ses femmes, chuchotent que Sumpaish est en outre
très intime avec la fille de sa sœur, une charmante adolescente
du nom de Week, et qu'il souhaite l'épouser. Sans être véritablement prohibée — dans la logique achuar, Week n'est pas une
consanguine, puisqu'elle est fille d'un beau-frère de Sumpaish —
l'union projetée est néanmoins considérée comme très irrégu-
lière. Tout au sommet de cette pyramide de promiscuité, la
vieille mère déverse sur les uns et sur les autres une bienveillance
un peu gâteuse.

Par paresse sociale ou goût de la tranquillité, par affection
réelle, peut-être, et désir de retourner à l'intimité d'une enfance
insouciante, certains Achuar choisissent le repliement sur un
utopique entre-soi, au plus près d'un inceste impossible mais
rêvé en secret. Quasi-inceste, car des épouses sans parents sont
presque des consanguines, rien chez elles ne venant rappeler
l'extériorité de la relation par quoi se scellent les relations entre
familles : non plus des sœurs d'alliés et déjà presque des sœurs
par alliance. Quasi-inceste aussi que cette association des
veuvages, où frères et sœurs que l'on éduque dès l'enfance à jouer
entre eux les rôles prescrits aux couples mariés retrouvent, après
la mort de leurs conjoints respectifs, la complicité dont ils
avaient toute leur vie conservé la nostalgie. Quasi-inceste, enfin,
que ce mariage projeté entre un oncle et sa nièce utérine, qui
annule la transmission normale des alliances de génération en
génération en privant un fils de l'épouse que son père s'est
appropriée. La clôture sur soi suppose l'abandon des ambitions.
Plus moyen alors d'entrer dans la politique de l'affinité pour
devenir un homme conséquent et respecté en manipulant ses
beaux-frères. Mais la sécurité, si on l'estime, est aussi à ce prix :
dans ces retraites à l'écart des coteries, l'écho des guerres ne
parvient que faiblement, et il fallait la lubie d'un Sumpaish
s'éprenant d'une femme en fuite pour que cette famille de
misanthropes timorés soit rattrapée par l'hostilité du monde.

Pour vivre heureux, vivons cachés. Les marginaux, tels
Sumpaish et ses frères, Taish aussi dans une moindre mesure,

s'établissent le plus souvent à la périphérie d'une région occupée par un réseau de parents auxquels ils sont reliés par la généalogie plutôt que par la solidarité. Plusieurs heures, voire une journée, les séparent du noyau principal d'habitat, six ou sept maisons éparpillées, dans un rayon d'une dizaine de kilomètres, le long d'une section de rivière et au bord de ses petits affluents. Les habitants d'une telle aire de voisinage sont parents, se marient de préférence entre eux et se définissent collectivement par référence au principal cours d'eau qui les baigne et ordonne leurs trajets : en descendant la rivière, nous sommes passés des « gens du Kapawi de l'amont » aux « gens du Kapawi de l'aval », de même qu'il y a quelques semaines nous visitions à Sasaïme les « gens du grand fleuve » *(kanus)*. L'espace social achuar prend ainsi l'apparence d'un lacis de maisons-territoires, assez dense au cœur de ce que l'on pourrait appeler un « pays », et devenant plus lâche à son pourtour jusqu'à se dissoudre dans les vastes terres inhabitées qui le séparent d'autres ensembles sociaux identiques mais potentiellement hostiles. Si immenses que soient ces « pays » — dans certains cas près d'un millier de kilomètres carrés —, ils manquent d'une identité substantielle, puisque leur géographie est fonction des seules gens qui les peuplent à un moment donné ; ils existent en tant qu'étendues de forêt rendues temporairement discontinues par la coutume de ceux qui y vivent de se reconnaître comme des natifs ou des habitués d'une petite portion d'un gigantesque réseau hydrographique. Hormis la distinction très générale entre les régions de l'aval et les régions de l'amont, les « pays » achuar ne se différencient pas non plus les uns des autres par des frontières écologiques marquées qui caractériseraient chacun d'entre eux par un type de paysage particulier. Ils ne constituent même pas des unités territoriales homogènes ; leur déploiement maximum n'est que la somme des parcours de chasse individuels des hommes qui y résident et ne coïncide pas avec un domaine d'usage exclusif, approprié et géré en commun. Entourés par de vastes *no man's lands* de sécurité, leurs limites demeurent floues et évoluent au gré des déplacements de ces familles éprises de solitude qui s'installent à leurs confins pour se soustraire aux affrontements des factions.

Pourtant l'isolement ne protège pas toujours des aléas de la politique ; il peut même se révéler périlleux : à vivre trop éloignés de leur parentèle, à lui ménager trop chichement un appui dans les conflits, les marginaux encourent la suspicion et, tel Kawarunch à Sasaïme, deviennent la cible de cabales, généralement à l'initiative du juunt local qui voit avec déplaisir des hommes de son entourage rester imperméables à son influence. Un « pays », en définitive, ce sont des parents, des voisins, des alliés, une vingtaine de familles tout au plus, peu portées à s'éloigner outre mesure d'un réseau de rivières familier, en général solidaires et promptes à se liguer dans une affaire de vendetta ; c'est aussi un « grand homme » dont la renommée dépasse les frontières de sa parentèle, et qui voit dans la cohésion de celle-ci, régulièrement reconstituée par ses soins à l'occasion des guerres, la meilleure garantie de perpétuer son prestige et d'incarner de façon durable en sa personne cette petite partie du monde où s'exerce son influence.

Rien de marginal chez Nayapi. Ce solide gaillard un peu empâté, passant sans crier gare de l'emportement théâtral à la plus grande jovialité, paraît avoir partagé sa vie entre les guerres et les affaires de cœur ; en prenant la wayus, il nous en fait, à ma demande, un récit fort picaresque.

— Je suis né sur le Kusirentza, de l'autre côté du Pastaza, en aval d'ici et tout près du Pérou. Ma mère est morte à ma naissance et mon père Achayat s'est alors établi non loin de là, sur l'Apachentza, où il a été tué par Tiriruk en même temps que mes deux frères, alors que je commençais à peine à marcher. Je suis resté seul avec Shamich, la deuxième femme de mon père. Ankuash, un grand kakaram, voulait épouser Shamich, il était très insistant. Juunt Ankuash avait rassemblé de nombreux parents, il vivait en amont d'ici sur le Sakeentza dans une maison fortifiée avec Kamijiu, Kayuye, Naanch et bien d'autres ; ils faisaient la guerre à Pujupat et Taanchim. Mais Shamich ne voulait pas d'Ankuash et nous sommes allés nous réfugier chez Washikta à Sasaïme, car c'était un frère « embranché » de Shamich. A Sasaïme, Shamich a épousé Tukupi, et c'est chez lui que je me suis fait homme. Là-bas j'ai épousé Najur, la sœur de Kawarunch ; mais elle ne me donnait pas d'enfants, alors je l'ai quittée. Kawarunch m'en voulait d'avoir abandonné sa sœur, alors je suis allé chez Timias, très loin de Sasaïme, sur le Wayurentza et j'ai épousé sa fille, Anasat. Mais l'une des femmes de Timias, Kinintiur, était amoureuse de moi ; elle me faisait constamment des avances. Moi je ne l'aimais pas. Anasat aussi, je m'en étais lassé : elle était très jeune et ne savait rien. J'étais amoureux de Nusiri, la sœur de Timias, qui vivait avec lui, étant veuve ; elle savait plaire aux hommes, elle. Timias était jaloux de moi à cause de Kinintiur et disait partout qu'il allait me tuer ; alors je me suis enfui avec Nusiri en abandonnant Anasat. Je me suis réfugié chez Naanch qui vivait sur le Kapawi, non loin d'ici, et nous avons fait la guerre à Puanchir. Puanchir était très kakaram ; il avait été allié de Tiriruk et, quand ceux de Sasaïme tuèrent Tiriruk, il décida d'en finir avec tous ses ennemis. Comme il était demeuré tout seul, il était très difficile à tuer car il restait enfermé dans sa maison fortifiée et ne sortait que pour attaquer par surprise. C'est comme cela qu'il tua votre frère Kayuye.

— Tu dis vrai, déclare alors Tarir. Après la mort de mon frère, je décidai d'en finir une fois pour toutes avec Puanchir et je vins visiter Naanch. Naanch accepta de m'aider et il réunit ses parents : mon frère Pinchu, mes beaux-frères Wajari et Titiar, Kuniach aussi, et Entsakua, un vrai fils de Tiriruk, mais qui était aussi frère « embranché » de Naanch.

— C'est comme ça, reprend Nayapi. Puanchir était également mon frère « embranché », mais j'ai accepté de participer à l'affaire à condition de ne pas tirer sur lui, car je voulais venger mon père tué par Tiriruk. Alors Kuniach, qui était voisin de Puanchir, alla le visiter en compagnie d'Entsakua. Nous autres, nous étions tous cachés dans la forêt à la lisière du jardin. A un moment, une femme vint pisser juste devant nous, mais elle ne nous aperçut pas. Entsakua demanda à Puanchir de lui raconter comment il avait tué Kayuye ; il voulut voir son fusil, celui avec lequel il avait tiré. Puanchir ne se méfiait pas : comment aurait-il pu se méfier d'un fils de son allié Tiriruk ? Il lui donna donc l'akaru que pourtant il ne quittait jamais. Entsakua fit semblant de viser un papayer pour juger de la ligne de mire ; puis, se retournant d'un seul coup, il tira sur Puanchir désarmé. Mais Puanchir ne mourut pas, car son arutam était puissant ; tout ensanglanté, il essaya d'arracher le fusil des mains d'Entsakua. Kuniach lui tira alors dessus lui aussi, mais il ne mourait toujours pas. En entendant les coups de feu, nous nous précipitâmes dans la maison et tout le monde, sauf moi, déchargea son arme sur lui. Il finit par mourir.

— Parfaitement, ajoute Tarir d'un ton réjoui. Il était tellement déchiqueté qu'on ne le reconnaissait plus.

— En repartant, poursuit Nayapi, on emmena Mirijiar, la femme de Puanchir. Naanch m'avait assuré que je pourrais la prendre si j'accompagnais l'expédition ; c'est pour cela que tu la vois ici, ma petite épouse, en train de nous faire à manger. Avec mes deux femmes, Nusiri et Mirijiar, je me suis alors installé sur le Kapawi, en amont de là où vit maintenant Taish. Ensuite j'ai épousé Makatu, puis Ampiur ; elles étaient orphelines l'une et l'autre. Mais Nusiri était jalouse, elle ne supportait pas que j'aie trois nouvelles femmes. Alors elle s'est trouvé un amant. J'ai pris une grande colère et je l'ai beaucoup battue. Peu après elle s'est suicidée en absorbant du *sunkipi*, un poison qu'on trouve dans la forêt. Après cela, mon frère Wisum a été tué par Tumink, qui vit de l'autre côté du Pastaza. Mon frère était chamane, il est vrai, mais Tumink l'a tué sans raison. C'est pourquoi je suis descendu ici, pour préparer ma vengeance. Ici on est plus près de Tumink ; en marchant fort, on y est en deux jours. Puis j'ai convenu avec Kamijiu, celui qui vit sur l'Ishpinkiu, qu'il viendrait me rejoindre pour faire la fortification. Mon frère Wisum était voisin de Kamijiu et ils se disaient « beau-frère » l'un à l'autre. Mais Kamijiu tardait à venir ; peut-être avait-il peur ? Alors on m'avisa que Kamijiu voulait épouser ma waje Kapair, la veuve de mon frère. Elle, elle ne voulait pas : comme Kamijiu et mon frère s'appelaient « beau-frère », elle était une sœur pour Kamijiu. C'est moi qu'elle devait épouser ; nous autres, Achuar, ne devons-nous pas peut-être épouser les veuves de nos frères, nos petites waje ? Mais j'étais très occupé à fortifier ma maison et à trouver le moyen de me venger de Tumink ; aussi je n'ai pas été chercher ma waje pour la ramener ici. Les choses étant comme cela, j'ai appris que Kamijiu avait épousé ma waje Kapair. J'étais furieux et j'ai fait aviser Kamijiu que nous allions nous mesurer. Comment n'allais-je pas le tuer ? Kamijiu ne voulait pas la guerre. Il y a quelques lunes, il m'a envoyé le tumash pour ma waje, un mayn akaru. Tumink aussi est mort ; on dit que c'est Chiriap qui l'a ensorcelé. J'ai pardonné à Kamijiu car il s'est acquitté du tumash, mais si je vois ma waje

Kapair, je la tuerai. Ainsi en est-il. Maintenant nous vivons en paix.

Au lever du jour, les femmes nous servent un bouillon de manioc où flottent quelques fragments d'un étique oiseau-trompette. Nayapi nous invite à manger et rajoute avec un air facétieux : « Peut-être n'avez-vous pas l'habitude de manger vos semblables ? » Mes compagnons rient du bout des lèvres, mais l'air renfrogné de Tarir montre bien qu'il est vexé par cette remarque qu'un aparté avec Tseremp me permet bientôt de déchiffrer. Les gens du bas Kapawi aiment à se gausser de certains hommes de Capahuari qui, sous l'influence conjointe des missionnaires évangélistes et des Quichuas, auraient en partie délaissé l'ornementation traditionnelle à quoi se reconnaissent les véritables Achuar. C'est bien évidemment le cas de Tarir et de Tseremp : amputés de leur longue chevelure, sans parures de plumes ni peintures, dépourvus de shauk et de bracelets tissés, ils paraissent aussi ternes que l'oiseau-trompette et déjà en partie apprivoisés par les Blancs comme celui-ci l'est par les Indiens.

Il est vrai qu'on peut se demander ce qui fait l'essence d'un Achuar authentique. Le dialecte qu'il parle ? La manière dont il se pare ? Des coutumes particulières qui le rendent différent des autres Jivaros ? Le problème n'est pas rhétorique et s'est posé à nous dès l'arrivée à Capahuari. Soucieux de vérifier que nous étions bien chez des Achuar, nous interrogions les uns et les autres avec beaucoup de naïveté pour leur demander ce qu'ils étaient : « *shuaritjai* », répondaient-ils avec une belle unanimité, « je suis *shuar* ». La réponse soulevait notre perplexité puisque shuar est le nom que les ethnographes donnent habituellement à la tribu jivaro voisine. Avions-nous commis une erreur grossière dans le choix de notre terrain d'enquête et se pouvait-il que nos Achuar n'en fussent point ? Pourtant, les Quichuas de Montalvo appelaient Achuar les gens de Capahuari, ces derniers parlaient une langue sensiblement différente du shuar décrit par les missionnaires salésiens et certains traits de leur culture se distinguaient de ce que l'on connaissait par ailleurs des Shuar. Nous avions fini par penser que les Indiens de Capahuari constituaient une sorte de micro-tribu, ni des Shuar ni des Achuar, mais soumis à leur influence conjointe. Cette interprétation paraissait confirmée par le fait que Wajari et les autres appelaient «Achuar» les habitants du bas Kapawi ou de l'autre rive du Pastaza, ce qui n'avait pas peu contribué à notre désir d'abandonner notre premier point de chute pour aller séjourner chez ces autres Indiens plus clairement identifiables. Notre voyage à Sasaïme nous détrompa, puisque là-bas comme ici, sur le bas Kapawi, ce sont au contraire les gens de Capahuari que l'on désigne comme «Achuar», tandis que ceux que l'on nous présentait à Capahuari comme des Achuar se proclamaient en réalité shuar tout comme l'avaient fait nos premiers hôtes.

Notre obsession classificatoire, typique des ethnographes néophytes, nous avait rendus aveugles à ce que nous aurions dû soupçonner depuis longtemps : les définitions de l'identité se font ici par oppositions distinctives, un même qualificatif ethnique pouvant changer de référent en fonction du contexte et selon le terme avec lequel il est implicitement contrasté. La cosmologie jivaro s'organise à la manière d'une arborescence, par spécifications progressives de paires antithétiques. La catégorie la plus englobante est celle des «personnes», *aents*. Elle regroupe tous les êtres pourvus d'une «âme» (wakan), c'est-à-dire capables de communiquer car dotés d'intentionnalité et susceptibles d'être affectés par les messages qu'on leur destine : les humains, bien sûr, mais aussi beaucoup de plantes et d'animaux, les esprits de la forêt et de la rivière, enfin certains objets magiques ou profanes. Le langage n'est pas indispensable à la qualité d'aents, une information pouvant être transmise par des images ou des sons que l'on saura décoder; c'est le cas, notamment, lorsque des esprits, des fantômes ou certaines espèces naturelles apparaissent au cours des rêves et des visions induites par les narcotiques. Les shuar, c'est-à-dire «les gens», constituent un ensemble particulier d'aents caractérisé par la faculté de parler; il correspond en première approximation à ce que nous entendons par le genre humain. Mais comme l'universalité de cette catégorie n'a pas de sens pour les Jivaros, ils tendent à employer le mot shuar dans un sens restrictif à seule fin de se désigner eux-mêmes, convaincus qu'ils sont — à l'instar de bien d'autres peuples — de représenter l'incarnation parfaite et exclusive de tous les attributs de l'humanité.

Quelle que soit l'étiquette tribale qui leur est attribuée, tous les gens parlant le jivaro se définissent donc comme shuar, par opposition avec d'autres ethnies dont les membres sont shuar aussi sans doute dans l'abstrait, puisqu'ils ne sont ni des plantes ni des animaux, mais shuar dans un degré moindre en raison des écarts plus ou moins grands que leurs cultures manifestent par rapport à la norme jivaro. Pour souligner cette hiérarchie, on usera à leur endroit de termes particuliers ; *apach*, « grand-père », regroupe les Quichuas et les métis, et comprend quelques sous-groupes, comme *piruan*, les Péruviens, *saasak*, les Indiens Salasaca des Andes, *suntar*, les soldats, ou *napu*, les Quichuas du Napo ; *kirinku*, « gringo », englobe tous les étrangers à la peau blanche, avec quelques variétés, tels *pankerista*, les évangélistes nord-américains, *paati*, les missionnaires catholiques, pransis, « Français » — d'origine récente, on s'en doutera — ou encore *kumpania*, « la Compagnie », cette étrange tribu hautement mécanisée qui vient de temps à autre faire des forages dans la forêt, y percer des routes ou compter des arbres. Certains peuples ne relèvent d'aucun ensemble plus vaste, soit parce que leurs représentants sont trop peu nombreux pour qu'on puisse savoir à quoi les rattacher — c'est le cas des *nikru*, les Noirs de la côte du Pacifique, parfois aperçus dans des campements pétroliers —, soit au contraire parce qu'un voisinage immédiat leur confère une identité générique et familière : *zapar*, les Zaparo, *kantuash*, les Candoshi, *kukam*, les Cocama ou encore *tawishiur*, les Waorani — aussi appelés *misu aents*, « ceux qui vont nus » — que les Achuar considèrent comme des sauvages à peine sortis de l'animalité.

Dans son usage courant, *shuar* signifie donc ce prototype d'humanité que sont les Jivaros, et c'est par pure convention que le terme en est venu à désigner la seule tribu des « Shuar ». Les Achuar appellent ces derniers par divers noms composés du substantif *shuar* et d'un qualificatif géographique — *muraya shuar*, « les gens des collines », *makuma shuar*, « les gens du Makuma », *mankusas shuar*, « les gens du Mangosiza », etc. — expressions qui se réfèrent donc à des groupes régionaux particuliers et non aux Shuar en tant que tribu. Le seul terme qui pourrait être employé à cet effet est lui-même paradoxal : *shiwiar*, dont l'altération par les Espagnols est probablement à l'origine du mot « Jivaro », désigne en effet l'ensemble des ennemis parlant un autre dialecte jivaro que le sien. Les Shuar sont donc globalement appelés shiwiar par les Achuar, mais ces derniers sont qualifiés de même par les Shuar, lesquels se servent aussi à leur endroit de l'expression descriptive *achuar*, contraction d'*achu shuar*, «les gens du palmier bâche» *(achu)*, épithète qui évoque les nombreux marais parsemant leur territoire et dont cette plante constitue le principal ornement. Les Achuar eux-mêmes font référence à d'autres groupes de voisinage de leur propre tribu par des qualificatifs géographiques — *kupatza shuar*, «les gens du Copataza», *kanus shuar*, «les gens du Pastaza», etc. —, réservant le terme achuar pour désigner les ennemis potentiels ou réels, mais apparentés, et qui ne peuvent donc être appelés shiwiar puisqu'ils parlent le même dialecte. D'où notre méprise initiale. Par l'incertitude qu'elle suscite, l'affaire Ikiam a jeté le trouble dans les réseaux d'alliance de la région, et c'est pour cela que les gens de Capahuari dénommaient *achuar* ceux de Sasaïme et du bas Kapawi et que ceux-ci leur rendaient la pareille : bien qu'il indique une commune appartenance ethnique, l'usage du terme devient paradoxalement l'indice d'une méfiance réciproque. Quel ne fut donc pas mon soulagement le jour où Titiar, pour mieux souligner les avantages que j'aurais à me faire amik avec son frère, déclara solennellement : «Nous autres, les Achuar *(achuartikia)*, nous avons l'habitude de faire ainsi!» Ce genre d'affirmation est toutefois rare : sans doute parce que leur identité tribale repose moins sur un répertoire de coutumes consciemment appréhendé que sur une certaine configuration de rapports à autrui, les Achuar n'ont nul besoin de réaffirmer qui ils sont à tout propos, et c'est à leurs voisins proches et lointains, ethnologues inclus, qu'ils laissent le soin de le dire.

La remarquable indifférence dont ils témoignent vis-à-vis du passé contribue à rendre étrangère aux Achuar l'idée qu'ils pourraient peut-être partager une destinée collective. Individualistes déclarés et amnésiques par vocation, ils vivent fort bien sans mémoire historique, tout souvenir des événements ayant affecté les générations précédentes soigneusement effacé dans un oubli désinvolte. Leur mythologie même est muette quant à l'origine de leur tribu et peu diserte sur les commencements de l'humanité. Contrairement aux Indiens du nord-ouest de l'Amazone, dont les mythes retracent de façon obsessive les moindres détails de la genèse de l'univers, qui s'attachent à justifier par toutes sortes de circonstances significatives la hiérarchie des peuples, leurs localisations et leurs attributs, qui renvoient leurs succès et leurs échecs présents à quelque acte fondateur d'un héros pris de sérieux, qui interpolent sans cesse de nouveaux épisodes pour rendre compte du mode d'apparition du dernier gadget apporté par les Blancs, à l'opposé de ces maniaques de l'explication totale, donc, les Achuar ne cherchent pas à donner au monde une cohérence qu'il n'a manifestement point. Leur mythologie est décousue, composée de courtes fables où sont évoqués sans exhaustivité ni continuité narrative un petit nombre d'événements ayant conduit à l'émergence de certains des arts de la culture, à la mise en place d'une organisation minimale du cosmos, à l'apparition de deux ou trois propriétés de la condition humaine ou à l'acquisition par un animal ou une plante de son aspect définitif. Les mythes de ce dernier genre sont de loin les plus nombreux; ils constituent les différents chapitres d'une histoire naturelle retraçant la différenciation des espèces à partir d'un stade originaire où tous les êtres étaient dotés de langage et d'une apparence humaine. A les prendre à la lettre, ces histoires ne forment pas une charte systématique de la création dont les péripéties se dérouleraient en séquences ordonnées à la manière de la Genèse biblique. L'existence de la plupart des êtres et des choses est donnée de toute éternité, et personne ici ne se demande si Colibri est devenu un oiseau avant qu'Ipiak ne se transforme en buisson ou si Soleil est monté au ciel lorsque les Achuar existaient déjà. Ces actions se passent certes en un temps différent, une époque brouillonne où les distinctions d'apparence et la topographie de l'univers n'étaient pas encore établies, mais un temps encore suffisamment proche du présent pour que, comme le mythe de Nunkui m'avait d'emblée paru le révéler, les personnages qui le peuplent continuent d'intervenir dans la vie quotidienne. Les héros de la mythologie vivent toujours auprès des hommes, en forêt, sous les eaux ou dans les jardins; quant aux plantes et aux animaux, comment douter qu'ils soient encore des personnes malgré leur nouvel avatar, puisque la communication avec eux n'a pas été abolie?

L'immanence des êtres mythiques rend même en grande partie superflue la connaissance des histoires qui retracent leurs exploits. En ce domaine, le savoir est très inégalement partagé; non point qu'il constitue un trésor ésotérique réservé à quelques-uns, mais parce que les circonstances ou les dispositions personnelles en ont décidé ainsi. Tukupi en avait fourni il y a peu une belle illustration : son traditionalisme ostensible m'ayant laissé espérer une profusion de mythes riches et originaux, quel ne fut pas mon dépit lorsqu'il m'avoua son ignorance. «Comment donc aurais-je pu apprendre les récits d'autrefois, les *yaunchu aujmatsamu*? déclara-t-il d'un ton grognon. Étant enfant, ma famille était engagée dans des guerres perpétuelles ; à l'heure de la wayus, nous devions rester cois dans la maison pour guetter les ennemis ; mes parents n'avaient-ils pas d'autres soucis, peut-être, pour prendre le temps de nous raconter les récits d'autrefois ? » Une telle lacune ne porte pas à conséquence. Les Achuar sont pragmatiques et le commerce qu'ils entretiennent avec les esprits ou les êtres de la nature ne leur paraît pas dépendre d'une connaissance de leur genèse mythique, mais bien de la maîtrise de techniques plus concrètes, tels les anent, l'interprétation des rêves, les charmes magiques ou le respect des tabous.

Inutile comme savoir pratique, la mythologie se conjugue plutôt à l'imparfait qu'au passé simple. L'existence de ses protagonistes n'est en rien terminée et se fait sentir jusqu'à présent à la manière des ondes concentriques sur une eau calme : personne n'a vraiment vu tomber la pierre, mais les rides qu'elle a causées sont encore si nettes qu'il s'en serait fallu d'un instant pour qu'on eût pu l'apercevoir. Les mythes achuar ne relèvent pas d'une durée linéaire comme celle qu'expérimente notre conscience subjective et dont le vieillissement des êtres et des choses nous fournit jour après jour le témoignage. Ils n'introduisent pas non plus à une temporalité cyclique, ce vieux rêve d'un éternel retour aux origines que partageaient les Mayas et les stoïciens. L'idée que des successions identiques d'événements puissent se renouveler à intervalles réguliers suppose que l'on ait imposé un ordre au temps par une division en périodes, la répétition du passé dans le futur étant, comme on le sait, une croyance particulière aux peuples férus d'astronomie et de science calendaire. Or, mes compagnons n'ont cure de la durée et de son comput, eux qui bornent leur chronologie au laps d'une année dont la récurrence bien discrète se signale, à la mi-juin, par la réapparition peu avant l'aube des Pléiades, demeurées absentes pendant deux mois de l'horizon nocturne.

Non, le temps du mythe serait plutôt dilaté, tel il l'est dans la

251

physique contemporaine par un champ de gravitation. De même que la courbure de l'espace-temps en fonction des densités relatives de matière engendre des rythmes différents d'écoulement du temps selon les points d'observation, de même les êtres du mythe s'ébrouent dans une temporalité parallèle, mais suffisamment élastique pour qu'en certaines occasions elle puisse coïncider avec la nôtre. La communication établie avec ces personnages à travers les rêves, les visions ou les anent présenterait alors quelque analogie avec la traversée de ce que certains cosmologues contemporains appellent des « trous de vers », ces étranges tunnels mathématiques connectant des régions extrêmement distantes de l'univers. Le terme yaunchu, autrefois, par lequel débutent tous les mythes et qui définit même leur genre narratif — « les récits d'autrefois » —, ne doit donc pas être pris au sens littéral : il marque moins la rupture entre le présent et un passé fabuleux qu'il n'introduit une distance entre deux modalités d'existence régies par des échelles différentes du temps. Ni contemporaine ni révolue, la mythologie achuar n'est pas un simulacre de conscience historique. Une telle conception du devenir va sans doute à contre-courant de notre propre fascination pour l'histoire, de l'idée que la temporalité se construit sur une distinction absolue entre ce qui fut et ce qui sera, le présent n'existant pour nous que par l'abolition inexorable du passé dont il procède, passé d'erreurs et de superstitions que des spécialistes patentés sont chargés d'enregistrer et de reconstituer pour mieux le tenir à distance dans la sécurité de la mémoire collective. Cette idée du temps comme une flèche irréversible ne caractérise en propre que la période moderne ; elle dérive probablement de la coupure que nous avons instaurée il y a quelques siècles entre le monde de la nature et des objets et celui des hommes, coupure dont tous les peuples avant nous avaient fait l'économie, comme ils se dispensaient de la notion de progrès dont elle est le corollaire.

L'intemporalité des mythes achuar souffre une exception avec un ensemble de récits consacrés aux méfaits jadis commis par une race de géants cannibales, les Ajaimp, dont les hommes finirent non sans mal par se débarrasser. Seuls êtres de la mythologie à avoir définitivement disparu de la face de la terre, les Ajaimp sont bien des créatures des temps anciens, mais dont la réalité s'appuierait sur des témoignages encore tangibles puisque les Achuar leur attribuent la paternité des haches de pierre polie qu'ils trouvent à l'occasion en défrichant leurs jardins. Pourtant, si l'on en croit les récits d'exploration d'avant-guerre, ces « haches d'Ajaimp » étaient d'un usage commun parmi les Jivaros il y a trois générations au plus : l'invention d'une préhistoire fantastique s'est ainsi faite au prix d'un oubli de cette histoire plus prosaïque que tissent ailleurs les souvenirs de famille.

Il y a quelques semaines à Capahuari, Naanch m'avait donné sa version de la fin du temps des Ajaimp.

« Jadis, il existait des gens comme nous, leur nom était Ajaimp. Ils étaient beaucoup plus nombreux que nous. Autrefois, nous n'étions pas vaillants ; les Ajaimp avaient coutume de nous manger. Les Ajaimp avaient trouvé une ruse. Ils faisaient des jardins, comme les nôtres, puis ils plantaient des buissons de ronce *kurikri* tout autour, et lorsque quelqu'un passait, il restait pris dans les épines. Ajaimp venait régulièrement pour voir si un animal s'était pris au piège. Si c'était un homme, Ajaimp le tuait et l'emmenait dans sa sacoche pour le manger. À l'heure actuelle, nous aussi nous mettons des pièges dans nos jardins pour tuer les oiseaux et les agoutis. Ainsi faisaient les Ajaimp. Ajaimp disait : "Les ronces kurikri ont encore attrapé quel-qu'un." Il le tuait avec sa lance, lui coupait la tête et le rapportait à la maison. Ajaimp avait une grande marmite ; quand il tuait quelqu'un, il le faisait cuire et le mangeait dans la journée. Il était très glouton. À force d'être mangés, nous étions près de disparaître complètement. C'est alors qu'on pensa à trouver un moyen pour se débarrasser des Ajaimp. Basilic *(sumpa)* était furieux contre Ajaimp et voulait le tuer ; à ce moment, il apprenait à se servir du *tashimpiu* (un arc musical dont on joue avec un archet). Basilic était allongé sur le sol et jouait du tashimpiu : *suniaa, suniaa*, faisait-il avec son instrument pour attirer Ajaimp. Ajaimp entendit ces sons mélodieux et s'en trouva tout content. Il s'approcha de Basilic. "Que fais-tu ? dit-il. Moi aussi je veux apprendre." Alors Basilic lui montra : "Tu prends l'archet et tu le fais glisser vers toi, comme ceci. Tiens ! Allonge-toi et fais *suniaa, suniaa* toi aussi." Ajaimp fit comme le lui disait Basilic, mais d'un coup d'archet maladroit il se fit éclater la panse et en mourut. Ainsi tua-t-on le premier Ajaimp.

Grillon *(tinkishapi)* voulait lui aussi tuer Ajaimp. Grillon dormait dans la cendre et, au réveil, il chantait, *shir-shir*. Un jour, il eut l'idée de changer d'apparence. Il se mit dans la cendre chaude et, en peu de temps, sa carapace pela complètement ; il se retrouva avec de jolis atours, comme une personne. Un autre jour, Grillon recommença. Ajaimp qui l'entendait chanter s'approcha et lui demanda ce qu'il faisait. Grillon expliqua à Ajaimp que lui aussi pouvait changer d'apparence s'il le désirait. Grillon conseilla à Ajaimp de s'emmailloter dans des feuilles et de se coucher dans le foyer, puis il lui dit : "Chante comme moi, *sasaaship-sasaaship.*" Ajaimp chanta, *sasaaship-sasaaship*, mais sa carapace prit feu et il périt brûlé. Sapajou *(tsere)* aussi songeait à tuer les Ajaimp. Il se promenait dans les arbres en chantant, *krua-krua-krua*. A cette époque, pour échapper à Ajaimp, les gens grimpaient dans les arbres, mais Ajaimp abattait les arbres à la hache et les tuait tous. Un jour qu'Ajaimp abattait un arbre près d'une rivière pour y attraper les gens qui y étaient réfugiés, Sapajou s'approcha et lui proposa son aide : "Donne-moi ta hache, petit grand-père, je sais la manier mieux que toi." Sapajou s'attaqua à l'arbre en y portant des coups terribles, mais il avait remplacé la hache de pierre dure par une pierre ponce. Ceux qui étaient dans l'arbre étaient terrorisés et se disaient entre eux : "Ce type-là, lui, il va abattre notre arbre" ; mais Sapajou leur faisait des signes de connivence en roulant des yeux ; il chuchotait : "Non, non, n'ayez crainte ! Je fais semblant." Ajaimp ne voyait rien de tout cela car il fixait les gens dans l'arbre en se pourléchant. Tout en tapant sur l'arbre avec la pierre ponce, Sapajou disait : "Petit grand-père, le tronc est bien entaillé, il ne va pas tarder à tomber." Puis, d'un geste vif, Sapajou jeta la hache d'Ajaimp dans la rivière et s'écria : "*Maj!* petit grand-père la hache m'a échappé des mains au moment où j'allais terminer ; elle est tombée dans la rivière. — Tu l'as fait exprès, s'écria Ajaimp, cherche-la maintenant !" Sapajou faisait semblant d'essayer d'attraper la hache sous l'eau, mais il la repoussait en réalité toujours plus loin, jusqu'à la faire tomber dans une cuvette profonde où vivaient de nombreux anacondas. Ajaimp se rendit compte qu'il ne pourrait jamais récupérer sa hache et il était furieux contre Sapajou. Revenant à l'arbre, Ajaimp vit que les gens en avaient profité pour s'enfuir. Pris de rage, Ajaimp s'apprêtait à tuer Sapajou, mais celui-ci lui dit :

"Petit grand-père, tu peux te venger autrement; aplatis-moi plutôt la verge. " C'est ce que fit Ajaimp et la verge de Sapajou devint toute plate. Un autre jour, Sapajou mangeait des fruits de caïmitier. Ajaimp l'aperçut et lui en demanda. "En veux-tu encore, petit grand-père? dit Sapajou. J'ai semé plusieurs caïmitiers là-bas, près du ravin; ils sont bien mûrs. Demain, si tu veux, nous irons avec toute ta famille pour les cueillir." Le lendemain, ils y allèrent tous, Ajaimp avec tous ses enfants. Sapajou montait chercher un fruit, puis redescendait pour le donner à un Ajaimp, puis remontait encore, et ainsi de suite. Mais comme les Ajaimp étaient très gloutons, ils s'impatientaient; ils voulaient abattre les caïmitiers pour se rassasier. Sapajou leur dit : "Si nous abattons les arbres, nous n'aurons plus jamais de fruits; il vaut mieux que vous grimpiez vous-mêmes pour les cueillir." Or Sapajou avait entaillé les troncs, et lorsque tous les Ajaimp eurent grimpé, les caïmitiers s'abattirent dans le ravin sous leur poids. S'approchant du précipice, Sapajou cria : "Petit grand-père, es-tu vivant?" N'entendant rien, il décida de descendre pour vérifier, tout en appelant les Ajaimp. Une fois en bas, Sapajou se lamenta d'un ton ironique : "Petit grand-père, petit grand-père! Sans savoir qu'il allait terminer ainsi, mon petit grand-père mangeait des fruits de caïmitier! S'il était vivant, il se moquerait de moi; il imiterait mes lamentations *apachiru see, apachiru see*." Disant cela, Sapajou remuait sa verge bien droite comme un chien agite la queue. Les Ajaimp s'étaient fracassé le crâne et leur cervelle était répandue partout sur les rochers. Tout en continuant de se moquer d'eux, Sapajou trempait son doigt dans la cervelle et le léchait. C'est pour cela que Sapajou a maintenant une cervelle aussi volumineuse. C'est ainsi que les Ajaimp se terminèrent. »

A la différence des autres mythes, celui-ci rend compte d'une disparition et non d'une transformation, la mort des Ajaimp ne s'accompagnant pas de la métamorphose des êtres qui y ont contribué par leur ruse. Basilic, Grillon ou Sapajou sont en effet dotés de facultés composites; encore semblables aux hommes par le langage et la maîtrise des techniques, ils possèdent déjà les caractéristiques de leur espèce : un chant particulier pour tous, la mue pour le grillon, l'impudeur pour le sapajou. Ce mélange d'attributs est unique dans la mythologie jivaro, la perte de l'usage de la parole et l'acquisition d'un message sonore stéréotypé étant le propre de la mutation en animal dont les mythes retracent habituellement les circonstances. Tout se passe donc ici comme si l'indétermination des autres personnages du mythe et l'imprécision avec laquelle ils se situent dans l'échelle temporelle ne servaient qu'à mieux souligner l'irréversibilité de la fin des Ajaimp : dans cet épisode exceptionnel, l'évocation d'événements originaires s'efface derrière le tableau des derniers moments d'une époque et le récit mythique se convertit brièvement en légende.

La matinée est déjà bien avancée, mais ni Nayapi ni mes compagnons ne paraissent pressés de vaquer à d'autres occupations, trop heureux de papoter en vidant force bolées de nijiamanch. Masurash seul n'est pas au diapason : étendu sur son peak, le gendre de Nayapi se plaint de douleurs au ventre et d'un fort mal de tête, justes rétributions, à vrai dire, pour le tapage nocturne qu'il nous a infligé. Son état ne s'améliorant pas, on finit par s'occuper de lui. Masurash souffre apparemment de *kujamak*, une indisposition causée par les pensées moqueuses que dirige sur vous l'entourage et par le sentiment indéfinissable de honte qu'elles provoquent. La cure est prestement administrée : à tour de rôle, nous prenons la tête de Masurash sur nos genoux et lui dégorgeons dans la bouche une âcre lampée de jus de tabac vert qu'il aspire aussitôt dans les sinus ; puis, tandis qu'une épaisse morve verdâtre lui dégouline des narines, nous lui soufflons sur la tête en répétant : « *kujamak tsuajai* », « je guéris le kujamak ». Cette opération peu ragoûtante doit être répétée par tous les membres de la maisonnée, le kujamak ne pouvant être efficacement soigné que par celui ou celle qui en a été à son insu responsable. A voir l'enthousiasme avec lequel chacun s'exécute, je soupçonne que tous les présents ont dû, dans leur for intérieur, se gausser cette nuit de l'exhibition de virilité du jeune fanfaron.

Chapitre XV

A CHACUN SON DÛ

Ce matin, c'est l'une des femmes de Nayapi qui se sent dolente. Makatu souffre d'une douleur aiguë dans l'articulation de l'épaule, identifiée comme *tampunch*, un mal dont l'origine paraît aussi bizarre que celle du kujamak dont Masurash était hier la cible. On risque en effet d'attraper le tampunch quand on se sert d'un objet qui vous a été prêté ou donné; dans le cas de Makatu, l'agent incriminé est une machette dont Tseremp lui a fait don peu après son arrivée et qu'elle a utilisée hier dans le jardin. Le tampunch doit être soigné par la personne qui en est involontairement responsable et le porte en elle à l'état latent, l'ayant attrapé auparavant dans des conditions identiques, mais pas nécessairement avec le même objet. Chaque fois qu'il s'installe chez un nouveau porteur, le tampunch redevient virulent; celui qui l'a transmis doit alors l'apaiser puisque son corps est le milieu familier où la douleur s'était précédemment endormie. C'est ce que fait Tseremp en soufflant sur l'épaule de Makatu, puis en la fouettant légèrement avec une ortie, avant de la masser des deux mains sous la surveillance attentive de Nayapi. Transmis de proche en proche comme dans le jeu du furet, le tampunch exprime assez bien, dans un registre physique, le caractère inextinguible des engagements découlant d'une dette, même dérisoire. Qu'il soit prêté ou donné, l'objet causant le mal suscite chez le bénéficiaire une obligation morale qui ne pourra jamais être effacée par un retour de l'échange : une souffrance passagère souligne cette insolvabilité de principe plus qu'elle n'en constitue la compensation.

Le kujamak et le tampunch relèvent d'un ensemble plus vaste

de désordres organiques appelés *iniaptin* et provoqués fortuite-
ment par l'action d'un membre de l'entourage de la victime, qui
doit dès lors les réparer. C'est le cas encore des «cheveux de
serpent», *jintiash napiri*, qui se manifestent par une forte fièvre,
mais dont l'étiologie et le traitement sont en tout point
semblables à ceux du kujamak. L'incidence de ces troubles
paraît croître lors des voyages — notre récent séjour à Sasaïme
en fut émaillé —, sans doute parce que la tension engendrée par
des visites où chacun craint un peu pour sa sécurité trouve dans
ces agressions bénignes un exutoire commode.

C'est aussi le comportement d'un proche qui peut être à
l'origine involontaire du dépérissement d'un nourrisson. On
prétend que lorsqu'un homme prend une deuxième épouse
tandis que la première allaite encore son bébé, celle-ci verra son
lait se raréfier ou s'éclaircir, affectant ainsi la santé de l'enfant.
Désigné par l'expression «sa femme s'épuise», *nuwe pimpirwai*,
cet effet malheureux de la lubricité masculine renvoie probablement à un principe de la mécanique des humeurs auquel
adhèrent bien des peuples, et qui veut que la lactation des
femmes dépende de la quantité de sperme qu'elles reçoivent.
Parce que la physiologie de la reproduction impose des limites
à l'exercice de la virilité, le remède s'attache plutôt à guérir le
résultat qu'à prévenir la cause : le père doit sucer les poignets du
nourrisson, la bouche pleine de jus de tabac vert.

Quel que soit son mode de préparation, le tabac est doté par
les Achuar de toutes sortes de propriétés extraordinaires. Exhalé
en fumée sur les parties malades, il les refroidit et les anesthésie
en même temps qu'il sert de véhicule à des substances ou à des
principes immatériels transférés du guérisseur vers le patient ; il
joue un rôle identique en infusion, le jus de tabac formant une
sorte de carapace invisible protégeant temporairement des
agressions extérieures la région du corps où il est appliqué ;
ingéré en boulettes, il fonctionnera à la manière d'un aimant
interne permettant d'aspirer et de neutraliser certains maux ;
sous toutes ses formes, enfin, il décuple l'acuité des sens et
développe la lucidité. En soufflant du jus de tabac sur son enfant,
le père lui transmet donc un peu de son énergie vitale là où elle
a le plus de chance de le fortifier, puisque les poignets sont à la
fois des articulations fragiles — donc des points de faiblesse dans
un corps toujours au bord du morcellement — et le siège du

pouls, c'est-à-dire l'endroit par excellence où la séparation entre l'intérieur et l'extérieur de l'organisme est abolie, et où le passage de l'un à l'autre devient possible.

C'est encore l'influence accidentelle, mais d'un esprit cette fois et non plus d'un humain, que les Achuar invoquent pour expliquer l'origine d'une série de troubles graves affectant les enfants. Ces derniers sont supposés vulnérables car leurs limites corporelles ne sont pas encore fermement fixées, cet état d'inachèvement les rendant en quelque sorte perméables à toutes les incidences de leur environnement. Ainsi en est-il de la « soufflure », *nasemar*, un refroidissement causé par le contact avec l'ombre glacée d'un mort et qui se manifeste surtout par des diarrhées claires. Le traitement, tel que j'ai pu l'observer à Capahuari et à Sasaïme, repose sur la recette rebattue mais spectaculaire de l'annulation des contraires, l'imposition du chaud étant requise pour éliminer le froid. La personne qui l'exécute se frotte les mains à plusieurs reprises avec des braises ardentes sans broncher, puis les passe longuement sur le corps du malade avant de le balayer avec un tison. Quant au *tapimiur* et au *pajum*, ils relèvent en apparence d'une autre catégorie étiologique, attestée dans toute l'Amérique indigène et même autrefois en Europe, celle de la « frayeur subite » ; la source du mal y est identique à celle de la « soufflure », et la méthode de guérison là encore fondée sur la réunion de principes opposés. Un enfant attrape le pajum lorsqu'il éprouve une peur très vive, en général à la suite d'une brève vision terrifiante qu'il est le seul à avoir, en raison de son imparfaite séparation d'avec un milieu ambiant où errent toutes sortes d'entités monstrueuses, quoique invisibles pour les autres en temps ordinaire. De nature quasi matérielle, l'image va s'imprimer en lui tel un négatif photographique et provoquer une forte fièvre qu'il faudra faire disparaître en refroidissant son corps avec de la fumée de tabac. Celui qui entreprend la cure prend d'ailleurs soin d'inverser le sens du tirage de la cigarette en plaçant le bout incandescent à l'intérieur de sa bouche, pour que disparaisse la source brûlante du rafraîchissement recherché. Soigné de manière identique, le tapimiur résulte également d'une apparition réputée effrayante pour les très jeunes enfants qui y sont seuls sujets et incapables en outre d'en comprendre la nature ; il s'agit de l'âme d'un défunt ou d'un moribond, entrevue à proximité d'une sépulture récente ou perchée au bord du lit d'agonie. Car le wakan abandonne le corps quelque temps avant la mort clinique et erre dans la maison, puis aux abords de la tombe, avant de disparaître dans un cycle de métamorphoses. La vision suscite une sensation d'oppression qui se traduit par de sérieuses difficultés respiratoires.

Plus grave encore est la prise de possession délibérée d'un enfant par le wakan d'un mort, une sorte de contamination spirituelle dite *imimketin*. Le wakan des Achuar correspond assez bien à ce que la philosophie occidentale et la théologie chrétienne appellent une âme; c'est une composante de la personne, dotée d'une existence propre, et donc susceptible de se séparer de son support, temporairement lors des rêves et des transes visionnaires, ou définitivement quand la décrépitude physique, la maladie ou la destruction des fonctions vitales éteignent tout désir de vivre. De même qu'un dormeur se maintient dans un état végétatif quand son wakan entreprend des voyages nocturnes, de même l'organisme d'un mourant continue-t-il à courir quelque temps sur son erre lorsque ses facultés conscientes l'ont déserté. La mort n'est pas subie, mais résulte en quelque sorte d'une décision volontaire du wakan d'abandonner la dépouille désormais hors d'usage où il s'était établi peu après la conception du fœtus. Cette séparation est pour lui lourde de conséquences. Le wakan entretient en effet avec le corps une relation en miroir, comme en témoignent les significations du terme dans d'autres contextes où il peut désigner l'«ombre portée» ou le «reflet dans l'eau». Indissociable par nature de ce qu'elle représente, l'âme est donc moins un double ou une copie qu'un envers ou une projection, certes susceptible de se détacher à l'occasion du corps dont elle forme la conscience, mais qui perd sa raison d'être et tout accès à la vie des sens lorsqu'elle est séparée à jamais de la personne qu'elle habitait. C'est pour cette raison que les morts sont d'éternels insatisfaits; aveugles et muets, affamés et assoiffés, sexuellement frustrés, ils conservent telle une empreinte les pulsions d'une sensibilité qu'ils n'ont plus les moyens d'assouvir. Un jeune enfant est pour eux une aubaine : sa perméabilité aux influences de l'environnement et l'inachèvement de son wakan propre en font un réceptacle rêvé où l'âme des défunts récents peut retrouver une fenêtre sur le monde. La cohabitation des deux wakan a des effets dramatiques sur la santé du possédé qui en est tout échauffé et succombe vite s'il n'est pas traité. Il faut l'enduire de cendre tiède, peut-être pour renforcer d'un deuxième revêtement une enveloppe corporelle encore trop poreuse; mais la cure est aléatoire, et à maintes reprises lorsque je relevais la généalogie d'une famille, on m'a nommé des enfants qui étaient morts ainsi.

Les esprits sont responsables de bien d'autres maux dont le mode de transmission est le plus souvent environné de mystère. Le cas de *panki* est exemplaire. Malgré leur rareté relative, les anacondas terrifient les Achuar pour de multiples raisons, en particulier parce qu'ils sont réputés être la cause d'une maladie qui porte leur nom, *panki*, mais dont personne n'a su m'expliquer le mécanisme de propagation; c'est la faute à panki, voilà tout. Ces grands reptiles ont un statut ambigu parmi la gent animale, puisqu'ils servent d'auxiliaires aux chamanes et qu'on ne sait pas à qui l'on a affaire : anaconda véritable, esprit déguisé, ou même incarnation temporaire du wakan de son maître. La seule chose dont on soit assuré à leur sujet, c'est qu'ils sont maléfiques. Contrairement aux troubles précédents dont l'identification et la thérapeutique reposent sur des formes de contamination définies de façon littérale, sinon toujours plausible, l'origine de panki est donc largement métaphorique. Ce sont plutôt les symptômes que les causes qui pointent vers l'anaconda; panki se traduit en effet par des enflures, soit de l'estomac, soit parfois des articulations, qui présentent une analogie évidente avec le ventre distendu du serpent digérant sa proie. En conséquence, le traitement ignore toute référence à l'agent présumé du mal pour se cantonner au domaine des recettes éprouvées : emplâtres de feuilles de manioc et de stramoine, frictions de piment et, éternelle panacée, le jus de tabac. Si l'anaconda joue ici le rôle du vilain sans que personne y croie trop, c'est parce que, dans cette affection comme dans la plupart des dérèglements du corps et de l'esprit, il faut absolument désigner un responsable, si improbable soit-il. Mes compagnons ne conçoivent guère qu'il y ait des «causes naturelles» au mal et à l'infortune, qu'ils font le plus souvent dépendre des actions involontaires ou délibérées d'autrui. Ce déterminisme méticuleusement aménagé leur évite d'empiler un tourment moral sur des douleurs physiques, puisqu'il les protège aussi bien du sens de la faute inculqué par les religions du salut que du sentiment d'injustice éprouvé par des esprits plus laïcs quand ils sont frappés de façon inexplicable par la maladie.

Quelques heures ayant passé sans que la douleur de Makatu s'atténue, Nayapi pense maintenant que le diagnostic initial était erroné et que sa femme souffre en réalité d'un *tunchi*, un sort chamanique. Notre hôte est lui-même un peu chamane, suffisamment selon ses dires, pour voir l'aura colorée enveloppant ses confrères lorsqu'il se trouve sous l'emprise du natem; il entreprend donc de sucer les tsentsak, les fléchettes magiques supposées logées dans l'épaule de Makatu, non sans avoir auparavant absorbé une rasade de jus de tabac par le nez. L'affaire est rondement menée, quoique sans grande conviction; Nayapi sait bien qu'il n'est pas de taille à affronter un tunchi un peu coriace. Son revirement illustre l'élasticité de la classification des désordres organiques et le pragmatisme qui la gouverne. Mes interlocuteurs distinguent sans hésiter deux grandes catégories de maux : les tunchi, provoqués et soignés par les chamanes, et les *sunkur*, c'est-à-dire tout le reste. Pourtant la différence dépend du contexte et ne recouvre en aucun cas une distinction tranchée entre « sorcellerie » et « maladie ». De fait, la plupart des sunkur résultent en dernière instance des agissements d'un humain ou d'un esprit et peuvent, comme les tunchi, être renvoyés à une cause externe; surtout, n'importe quel sunkur qui ne cède pas rapidement au traitement approprié est réinterprété comme un tunchi. Les Indiens recherchent des résultats immédiats et n'admettent pas qu'un remède puisse avoir un effet différé. Un exemple similaire à celui de Makatu m'en avait été fourni à Capahuari, où une fillette qui s'était éraflé la paupière avec une branche avait été déclarée victime d'un tunchi parce que son œil était encore un peu rouge le lendemain malgré la compresse qu'on lui avait appliquée. Ce ne sont pas les symptômes qui permettent de reconnaître le tunchi, mais bien sa résistance aux techniques non chamaniques de guérison, lors même que son origine accidentelle est attestée.

Les plantes médicinales sont pourtant loin de faire défaut et la connaissance de leurs propriétés est assez équitablement répartie. En ethnologue consciencieux, j'ai entrepris de dresser une liste des simples et de leurs usages, tâchant d'identifier à l'occasion leur affiliation botanique. A ce stade de mon inventaire, je sais que la pharmacopée achuar comporte au moins une trentaine d'espèces. Une douzaine sont cultivées ou acclimatées dans les jardins et répondent aux besoins les plus courants. On y trouve aussi bien des plantes exotiques, tel le gingembre, récemment obtenu des Shuar et fort en vogue pour les maux d'estomac, que l'assortiment courant chez la plupart des Indiens du piémont : les inévitables *piripiri*, ces souchets dont les racines et les feuilles sont employées contre les morsures de serpent, la dysentrie, la diarrhée des nourrissons ou comme reconstituant des femmes en couches; différentes espèces de graminées dites *chirichiri*, utilisées en cataplasme ou en infusion contre le mal de tête ou les infections intestinales; deux plantes de la famille des amarantes, *kantse* pour les enflures et *pirisuk* pour badigeonner la gorge; *sesa*, une mauve réputée efficace comme vermifuge; *yapaipa*, une verveine pour combattre la grippe et les douleurs d'estomac; l'ortie vulgaire, dont la flagellation est souveraine contre les douleurs musculaires et les rhumatismes; sans compter les plantes polyvalentes, comme la stramoine (en fait, plusieurs espèces de *Datura* et de *Brugmansia*), habituellement consommée pour ses propriétés hallucinogènes, mais que l'on ingère aussi pour guérir les blessures infectées et la gangrène ou que l'on frictionne sur la peau pour résorber les tuméfactions, ou le genipa qui, outre sa fonction cosmétique, sert couramment d'astringent pour nettoyer les plaies. La forêt est encore plus riche : feuilles, écorce, aubier, racines, résine, latex et fruits d'une vingtaine d'espèces peuvent être mis à profit en décoction, compresse, emplâtre ou lotion pour soigner les maux les plus divers, le paludisme, les aphtes, les parasitoses et les ulcères tropicaux, aussi bien que les morsures de serpent, la bronchite, les hémorragies utérines ou le pian. Bref, un trésor de remèdes végétaux, dont des analyses pharmacologiques révéleraient sans nul doute les vertus curatives, mais que j'ai rarement vu utiliser par mes hôtes au quotidien. Leur savoir en la matière est plutôt théorique et teinté de scepticisme : chacun saura me décrire les *tsuak* (« remèdes ») les plus courants sans pour autant prétendre en faire un usage régulier ni avoir une foi excessive dans leur efficacité thérapeutique. Les Achuar ont d'ailleurs la même attitude vis-à-vis des tsuak que nous leur apportons : on nous en demande constamment, mais plutôt pour l'attrait de la nouveauté que par réelle conviction de leurs effets bénéfiques, et cela en dépit des guérisons spectaculaires que nous avons obtenues avec des doses infimes d'antibiotique ou même d'aspirine. En vérité, le seul tsuak qu'ils emploient avec constance pour n'importe quelle affection, c'est le tabac.

La relative indifférence des Achuar à l'égard de leurs remèdes végétaux — en parfait contraste, faut-il le souligner, avec l'image mythique que se font des Indiens d'Amazonie les amateurs européens de « médecine douce » — n'est nulle part plus évidente que dans leur traitement des maladies de peau ou des infestations de parasites. En apparence, les unes comme les autres sont des sunkur typiques, puisque, au contraire des tunchi qui affectent principalement l'intérieur de l'organisme, leurs manifestations sont soit superficielles (eczéma, teigne, ulcères, mycoses...), soit imputables à un animal visible (filaire, gale, ténia...); chacune d'entre elles est nommée, ses symptômes connus, et un tsuak approprié dans la pharmacopée locale lui correspond. Toutefois, la plupart de ces pathologies externes étant longues à cicatriser ou même impossibles à guérir, on les considère alors comme résultant plutôt d'une sorte particulière de tunchi qui affecte surtout la surface du corps et que provoque — à l'instar d'affections plus graves mais moins communes, telles la leishmaniose ou la lèpre — une variété inférieure de chamanes, les « chamanes à bave » *(maen uwishin)*.

Il est probable que l'absence d'une frontière tranchée entre sunkur et tunchi vienne de ce que toute pratique thérapeutique paraît dérivée à des degrés divers du modèle chamanique. D'après ce que tout le monde m'en a dit, celui-ci repose sur un mécanisme très simple : un chamane agit à distance par l'intermédiaire de projectiles invisibles, les tsentsak, qu'un autre chamane peut extraire du corps de la personne affectée s'il possède lui-même des tsentsak d'un type identique. Les deux principes gouvernent les opérations chamaniques sont ainsi l'extériorité de la cause du mal et l'homologie entre celle-ci et l'agent de la guérison. Le traitement des sunkur repose sur une logique analogue. Même si elle ne résulte pas d'une intention malveillante, une maladie est toujours imputable, à un moment ou un autre de son évolution, à l'action d'une individualité clairement distinguée ; elle doit donc être traitée soit par le responsable de son déclenchement, soit par une personne qui présente avec celui-ci quelque affinité acquise, voire par quelqu'un de suffisamment étranger pour être perçu comme plus éloigné du patient que la source présumée de ses souffrances.

Rien de tout cela ne m'a été exprimé en ces termes par les hommes et les femmes dont je partage l'existence. Après les avoir accablés de demandes d'explication dans notre frénésie de savoir des premiers mois, nous avons fini par comprendre que nous en apprendrions plus en écoutant leurs conversations quotidiennes qu'en les interrogeant à tout propos. Malgré mes précautions, les questions que je pose courent le risque d'orienter au départ par leur formulation, ou simplement par l'ignorance qu'elles traduisent, la nature des réponses que l'on va m'apporter. Un exemple cuisant m'avait rendu sensible à ce problème. Ayant observé dans les premières semaines de notre séjour à Capahuari une grande ligne en zigzag gravée au feu sur la pirogue de Pinchu, je lui avais demandé si c'était là l'image d'un anaconda. Ma question n'était pas infondée, l'anaconda étant assez souvent représenté dans le Haut-Amazone par une ligne brisée, tandis que bien des mythes de la région font de ce serpent une métaphore de pirogue ; j'avais accepté avec satisfaction le « oui » laconique de Pinchu, et consigné l'information dans mon journal de terrain. J'ai pu mesurer il y a quelque temps à quel point je m'étais trompé. Dans l'iconographie achuar — sur les poteries ou les bracelets tissés, par exemple, ou dans le jeu de ficelle — le zigzag figure en effet la constellation d'Orion, soit deux lignes verticales et une diagonale reliant toutes les étoiles du groupe, le dessin étant extensible à volonté par addition du même motif. Quant au rapport peu évident qui pourrait exister entre Orion et une pirogue, sa clef en est fournie par un mythe. Celui-ci relate comment un groupe d'orphelins, les Musach, s'enfuyant sur un radeau pour échapper à leur beau-père, finissent par arriver à l'endroit où la rivière rejoint la voûte céleste et en entreprennent l'ascension ; les Musach sont devenus les Pléiades et leur radeau, Orion. Le périple aquatique recommence pourtant chaque année, lorsque, vers la mi-avril, les Pléiades disparaissent de l'horizon occidental et s'abîment dans l'amont des rivières sur leur radeau Orion, pour réapparaître à l'orient au cours du mois de juin, au terme de leur descente vers l'aval. Comment expliquer à un étranger obtus, et qui parle à peine votre langue, ces connexions subtiles dont on n'est pas toujours soi-même bien conscient? Pinchu aura préféré acquiescer à ma question et je ne lui en tiens pas rigueur.

Comme tout travail intuitif, l'interprétation ethnologique dérive d'une multitude de petites observations accumulées dans la mémoire et qui mènent là une existence désœuvrée jusqu'au jour où un fait nouveau, mais pas nécessairement spectaculaire, permet à certaines d'entre elles d'atteindre une masse critique; un ordre se dessine soudain sans qu'on l'ait recherché, illuminant de son évidence rétrospective une partie du fatras recueilli jusque-là. Il est vrai que travailler en tandem rend plus facile le processus de découverte, puisque Anne Christine et moi conjuguons constamment nos impressions et nos doutes, et pouvons, le moment venu, éprouver l'un sur l'autre la vraisemblance de nos exégèses. C'est ainsi, et non grâce aux exposés systématiques d'un informateur de choix, que s'est formée en moi une idée un peu générale de la façon dont les Achuar conçoivent la maladie.

Nous avions remarqué que personne à Capahuari ne se soignait soi-même, pas même Mukuimp, le chamane: c'était toujours un homme ou une femme d'une autre famille qui administrait le tsuak, ou plus communément le traitement au tabac pour les êtres humains ou pour les chiens. Il était en outre évident que certaines personnes étaient plus sollicitées que d'autres, parce qu'on les créditait de talents particuliers pour guérir telle ou telle affection; les bons offices de Naanch et de Tsukanka étaient requis pour soigner le pajum, tandis que ceux de Wajari l'étaient pour le panki. Sans être pour autant des chamanes, ils avaient acquis leur pouvoir spécifique d'un autre guérisseur tout aussi spécialisé. La distance devait jouer un rôle important, puisque la première chose que l'on demanda à Taish lorsqu'il vint du bas Kapawi pour visiter Tarir fut d'entreprendre une cure de pajum avec l'assistance de Tsukanka. Le même fait s'était reproduit, mais pour le panki cette fois, avec Antikiu, un homme du Kurientza qui avait séjourné quelque temps chez Titiar.

Notre voyage à Sasaïme précisa ces impressions confuses. Les gens du cru demandaient sans cesse à Tsukanka et à Wajari d'intervenir pour soigner les sunkur les plus divers, et l'on insista à plusieurs reprises pour que je les assiste. Mukuimp, quant à lui, s'occupait des tunchi déclarés, car il n'y a pas de chamane à Sasaïme. Je pus en outre assister là-bas à la transmission du pouvoir de guérir le pajum, concédé par Tsukanka à Tirinkias, le jeune gendre de Picham, en échange de deux poules. Rien de plus décevant au demeurant, quoique typique de tous ces petits rituels expéditifs qui font le pain quotidien de l'ethnologie : tandis que Tirinkias assis à ses pieds lui tendait ses mains, Tsukanka y avait disposé dix boulettes de tabac séché — huit petites dans les jointures des doigts et deux grosses sur les paumes —, puis, les reprenant une à une, il les avait mises dans la bouche du jeune homme qui les avait avalées ; Tirinkias s'était ensuite frictionné les bras après avoir passé les mains sur ceux de Tsukanka, pour finalement faire craquer chacun des doigts du vieux en tirant sur les phalanges. Commentaire bougon de Tsukanka : « Le tabac boit le pajum lorsqu'on balaie avec les mains. » On comprendra pourquoi je m'abstiens, en général, de demander des explications ! Mukuimp avait ajouté que l'on procède ainsi lors de l'initiation d'un chamane, avec du piment parfois à la place du tabac.

Les cures que nous avons observées faisaient appel à des degrés divers à ces techniques que nous appelons « magiques » faute de mieux, et qui sont loin d'être l'apanage des seuls chamanes : « balayer », *japirtin*, pour dissiper ou refroidir la maladie, « souffler », *umpuntrutin*, de l'air ou du tabac sur le corps du patient ou sur un liquide qu'il devra ingérer, « sucer », *mukuntratin*, la partie dolente pour extraire le mal ou transmettre sa force, réciter des formules stéréotypées, etc. Les tsuak les plus ordinaires, y compris ceux qui viennent de notre pharmacie, ne peuvent être délivrés sans s'entourer de précautions... Celui qui les reçoit, mais aussi, et surtout, celui qui les donne doivent être à jeun et observer la diète pendant quelque temps, voire se plier à des tabous alimentaires propres à chaque maladie. Rien de vraiment dépuratif dans ces prescriptions, mais la croyance que l'efficacité d'une thérapeutique ne dépend pas tant de propriétés inhérentes au remède que des qualités de celui qui l'administre et des conditions dans lesquelles se déroule la séance. Bref, et comme j'en tire maintenant la leçon en observant Nayapi baver du jus de tabac sur l'épaule de son épouse, à peu près toutes les maladies sont des sorts en puissance et doivent être soignées comme tels. Les traitements par les « simples » ne sont que des palliatifs dans une telle médecine, plus à l'aise avec les procédés psychosomatiques qu'avec les recettes d'herboriste.

Les épidémies mêmes ne sont pas indemnes d'influences malveillantes. Certes, l'on concède volontiers qu'un chamane peut difficilement frapper une multitude de gens en même temps avec ses seuls tsentsak : il lui en faudrait beaucoup trop. Éclairés par maintes expériences dramatiques, mes compagnons admettent en outre le principe de la contagion tout en lui donnant parfois des vecteurs surprenants. Depuis hier, par exemple, Tseremp et Tarir ne cessent de récriminer contre les dangers que je leur fais courir en les emmenant dans une région infestée de *chukuch*, ainsi qu'ils appellent le paludisme. Nous avons pourtant pris les précautions d'usage et je leur donne une dose de Nivaquine quotidienne. Mais l'idée d'un traitement préventif leur paraît absurde et ils se sentent démunis face à une maladie qu'ils savent incurable, ayant pu constater que si les *chukuch tsuak* — les leurs comme ceux des Blancs — peuvent guérir une crise de fièvre, ils n'empêchent pas leur récurrence. Selon eux, il n'y avait pas autrefois de chukuch dans la région du bas Kapawi, et c'est un Achuar en provenance du Pérou qui l'a apporté sur le Chirta, un affluent du Huasaga à cinq ou six jours de marche d'ici ; en allant visiter un amik sur le Chirta, Kamijiu l'a ramené chez lui sur l'Ishpinkiu, d'où il est parvenu un peu en aval d'où nous sommes par l'intermédiaire de Winchikiur, chez qui Nayapi l'a lui-même attrapé. La généalogie est impeccable et les agents humains bien identifiés, mais là s'arrête toute analogie. Ma mention des moustiques est accueillie par une rigolade générale. Les kirinku ont vraiment une imagination fertile : chacun sait que le chukuch est transmis par la nourriture, notamment la bière de manioc, la canne à sucre et les fruits cultivés. L'interprétation de mes hôtes n'est pas plus improbable que ces vagues émanations méphitiques qu'on croyait être à l'origine de la malaria il n'y a pas si longtemps en Europe, encore que la coïncidence entre la présence des anophèles et celle du paludisme devrait sauter aux yeux d'observateurs aussi attentifs du règne naturel. C'est sans doute moins un défaut d'attention qui les aveugle ici que l'impossibilité d'envisager qu'un insecte désagréable mais sans motivations propres puisse être à la source d'une aussi vaste épidémie ; la contagion issue d'un repas partagé s'accorde mieux avec une philosophie qui attribue aux hommes la responsabilité de presque tous les malheurs.

D'autres maladies infectieuses, rougeole, varicelle, coqueluche ou grippe, sont aussi réputées transmises par la commensalité. La nouvelle se répand vite dès qu'un cas se déclare et toutes les visites sont alors suspendues, même si, de l'aveu des Achuar, le regroupement de l'habitat en village rend inévitable la contagion. C'est d'ailleurs l'argument principal qu'avançaient Taish, Tsamarin ou Nayapi pour ne pas imiter l'exemple des gens de Capahuari. Depuis que la variole a disparu (*keaku sunkur*, «la maladie rouge»), c'est la grippe (*penke sunkur*, «la maladie absolue») qui cause les plus grands ravages, cette virulence particulière expliquant peut-être que l'on attribue parfois son déclenchement à l'action d'un chamane. C'est ce que je déduis d'une histoire que Tarir m'a racontée peu avant d'arriver chez Taish, alors que nous passions devant une friche assez ancienne au bord du Kapawi. Il y a sept ou huit ans, plusieurs hommes habitant actuellement Capahuari avaient construit leur maison sur ce site, dont Tarir. Or, non loin de là vivait un puissant chamane quichua du nom de Mukuchiwa qui ne vit pas sans-inquiétude cette concurrence soudaine sur son territoire de chasse. Il envoya un anaconda invisible s'installer sous la berge du petit village et contaminer les nouveaux venus d'une grippe implacable, espérant ainsi les faire fuir promptement. Ceux-ci appelèrent Chalua, un autre chamane quichua de formidable réputation, qui aperçut le monstre et le chassa au cours d'une transe mémorable. La fuite de l'anaconda, attestée par un abaissement soudain des eaux de la rivière, ne résolut rien ; la grippe était trop bien établie et les survivants s'enfuirent en désordre sans prendre le temps d'enterrer les morts. Par cet artifice original, la croyance dans le pouvoir infini des chamanes et la spécificité du mode de propagation des épidémies se trouvaient réconciliées.

Quelques sunkur considérés comme contagieux échappent totalement à la grille de mon modeste savoir médical. C'est le cas du très commun «blanchiment», *putsumar*, une espèce d'anémie qui affecte petits et grands et dont on soutient mordicus qu'elle se propage à la vitesse de l'éclair, ou encore de la «vermoulure», *mamu*, que la variété de ses symptômes rend bien difficile à classer — éruption de boutons pour un enfant à

Capahuari, ulcération au visage pour un autre et probable cancer du genou pour le fils de Kawarunch à Sasaïme —, mais dont on retrace la transmission d'individu à individu jusqu'à sa source chez les Shuar. En définitive, les épidémies ne sauraient être autochtones : qu'elles proviennent du Pérou, des Quichuas, des Shuar ou bien des Blancs, c'est chez les autres que l'on place l'origine du mal, non sans vraisemblance historique. Dans de tels cas, les Achuar admettent volontiers l'efficacité des médicaments occidentaux, une maladie n'étant jamais mieux soignée que par celui qui l'a provoquée. L'échec du remède les convainc au contraire qu'ils se sont trompés de diagnostic et le sunkur contagieux redevient en fin de compte un tunchi déguisé. Simples et belles certitudes face à l'iniquité des maux du corps, et dont on aimerait tant pouvoir partager le réconfort !

Peut-être pour consoler Makatu du tampunch qui n'en était pas un, mais aussi, dit-il, parce qu'elle est pour lui une lointaine sœur « embranchée », Tseremp lui fait cadeau d'un assortiment de fils à coudre et d'aiguilles que j'avais moi-même donné à son épouse il y a quelques semaines. Depuis que nous sommes arrivés, le va-et-vient des échanges n'a pas cessé un instant entre mes compagnons de Capahuari et la maisonnée de Nayapi. Tous participent à ce tourniquet des dons et contre-dons, dont la liste, notée par mes soins, ressemble à l'ardoise d'une épicerie de campagne : Tseremp donne à Nayapi une radio, une lampe-torche, un maillot de bain, une pointe de harpon, une pièce de cotonnade, et à Makatu une machette et un fourniment de couture ; Nayapi donne à Tseremp une torsade de shauk que portait Makatu ; Tarir donne à Nayapi sa sacoche *uyun* en peau de singe et à Makatu un rouleau de fil à pêche de fort calibre ; Makatu donne à Tarir des bracelets tissés, etc. On voit que les femmes ne sont pas exclues de ces petits négoces où elles peuvent troquer leur propre production ; en revanche, leurs parures en perles de verre ou leurs chiens continuent d'appartenir à leurs époux qui peuvent donc les remettre en circulation, à la condition implicite, mais impérative, de les remplacer rapidement par des substituts de même valeur ou de même nature — la paix du ménage est à ce prix.

Cette série de transactions contraste avec l'absence totale

d'échanges lors de notre passage chez Taish, pourtant un amik de Tarir, et reflète l'intérêt tout particulier que Tseremp et Tarir portent à Nayapi. Les raisons en sont éminemment politiques : Taish est un marginal épris de solitude, tandis que Nayapi est installé au cœur d'un solide réseau d'alliances couvrant tout le bas Kapawi et peut apporter, s'il en était besoin, un soutien appréciable dans un conflit. Le troc n'est qu'un prétexte pour se ménager son appui en tissant des entrelacs d'obligations mutuelles où le détail des choses échangées importe assez peu. En témoigne, par exemple, le changement rapidement opéré dans les positions de parenté des uns et des autres. Tous les Achuar étant idéalement parents, des hommes de la même génération, mais qui ne peuvent pas déterminer leurs connexions généalogiques exactes, s'appellent en général «frère», relation qui, dans ce cas, n'implique aucun devoir particulier. C'est la solution qu'avaient choisie Tarir et Tseremp vis-à-vis de Nayapi lors de notre arrivée. Dès le lendemain, toutefois, ils lui donnaient du «beau-frère», signifiant par là qu'ils désiraient instituer avec lui un rapport d'affinité symbolique, c'est-à-dire fondé sur des engagements réciproques d'assistance identiques à ceux qui lient les proches parents par alliance. L'ouverture fut acceptée par Nayapi qui répondit de la même manière, prélude peut-être à l'établissement d'un lien amik qui viendrait formaliser de façon plus stricte l'accord ainsi ébauché.

Parce qu'ils servent en grande partie à fomenter ou à cimenter des alliances politiques, les échanges de biens ne concernent donc pas uniquement les amis rituels. Quels que soient les partenaires, le code des transactions reste identique : c'est toujours à l'occasion des visites que se font dons et contre-dons, de manière en apparence spontanée, car il est très rare d'entendre formuler une demande précise. De même, aucun remerciement n'est fourni ni attendu lorsqu'un objet change de mains, les deux partenaires s'empressant de reprendre leur dialogue comme si de rien n'était. Au demeurant, il est de très mauvais goût de rendre immédiatement une contrepartie, ce qui impliquerait une volonté de se libérer au plus vite des obligations découlant d'une dette, et donc le refus tacite de la relation de dépendance mutuelle instaurée par le don ; en somme, presque une déclaration d'inimitié. Bien qu'il se déroule sans négociation ni marchandage explicite, ce système d'échange silencieux paraît satisfaire les attentes de la plupart des gens. La raison en est que chacun est au courant de l'état des richesses et des dettes d'à peu près tout le monde, ce sujet que l'on n'aborde jamais avec les personnes concernées constituant en revanche un morceau de choix lors des conversations avec leurs parents et voisins. Ainsi, lorsqu'un homme apprend que l'un de ses débiteurs vient de recevoir ou de fabriquer un bien qu'il convoite — un fusil, par exemple, ou une pirogue —, il fera savoir à tous que sa vie est exposée parce qu'il ne possède pas de fusil ou qu'il est condamné à l'inaction parce qu'il ne dispose pas d'une pirogue, nouvelle qui parviendra bientôt aux oreilles de la partie concernée. Le transfert pourra alors intervenir au cours d'une visite en apparence fortuite et sans qu'une demande expresse n'ait été exprimée.

La rareté des biens échangeables, les différences de statut parmi les créanciers et l'intrication des dettes rendent le mouvement des dons et contre-dons plus complexe qu'il n'y paraît, obligeant chacun à effectuer des choix parmi des obligations contradictoires. Les transactions récentes de Tseremp en fournissent une belle illustration. Il y a quelque temps, ce dernier a reçu du père de sa femme, Tsukanka, un fusil à baguette que ce dernier avait obtenu de son amik Washikta lors de notre séjour commun à Sasaïme. Tsukanka avait fait savoir à Tseremp qu'il avait besoin d'un bon chien de chasse, car Washikta en avait indirectement formulé le désir. Avant de s'embarquer avec nous pour l'expédition vers le bas Kapawi, Tseremp comptait obtenir ce chien de Nayapi; il l'aurait ensuite donné à Tsukanka, lequel l'aurait donné à son amik Washikta en compensation du fusil. Nayapi était endetté auprès de Tseremp car ce dernier lui avait fait parvenir ce même fusil par l'intermédiaire de Taish afin de solder une dette datant de plusieurs années, et très probablement aussi pour préparer le terrain d'une future alliance à sceller lors de notre passage. Toutefois l'affaire se compliquait car Tseremp caressait l'espoir d'être embauché comme manœuvre à la fin de notre voyage par une compagnie pétrolière qui prospectait au nord de Montalvo; il n'aurait donc pas pu ramener le chien à Capahuari avant très longtemps. Pour résoudre le problème, Tseremp donna à Tsukanka une radio qu'il avait reçue de son amik Titiar, le mari de sa sœur, lequel l'avait obtenue d'un amik shuar qui l'avait achetée à un missionnaire évangéliste. Tsukanka, n'ayant aucun usage d'une radio puisque c'était un chien que son amik Washikta désirait, avait alors suggéré à Tseremp de reprendre la radio, de la vendre dans le campement pétrolier et d'envoyer l'argent par avionnette à un amik shuar de Tsukanka ; ce dernier aurait acheté le chien chez les Shuar et Tsukanka aurait été le chercher. Cette admirable combinaison s'effondra hier matin lorsque Tseremp donna la radio à Nayapi. Tseremp convoite en effet une grande pirogue dont Nayapi termine la construction ; il reviendrait la chercher dans quelques mois, la ramènerait à Capahuari et en ferait don à Titiar en contrepartie de la radio. On chercherait en vain une rationalité économique ou une motivation mercantile dans ce ballet qui fait rebondir deux articles de pacotille de main en main le long d'interminables sentiers et de rivières en crue. Aucun gain matériel n'est prévisible au terme, tout provisoire, de la chaîne des transactions, mais Tseremp aura ce faisant renforcé ses liens avec des individus dont il escompte le soutien, au plus près avec son beau-frère Titiar comme au plus loin avec son nouvel allié Nayapi. Certes, Tsukanka se retrouve momentanément grugé et Tseremp à nouveau son débiteur ; ce n'est pas bien grave, car un gendre est de toute manière éternellement endetté vis-à-vis de son beau-père pour la femme qu'il a reçue en mariage.

Il aurait sans doute été plus simple pour tout le monde de transférer la dette et que Tseremp, ou Nayapi, remboursât directement Washikta, puisque l'un et l'autre le connaissent. Mais rien ne saurait être plus étranger à la philosophie achuar de l'échange qu'un tel rachat de créances. A la différence du capitalisme marchand, où c'est le mouvement des objets qui engendre des liens contractuels entre ceux qui y participent et où les rapports entre individus s'établissent à travers des choses en raison du profit que chacune des étapes de leur circulation permet d'engranger, le troc auquel se livrent mes compagnons repose sur une relation personnelle et exclusive entre deux partenaires seulement, dont l'échange des biens fournit l'occasion plutôt que la finalité. Une telle relation ne saurait donc être étendue vers l'amont ou vers l'aval à aucun de ceux qui se sont servis ou se serviront de ces mêmes biens afin de perpétuer eux aussi un lien du même type. Outre qu'un tel système n'affecte en rien la valeur des objets échangés, qui demeure constante quel que soit le nombre de mains entre lesquelles ils passent, il prévient la constitution de véritables réseaux commerciaux. L'amik de mon amik n'est pas mon amik ; de fait, il est souvent mon ennemi.

L'absence de toute connexion entre les différentes paires de partenaires échangistes fait que les biens peuvent circuler sur des distances considérables, mais non les personnes ; dès qu'un Achuar a quitté la limite du territoire de son amik le plus lointain, il se retrouve en terrain hostile. Cette disposition restreint considérablement les voyages et pose problème à ceux qui aspirent à voir du pays ; d'où l'intérêt que Tseremp et Tarir éprouvent à nous accompagner : selon eux, notre présence est une garantie de leur protection, les militaires de Montalvo ayant donné à entendre aux Achuar qu'ils les laissaient libres de se faire la guerre entre eux à condition de ne pas y impliquer des Blancs. L'isolation extrême où les Jivaros se sont trouvés pendant plusieurs siècles est sans doute en partie due à cette limitation des déplacements et au repli sur soi qu'elle entraîne. A la différence d'autres peuples d'Amazonie, ceux de l'Orénoque ou de l'Ucayali notamment, qui entreprenaient des périples en pirogue de plusieurs centaines de kilomètres pour échanger sel, curare ou plumes, parfois sur des places de marché dotées d'un véritable statut d'extra-territorialité, aucun système de sauf-conduit n'a jamais permis à des expéditions commerciales de traverser la citadelle jivaro. Nulle trace n'existe ici de ces vastes confédérations interethniques qui se sont ébauchées ailleurs le long des routes du troc.

L'après-midi apporte une surprise et la clef d'un long mystère. Tii vient rendre visite à Nayapi en voisin pour lui confier une mission : Yaur, le beau-frère de Tii, est arrivé hier chez lui depuis le bas Copataza pour réclamer à Sumpaish le tumash que ce dernier lui doit en compensation de la veuve de son frère Ikiam, et Tii souhaite que Nayapi serve d'intermédiaire auprès de Sumpaish pour la négociation. Yaur veut un fusil et deux boîtes de cartouches qu'il a d'ailleurs toute chance d'obtenir, Tsamarin ayant déclaré lors de notre passage chez lui qu'il donnerait volontiers son fusil à son frère Sumpaish si Yaur réclamait le tumash. Dans le style ampoulé propre à ce genre de conversation, où chacun s'étend interminablement sur les motifs et les justifications des différents protagonistes, les deux hommes dévoilent peu à peu tous les détails de «l'affaire Ikiam».

On se souviendra que l'histoire débute il y a quelques mois avec la fuite de Pinik, lasse des mauvais traitements de son mari, Ikiam; descendant le Pastaza en pirogue, elle avait abouti sur le bas Kapawi où Sumpaish l'avait prise pour épouse. Bien décidé à venger cet affront, Ikiam était parti pour tuer le couple illégitime, mais il avait rapidement disparu sans laisser de traces. Or il est maintenant avéré que Sumpaish n'est pour rien dans cette disparition et que c'est le propre père de Pinik, un puissant chamane du nom d'Ujukam, qui en est le véritable instigateur. C'est d'abord lui qui avait favorisé la fuite de Pinik en lui procurant une pirogue, ulcéré de voir sa fille battue par son gendre sous son propre toit malgré de constantes remontrances. Comme Ikiam clamait à cor et à cri qu'il allait poursuivre la jeune femme et la tuer, Ujukam s'était en secret arrangé avec son beau-frère Washikta de Sasaïme pour que l'homme soit intercepté en cours de route et mis hors d'état de nuire. A ce qu'on dit, il agissait autant par amour paternel que par salubrité publique; chamane lui aussi, Ikiam avait une réputation exécrable et on l'accusait de répandre des tunchi à droite et à gauche, ensorcelant même les chiens par pure malignité. En raison du crédit qu'on lui accordait comme chamane, Ujukam était bien placé pour propager de telles allégations, probablement motivées en partie par le désir de briser la carrière d'un rival. La veille du départ d'Ikiam, Ujukam fit prévenir Washikta qui, en compagnie de son beau-frère Narankas, se posta dès l'aube du lendemain au bord du bras principal du Pastaza. Pour plus de vraisemblance, ils feignaient de pêcher. Lorsque Ikiam parut, arborant fièrement sa tawasap et ses peintures de guerre, Washikta et Narankas le hélèrent depuis la berge pour l'inviter à converser; il leur expliqua ses projets et déplora que son frère Yaur ait refusé de l'accompagner. Les deux complices compatirent à son infortune et proposèrent de lui prêter main-forte. Comme il est de coutume en pareil cas, où l'on mime en quelque sorte les combats à venir, chacun se mit à brandir son fusil en faisant des déclarations enflammées; sautant en cadence d'un pied sur l'autre, ils exaltaient leur union et célébraient par avance leurs exploits. Lorsque l'excitation fut à son comble,

Narankas déchargea son arme en l'air, bientôt suivi par Ikiam ; c'est ce qu'attendait Washikta qui tira à bout portant sur le pauvre jobard maintenant sans défense. Ils jetèrent son corps lesté de pierres dans le fleuve.

Si je la considère rétrospectivement, cette histoire illustre à merveille la manière tragi-comique dont rumeurs, fausses nouvelles et fourberies se combinent pour former la trame des vendettas. Dès l'origine, il y avait ceux qui savaient et ceux qui ne savaient pas, les premiers mentant aux seconds, activement ou par omission, pour des raisons chaque fois différentes. Ainsi, quand Tayujin, de retour de Sasaïme, apporta la nouvelle de la disparition d'Ikiam au tout début de notre séjour à Capahuari, il devait déjà connaître les coupables, puisqu'il venait de passer plusieurs jours chez l'un d'eux, son propre frère Narankas ; c'est pourtant lui qui suggéra à son beau-père Tsukanka les deux hypothèses en vogue par la suite à Capahuari — la variante Sumpaish et la variante Kawarunch. Craignait-il de s'aliéner celui-ci si l'on apprenait que son frère avait trempé dans l'assassinat de l'oncle d'Auju, la mère de son épouse ? Lors de notre visite à Sasaïme, Washikta s'était bien gardé de révéler son rôle dans le meurtre d'Ikiam aux gens de Capahuari, poussant la duplicité jusqu'à donner à son amik Tsukanka l'arme dont il s'était servi, le même fusil qui se trouve à présent entre les mains de Nayapi. Seule Auju avait douté de Washikta, sans pouvoir étayer ses soupçons. Mais le véritable dindon de la farce, c'est le malheureux Kawarunch : seul homme de Sasaïme tenu dans l'ignorance de ce qui s'était réellement passé, il s'était vu accusé du crime par celui-là même qui l'avait commis et qui prenait un malin plaisir à propager cette calomnie grâce à la complicité active de Tukupi et de ses parents. Tukupi n'avait cessé de disséminer des imputations mensongères, sans doute pour protéger Washikta et Ujukam, en particulier lorsqu'il affirma à Yaur que Sumpaish s'était vanté devant lui d'avoir tué son frère. Le comble du ridicule fut atteint par Kawarunch quand il alla sur le bas Kapawi en compagnie de son beau-frère Narankas réclamer à Sumpaish de la part de Yaur un fusil de compensation pour l'assassinat d'Ikiam. Mis au courant par Ujukam, les gens du bas Kapawi savaient fort bien que Narankas avait participé à l'affaire, mais personne ne détrompa Kawarunch à qui l'on affirma seulement que Sumpaish n'avait pas pu exécuter ce dont il était accusé. On rapporte ici que Narankas restait coi lors de ces tractations, le regard fixé sur le sol. Yaur est l'autre dupe de cette aventure ; trop pusillanime pour aider son frère à laver son honneur, et donc responsable de l'avoir laissé affronter seul une situation périlleuse, il a côtoyé Ujukam pendant des mois, discutant avec lui des chances qu'il avait d'obtenir de Sumpaish une indemnisation pour un crime dont son voisin était l'instigateur. Yaur est maintenant au courant de tout, mais il n'a guère l'intention de se venger dans l'immédiat. Le fusil demandé à Sumpaish en échange de la veuve de son frère suffit à ses modestes ambitions ; ni lui ni Sumpaish ne veulent d'histoires et la transaction devrait être vite conclue. Il en est tout autrement du tumash qu'il serait en droit d'exiger de Washikta ou même d'Ujukam pour la mort d'Ikiam, car il se retrouverait alors seul face à un groupe d'alliés dangereux et solidaires qui n'ont d'ailleurs jamais reconnu leur culpabilité.

On pourrait s'étonner que les Achuar assimilent l'enlèvement d'une femme à la mort d'un homme et exigent pour l'un comme pour l'autre d'être remboursés par un fusil. C'est que la réparation des infractions aux codes du mariage obéit à un principe de retour à l'équivalence par soustraction, en tout point identique à celui qui gouverne la vengeance d'un meurtre : privé d'une personne qui lui est due, ou sur laquelle il exerce une tutelle, le créancier s'estime autorisé à compenser lui-même cette perte par la suppression de celui qui en est responsable et qui, de ce fait, lui est débiteur d'une vie. Le fusil que Yaur réclame à Sumpaish n'est donc pas le prix que ce dernier doit payer pour conserver Pinik, mais bien le substitut de la vengeance : il libère Yaur de l'obligation de tuer et rachète la vie de Sumpaish plutôt que son droit à disposer de la jeune femme.

Le vocabulaire de la dette n'a rien ici de métaphorique ; l'échange des biens, l'échange des femmes et l'échange des vies relèvent du même champ de significations et sont désignés par des termes identiques. Ainsi *yapajia*, qui veut aussi bien dire « s'acquitter d'une dette », « donner en retour » lors d'un troc différé, et « se venger », ou encore tumash, strict équivalent de ce que nous entendons par « dette », c'est-à-dire à la fois l'engagement moral, ce par quoi il est créé et ce par quoi l'on s'en acquitte. La contrainte personnelle déclenchée par la « dette de sang », *numpa tumash*, diffère pourtant de celle engagée par un don : la seconde lie le débiteur tandis que la première concerne surtout le créancier, qui ne saurait trouver le repos avant d'avoir obtenu satisfaction pour l'assassinat d'un de ses parents. Lorsque cela est fait, il redevient «libre», *ankan*, délié de toute obligation, à l'instar de celui qui vient d'acquitter une dette par un contre-don. A la différence d'autres régions du monde où l'on avait coutume d'échanger des personnes contre des richesses — des esclaves, par exemple, ou des épouses que l'on achète à leurs parents —, le paiement d'un fusil en contrepartie d'une vie n'implique pas que la valeur d'un homme soit commensurable à celle d'un objet : outre que c'est la seule circonstance où une telle transaction soit possible, la nature de ce qui est réclamé suggère une sorte de justice commutative où la soustraction d'une existence est payée par l'instrument même qui rendra possible un futur meurtre. La substitution d'une vie par la potentialité d'une mort réamorce ainsi la créance et perpétue le mouvement de l'échange.

Chapitre XVI

FÊTE DE BOISSON

Halée par les femmes et poussée par les hommes, la pirogue progresse de quelques mètres dans un concert de cris avant de s'arrêter tout de guingois. Retirant les rondins sur lesquels l'embarcation vient de glisser, Nayapi et Tsamarin vont les disposer devant la proue et chacun s'attelle de nouveau à l'effort. Cela fait près de trois heures que nous traînons ce fardeau sur une sente bien droite, ouverte à la machette, depuis la petite colline où Nayapi avait abattu l'énorme tronc de cèdre-acajou dans lequel il a taillé sa pirogue. Le Chundaykiu n'est plus qu'à quelques centaines de mètres, mais il va nous falloir encore pas mal de temps avant de la mettre à l'eau dans ce petit affluent du Kapawi. Toute une troupe est venue des alentours pour l'ipiakratatuin, l'invitation, lancée par Nayapi : outre ses femmes Makatu et Mirijiar, il y a là Taish et sa sœur Mamays, une veuve à la langue bien pendue, Kajekui, Tsamarin et sa femme, Tii et son épouse Ishtik, deux Achuar de l'aval, Winchikiur et Samik, accompagnés de leurs femmes, et même trois Quichuas, Isango, Chango et Dahua, flanqués de leur épouse respective. Nayapi nous a demandé de rester encore quelques jours chez lui pour l'aider à terminer sa pirogue, à la grande satisfaction de Tseremp qui pourra vérifier ses qualités et ses défauts, puisqu'il escompte que Nayapi la lui donne. Mon compagnon se réjouit aussi par avance de la petite fête que le maître de maison doit donner ce soir pour remercier ses invités, et dont il attend qu'elle adoucisse quelque peu son célibat forcé.

Malgré la dureté du travail, l'atmosphère est allègre. Ruisselant de sueur sous un soleil d'enfer, hommes et femmes

279

paraissent avoir abandonné dans l'excitation animale de l'effort en commun cette réserve un peu guindée qui marque à l'ordinaire les rapports publics entre les sexes. Rires et plaisanteries fusent à tout propos, dans une surenchère continuelle.

— Ce sont nous les petites femmes qui faisons tout, dit Mamays ; nous tirons, tirons, et les hommes tombent dans notre filet ; étant des femmes Tsunki, comment pourraient-ils nous résister ?

— Pauvre Nayapi, renchérit Isango le Quichua, il a bien besoin de sa petite femme Tsunki, depuis le temps qu'il ne peut plus baiser Makatu et Mirijiar !

— Tu dis ça, rétorque son épouse, mais toi aussi tu aimerais bien avoir plusieurs femmes, comme les Achuar ; tu t'intéresserais peut-être moins aux épouses des autres !

Les Quichuas sont allés trop loin et un silence gêné tombe à l'instant. La plaisanterie d'Isango est une allusion un peu lourde à la chasteté qu'un homme s'impose lorsqu'il construit une pirogue, faute de quoi celle-ci demeurerait instable, à l'instar d'un couple qui roule embrassé sur un lit. Trop explicitement sexuelle dans sa formulation, elle a choqué les Achuar qui blâment en général l'excessive licence de ton et d'allure des Quichuas, notable lors des travaux collectifs.

Isango est un petit homme d'une trentaine d'années, un peu voûté, sec et musclé comme un athlète, avec des yeux vifs et rusés qui témoignent de son esprit d'entregent. Il fait fonction de *tambero* pour un minuscule détachement de soldats situé à la confluence du Kapawi et du Pastaza, appelé Capitán Chiriboga, du nom d'un héros de la guerre de 1941 contre le Pérou. Un tambero est une sorte de cantonnier militaire ; Isango a la charge d'entretenir la piste qui mène de cet avant-poste à la garnison de Montalvo en quatre ou cinq jours de marche forcée. Il a succédé en cela à son père Etsa, un Shuar du Makuma émigré à Canelos où il épousa une Quichua, et qui fut le principal artisan de la création du détachement il y a une douzaine d'années. Obsédés par l'idée de contrôler leur frontière avec le Pérou, une ligne fictive traversant une jungle inhabitée, les militaires équatoriens ont éparpillé deux ou trois escouades dans des cahutes érigées au bord des principales rivières qui mènent à leur puissant voisin, pas plus d'une quinzaine d'hommes, peut-être, dans l'ensemble du territoire achuar, pour près de 150 kilomètres de limites. L'installation de cette force toute symbolique s'est effectuée grâce à la collaboration des Quichuas de Montalvo qui construisirent les postes et ouvrirent les pistes d'accès ; ils subviennent à tous les besoins des malheureux conscrits, trop effrayés à l'idée de se perdre en forêt ou d'être tués par les Achuar pour jamais sortir de leurs retraites. Officiellement christianisés, sagement monogames, parlant l'espagnol et en apparence respectueux des autorités, les Quichuas fournissent des auxiliaires de choix à l'armée équatorienne, très méfiante vis-à-vis des Achuar qu'elle considère comme des sauvages aux mœurs répugnantes et au charabia incompréhensible, d'autant plus portés à trahir leur patrie nominale que nombre de leurs congénères vivent en territoire péruvien. Chaque détachement est servi par deux ou trois familles de Quichuas qui entretiennent de bons rapports avec les Achuar des environs. Ce sont souvent, tels Isango et son père, des métis culturels, c'est-à-dire des Indiens d'origine shuar ou achuar qui se sont « civilisés » il y a une ou deux générations en adoptant la langue et les coutumes des Quichuas. Ils parlent bien le jivaro et en connaissent les subtilités rhétoriques, comme Isango en a fourni la preuve ce matin en menant un dialogue *yaitias chicham* orthodoxe. A l'instar d'Isango, enfin, beaucoup d'entre eux sont des chamanes réputés, les Achuar créditant les Quichuas, en particulier ceux qui travaillent pour l'armée, de pouvoirs plus étendus que les leurs en ce domaine.

Vers le milieu de l'après-midi, la pirogue parvient au terme de son cheminement. Les femmes simulent d'abord sa mise à l'eau, tirant à grand-peine un poids imaginaire vers la petite rivière où elles s'abattent toutes en s'esclaffant. Filles de Tsunki, l'esprit des eaux, elles amadouent par leur présence le nouveau milieu où le tronc évidé va désormais commencer une deuxième vie. Avec un grand ahan, l'embarcation est ensuite lancée dans le Chundaykiu où elle flotte en parfait équilibre, au soulagement manifeste de son propriétaire.

Une visite nous attend chez Nayapi : un *regatón* de Montalvo, du nom de Jaramillo, venu réclamer une dette au maître de maison. Comme tous les colporteurs fluviaux de la région, l'homme pratique l'*enganche*, une forme de crédit où des biens manufacturés sont avancés aux Indiens contre un remboursement ultérieur en nature, généralement des produits de cueillette dont la valeur marchande est très supérieure à celle des objets fournis. Il y a quelques mois, Nayapi avait reçu quatre ou cinq pièces de cotonnade de Jaramillo qui lui avait demandé en contrepartie un quintal de fibres de palmier ivoire ; de cette plante fort commune dans la région, on tire en effet des crins résistants employés dans la Sierra à fabriquer des balais. Valant à peu près 50 kilos, le quintal est plutôt ici une unité de volume qu'une unité de poids, définie par un cube dont le côté est mesuré par un bâton servant d'étalon ; il faut beaucoup de palmiers ivoire pour atteindre un quintal et encore plus de travail pour extraire les fibres du stipe et les peigner soigneusement. Nayapi n'a pas réalisé le tiers du quintal convenu, ce qui ne semble pas le gêner outre mesure ni même fâcher Jaramillo. Peut-être parce qu'il est trop coulant en affaires, ce dernier a d'ailleurs l'air bien miteux. Pieds nus, vêtu d'une chemise déchirée et d'un pantalon hors d'âge, il ne se distingue des Indiens que par une peau un peu plus claire ; au demeurant, il maîtrise bien le quichua et comprend l'achuar. Il n'a pas de moteur à sa pirogue et se déplace à la perche avec l'aide d'un peón quichua, au milieu d'un fatras de fagots de crins et de ballots de peaux de pécari qu'il a collectés en route chez ses débiteurs. Des semaines d'efforts, de palabres et d'intempéries pour ramener à Montalvo un bien maigre butin.

Surpris de rencontrer des Blancs au cœur du pays achuar et d'abord un peu soupçonneux, Jaramillo finit par se livrer à des confidences. Obligé de quitter sa province natale de Loja pour échapper à une vendetta politique meurtrière, il s'est réfugié à Montalvo un beau jour de 1949 après un périple de plusieurs mois dans les Andes et la forêt. L'Amazonie était à l'époque un sanctuaire pour les hors-la-loi et les réprouvés de tout acabit : comme dans la Légion, on ne posait pas de questions indiscrètes aux aventureux qui venaient y chercher une nouvelle existence. La piste d'atterrissage n'avait pas encore été ouverte et Montalvo ne comptait qu'une poignée de soldats et deux ou trois Blancs qui vivotaient en commerçant avec les Indiens. Jaramillo s'était mis au service de l'un de ces regatones, Jaime Cevallos, dont il épousa bientôt la fille. Il ne pouvait mieux choisir : maintenant très âgé, don Jaime est une figure de légende dans toute la région au nord du Pastaza, autant estimé par les quelques Blancs qui y résident que par les Indiens qu'il connaît à peu près tous personnellement. Il est le dernier survivant des trois hommes qui fondèrent Montalvo durant la Première Guerre mondiale comme un poste de traite pour la collecte du caoutchouc, ses deux patrons, Juan Jerez et Angel Montalvo, ayant abandonné le trafic de la balata dans les années trente lorsque celui-ci commença à devenir moins rentable. Don Jaime était leur agent auprès des Indiens et parcourait la forêt en tous sens, aussi à l'aise avec les Quichuas qu'avec les Achuar dont il maîtrise la langue, leur donnant l'hospitalité à Montalvo et recevant la leur dans ses tournées, «parrain» enfin d'une multitude d'enfants dont les parents lui sont liés par un tissu d'obligations réciproques.

A la différence de bien des régions du Haut-Amazone où le boom du caoutchouc fut un épisode de cauchemar pour les Indiens, réduits à travailler comme des esclaves et succombant par milliers aux mauvais traitements de milices sanguinaires, les Achuar et les Quichuas de l'arrière-pays de Montalvo n'eurent pas à souffrir des exactions de cette sinistre période. Don Jaime pratiquait certes l'enganche pour obtenir ses balles de latex, mais il donnait en échange des objets auparavant inconnus, notamment des armes et des outils métalliques qui devinrent fort convoités. On trouve encore dans certaines maisons achuar des fusils Mannlicher tout déglingués, surplus de la Grande Guerre voués par le traité de Versailles à terminer chez les Indiens une longue existence meurtrière.

Le conflit de 1941 avec le Pérou mit fin à cette prospérité commune en condamnant les voies d'eau qui permettaient de transporter le caoutchouc vers Iquitos, d'où il était exporté par l'Amazone vers l'Europe et l'Amérique du Nord. Don Jaime se rabattit sur des produits de cueillette moins lucratifs, acheminés en pirogue depuis Montalvo jusqu'à la mission dominicaine de Canelos et de là vers les Andes par de mauvais chemins muletiers. Jaramillo a maintenant repris le flambeau de ce qu'il dit considérer comme une mission civilisatrice plutôt qu'un négoce, et qui est en réalité l'accomplissement d'un dessein de jeunesse, une vie libre et aventureuse menée à la manière d'un soliloque dans l'abri de la grande forêt. Coureur des bois par vocation et commerçant par nécessité, ce gagne-petit de la traite est accepté par les Achuar avec équanimité, peut-être parce qu'ils reconnaissent en lui, comme chez son beau-père, tous les signes d'un scepticisme moral trop profond pour être durablement aliéné par le goût du pouvoir ou l'esprit de lucre.

Jaramillo est reparti les mains vides pour Capitán Chiriboga, après une courte semonce délivrée sans conviction et reçue sans inquiétude. Le *namper* peut commencer. En vue de la fête, les femmes de Nayapi ont préparé d'énormes quantités de bière de manioc qu'elles ont laissées fermenter pendant plusieurs jours avec du jus de canne à sucre pour la rendre plus alcoolisée. Les hommes sont assis en demi-cercle sur des troncs dans le tankamash, tandis que les femmes regroupées dans l'ekent font une navette incessante pour les abreuver directement aux calebasses. A la différence des visites normales où l'on vous offre un pininkia que vous pouvez déguster à loisir, il est impossible lors d'un namper d'échapper à l'enivrement, les femmes vous enfournant leur récipient entre les lèvres avec une joie sardonique et le maintenant renversé jusqu'à ce que son contenu tout entier ait disparu dans le gosier. Anne Christine prend un malin plaisir à seconder les hôtesses, au grand ébahissement des hommes bientôt enchantés de cette nouveauté. Pintes après pintes d'une bière au goût suret sont ainsi englouties dans une demi-suffocation et non sans dommage pour les vêtements qui recueillent chaque fois le trop-plein des rasades. Il est inconcevable de se soustraire à ces tournées répétées ; le but de la beuverie ne consiste pas à savourer la boisson, mais, comme chez bien des peuples buveurs de bière, à en consommer la plus grande quantité dans les temps les plus brefs afin de trouver l'ivresse. Celle-ci ne se fait point attendre : le brouhaha des conversations devient plus animé et l'élocution moins distincte, un sourire vague illumine des yeux troubles, les plaisanteries se font plus lourdes et les rires plus emphatiques.

La plupart des invités ont revêtu leurs atours de gala. Beaucoup d'hommes sont coiffés de la tawasap et certains se sont mis des torsades de shauk ou des enfilades de dents de jaguar en collier ; Samik arbore même un *kunch wearmu* en sautoir, une large bande tissée, garnie d'un mélange de sonnailles de *nupir*, les fruits séchés d'une espèce de sapotier, et de breloques faites de pièces de monnaie accrochées à des os de toucan ; le tout tintinnabule de façon charmante à chaque mouvement du torse. Plusieurs femmes ont aussi des ceintures de nupir et crépitent en marchant comme des portières de perles dans le Midi. Contrairement aux hommes qui portent leurs shauk assez lâches, les femmes les ont enroulés en rangs serrés autour des poignets et du cou, à la manière de collerettes gaiement colorées. Certaines se sont piqué de fins labrets sous la lèvre inférieure, qui ballottent sur leur menton et soulignent le dessin de la bouche beaucoup mieux qu'un fard. Cet atout n'est pas ignoré de celles qui l'adoptent; Irarit, la toute jeune femme de Winchikiur, tripote son bâtonnet d'une manière délicieusement provocante, le roulant, le tapotant et l'extrayant pour le suçoter d'un air ingénu sous l'œil furtif mais concupiscent du pauvre Tseremp.

Samik a commencé à jouer du tsayantar, l'arc musical. De même qu'elle s'accorde aux hallucinations du natem, la musique convient bien à l'euphorie de l'alcool, aigrelette et monotone, berçant l'esprit assoupi qu'elle réveille à l'occasion par une dissonance. Poussé par ses invités, Nayapi entonne un *nampet* d'une voix ferme.

« Cassique à la huppe vibrant de jaune, je suis le cassique qui vient de loin
Sur le chemin, sur le chemin, tout vibrant de jaune, t'avais rencontrée
Et que vas-tu me faire? me disais-tu, me disais-tu
Ha hai! Ha ha hai!
J'étais cela même, cela même j'étais
Cassique des collines, j'allais, j'allais vers des terres lointaines et en
*   chemin t'ai rencontrée*
Déjà l'on m'avait repoussé, si seul, si seul
En chemin t'ayant rencontrée, debout, debout sur le chemin, les seins t'ai
*   suçotés*
Si seul, si seul, pourtant sur le chemin même, partout sur ton corps mon
*   regard s'est attardé*
Ha hai! Ha ha hai!
Cassique des collines, cassique des hauteurs, sur le chemin t'ai rencontrée
D'un excès de jaune que vas-tu faire, m'as-tu dit
Et moi, porté, emmené, transporté, tout entière t'ai contemplée
Ha hai! Ha ha hai!
Et toi revenant dans tes terres, dans des terres mêmes, sur mon nid ne vas-
*   tu pas tirer?*
Ne feras-tu pas ainsi, et moi, porté, emmené, transporté
Ha hai! Ha ha hai! Ha hai! Ha ha hai!»

Dans l'ekent les femmes chuchotent en riant et Mirijiar s'avance pour donner la repartie à Nayapi.

«*Au détour du sentier, plantée là, elle me pleurait*
Ha hai! Ha ha hai!
Femme d'une autre rivière, penchée, penchée sur l'eau, au détour du sentier, plantée là elle me pleurait
Ha hai! Ha ha hai!
Femme posée sur la surface des eaux, avec moi t'emmènerai, lui disais-je, plantée, plantée là, elle me pleurait
Ha hai! Ha ha hai!
Femme d'une autre rivière, penchée, penchée sur l'eau, plantée là, elle me pleurait
Ha hai! Ha ha hai!
Femme posée sur la surface des eaux, femme aux lèvres provocantes, plantée là, elle me pleurait
Ha hai! Ha ha hai! Ha hai! Ha ha hai!»

«*Ijiamprami! Ijiamprami!*» crient les hommes, «dansons, dansons!» «C'est notre musique qui fait danser les femmes; elles ne savent que chanter!» Sans doute piquée par la remarque, la jolie Irarit se lance dans un nampet au rythme plus vif que les précédents.

«*Là où tous vont danser, moi je fais seulement de même*
Là où les tatous vont danser, moi je fais seulement comme eux
Là où les acouchis vont danser, moi je fais seulement comme eux
Là où les agoutis vont danser, moi je fais seulement comme eux
Là où l'achira fleurit, moi je fais seulement de même
Ha hai! Ha ha hai!
Là où les tatous vont danser, moi je demeure immobile
Là où les acouchis vont danser, ainsi je suis immobile
Là où les agoutis vont danser, ainsi je suis immobile
Là où les daguets vont danser, ainsi je suis immobile
Et moi je suis ce que je fais
Ha hai! Ha ha hai! Ha hai! Ha ha hai!»

Contrairement aux anent, monologues de l'âme dont l'efficacité magique repose sur une intentionnalité secrète, les nampet sont des chants profanes et publics, exaltant l'amour et ses déboires à l'aide de figures allégoriques aussi subtiles et codifiées que celles de la poésie courtoise. La rencontre accidentelle sur un chemin, la dépréciation de soi-même, la solitude du voyageur, les images bucoliques, le spleen des amants, les métaphores tirées de la vie des oiseaux, le mystère de la rivière sont parmi les tropes les plus communs qu'un auditoire averti apprécie comme autant d'évocations des différents registres de la passion amoureuse. Si nampet partage la même racine que namper, la fête de boisson, on voit donc qu'il ne s'agit pas ici d'une chanson à boire, mais d'une espèce de madrigal, parfois en partie improvisé, et qui ne s'accorde avec l'ivresse que parce que celle-ci libère pour un moment de la timidité qu'éprouvent hommes et femmes à exprimer en public des sentiments trop personnels.

Mis au diapason par le couplet d'Irarit, Nayapi se saisit de son tambour et exhorte tout le monde à danser. Tenant l'instrument sous son bras gauche, il le frappe d'une baguette sur un rythme à quatre temps et commence à tourner d'un pas régulier autour des piliers principaux de la maison. Après quelques hésitations, Tii le suit, muni également de son tambour; il est bientôt rejoint par Samik qui continue à moduler son tsayantar, puis par Winchikiur avec son *pinkui*, une longue flûte traversière à deux trous réservée à l'exécution de la musique de danse — à la différence de la flûte courte *peem* qui est, quant à elle, consacrée aux anent. Sur le fond régulier des battements de tambour, les deux mélodies se croisent harmonieusement, l'arc musical formant un continuo modulé à l'unisson avec la flûte, mais d'où celle-ci se détache par moments en de brusques variations d'intensité vers l'aigu. Peu à peu, presque tous les hommes rejoignent cette ronde somnambulique. J'imite ceux qui n'ont pas d'instrument en me tapant la panse rebondie par la bière sur le même rythme que les joueurs de tambour. Les femmes, de leur côté, ne cessent pas leur office et distribuent au vol d'inextinguibles libations.

Désignant Makatu d'un coup de baguette impérieux, Nayapi l'invite à franchir l'enceinte déambulatoire des hommes pour danser avec lui au centre de la maison. Accompagnée des *pai! pai!* fervents de l'assistance, elle se lance dans une série de demi-voltes sautées, les jambes jointes et le corps légèrement fléchi vers l'avant, les mains bien à plat sur les cuisses. A chacun de ses petits bonds, la matrone soudain rajeunie bouge la tête d'un revers brusque, balayant l'air de ses cheveux éployés dans un mouvement à la fois aguichant et plein d'abandon. Nayapi se

contente de tourner autour d'elle plutôt pompeusement, sans cesser de battre son tambour. Un autre couple bientôt leur succède, puis un autre encore, et le moment vient où Anne Christine et moi ne pouvons plus nous dispenser d'effectuer un tour de piste, plus proche d'une salsa tropicale que d'un *ijiampramu* orthodoxe, mais néanmoins salué d'un concert d'exclamations enthousiastes.

Dans la maison à peine éclairée par la lueur tremblotante des feux et des torches de copal, œillades fugaces, effleurements discrets et apartés d'un instant commencent à donner du piquant à la fête. Dans cette société où l'adultère d'une épouse lui fait risquer la mort, le jeu de la séduction et le comportement public des amants requièrent des trésors de dissimulation et de finesse. La façon dont une femme sert un bol de bière à un homme en s'arrangeant pour rencontrer sa main, dont elle l'appelle à mi-voix par son nom et non par le terme de parenté adéquat, un léger mouvement des lèvres vers l'élu, des petits cadeaux donnés par un homme à l'insu du mari ou la manière dont il se déprécie dans une conversation, autant d'indices presque imperceptibles des élans du cœur que les intéressés sont prompts à comprendre. La discrétion est d'autant plus de rigueur qu'elle constitue en elle-même un puissant facteur d'attraction : la contenance modeste et réservée d'une femme est considérée par les hommes comme un stimulant de l'érotisme, peut-être par un effet de contraste avec le tableau de la jouissance qu'ils se promettent de lui donner.

Hommes et femmes s'évertuent du reste à suppléer aux caprices de l'inclination par tout un arsenal de philtres. Ces derniers sont des ingrédients classiques de la vie amoureuse dans une bonne partie du Haut-Amazone où ils sont connus sous le nom quichua de *pusanga* ; les Achuar les appellent *musap* ou *semayuk*. Les musap les plus courants sont des plantes dont les femmes se parfument pour attirer les faveurs ou dont elles glissent un infime morceau dans leur pininkia lorsqu'elles offrent la bière de manioc à un visiteur. Les plus recherchés sont des préparations faites avec des oiseaux : le cœur et la cervelle du pityle, un petit passereau de mauvais augure au bec rouge vif dont le sifflet doux et agréablement modulé lui vaut son nom achuar de *pees-a-pees*, et surtout la langue du toucan, longue, mince et barbelée, que l'on prélève si l'animal est tombé sur le dos les ailes déployées, et à la condition de l'enterrer ensuite profondément dans cette même position. Ces deux oiseaux ont des statuts bien différents dans la grammaire des qualités sensibles. Le pityle est aussi appelé «oiseau mauvais esprit», *iwianch chinki*, car il est l'une des incarnations possibles de l'âme des défunts, associé au désir éperdu de séduction qui anime les morts et qui les pousse, sous leurs différents avatars, à attirer vers eux les femmes et les enfants pour se distraire de leur désespérante solitude. En raison de sa coquette livrée et d'une vie amoureuse réputée identique à celle des hommes, le toucan figure en revanche la virilité triomphante; l'on comprend aisément que lorsqu'il gît avec son énorme bec dressé vers le ciel, les Achuar puissent lui trouver un symbolisme phallique immédiat.

Mes compagnons sont pourtant moins friands d'amulettes et de potions magiques que leurs voisins quichuas. Un des philtres que ces derniers jugent les plus puissants pour attirer les femmes, la vulve d'un dauphin d'eau douce portée en bracelet, serait, de l'avis de Tseremp, une risible superstition. En vérité, les Quichuas paraissent plus attachés à une sorte d'alchimie homéopathique et littérale fondée sur la dérivation directe des qualités d'une substance, plus vitalistes donc que les Achuar, pour qui les charmes sont surtout des condensés de relations abstraites synthétisant à une échelle réduite les rapports qu'ils souhaitent établir avec les hommes et les animaux.

Le matérialisme des Quichuas va aussi de pair avec une sociabilité plus extravertie. Hommes ou femmes, ils sont ce soir les plus bruyants, leurs boutades toujours salaces, et leur comportement à la limite du flirt. Isango ayant pris la femme de Tii par la taille pour la faire danser a franchi les bornes de la licence festive et une vive altercation s'élève entre les deux hommes. Leur attitude est fortement contrastée : tandis qu'Isango, rouge de colère, remue les poings en moulinets, contenu à grand-peine par Chango et Dahua, Tii tout raide et les bras croisés, le visage d'une pâleur extrême, débite d'une voix forte un monologue sur le respect qui lui est dû, entremêlé d'appels à la guerre telle que la font les vrais hommes. Les Achuar ont horreur des rixes à mains nues qui sont monnaie courante chez les Quichuas et ne répondent à la provocation que par des promesses d'une vengeance prochaine, d'autant plus inquiétantes dans leur froide détermination qu'elles sont souvent suivies d'effets. Comme dans la plupart des querelles qui éclatent à l'occasion des fêtes de boisson, l'antagonisme entre les deux hommes préexiste au motif bénin de la dispute : Isango et Tii sont deux chamanes en situation de rivalité professionnelle, selon Tarir, et la grande réputation du premier porte ombrage aux médiocres accomplissements du second. Contrairement à ce que pensent les missionnaires évangélistes, qui abominent ce genre de festivités parce qu'elles susciteraient conflits et divisions, l'ivresse n'est ici qu'un révélateur de tensions plus profondes dont l'expression est inhibée à l'ordinaire par les contraintes du code social. Supprimer les namper, comme ils le souhaitent, n'aboutirait qu'à rendre encore plus imprévisibles des assassinats qu'un exposé public des dissentiments contribue peut-être en partie à prévenir.

Les rapports entre Achuar et Quichuas sont au demeurant frappés d'ambiguïté. Leur affinité est manifeste, puisque les Quichuas de la forêt sont pour la plupart d'anciens Jivaros fondus au cours des deux derniers siècles dans le melting-pot des missions dominicaines où ils apprirent la langue véhiculaire qu'ils parlent maintenant tout en retenant de nombreux éléments de leur culture d'origine. Ce mouvement de transmigration ethnique a fait que les Jivaros continuent d'incarner aux yeux des Quichuas les valeurs qu'eux-mêmes ont perdues lorsqu'ils ont choisi d'aller chercher auprès des Blancs cette expertise du vaste monde que les premiers à présent leur envient secrètement. Les Quichuas admirent ainsi les vertus guerrières des Achuar, la virilité ostentatoire des hommes, leurs aptitudes de chasseur et leur endurance physique, bref toutes ces qualités d'un peuple libre et fier dont ils ont conservé la nostalgie ; ils blâment en revanche leur duplicité comme leur tempérament jaloux et sanguinaire, contreparties négatives d'une « sauvagerie » encore entière. A l'inverse, les Quichuas sont perçus par les Achuar comme des fainéants, des ivrognes et des couards, lents et lymphatiques au possible, à raison d'un régime alimentaire indiscriminé, ces gens sans principes s'abaissant, voyez-vous, jusqu'à manger des paresseux, des sariges ou des tamanoirs ; on leur reconnaît pourtant des pouvoirs chamaniques considérables, à tel point que des garçonnets achuar sont parfois envoyés en apprentissage chez des kumpa quichuas de leur père afin de s'y éduquer aux manières et à la langue de ces Indiens «blancs», et dans l'espoir qu'ils héritent un jour, en épousant la fille d'un chamane, du savoir de leur beau-père. Le passage d'une culture à l'autre continue donc d'être à sens unique, mais sa facilité a sans doute protégé l'ensemble des Achuar d'altérations trop profondes; il suffit à ceux qui ressentent l'attrait du changement de franchir quelques dizaines de kilomètres pour trouver dans un pays quichua déjà familier l'appareil bien rodé de leur conversion.

Minuit est passé depuis longtemps et le tohu-bohu enfin apaisé, chacun cuvant ses rancœurs ou sa bière dans le désordre d'après boire. Le tsayantar de Samik continue à vibrer doucement au milieu des ronflements et des conversations à voix basse, tandis que de la rivière en contrebas parviennent des bruits de baignade et des rires étouffés. Assoupi sur une feuille de bananier, Tseremp, morose, n'a pas trouvé bonne fortune.

Chapitre XVII

L'ART D'ACCOMMODER LES ENNEMIS

Lendemain de fête oblige, Tseremp est d'humeur sombre et oppose ce matin un mur d'obstination bornée à tous mes arguments. Je pousse au départ depuis plusieurs jours, souhaitant poursuivre au plus tôt un périple à peine commencé, mais lui se trouve fort bien chez Nayapi et renâcle à s'aventurer chez des gens qu'il ne connaît point. Au-delà de Capitán Chiriboga, nous entrons en territoire inconnu pour mes compagnons de Capahuari et devrons demander l'hospitalité à des ennemis potentiels. Outre la crainte récurrente du paludisme, Tseremp a maintenant peur d'être assassiné par ces lointains Achuar, sans raison plus précise que les dispositions sanguinaires qu'il leur attribue. J'essaie tour à tour la persuasion et la flatterie, j'en appelle à son amour-propre et pique sa gloriole, je brocarde sa couardise et menace d'en répandre partout la nouvelle, je lui explique, sans trop y croire, que notre présence est une garantie de sa sécurité, je lui rappelle enfin que son beau-frère Wajari lui avait confié notre sauvegarde. A ma grande exaspération, rien n'y fait. Alors, une inspiration me saisit. L'un des hommes que je souhaite visiter est Nankiti, l'assassin de son père, qui vivrait dans un complet isolement sur un petit affluent du Corrientes. Or, comme je m'en suis déjà discrètement enquis, non seulement Tseremp n'a pas tenté de se venger, étant trop jeune à l'époque pour cela, mais il n'a jamais réclamé le tumash à Nankiti. Voilà donc l'aiguillon ; il est certes à double tranchant, car rien ne dit que Nankiti accueillera sans déplaisir cette requête tardive ; toutefois, comme j'ai pris soin de présenter ma proposition devant un vaste public, Tseremp ne peut plus désormais reculer sans perdre la face.

A la différence de Wajari, à qui ce qualificatif convenait fort mal, Tseremp est à bien des égards typique de ce que la littérature ethnographique appelle un informateur, rôle d'intermédiaire patenté auquel le prédestinaient son histoire et son tempérament, mais dans lequel il n'a jamais pu s'accomplir, embarrassé d'un esprit trop calculateur pour inspirer une amitié durable. Madré plutôt qu'intelligent, éperdu de nouveauté et fasciné par les étrangers, il a dès le début tenté de capter notre confiance en nous offrant son goût des commérages, son désir de dépendance et ce regard détaché, voire désabusé, sur sa propre culture que le manque d'estime où le tiennent les siens avait peu à peu aiguisé. Devenu orphelin à un âge tendre, il fut recueilli par son « parrain » Cevallos à Montalvo, où il apprit le quichua et quelques manières des Blancs, avant de retourner chez son demi-frère Tarir à l'adolescence. Coupé de son milieu d'origine et des conseils de ses parents pendant les années cruciales où les jeunes Achuar font l'apprentissage de leur savoir-faire d'adulte, Tseremp est mauvais chasseur et piètre orateur, deux défauts d'éducation impossibles à surmonter. Malgré ses efforts, il n'a jamais pu non plus rencontrer arutam, cette expérience initiatique terrifiante que traversent tous les jeunes gens et sans laquelle ils ne sauraient prétendre être des hommes accomplis.

Ayant conscience de n'être pas un Achuar à part entière, Tseremp ne désire pas pour autant devenir quichua, ce qui le laisse dans les limbes d'une identité évanescente, motif d'une intermittente insatisfaction heureusement tempérée par une nature joviale. Le détachement qu'il affecte vis-à-vis d'une culture où il n'a pas trouvé sa place commandait sans doute son désir d'en devenir auprès de moi le truchement intéressé. Son savoir est malheureusement trop lacunaire pour être recevable sans méfiance ; de plus, son appel à la connivence m'irrite au plus haut point par tout ce qu'il présume de préjugés partagés et de condescendance commune à l'encontre de ceux dont il se voudrait l'interprète. Cette disponibilité complice se nourrit pourtant de notre propre impuissance, condamnés que nous sommes à nous reposer sur l'assistance rémunérée de Tseremp dans le présent voyage qu'aucun de nos autres compagnons de

Capahuari, pas même mon amik Wajari, n'avait jugé opportun d'entreprendre avec nous. Déçu dans ses ouvertures de bonne foi, Tseremp en a nourri un certain dépit et, peut-être depuis ce matin, l'amorce d'un ressentiment.

Une visite de Tii apporte à propos la diversion d'une nouvelle sensationnelle : Kawarunch vient d'être assassiné par Narankas et son frère Nurinksa. Aucun doute ne plane ici sur l'identité des meurtriers ni sur les circonstances du drame dont une femme est encore le prétexte. Excédée par le mauvais caractère de son époux Narankas, Iyun s'est réfugiée il y a quelques semaines chez son père Tuntuam, un sourd-muet comme le frère de Tukupi. Furieux de cet abandon, Narankas est allé chercher son frère Nurinksa sur le Chinkianentza pour qu'il l'aide à tuer son beau-père, rendu responsable de la fuite de sa fille. Ils ont battu toute la région pour retrouver Tuntuam qui s'était absenté de chez lui, poussant même très au sud jusqu'au Surikentza, où le sourd-muet allait souvent se faire soigner par le grand chamane Chumpi. Frustré dans sa vengeance, Narankas tomba un jour à l'improviste sur Kawarunch qui fabriquait une pirogue en forêt. Or Kawarunch était l'oncle maternel de la femme de Narankas et ce dernier le soupçonnait d'avoir convaincu sa nièce de le quitter et d'avoir monté contre lui sa sœur et son beau-frère. Kawarunch exerçait en effet un ascendant notoire sur Tuntuam, le seul soutien qu'il ait conservé lors de ses démêlés avec les gens de Sasaïme. Selon Narankas, l'animosité de Kawarunch à son encontre venait du rôle ridicule qu'il lui avait fait jouer dans l'affaire Ikiam, mais aussi du désir secret de récupérer sa nièce pour l'épouser. Quoi qu'il en soit, les trois hommes s'étaient tant échauffés en se renvoyant des accusations désobligeantes que Narankas avait tiré sur Kawarunch à bout portant.

La région tout entière est en ébullition. Selon Tii, Narankas et Nurinksa se sont claquemurés dans une maison fortifiée sur le Chinkianentza où ils ont fait venir leurs frères Tayujin et Jempe de Capahuari, ainsi que Yakum, un frère « embranché » qui vivait chez les Achuar du Sud. Les fils et les alliés de Kawarunch, Kunamp, Awiritiur, Tsuink, Yaur et Seum, sont réunis chez Tuntuam et tâtent le terrain des alliances : ils disent pouvoir compter sur l'aide de Wajari et Titiar à Capahuari ; Tsukanka parle de reprendre du service et dit qu'il va tuer son gendre Tayujin. Comme il était prévisible, en revanche, les gens de Sasaïme n'ont pas l'air de vouloir s'en mêler, pas même Tukupi dont Kawarunch a épousé la demi-sœur. De l'avis général, le meurtre n'est pas justifié : Narankas et Nurinksa sont « braques », *waumak*, de jeunes excités qui sèment le trouble par leur violence impulsive, dépourvus de cette maîtrise de soi qui est la marque du kakaram, le vaillant.

Nayapi commence lui-même à s'enflammer, clamant d'une voix de matamore qu'il va venger son beau-frère Kawarunch dont il a pourtant rapidement répudié la sœur ; Tii fait chorus tandis que Tarir profère des paroles sentencieuses de blâme que personne n'écoute. Dès qu'elles ont appris la nouvelle, les femmes de Nayapi se sont lancées dans les lamentations rituelles de deuil : « Petit père, petit père, je ne te verrai-ai-ai-ai plus ! Petit père, petit père, où es-tu pa-a-a-a-rti ? Petit père, petit père, ne me rega-a-a-a-rde plus ! » Elles psalmodient sans relâche, d'une manière distraite, il me semble, tout en continuant à vaquer à leurs affaires, s'interrompant à l'occasion pour échanger quelques mots d'une voix posée. Tseremp se souvient alors que j'avais un enregistrement de Kawarunch et le concert de plaintes et de menaces s'arrête à l'instant lorsque Nayapi demande à l'écouter. Notre magnétophone a une fonction messagère qui facilite notre accueil chez des Achuar à nous inconnus ; partout où nous passons nous enregistrons nouvelles et salutations pour des parents lointains, accompagnées de recommandations de nous traiter bien, jusqu'ici suivies d'effets. Faire parler un mort n'est donc qu'une facette nouvelle de ce rôle de facteur magnétique.

J'avais demandé à Kawarunch de me raconter les guerres qu'il menait jadis contre les Shuar, avant que ceux-ci n'aient été amenés à résipiscence par la « pacification » missionnaire. Les événements dont il parle se déroulent vers le début des années cinquante.

« *Ayu ! Antuktaram !* Autrefois, quand je n'étais pas encore marié, j'accompagnais mon père Churuwia pour faire la guerre contre les shiwiar. Autrefois nous n'avions pas de fusils, nous nous battions seulement à la lance. Les shiwiar fabriquaient des rondaches *tantar* pour se protéger, avec les racines du *kamak* ; c'est un bois bien dur ; nous autres, nous faisions de même. Nous faisions la guerre contre Ampam, contre Uwa aussi ; on disait d'Uwa qu'il était insaisissable. Une fois, ayant appris que cet Uwa avait réuni tous ses gens pour nous attaquer, nous autres nous prîmes nos lances et nos rondaches pour aller le combattre. Il habitait sur le Chiwias, là-bas très loin en amont. Il fallut marcher cinq jours sans s'arrêter ; deux femmes nous accompagnaient.

— Pourquoi des femmes ?

— Pour porter la nourriture ; nous n'avions pris que des cacahuètes décortiquées et de la pâte de manioc pour faire la bière ; nous avons bien souffert de la faim. La maison d'Uwa était très grande, mais elle n'avait pas de palissade ; tous ses gens étaient là réunis, prêts à marcher au combat avec leurs lances et leurs rondaches. Nous, nous arrivions en file sans faire de bruit, cachés dans le jardin. Mon père Churuwia était le plus kakaram ; avant de nous déployer autour de la maison, il avait dit : "Moi je vais attaquer par-devant" ; les autres disaient : "Moi je vais attaquer par les côtés, j'ai rêvé que je devais faire ainsi." De là où nous étions, nous pouvions voir clairement dans la maison. Les femmes étaient très gaies, elles riaient à gorge déployée, "*hu, ha, hai!*" en servant la bière aux hommes ; elles riaient sans penser qu'elles auraient bientôt à verser des larmes de deuil. Ils étaient très nombreux et jacassaient comme un vol d'oiseaux qui s'abat sur un arbre pour manger des fruits. Comme nous approchions de la maison à couvert, quelques poules prirent peur et s'enfuirent en gloussant, *kaa-ka, kaa-ka!* En voyant cela les femmes s'alarmèrent : "Les Achuar viennent, les Achuar arrivent pour nous tuer ! Remuez-vous ! Prenez vos lances !" Un homme était en train de tisser ; il se leva d'un bond pour saisir sa lance posée à côté de lui, mais s'emmêla dans son métier. Les autres hommes étaient plongés dans la confusion, ils couraient en tous sens pour retrouver leurs armes. Certains tentaient de s'enfuir et les femmes s'éparpillaient en criant. Nous autres, nous nous précipitâmes vers la maison ; Churuwia criait : "Choisissez chacun un ennemi ! ne le laissez pas s'enfuir !" Nous nous battions face à face, essayant de trouver une ouverture pour planter la lance ; mais ils savaient bien esquiver et parer les coups avec leur rondache. Ma lance avait une pointe barbelée et mon père Churuwia m'avait appris comment m'en servir : "*Tsak!* tu plantes la lance dans le pied et tu renverses ton ennemi en tirant d'un coup sec ; une fois tombé, comment va-t-il se défendre ?"

Mais la lutte était longue et difficile, car ils se protégeaient bien, même à genoux. L'homme qui tissait s'était réfugié à quelque distance de la maison, le dos contre un grand arbre, et nous étions plusieurs à essayer de lui porter un coup. Mais il était très vigoureux, et d'une poussée de sa rondache, il nous renversa tous, *tupej!* Tous à terre! En nous relevant, nous vîmes seulement la rondache posée contre l'arbre; l'homme s'était enfui. Certains d'entre nous jetaient leurs lances sur les ennemis qui fuyaient, mais ils couraient de grands risques en faisant cela, car s'ils rataient leur homme, alors celui-ci revenait et pouvait les tuer facilement. Pour cette raison, mon père Churuwia m'avait recommandé de me battre seulement au corps à corps. Lors de cette attaque, Uwa réussit à s'échapper. Ayant réussi à tuer son fils, Shirmachi se mit à crier : "*Chut! chut! chut!*" Nous repartîmes tous en ordre dispersé pour nous retrouver à l'endroit convenu. Là, Shirmachi tapait du pied en brandissant sa lance : "Moi, j'ai tué, moi j'ai tué!" Le retour fut encore plus long, car Uwa battait les chemins avec ses guerriers pour nous retrouver et nous devions marcher à l'aveuglette dans la forêt. Le deuxième jour, nous vîmes une harde de pécaris qui se déplaçait vers l'orient, et nous la suivîmes à bonne distance; étant très farouches, ils nous auraient donné l'alarme s'ils avaient aperçu des hommes. Quelque temps après, nous recommençâmes à nous battre avec les mêmes. Un Achuar du Kapawi, Taasham, nous avait tous invités à faire la guerre, car les shiwiar avaient pris la tête de son frère pour en faire une *tsantsa*. Nous étions beaucoup, armés de lances et de rondaches, et nous allions pour les attaquer. En chemin, nous les rencontrâmes sur une plage de galets au bord du Pastaza; eux aussi étaient partis pour nous prendre par surprise. Autrefois, nous nous battions beaucoup sur les plages, nous nous battions durement, non pas comme vous maintenant avec des fusils. Maintenant vous tirez, bien embusqués, tout tranquillement. Est-ce que c'est faire la guerre, cela? Nous autres, nous nous battions au corps à corps des journées entières, sous un soleil terrible, sans jamais ni boire ni manger. Lorsqu'un ennemi se sentait faiblir, il se jetait à l'eau pour s'enfuir. Nous étions plusieurs contre Uweiti et le voilà qui se précipite dans le fleuve avec sa lance en abandonnant sa rondache. Il nageait vivement vers l'aval. Alors Shirmachi me dit : "*Chuwa!* Donne-moi ta lance, beau-frère! Pourquoi parles-tu tant sans rien faire? Donne-moi ta lance! Elle est plus courte que la mienne." Depuis la rive, Shirmachi jeta la lance sur Uweiti qui s'éloignait; *tup!* Elle se planta dans l'épaule. Alors Shirmachi se glorifia: "Moi, moi, moi, je suis ainsi! *Hai! Hai! Hai!* Je vous l'avais dit!" La lance fichée dans l'épaule, Uweiti se mit à gémir de douleur, *ararau, ararau!* Il était prêt de se noyer. Alors Shirmachi se mit à nager vers Uweiti; s'arrêtant à quelques brasses, il le défia: "Moi je suis ainsi! *Hai! Hai! Hai!* C'est comme ça que je voulais te voir!" Mais Uweiti avait gardé sa lance dans l'eau et, *tuk!* il la plante dans Shirmachi en disant: "Uweiti aussi est comme ça! *Hai! Hai! Hai!* Moi aussi c'est comme ça que je voulais te voir!" Shirmachi n'arrivait pas à s'extraire la lance d'Uweiti de la cuisse. Mais il avait gardé sa lance à lui et tenta d'en porter un coup à Uweiti. Uweiti réussit à l'attraper par la pointe et ils s'efforçaient chacun de l'arracher des mains de l'autre, roulant dans l'eau, *tuntun, tuntun!* avec des lances plantées dans le corps. Shirmachi se mit alors à crier: "Le shiwiar est en train de se venger contre moi!" Pendant ce temps, Taasham faisait l'*impikmartin*, il rugissait comme un jaguar: "*Juum, juum, juum!*" Il venait de tuer un ennemi: "Moi je suis ainsi! Ainsi je vous avais dit comme je suis! Ainsi je suis Taasham! Je suis Taasham! Je suis Taasham!" Il était environné d'ennemis qui lui jetaient de grosses pierres pour briser sa rondache; mais ils ne lançaient pas assez fort et les pierres roulaient dans le sable jusqu'à lui. Alors, pour se moquer d'eux, Taasham se baissa et mordit l'une des pierres: "*Jai! jai! jai!* Voilà ce que j'en fais de vos pierres!" Tandis qu'il était baissé, un shiwiar réussit à le blesser à la cuisse, *paa!* Il lui transperça la cuisse de part en part. Taasham s'écroula sur le sol comme un jaguar qui s'abat. Mais il réussit à extraire la lance et, reprenant sa rondache, il reprit le combat contre son ennemi. Après une longue lutte, le shiwiar réussit à blesser Taasham à la tête, mais il continuait à se battre comme si de rien n'était, la tête couverte de sang. Finalement, Taasham tua son adversaire, il l'avait lardé de coups de lance partout dans le corps. Alors Taasham alla se réfugier dans la forêt, moitié en titubant, moitié en se traînant, et là il s'évanouit. Pendant ce temps, le combat se poursuivait par petits groupes dispersés. Et l'on aperçut deux hommes qui se battaient comme des furieux dans le fleuve, c'était Shirmachi et Uweiti que tout le monde avait oubliés dans la confusion.

Nous nous disions : "*Chuwa!* Qui est-ce qui va finir par tuer l'autre?" Alors commença la mêlée finale et ils tuèrent quatre des nôtres, j'y compte Taasham qui avait disparu; nous autres, nous tuâmes trois guerriers, dont Uweiti qui avait souffert en vain, et aussi un jeune homme. Les autres finirent par s'enfuir, leurs rondaches brisées, en traversant le fleuve à la nage. Shirmachi était blessé sur tout le corps, aux jambes, à l'épaule, sur la poitrine et sur le ventre; bien que tremblant de douleur, il nous disait d'une voix calme : "Ce n'est rien, ramenez-moi à la maison! Ce n'est pas encore cette fois-ci que je vais mourir." Nous le ramenâmes en le portant sur le dos, à tour de rôle. En revenant à la maison, il fallut donner la nouvelle que Taasham avait disparu; sans doute les shiwiar lui avaient-ils pris la tête pour en faire une tsantsa. Ses veuves se mirent à pleurer de façon déchirante; elles se coupèrent les cheveux selon la coutume; pendant cinq jours elles n'arrêtèrent pas de se lamenter. Au cinquième jour, voilà Taasham qui arrive en se traînant, le corps grouillant de vers sur ses plaies, tout environné de mouches, d'une maigreur terrible. Il était resté longtemps évanoui; il avait des blessures sur les cuisses, à la tête, partout; mais aucune n'était mortelle et il avait survécu. Il était revenu lentement, appuyé sur un bâton, en suivant la rive du Pastaza. Ses femmes qui l'avaient tant pleuré le soignèrent avec diligence; puis elles firent un namper pour fêter son retour. Ainsi faisions-nous, nous autres les Achuar, lorsque nous combattions les "gens des collines".

— Est-ce que vous leur preniez la tête aussi pour faire des tsantsa?

— Non, ça c'est très mauvais! Nous autres nous laissions les morts sans y toucher. Ce sont les shiwiar qui venaient pour prendre nos têtes. Nous, les Achuar, nous combattions les shiwiar pour venger nos morts; nous n'avons jamais fait de tsantsa. Mon oncle Uyunkar, mon oncle Shirap aussi, les shiwiar ont pris leur tête; ils le faisaient il n'y a pas longtemps encore; les shiwiar sont comme les Ajaimp, ils mangeaient les Achuar pour en finir avec nous. »

Cette réponse au sujet des tsantsa est quelque peu décevante, mais confirme ce que d'autres Achuar m'ont dit. Tous les hommes que j'ai interrogés m'ont emphatiquement affirmé qu'ils n'avaient jamais fait de têtes réduites et que cette pratique, assimilée par eux à une forme répugnante de cannibalisme, était l'apanage des Shuar, lesquels venaient justement chez eux pour s'en procurer. Les guerres menées contre les Shuar n'étaient donc que des expéditions de représailles, parfois de grande envergure, mais d'où la chasse aux têtes était exclue. En cela, les Achuar se distinguent des autres tribus jivaros qui ont réduit la tête de leurs ennemis jusqu'à ce que les autorités ecclésiastiques et militaires leur en fassent passer le goût, tardivement dans le cas des Shuar qui ont encore pris la tête d'un Achuar il y a huit ans. La bonne foi de mes compagnons paraît hors de doute. Elle se mesure à la fascination horrifiée qu'exerçait sur eux une série de planches que je leur avais amenées, tirées d'un fascicule publié par les missionnaires salésiens, et illustrant de manière fort réaliste les différentes étapes de la confection d'une tsantsa. Les précisions qu'ils me demandaient lorsque les dessins n'étaient pas assez explicites attestaient qu'ils ne connaissaient la chose que pour en avoir été les victimes et que la cuisine à laquelle leurs parents avaient été soumis était pour eux une découverte. Toute fausse pudeur à notre égard était à exclure : derniers Jivaros à pouvoir continuer sans entraves la tradition de la vendetta, les Achuar ne nous ont jamais caché la passion qu'ils y portent ni hésité à nous donner sur leurs exploits les détails les plus macabres. Des références à la tsantsa dispersées dans les chants de guerre laissent toutefois supposer que les Achuar réduisaient aussi les têtes il y a plusieurs générations. Ils auraient donc abandonné la coutume pour des raisons inconnues bien avant la fin des guerres contre les autres tribus et sans que le souvenir en subsiste, effacé par l'oubli d'un peuple sans mémoire.

J'en sais beaucoup plus sur la chasse aux têtes que tous les Achuar que j'ai questionnés, en grande partie grâce au zèle ethnographique des salésiens qui recueillent depuis des décennies auprès des Shuar les plus âgés des descriptions précises des rituels de tsantsa auxquels ces derniers avaient participé dans leur jeunesse. On le sait depuis longtemps, la préparation de la tête n'a en elle-même rien de mystérieux. Aussitôt tué, l'ennemi est décapité et les attaquants se replient vers un endroit convenu, suffisamment éloigné du théâtre des combats pour que la suite des opérations puisse se dérouler sans trop de danger pour eux.

Là, la tête est incisée depuis la nuque jusqu'au sinciput et l'on en extrait le crâne, le maxillaire, le cartilage du nez et la plupart des muscles, avant de la faire bouillir dans une marmite pour la débarrasser de sa graisse. La dépouille est alors remplie de sable brûlant et commence à se contracter et à durcir à mesure que l'eau s'évapore des tissus. Cette phase préliminaire achevée, les guerriers regagnent leur territoire au plus tôt et se confinent dans une stricte réclusion au cours de laquelle ils poursuivent la dessiccation de la tête en prenant soin de remodeler les traits de la victime chaque fois que la peau rétrécit ; l'incision postérieure est ensuite recousue, les yeux et la bouche suturés et l'intérieur de la tsantsa bourré de kapok.

Le rituel qui commence alors est plus énigmatique, mais constitue la seule clef dont nous disposons pour comprendre cette pratique déroutante dont les Shuar eux-mêmes ne fournissent pas d'exégèse explicite. Il se déroule en deux épisodes de plusieurs jours chacun, séparés par un intervalle d'à peu près un an, et respectivement appelés « son sang même », *numpenk,* et « l'accomplissement », *amiamu.* Les cérémonies consistent en un enchaînement de figures chorégraphiques et chorales régulièrement répété, d'abord dans la demeure du grand homme qui dirigea le raid, puis dans celle du meurtrier : les principales en sont le *waimianch*, une ronde chantée au crépuscule autour de la tsantsa, suivie par les chants en canon *ujaj* exécutés par les femmes du coucher du soleil jusqu'à l'aube, et l'*ijianma*, une sorte de procession accompagnant la tsantsa lors de chacune de ses entrées cérémonielles dans la maison entre une haie de boucliers frappés en staccato par les hommes pour simuler le tonnerre. Outre ces manifestations proprement liturgiques, hommes et femmes aiment aussi à danser et à chanter des nampet durant les réjouissances plus profanes et fortement arrosées de bière de manioc qui se déroulent les après-midi où aucun rite particulier n'est prévu.

Les principaux protagonistes de la « grande fête » sont la tsanta elle-même, successivement désignée par les expressions « profil » et « chose molle » ; un trio comprenant le meurtrier, une proche consanguine — sa mère ou sa sœur — et une alliée, son épouse en général, qui répond collectivement au nom de « tabagisés », *tsaankram*, en raison de la grande quantité de jus de tabac vert qu'ils ingurgitent tout au long du rituel ; un maître des cérémonies, le *wea*, terme ordinairement employé comme une marque de respect pour s'adresser au beau-père et qui fait de ce personnage une incarnation de l'affinité ; l'épouse du *wea*, chargée de conduire le chœur des ujaj féminins et qui en reçoit le nom ; le « porteur d'ujaj », *ujajan-ju*, un homme faisant fonction d'intermédiaire entre l'ujaj d'une part, et le wea et les « tabagisés » d'autre part, ces derniers ne pouvant en aucun cas communiquer directement avec le reste des participants ; enfin, toute une série de groupes cérémoniels au rôle plus mineur, d'où se détachent les « initiés », *amikiu*, c'est-à-dire l'ensemble de ceux qui ont déjà participé à un cycle complet de la « grande fête », et les *yaku*, guerriers chargés d'imiter le grondement du tonnerre.

Entremêlées avec les chants et les danses, une multitude d'opérations particulières sont réalisées par des officiants divers : on enseigne à la tsantsa les caractéristiques sociales et spatiales du territoire où elle a été transportée ; on l'orne et la recuit dans un bouillon génésique poétiquement appelé « l'eau des étoiles » ; les femmes l'aspergent de sperme métaphorique ; le meurtrier est d'abord isolé comme une bête sauvage et fétide, puis purifié et décoré de nouvelles peintures après qu'il a été en forêt quérir une vision d'arutam sous l'effet de la stramoine ; le wea et lui s'aspergent mutuellement l'intérieur des cuisses de sang de coq pour figurer une menstruation ; il est soumis aux rites habituels du deuil — coupe des cheveux et marques de genipa sur le visage ; il introduit des moisissures dans une bière de manioc spéciale pour la faire fermenter, se mettant ainsi dans la position des femmes dont la salive remplit la même fonction ; des porcs sont sacrifiés et consommés comme « substituts », *imiak*, des ennemis, etc. Bref, une sorte d'épiphanie baroque déroulée sur bien des jours et des nuits, chargée d'allusions ésotériques à la mort et à la renaissance, à la fécondité et à l'enfantement, à la sauvagerie du cannibalisme et aux règles immémoriales de l'harmonie sociale.

De cette « grande fête » dont les missionnaires eux-mêmes ont admiré le cérémonial et la complexité symbolique, que peut-on tirer comme enseignement ? D'abord que la tsantsa n'est pas un trophée ordinaire. A la différence de ce qui se passe chez d'autres peuples chasseurs de têtes, la tsantsa n'est pas une dépouille attestant d'un exploit et l'on s'en débarrasse d'ailleurs sans façons à la fin du rituel; elle n'est pas non plus une sorte d'amulette, source d'énergie et de puissance qui permettrait de se concilier les esprits, d'attirer le gibier ou de multiplier la fertilité des jardins. A cent lieues du vitalisme robuste des fétiches, cet objet sans substance et sans contenu fonctionne plutôt comme un opérateur logique, une marque abstraite d'identité susceptible, de par son abstraction même, d'être employée à la fabrication d'identités nouvelles. C'est ce qui donne sa raison d'être à la réduction : tandis que les têtes trophées «ordinaires» capturées par d'autres peuples amazoniens se décharnent rapidement sous l'effet du climat et perdent ainsi leur physionomie originale, la tsantsa perpétue grâce au traitement qu'elle subit la représentation d'un visage reconnaissable. La miniaturisation de la tête n'est donc qu'un effet secondaire, et sans doute non recherché comme tel, d'une technique de conservation qui vise à préserver les traits du décapité de la corruption des chairs.

Le souci de réalisme dont témoigne la préparation de la tête peut paraître paradoxal si l'on songe que les gens chez qui l'on se pourvoit en tsantsa sont généralement des inconnus. C'est une règle immuable de la chasse aux têtes que ses victimes en sont des Jivaros, mais des Jivaros d'une autre tribu, avec qui aucun lien de parenté reconnu n'existe, qui parlent un autre dialecte et dont on ignore les patronymes, bref, des ennemis génériques et non des adversaires individuels, trop lointains pour être identiques à soi et néanmoins assez proches pour n'être pas perçus comme tout à fait différents. La tsantsa ne saurait donc être l'effigie condensée d'une personne particulière; elle est plutôt la représentation formelle d'une existence singulière, signifiable par n'importe quel visage distinctif du moment qu'il provient d'un Jivaro non parent. Tous les Jivaros partagent l'idée que l'identité individuelle est moins contenue dans les caractéristiques de la figure que dans certains attributs sociaux de la personne : le nom, la manière de parler, la mémoire des expériences partagées et les peintures faciales associées à la rencontre d'un arutam. La phase préliminaire du rituel consiste à débarrasser la tsantsa des références résiduelles qui l'empêchent d'incarner une identité jivaro générique : on ne l'appelle jamais par le nom — s'il était connu — de celui à qui elle a été soustraite; sa face est noircie pour oblitérer la mémoire des motifs qui s'y inscrivaient; tous ses orifices sont cousus, condamnant ainsi les organes des sens à une éternelle amnésie phénoménale; elle est enfin soumise à un apprentissage de son nouvel espace social, promenée dans la maison aux points cardinaux et familiarisée, selon la formule des chants, avec sa « terre d'adoption ».

La dépersonnalisation à laquelle on soumet la tsantsa s'assimile au détournement d'un document d'état civil par un faussaire : l'authenticité du document est ici attestée par la permanence du visage, signe d'une provenance légitime du support d'identité et équivalent physique du numéro de code affecté à chacun par la Sécurité sociale ou les registres électoraux. Le travail du rituel consiste alors à maquiller progressivement ce support sans modifier son apparence originale — ce qui le rendrait invalide — en construisant à partir de lui la genèse progressive d'une nouvelle identité. Tout au long de la « grande fête », la tsantsa, le wea et les « tabagisés » permutent leurs situations originelles, en changeant tour à tour de sexe et de position de parenté les uns par rapport aux autres dans une série de relations à sens unique ou réciproques, antagoniques ou complémentaires, dédoublées ou symétriquement opposées, expressions figurées d'une généalogie fictive élaborée par épisodes. Au terme de ce ballet topologique, la tsantsa a assumé tous les rôles sociaux d'une procréation symbolique : non-parent, donneur de femme, preneur de femme, concubine du meurtrier, amant de ses épouses, et finalement embryon, « museau collé dans le ventre de la femme » selon les chants qu'on lui adresse à la fin du rituel. Le fruit très réel de ce simulacre d'alliance — un enfant à naître dans la parentèle du meurtrier au cours de l'année qui vient — présente donc ce paradoxe d'être parfaitement consanguin sans être incestueux. Virtualité d'existence soustraite à des inconnus pas tout à fait étrangers, il doit son engendrement à la mise en scène d'une affinité idéale, la seule satisfaisante pour les Jivaros car détachée de toute obligation de réciprocité ; bref, une affinité sans affins.

La chasse aux têtes et la vendetta paraissent de prime abord obéir à des logiques très différentes, ce qui expliquerait que la première ait pu disparaître chez les Achuar sans que la seconde s'en trouve affectée. Le mot employé par mes compagnons pour désigner la vendetta, *meset* (« dommage », « dégât »), suggère que celle-ci est perçue comme résultant d'une inéluctable dégradation des rapports sociaux entre des gens qui se reconnaissent par ailleurs comme parents, qui parlent le même dialecte, se connaissent personnellement et, en temps ordinaire, se visitent à l'occasion. Les affrontements y sont motivés par des griefs spécifiques, le plus souvent des conflits au sujet d'une femme entre ses consanguins et ses alliés, que doublent ou renforcent des accusations réciproques d'agression chamanique. Des mécanismes de médiation permettent de conclure provisoirement les hostilités ou d'empêcher leur extension ; ils conduisent à des renversements d'alliance et des coalitions temporaires permettant à d'anciens ennemis de se fréquenter à nouveau, ersatz satisfaisant pour tous d'une paix impossible. Rien de tel dans la guerre entre tribus. Lorsqu'ils se réfèrent à leurs combats passés contre les Shuar, les Achuar emploient des expressions à consonance plus franchement militaire — *maniakmu*, «tuerie», ou *nanki jukimiau*, «levée des lances» — et soulignent qu'aucune solution négociée n'existait pour interrompre les affrontements ou indemniser les parents d'une victime. Pour les Shuar, en outre, comme pour les Aguaruna ou les Huambisa, ces guerres n'avaient d'autre but que de capturer des têtes lors de raids à longue distance chez des Jivaros inconnus et sélectionnés pour la commodité stratégique de l'objectif. Les morts de la vendetta n'étaient en revanche pas décapités car impropres à figurer dans le rituel de tsantsa comme des emblèmes d'altérité, en raison de leur parenté même lointaine avec les meurtriers.

Si chasse aux têtes et vendetta déclinent l'inimitié sur des registres différents, elles sont pourtant accordées au même diapason : sous ses diverses modalités, l'ennemi se présente toujours comme un affin. Car les conflits internes à la tribu éclatent entre des parents par alliance, réels ou «embranchés», parfois à l'intérieur d'un même «pays», plus souvent entre deux groupes de voisinage limitrophes dont certains membres sont apparentés par le mariage. Ce sont donc des affaires de famille, comme les meurtres d'Ikiam et de Kawarunch en offrent l'illustration. Dans certains cas, les hostilités se déclenchent entre des parentèles plus éloignées, mais pour des histoires de femmes encore : c'est une épouse fuyant un mari irascible qui trouve au loin un nouveau conjoint, ou bien une veuve qui convole avec un Achuar distant sans respecter les obligations du lévirat. Les rapports entre lès deux «pays» étant à peu près inexistants, le paiement d'un tumash se révèle presque impossible faute d'un médiateur disposé à risquer sa vie chez de quasi-inconnus. De tels conflits peuvent prendre une ampleur considérable et déboucher sur des affrontements beaucoup plus meurtriers que ceux de la guerre entre tribus, les chefs des factions opposées faisant appel à leurs réseaux d'alliance dans les pays voisins pour former des coalitions qui tendront à s'accroître chaque fois qu'une mort nouvelle viendra stimuler le devoir de vengeance dans des parentèles de plus en plus éloignées du noyau initial d'inimitié. En dépit de la distance géographique et généalogique entre les deux blocs coalisés, c'est bien encore l'affinité qui définit ici leur relation. Une affinité plus potentielle qu'instituée, puisqu'un mariage irrégulier en constitue l'origine et que des rapts réciproques de femmes et d'enfants au cours des raids contribuent à l'entretenir; mais une affinité de principe malgré tout, comme en témoigne le nom collectivement donné aux adversaires, *nua suru*, «les donneurs de femmes». L'affinité réelle des ennemis les plus proches, des beaux-frères le plus souvent, et l'affinité potentielle des ennemis lointains ne se distinguent que par une inversion, celle qui sépare une alliance de mariage consentie mais non réalisée, d'une alliance de mariage réalisée mais non consentie.

Avec son étrange union morganatique entre une communauté victorieuse et un ennemi générique et inconnu, le rituel de tsantsa parachève cette variation sur le thème de l'affinité : entre dérober des femmes et des enfants à des alliés potentiels que la vendetta a exclus du nombre des parents, et dérober des identités productrices d'enfants à des non-parents avec qui l'on simule une affinité idéale, la différence est de degré, non de nature. Cette dernière pièce manque pourtant chez les Achuar. Faute de pratiquer la chasse aux têtes, ils paraissent avoir simplement appliqué à leurs guerres contre les Shuar la philosophie de la vengeance qui gouverne la vendetta, étonnante disparition dans une culture par ailleurs si vivace, mais dont le vide a peut-être été comblé par un substitut qui reste à découvrir.

Chapitre XVIII

SCÈNES DANS UNE MAISON DE GUERRE

C'est peu avant midi, juste après avoir traversé le Yukunentza à gué, que nous rencontrons le premier signe d'hostilité : obstruant le chemin qui mène à la maison de Nankiti, un grand rameau fiché en terre porte une vingtaine de douilles de cartouches dont le rouge criard se détache comme autant de taches sanglantes dans l'ombre du sous-bois. L'avertissement est destiné aux gens de l'Apupentza contre lesquels Nankiti et les siens sont en guerre et dont le sentier presque fermé rejoint ici celui que nous avons suivi depuis ce matin à partir du Bobonaza. Il y a une ou deux générations, on disposait des lances en faisceau, la pointe dirigée dans la direction d'où venait l'ennemi, pour délivrer un message facile à comprendre et que la modernisation des armes n'a pas altéré : quiconque franchit ce barrage est en danger de mort ! Tseremp est tout près de rebrousser chemin, préférant renoncer au tumash qu'il compte réclamer à Nankiti pour le meurtre de son père plutôt que de continuer à risquer sa vie dans cette région troublée. Tarir ne dit rien car il ne veut pas passer pour pusillanime, mais je sais qu'il m'accompagne à contrecœur dans cette visite. Heureusement, nous sommes avec Kayap, un frère « embranché » de Nankiti qui nous sert de guide et, nous l'espérons, de sauf-conduit. Ses propos rassurants, combinés à mes exhortations à moitié convaincues, finissent par persuader Tseremp de poursuivre. Anne Christine est restée dans la maison de Kayap au bord du Bobonaza, les hommes ayant jugé inconvenant qu'elle se rende dans une maison de guerre.

Cela fait maintenant plusieurs semaines que nous sommes

partis de chez Nayapi, descendant le Kapawi jusqu'au Pastaza, puis explorant les rives et les affluents du grand fleuve jusqu'au débouché du Bobonaza que nous avons remonté pendant deux jours pour aboutir chez Kayap. Chemin faisant, nous avons visité une dizaine de maisonnées, certaines profondément isolées dans l'amont de petites rivières, ou dans un dédale de marais et de chenaux inaccessibles autrement qu'en pirogue; nous fûmes bien accueillis, parfois avec réticence, quelques hommes déguisant mal un étonnement soupçonneux devant les premiers kirinku qu'il leur était donné de voir. Nous enfonçant plus avant dans un pays inconnu, j'en viens à regarder Capahuari comme une sorte de village natal et ses habitants comme mes compagnons de toujours, tant le reste du monde me paraît désormais lointain. Voilà des mois que nous avons perdu jusqu'au souvenir des aises les plus modestes de la civilisation : un savon, des vêtements neufs, un miroir, un tube de dentifrice, toutes ces aménités nous paraissent aussi exotiques que des produits de luxe dans une société condamnée à la pénurie par une économie de guerre. Nos habits sont usés jusqu'à la corde, maintes fois recousus et rapiécés pour les faire durer, et déjà nous nous essayons à marcher pieds nus pour nous préparer au moment où nos chaussures seront hors d'usage. Cette vie ascétique s'est imposée au fil du temps et de l'épuisement de nos maigres réserves; nous la supportons comme un état d'autant plus naturel qu'elle est le lot commun des gens dont nous partageons la vie, notre seule aspiration au bien-être se bornant à manger de temps en temps à notre faim et à pouvoir dormir à l'abri des intempéries. Ces quelques privations sont largement compensées par un sentiment d'aventure qui contraste avec la monotonie de notre ancienne existence villageoise, chaque jour apportant une moisson nouvelle de découvertes et, parfois, de dangers, privilèges d'explorateurs devenus fort rares et qui colorent notre expédition des illusions de l'exploit.

De la vendetta entre Nankiti et ceux de l'Apupentza, nous en savons depuis quelques jours un peu plus. L'affaire est née d'une rivalité entre deux chamanes réputés, Peas et Awananch, des juunt de poids dans leur «pays» respectif, l'Apupentza et le Chirta, petits affluents de la rive orientale du Bobonaza qu'une journée de marche environ sépare. Une femme malade ayant été consulter Awananch sans que celui-ci réussisse à la rétablir alla peu après se faire soigner chez Peas qui la guérit sur-le-champ ; ce dernier se vanta sans retenue de sa supériorité, provoquant la fureur jalouse de son confrère. Awananch répandit alors la rumeur que les succès de Peas étaient facilement explicables car c'était lui-même qui ensorcelait les gens au préalable ; il n'avait donc aucun mal à extraire ses propres tsentsak du corps des patients, gagnant ainsi richesse et considération. Non content de lancer des accusations aussi graves, Awananch avait convaincu Nankiti, un beau-frère « embranché », de monter un raid pour tuer Peas.

Nankiti et les siens, que les gens d'ici appellent des *mayn shuar*, constituent un petit groupe très isolé ayant trouvé refuge sur le Yutsuentza, un affluent du Corrientes, après des démêlés avec les militaires péruviens ; ils n'ont presque aucun contact avec les Achuar de la région, à l'exception d'Awananch et de sa parentèle avec qui ils ont noué depuis une génération quelques liens d'affinité. La complicité entre Awananch et Nankiti est moins fondée sur les obligations réciproques d'une parenté assez lointaine que sur une forme de connivence, constitutive de bien des alliances politiques, entre un puissant chamane et un grand guerrier : ils se protègent réciproquement, chacun dans sa sphère de compétence, Awananch défendant des tsentsak envoyés par d'autres chamanes Nankiti et sa parentèle, qui se chargent en retour de liquider les ennemis de leur acolyte.

Awananch a réussi à convaincre Nankiti que Peas était responsable des maux divers ayant récemment frappé plusieurs membres de son groupe. Il y a trois mois environ, Nankiti alla donc voir Peas sous le prétexte de se faire soigner et resta chez lui pour la nuit une fois la cure terminée. Le lendemain, il fut rejoint par Yankuam qui demanda à Peas de soigner sa femme ; tandis que le chamane, la tête renversée, aspirait du jus de tabac par le nez pour se mettre en condition, Yankuam lui tira dessus à bout portant, suivi par Nankiti et les autres membres de leur faction qui avaient passé la nuit dissimulés à proximité. Selon la formule employée par Kayap : « Ils furent tant à tirer sur Peas qu'il diminua de moitié ! » Ceux de l'Apupentza prirent fort mal la chose ; Turipiur, frère de la victime et chamane également, fit parvenir une déclaration de guerre à Awananch et à Nankiti par l'intermédiaire d'un jeune messager : « Vous avez tué mon frère Peas *nankami* (à plaisir) ; il était chamane, mais chamane *tsuakratin* (guérisseur) et non chamane *wawekratin* (ensorce-leur); nous ne sommes pas des hommes, peut-être! Alors mesurons-nous! Construisons les *tanish*, les palissades, et mesurons-nous! Battons-nous et nous verrons qui restera!» La parentèle d'Awananch s'était regroupée au bord du Bobonaza pour s'éloigner du théâtre des opérations et venait d'achever la construction d'une maison fortifiée; Nankiti avait d'abord dit qu'il était prêt à négocier, qu'il avait fait œuvre de salubrité publique contre un mauvais chamane, mais que l'on pourrait trouver un arrangement pour le tumash. C'était en réalité une ruse pour gagner du temps car il avait fini de transformer sa maison en camp retranché et toute sa parentèle l'y avait rejoint.

Nous poursuivons notre chemin avec précaution par peur des pièges. L'accès des maisons de guerre est défendu par toutes sortes de dispositifs déclenchés par des lianes invisibles : c'est une latte de bois flexible, munie de pointes acérées, qui vous fauche au creux des reins, ou une perche benoîtement posée sur le sentier qui vous enlève à califourchon, les testicules écrasés, c'est parfois un simple fusil dissimulé derrière un buisson dont le chien bascule à la moindre tension, ou encore la très classique fosse munie de pieux appointés, ordinairement employée pour les jaguars et les ocelots trop gourmands de poules. On dit même que les chamanes établissent des barrages de fléchettes magiques sur les sentiers par où doivent passer leurs ennemis, les obligeant à faire de grands détours à travers bois. Vers le milieu de l'après-midi, nous passons devant une maison abandonnée dans un jardin presque en friche; tout le mobilier a disparu et même les peak ont été démantelés. Une autre maison peu après offre le même aspect désolé. Selon Kayap, leurs habitants se sont réfugiés chez Nankiti et ne reviennent chez eux que très occasionnellement, en colonnes armées et précédées de chiens, pour aller chercher du manioc dans les anciens jardins.

Nous marchons en faisant le plus de bruit possible, parlant fort et échangeant des plaisanteries forcées, pour ne pas être confondus par des guetteurs invisibles avec une expédition ennemie approchant en tapinois. Bien avant d'apercevoir la maison fortifiée, Kayap signale au loin notre arrivée en soufflant dans le canon de son fusil comme dans une trompe, puis chacun d'entre nous module le long cri qui avertit d'une visite, révélant ainsi combien nous sommes. La palissade apparaît au sommet d'une butte bien dégagée, si haute vue de contrebas que seul le sommet du toit la dépasse. Une porte en bois massif, pour l'heure entrouverte, donne accès à ce petit fortin, renforcé à l'intérieur par une deuxième rangée de pieux qui rendent la palissade plus hermétique et empêche que l'on puisse y glisser de l'extérieur le canon d'une arme. La porte fait face au tankamash où une demi-douzaine d'hommes assis sur leur chimpui nous attendent en silence. Du côté de l'ekent, une autre porte ouvre sur un étroit passage descendant au Yutsuentza entre deux murs de rondins dont les derniers sont plantés dans l'eau. Flanquant chacune des portes, deux petites plates-formes accessibles par des troncs munis d'encoches servent de postes de guet, désertés pour le moment à l'exception d'un coq qui nous toise avec arrogance.

L'accueil est glacial. Une fois notre présence reconnue par l'invitation à rentrer, l'on nous fait attendre pendant une demi-heure sans nous donner à boire, les hommes de la maison conversant entre eux comme si nous n'existions pas. Il y a là Nankiti et son frère «embranché» Supinanch, deux hommes d'âge mûr, les cheveux très longs et la figure sévère, Chinkim, fils de Supinanch, Yankuam, son gendre, et Tentets, son neveu, ainsi que Kuji, un gendre de Nankiti. Deux jeunes hommes d'une vingtaine d'années, également des neveux de Supinanch, n'ont pas droit à des chimpui et sont donc encore célibataires. Ils ont tous le visage peint de dessins au roucou, parfois combinés avec des motifs noirs tracés au genipa, et chacun porte un fusil sur les genoux ou appuyé sur la jambe; Yankuam arbore même une carabine à répétition de fort calibre et une cartouchière bien garnie en sautoir. Une dizaine de femmes s'activent dans la pénombre de l'ekent, entourées par une ribambelle d'enfants qui nous regardent d'un air médusé.

Nankiti est un homme bien bâti, le nez camus et le menton carré dans un visage très pâle, impavide dans sa contenance mais non dans son regard où la morgue paraît le disputer à l'appréhension. Ayant sans doute jugé que nous étions suffisamment rabaissés par l'attente qu'il nous avait imposée, il commande que l'on nous serve la bière de manioc et interpelle Kayap. La série des aujmatin se déroule alors selon l'ordre d'aînesse et de proximité généalogique, Nankiti dialoguant ensuite avec Tarir puis avec Tseremp, bientôt suivi par Supinanch qui recommence le cycle, avant que les hommes plus jeunes ne s'adressent à leur tour à mes compagnons, plusieurs aujmatin s'entrecroisant maintenant en simultané. Comme à l'habitude, rien n'est révélé des buts de notre visite dans ces échanges purement rhétoriques, si ce n'est l'intention saugrenue du kirinku de rencontrer un homme dont la réputation de bravoure s'étend sur tout le bas Bobonaza, compliment de circonstance que je répète moi-même à Nankiti dans un yaitias chicham laborieux, la version mineure de l'aujmatin que j'ai fini par maîtriser à peu près. Imperméable à la flatterie, l'homme, de toute évidence, n'accepte notre présence qu'à regret, d'autant qu'ayant découvert l'identité de Tseremp, il doit avoir deviné le motif de notre venue. Malgré la présence de Kayap, nous avions redouté qu'il ne nous ferme purement et simplement sa porte en nous opposant un *atsanmartin*, ce monologue virulent par lequel on refuse une visite indésirable au seuil de la maison, manifestation très rare de méfiance et d'antipathie que seul Tarir se souvient d'avoir une fois essuyée. Le protocole de l'hospitalité est donc pour le moment respecté, pensée rassurante dans l'immédiat, mais qui n'engage en rien notre sort futur.

La nuit est déjà tombée lorsque les aujmatin se terminent. Nankiti demande à Kayap des nouvelles d'Awananch et de sa parentèle, mais aucune conversation ne s'engage avec nous malgré la curiosité des plus jeunes à mon sujet et contrairement à l'habitude qu'ont les Achuar de tempérer l'aridité des dialogues cérémoniels par des propos plus libres échangés à leur conclusion. La maison est grande, quoique encombrée par des dizaines de peak, des jarres en quantité, des foyers de cuisine et des piles de manioc, tout un bric-à-brac d'ustensiles, de paniers et d'outils, sans compter une multitude de chiens, entravés en meutes distinctes à tous les piliers disponibles. Chacune des six maisonnées maintenant regroupées à l'abri de la palissade conserve en effet son autonomie, chaque femme continuant à cuisiner pour sa propre famille et chaque homme à chasser pour elle, indépendance alimentaire que mitigent toutefois des échanges constants de nourriture rendus indispensables par les difficultés d'approvisionnement dans ce climat d'insécurité. C'est ce dont nous pouvons juger au maigre repas que nous sert la femme de Nankiti, quelques morceaux de manioc bouillis avec un peu de piment. Le dîner expédié, l'on barricade les portes avec des traverses et les chiens sont lâchés dans l'enclos, tandis que, répondant à l'invitation de Nankiti — *kanurtaram!* —, je m'efforce de trouver le sommeil sur le sol de terre battue, entouré par la rumeur indistincte d'une quarantaine de personnes de tous âges.

Vers trois heures du matin, je suis réveillé en sursaut par un tohu-bohu infernal : les chiens aboient furieusement au pied de la palissade, accompagnés par le concert des femmes criant d'une voix suraiguë : « Les Achuar viennent ! les Achuar viennent ! » Les enfants pleurent à l'unisson et les hommes courent en tous sens le fusil à la main, butant dans l'obscurité sur les jarres et les chimpui, proférant des menaces et des ordres trop confus pour être compris. C'est un bruit suspect au-dehors qui a donné l'alerte et l'on envoie un jeune homme au poste de guet pour scruter les alentours. Un coup de feu éclate presque aussitôt, sans que je distingue s'il vient de la maison ou de l'extérieur ; le guetteur dégringole de son perchoir, indemne, au milieu des lamentations des femmes : « Ils l'ont tué ! ils l'ont tué ! » et tandis que plusieurs hommes déchargent leur arme en l'air dans l'enclos. Dans la lueur rougeoyante des feux maintenant ranimés, Nankiti s'avance alors face à la porte et d'une voix puissante et heurtée commence à déclamer contre l'ennemi en sautant d'un pied sur l'autre :

« Shuaraiti! shuaraiti! shuaraiti!
watska! winiti, winiti, winiti, winiti!
shuar jintia tarutchik, shuar tarutchik!
turakuisha, jimiar apatuk! jimiar apatuk! jimiar apatuk! maniatatjai!
haa! ekentru pitiak urukan!
haa! paara suruitia! paara suruitia! paara suruitia! paara suruitia!
haa! aishmankchiru, yamai, yamai, watska! jintia jiistai! jintia jiistai!
*   jintia jiistai!*
kame! kame! niish, haa! niisha, niisha, kame! meseta ekematish, haa!
*   jintia akaruka*
ipiatrurarj awaijkitai! awainkitai! awainkitai! awainkitai! awainkitai!
wisha, wisha! nu paarak takusa pujajai!
haa! yawa! yawa! yawa! yawa!
waurshi! waurshi! waurshi! waurshi! waurshia!

winin mesetan kuikmatish, haa! jimiar apatuk! jimiar apatuk! wisha wari
  mesetan
wakeruketja! nuni mesetnak! nu mesetnak! nu mesetnak! nu mesetnak!
  pujajai! pujajai! pujajai! pujajai! pujajaaai! »

C'est *l'impikmartin*, une tirade de défi et d'intimidation,
étonnant morceau de bravoure qui apaise un moment mon
alarme par l'illusion d'être soudain revenu aux confins des âges
héroïques :

« Des gens! des gens! des gens!
à voir! qu'ils viennent! qu'ils viennent! qu'ils viennent! qu'ils viennent!
par le chemin, des gens ne sont-ils pas venus, ne sont-ils pas venus!
ainsi fait, entre nous deux! entre nous deux! entre nous deux! entre
  nous deux!
je tuerai!
haa! femme! dans mon pitiak!
haa! apporte-moi les balles! apporte-moi les balles! apporte-moi les
  balles! apporte-moi les balles!
haa! mes petits hommes! maintenant, maintenant, à voir! scrutons le
  chemin! scrutons le chemin! scrutons le chemin!
or donc! or donc! lui, haa! et lui, et lui, or donc! bien qu'il soit prêt
  à l'attaque, haa!
d'une décharge de nos fusils sur le chemin, arrêtons-le! faisons-le fuir!
  faisons-le fuir! faisons-le fuir!
et moi, et moi! de cette même balle je suis armé!
haa! jaguar! jaguar! jaguar! jaguar!
haa! enragé! enragé! enragé! enragé!
bien qu'il ait lui-même voulu la guerre, haa! entre nous deux! entre
  nous deux! et moi,
je ne pense plus qu'à me battre, tout de suite! dans cette guerre-là! dans
cette guerre-là! dans cette guerre-là! dans cette guerre-là! j'y suis! j'y
suis! j'y suis! j'y suis! j'y suiiiis! »

Aucun signe d'hostilité ne parvenant de l'extérieur, le tumulte
finit par se calmer et c'est dans un silence tendu que nous
attendons l'aube, accroupis auprès des feux. A la pique du jour,
les guetteurs avertissent que les alentours sont déserts et Nankiti
s'aventure dehors avec quelques hommes, non sans avoir
d'abord lâché les chiens. Tout semble paisible et je les suis à mon
tour, heureux pour une fois de mon encombrant fusil. Un cri
bientôt retentit : « *Shuar nawe! shuar nawe! irunui!* » « Des traces

de pas ! des traces de pas ! il y en a beaucoup ! » Derechef, Nankiti se lance dans un impikmartin forcené ; sa déclamation terminée, il s'apaise aussitôt et m'adresse même un sourire, le premier que je lui vois depuis notre arrivée : « Viens *juuntur* ! me dit-il, attendons ! »

C'est une longue journée qui commence dans la maison fortifiée. Les femmes et les enfants partent en troupe faire leurs besoins, protégés à distance par un homme armé ; je fais de même en compagnie de Tarir et Tseremp, puis la porte est à nouveau refermée, s'entrouvrant juste pour Tentets et Yankuam envoyés en éclaireurs afin de suivre la piste des visiteurs nocturnes. Les enfants sont étrangement silencieux et chacun s'occupe à des tâches domestiques ou triviales, tresser un panier, s'épouiller mutuellement, effiler des fléchettes, mais avec une diligence marquée, comme s'il était devenu impossible de les remettre à plus tard. Mes compagnons de Capahuari sont partagés entre le désir de s'enfuir à l'instant et la crainte de tomber dans une embuscade. Tseremp est en outre dépité de n'avoir pu formuler sa demande à Nankiti, comme il comptait le faire avant le lever du jour autour du bol de wayus, ce moment d'intimité où l'on discute à loisir des questions importantes sans s'embarrasser de la rhétorique et de l'étiquette qui contraignent ordinairement les visites. Je parle longuement avec lui à voix basse et le persuade de rester encore une nuit pour réclamer son tumash demain matin à l'heure de la wayus. Peut-être parce que nous avons vécu avec lui ce qui paraît un assaut avorté, Nankiti est d'ailleurs moins rogue aujourd'hui à notre égard ; comme pour nous tranquilliser, il déclare avec assurance que les ennemis ne reviendront pas de sitôt. C'est ce que Tentets et Yankuam, de retour vers midi de leur mission, paraissent confirmer : une demi-douzaine d'hommes sont bien venus cette nuit et leur piste, après avoir beaucoup louvoyé, se dirige tout droit vers l'Apupentza, indication probable qu'ils sont maintenant revenus chez eux.

La vie collective dans une maison fortifiée, parfois pendant deux ou trois ans, impose aux Achuar des contraintes pénibles. En raison du danger constant où ils se trouvent, il n'est pas question de se déplacer en dehors des raids, interrompant ainsi temporairement le circuit des échanges et le commerce de traite au moment précis où le besoin en armes et en munitions se fait le plus pressant. L'approvisionnement ordinaire devient lui-même difficile; les gens de Nankiti ont agrandi son essart et commencé à planter du manioc, mais les boutures ne viendront pas à maturation avant six mois et ils dépendent donc en grande partie de leurs anciens jardins, maintenant d'accès hasardeux, pour reconstituer leurs maigres réserves. Lorsque la nouvelle plantation commencera à produire, elle sera d'ailleurs à peine suffisante, à en juger par sa dimension, pour couvrir les nécessités d'une communauté aussi nombreuse. La venaison, symbole de tout repas véritable, disparaît presque de l'alimentation quotidienne car les hommes cessent de chasser régulièrement dès que le gibier a déserté les environs immédiats de la maison. Nankiti et ses parents organisent bien parfois une chasse de nuit, mais les résultats en sont fort aléatoires puisque c'est au son que l'on repère la proie et qu'à la seule exception des hoccos nocturnes toutes les espèces habituellement chassées sont endormies. Il reste les poissons, médiocre provende que le Yutsuentza, une toute petite rivière, ne livre que chichement. Certains produits de la forêt indispensables à l'économie domestique font défaut : le kapok, l'argile pour la poterie, les plantes pour confectionner le curare, les fibres à fléchettes ou le chambira pour tresser la ficelle; monter une expédition pour aller les collecter, c'est dégarnir les défenses de la maison et exposer la vie des femmes et des enfants. Satisfaire aux besoins naturels devient même une entreprise risquée; combien de fois ne m'a-t-on pas raconté le rapt d'une femme partie se soulager à la lisière du jardin. Dès que les portes sont closes pour la nuit, il n'est plus question d'aller pisser! Le corridor fortifié qui mène au Yutsuentza permet au moins de se laver, mais au milieu d'un amoncellement d'immondices provenant de tous les déchets de la cuisine. Quant aux plaisirs de la chair, ils doivent pour un temps être mis entre parenthèses, le surpeuplement de la maison ne permettant guère de faire l'amour en paix et les ébats en forêt étant désormais trop périlleux. Tseremp commente cette vie au ralenti d'une image évocatrice : « Ils sont comme des paresseux qui mettent deux jours pour changer de branche et ne chient qu'à chaque nouvelle lune. » Il est d'ailleurs possible que les vertus de continence si prisées des Achuar ne soient que l'expression, sous la forme d'un impératif moral, d'une nécessité de s'entraîner à cette vie ascétique que la guerre impose à tous régulièrement.

Le plus pénible pour les Indiens dans cette existence d'assiégés, c'est encore la promiscuité. L'horreur qu'ils éprouvent à partager avec autrui l'intimité de leur foyer transforme la maison fortifiée en un lieu de mise à l'épreuve permanente, obligés qu'ils sont de soumettre leur habituelle liberté d'action aux exigences du bien commun et de s'attacher à prévenir les frictions qu'un sens ombrageux de l'indépendance suscite à tous moments. L'exemple de Capahuari montre que l'apprentissage des rapports de voisinage villageois ne se fait pas sans problèmes ; que dire alors des tensions engendrées par une cohabitation forcée dans un espace minuscule et parfaitement enclos, où bouillonne en outre l'inquiétude constante d'une attaque ? Il faut surveiller les enfants pour que leurs disputes ne dégénèrent pas en querelles entre des parents prompts à prendre le parti de leurs rejetons ; les femmes doivent partager leurs ustensiles et se garder de tout commentaire désobligeant sur leurs aptitudes respectives ; les hommes, en principe égaux, sont sensibles à tout ce qui pourrait suggérer une préséance et en rajoutent d'autant dans le formalisme cérémonieux de leurs rapports quotidiens. Pourtant, les motifs d'envie abondent, des circonstances exceptionnelles étant propices aux exploits de toutes sortes et éclairant d'un jour plus cru les disparités naturelles dans le courage, la ruse, la force ou l'adresse ; mais c'est surtout la jalousie qui exerce des ravages, hommes et femmes se soupçonnant mutuellement d'infidélité, à quoi une fréquentation de chaque instant dans le huis clos du fortin donne un air de vraisemblance, sinon l'occasion d'y succomber.

La maison de guerre est un mal nécessaire car la vendetta n'épargne personne ; il suffit d'être apparenté au meurtrier et de vivre dans son voisinage, ou encore d'appartenir de façon visible à l'entourage du grand homme dont il est un familier, pour être réputé solidaire de ses actions et devenir la cible d'une vengeance indiscriminée. Cette complicité présumée resserre périodiquement dans l'adversité des parentèles parfois distendues et conduit les moins belliqueux à chercher la sécurité d'une défense collective dès que les choses commencent à se gâter. Pourtant le désir de protection n'est pas suffisant à lui seul pour faire se réunir des gens qui préféreraient vivre séparés ; il faut le charisme d'un grand homme pour que des parents éparpillés dans une zone de voisinage se coalisent en une véritable faction : c'est lui qui prend l'initiative de les regrouper chez lui pour y construire des fortifications lorsqu'il juge qu'un affrontement d'envergure paraît inévitable, soit qu'un premier meurtre ait déjà été commis, soit qu'un différend motivé ou non avec des hommes d'un «pays» voisin conduise à une situation volatile. Comme c'est le cas pour Nankiti, le noyau initial de la faction est composé de dépendants directs — fils, gendres, frères cadets — auxquels s'ajoutent quelques consanguins et alliés à la loyauté éprouvée, des frères «embranchés» ou des beaux-frères «de sang», c'est-à-dire ces fils de mon oncle maternel ou de ma tante paternelle dont j'ai épousé la sœur et qui ont épousé la mienne. Parce qu'il demeure le «maître de maison», *jea nurintin*, les autres n'étant que ses invités, mais aussi parce que tout le monde fait confiance à ses qualités reconnues de leadership militaire, le juunt est investi d'un rôle prééminent ; il devient le *mesetan chicharu*, littéralement le «héraut de la guerre». C'est lui qui organise la défense du fortin, c'est lui qui règle les problèmes d'intendance, c'est lui qui planifie et conduit les raids, c'est lui enfin qui cherche à nouer des alliances avec des grands hommes voisins ou s'efforce, en cas de besoin, de trouver des compromis avec l'ennemi. La vendetta devient en grande partie son affaire personnelle, même si le meurtre initial qui l'a déclenchée résultait d'un conflit qui ne le concernait pas directement. Qu'il ait tiré ou non le coup de feu fatal, ses adversaires le tiennent directement pour responsable de chaque mort survenue dans leurs rangs, imputation qui contribue à perpétuer des figures quasi légendaires par l'ampleur des hécatombes qu'on leur attribue. Lorsque je recueille des généalogies, par exemple, c'est toujours l'un ou l'autre des quatre ou cinq mêmes personnages dont on me dit de prime abord qu'il a tué tel ou tel parent, alors qu'une enquête plus serrée fait bien souvent apparaître que le meurtrier effectif est un membre plus obscur de sa faction. Cette fonction de catalyseur du grand homme se révèle aussi *a contrario* quand il meurt au combat, son groupe se débandant presque aussitôt pour se réfugier loin du théâtre des opérations.

L'ascendant qu'exerce le juunt pendant la guerre ne se convertit pourtant jamais en une domination véritable sur les membres de son entourage. S'il montre des signes évidents de ne viser qu'à sa propre gloire, en s'engageant sans raisons valables dans des affrontements renouvelés contre des ennemis toujours différents, ses partisans finiront par le déserter un à un, lassés de l'insécurité perpétuelle où il les condamne à vivre. Un cas est célèbre dans les annales de la région, celui de Pujupat, un vieux juunt de la rive sud du Pastaza qui a guerroyé sans discrimination contre tout le monde et a tué de ses propres mains — sans doute possible ici — près d'une vingtaine de personnes, un « tueur fou » (waumak) selon mes compagnons, qui dénudait les femmes qu'il avait tuées et leur écartait les cuisses pour exposer le sexe, n'hésitant pas à accepter des « contrats » pour liquider des gens à lui inconnus, et qui vit maintenant en reclus dans sa maison fortifiée, avec ses fils pour toute compagnie, les seuls hommes sur lesquels il puisse encore compter pour le protéger et chasser pour lui.

Ce n'est pas en semant la terreur que le grand homme emporte une adhésion durable, mais par la persuasion et en donnant l'exemple. Il lui faut impressionner par son courage et sa force d'âme, surtout il doit jouer habilement de la parenté en assumant vis-à-vis des siens la figure d'un père ou d'un grand frère dont il dérive une autorité déjà familière à tous. Appelant ses guerriers « mes fils », souvent désigné du terme *nampuaru*, « l'aîné », il contribue par son comportement à effacer les relations d'affinité au sein de sa parentèle regroupée et à renforcer l'idée que celle-ci tire son unité, et même sa substance, d'une consanguinité idéale. Faute de clans ou de lignages perpétuant à travers le temps une identité corporative aux frontières sociales et territoriales clairement établies, les Achuar tendent à concevoir les rapports entre les habitants dispersés d'un même « pays » sur le mode des liens du sang, même si ce sont des mariages répétés à chaque génération qui structurent en réalité leur solidarité. L'utopique entre-soi de ces groupes de voisinage se réaffirme ainsi périodiquement dans la convivialité des maisons fortifiées, lorsque des dangers et des exploits partagés donnent à chacun l'illusion d'éprouver au quotidien la communauté retrouvée d'une grande famille. Beaux-pères, beaux-frères et gendres disparaissent du champ des références sociales pour se transformer en consanguins d'élection, tandis que l'affinité, désormais privée d'un support effectif, tend à se convertir en une relation abstraite permettant de caractériser le rapport aux ennemis, « les donneurs de femmes ». Fondée sur une amnésie délibérée des liens instaurés par l'alliance de mariage, cette consubstantialité s'exprime par une identification profonde à l'autre dont on partage le sort et qui, de ce fait, ne peut plus être distingué de soi; c'est ainsi qu'un homme annoncera la mort d'un de ses parents tué au combat en disant : « Untel m'a tué ! » A chaque nouvelle perte parmi mes proches, c'est une partie de moi qui meurt et que je dois faire revivre en me fortifiant par la vengeance.

Instrument d'une coagulation familiale qui n'existe sans lui qu'à l'état potentiel, le grand homme ne saurait exister hors du contexte codifié de la parenté et de cette aspiration à une fusion consanguine dont il exprime pour un moment la quintessence. Son emprise et son éventuelle ascension sont donc étroitement limitées par les modèles d'autorité internes à la famille, autorité du père sur ses enfants, du mari sur ses épouses et du beau-père sur son gendre, seuls précédents qui puissent donner à l'exercice temporaire de son commandement une apparence de légitimité. En assumant dans la guerre un rôle prééminent, le juunt n'est pas guidé par un dévouement altruiste à la Cincinnatus. Il y est tout entier poussé par son ambition, mais une ambition de prestige et de considération, admise par tous car partagée par chacun, et non l'ambition d'un pouvoir sans frein que personne n'est disposé à lui concéder et dont il serait probablement incapable d'imaginer la nature ou la portée. Loin d'avoir un statut à part — le terme « chef » est intraduisible en jivaro —, il a simplement atteint la pleine réalisation de l'idéal de virilité auquel la plupart des hommes aspirent. Célèbre et respecté pour sa bravoure, maître de sa destinée, régnant sur de nombreuses femmes, de vastes jardins et des gendres qui lui sont obligés, habile à nouer des alliances et à faire ainsi porter son influence au-delà des limites de sa famille, il est l'image d'une réussite accessible à tous plutôt qu'une menace insidieuse pour la liberté.

En oscillant entre l'anarchie bien tempérée des temps ordinaires et une solidarité factionnelle fomentée par un homme dont l'autorité est bornée par les circonstances, les Achuar ont institué une forme d'organisation politique qui sauvegarde l'indépendance de chacun sans aboutir à la dissolution de tout lien social. Parler de démocratie pour définir ces coalitions libertaires serait très exagéré ; d'abord parce que les femmes sont exclues de la conduite des affaires extérieures, mais aussi parce qu'il n'existe pas d'idéal de la chose publique ou du bien commun susceptible de transcender les intérêts particuliers ni d'autorité indiscutable à même de donner corps à un tel projet. Ces deux conditions seraient contradictoires avec le maintien de la souveraineté reconnue à chaque chef de famille. Chez les Achuar comme dans les démocraties modernes, toutefois, c'est bien sur un individualisme affirmé que s'appuie l'égalité des statuts, une égalité sans aucun doute plus réelle chez eux que chez nous. Une telle comparaison peut surprendre. La philosophie politique a en effet vulgarisé une opposition brossée à grands traits entre, d'un côté, les sociétés enfantées en Europe occidentale par l'union du capitalisme et de l'idéologie des Lumières — où l'individu, source de droits et propriétaire de sa personne, est la pierre de touche sur laquelle repose l'édifice collectif —, et de l'autre, les sociétés prémodernes, totalités structurées par des hiérarchies immuables — dans lesquelles l'individu est absent, ou du moins n'a de sens et d'existence que comme élément d'un ensemble qui le définit tout entier. Or, si des sociétés fondées sur la prééminence du tout sur les parties ont bien couvert une grande partie de la face de la terre avant le triomphe des parlements, il en est d'autres, en revanche, non pas moins nombreuses mais sans doute moins bien connues, qui ont placé dans la réalisation d'un destin individuel librement maîtrisé et ouvert à tous la plus haute valeur de leur philosophie sociale. Les Achuar sont de ceux-là : peu soucieux de se concevoir comme une communauté organique, oublieux de leur passé et indifférents à leur avenir, pliant l'idiome de la parenté aux exigences de leurs intérêts immédiats, soucieux de leur gloire personnelle, et prompts à déserter ceux qui voudraient trop y engager les autres, ils ne sont freinés dans l'exaltation d'eux-mêmes que par l'absence en leur propre sein de tout public pour les applaudir.

Nankiti n'a jamais donné d'ordre depuis que je suis ici, si ce n'est pour demander à sa femme d'apporter de la bière. Il passe la journée en conciliabules avec «ses fils», apparemment pour discuter d'une éventuelle offensive, ou bien allongé sur un peak à méditer. A la fin de l'après-midi, il sort de la maison pour fabriquer en quelques minutes un abri rudimentaire au bord du Yutsuentza, à quelques pas de la palissade. La routine du soir recommence ensuite comme la veille : un maigre repas, les chiens dans l'enclos, et tout le monde se couche à la nuit tombée, sauf Nankiti, qui se rend à sa petite cabane avec une calebasse de jus de tabac, pour y chercher, selon Tarir, l'assistance et l'augure de son arutam.

La nuit est paisible mais courte. Vers trois heures du matin, Nankiti frappe à la porte pour se faire admettre et annonce sans autre commentaire qu'il a bien rêvé. Tarir, quant à lui, a fort mal rêvé — un jaguar s'introduisait dans sa maison — et il m'adjure de prendre au sérieux ce mauvais présage et de repartir dès l'aube. C'est donc le moment ou jamais pour Tseremp de présenter sa requête. Tandis que chacun déguste la wayus à petites gorgées, il déroule un historique circonstancié de ses griefs, d'une voix menue et plaintive comme s'il ne croyait pas lui-même au bien-fondé du tumash qu'il réclame. Le père de Tseremp, Kirimint, vivait jadis sur le haut Kapawi non loin d'un nommé Sharian dont il avait épousé la sœur ; ce dernier, après avoir été cocufié par sa femme sans que les frères de celle-ci y trouvent à redire, en conçut un grand ressentiment contre ses alliés et abandonna l'infidèle pour s'installer au loin, sur le bas Corrientes, où il épousa une sœur de Nankiti. Or Kirimint avait l'habitude de battre sa femme, ce qui parvint jusqu'aux oreilles de Sharian, lequel fit savoir à son beau-frère qu'il devait cesser de maltraiter sa sœur. Le père de Tseremp ne tint pas compte de ces remontrances, si bien qu'après une rossée particulièrement violente son épouse tomba malade et mourut. A peu près au même moment, le frère de Nankiti, un certain Unupi, vint consulter sur le haut Kapawi le frère de Kirimint, Mashinkiash, un chamane renommé ; loin de se rétablir, toutefois, Unupi succomba dès qu'il revint chez lui, et la faute en fut imputée à Mashinkiash. Nankiti et Sharian organisèrent donc un raid pour tuer Mashinkiash et venger ainsi solidairement les deux pertes qu'ils avaient subies, mais sans succès car ils furent découverts. Sur ces entrefaites, Kirimint vint lui-même se faire soigner sur le Bobonaza par un chamane du nom de Kantuash ; Sharian fut informé de sa présence, probablement grâce à Kantuash lui-même, et rameuta Nankiti pour accomplir sa vengeance ; c'est chez Kantuash que Nankiti tua Kirimint.

Pour appuyer sa demande de compensation, Tseremp emploie deux types d'arguments : d'abord l'injustice de tuer un homme

324

qui n'avait causé aucun tort direct à Nankiti, n'étant pas lui-même chamane et ne pouvant en l'espèce être tenu pour responsable des agissements de son chamane de frère, mais aussi et surtout son triste sort d'orphelin, ballotté de maison en maison, et finalement recueilli par les apach loin de sa terre natale. Il est vrai que les orphelins, surtout de mère, se plaignent ici de leur enfance malheureuse ; non pas qu'ils soient maltraités ou qu'on leur barguigne la nourriture, mais parce que, personne ne se souciant vraiment d'eux, ils ne reçoivent ni l'affection ni l'attention dont ils ont besoin. Cette solitude conduit parfois les plus jeunes à se suicider en mangeant de la terre ; il en demeure chez les adultes une souffrance vivace dont ils tiennent durablement responsables ceux qui les ont privés de leurs parents. C'est en peignant sa triste condition que Tseremp est le plus éloquent, en pure perte, semble-t-il ; à aucun moment du plaidoyer, Nankiti ne compatit à ses épreuves ou ne fait même mine de justifier son acte, se contentant de bougonner à l'occasion des formules conventionnelles pour montrer qu'il continue à écouter. L'entretien est terminé, Nankiti concluant par un énigmatique : « C'est bien ! j'ai entendu ! c'est à voir ! » Il ne nous reste qu'à attendre le lever du jour pour nous en revenir bredouilles.

Une excitation ordonnée gagne alors la maisonnée. Les hommes se peignent avec du genipa un large cercle noir autour de la bouche, « la gueule du jaguar » selon Tarir, puis déroulent les rubans tissés qu'ils portent aux poignets, témoignage de leur rencontre avec arutam, pour les ranger dans les pitiak. Chacun nettoie soigneusement son fusil et en vérifie le fonctionnement, tandis que les femmes empaquettent dans des feuilles de bananier des provisions de pâte de manioc fermentée. A l'évidence, nous ne sommes pas les seuls à partir. Feignant d'ignorer ces préparatifs, nous prenons hâtivement congé dès qu'il fait assez jour, et c'est au moment où nous nous levons que Nankiti se lève à son tour pour tendre son fusil à Tseremp avec une mauvaise grâce évidente : « Tiens ! prends ça pour moi ! c'est le tumash ! »

Nous nous éloignons au plus vite, Tseremp se retenant de courir, lorsqu'un tumulte en provenance de la maison m'entraîne à jeter un regard en arrière. De là où nous sommes, en partie cachés des regards par les plants de manioc, l'on distingue l'esplanade devant la palissade où les hommes sont face à face en deux lignes de quatre et s'apostrophent les uns les autres à tue-tête. Tarir s'est également arrêté et observe la scène avec moi. Le dialogue vociférant se termine soudain en un brusque decrescendo et les hommes d'une rangée se mettent alors à menacer leurs vis-à-vis à coups de crosse, sautant d'un pied sur l'autre en cadence, et ponctuant leurs gestes d'exclamations rythmées qu'il m'est impossible de comprendre, tandis que l'autre rangée reste impassible, les bras croisés et le fusil dans le creux du coude, répondant sans ciller et d'une voix ferme : « *Hai!* c'est vrai! *pai! pai! pai! pai!* » Au bout de trois ou quatre minutes, tout s'arrête pour reprendre aussitôt avec les rôles inversés, ceux qui subissaient l'assaut auparavant criant maintenant encore plus fort et brandissant leurs armes avec plus de sauvagerie que leurs compagnons il y a un moment. Des femmes les entourent, des bols de bière à la main, et abreuvent sans trêve les protagonistes de ce combat simulé dont l'excitation croît d'un degré à chaque alternance. Tarir paraît aussi fasciné que moi par le spectacle de cette furie martiale, nostalgique peut-être du temps où il faisait lui aussi la guerre, et c'est à regret qu'il m'entraîne sur le chemin du retour : « C'est l'*anemat*, beau-frère, ils se préparent à aller chez ceux de l'Apupentza ; il vaut mieux s'en aller. »

TROISIÈME PARTIE

VISIONS

« Il faut tâcher de pénétrer ce qu'ils pensent, et non prétendre les faire penser à notre manière. »

Joseph-Marie de GÉRANDO
Considérations sur les méthodes à suivre dans l'observation des peuples sauvages.

Chapitre XIX

CHEMINS DE LA RÉVÉLATION

Le sentier jusque-là à peine frayé s'élargit et débouche sur une petite clairière débroussaillée. Accroupi en son milieu sous un abri de palmes, Pakunt nous regarde approcher sans mot dire ; il frissonne, complètement nu, le corps zébré d'égratignures, les cheveux emmêlés de débris végétaux ; son visage pâle est vide d'expression, comme agrandi par des yeux dilatés qui nous fixent sans paraître nous voir. Voilà quatre jours que Pakunt « est parti sur le chemin », selon l'expression consacrée ; retiré seul au fond de la forêt, sans rien manger ni boire, il a ingurgité sans répit de la stramoine et du jus de tabac afin d'être visité par la vision d'un arutam. Les accès bien dégagés font partie de la mise en scène : arutam n'apparaît qu'à ceux qui ont su lui ménager un passage spacieux et sans obstacle, un « chemin » précisément, au bord duquel l'implorant, posté dans son « reposoir » *(ayamti)*, attend la venue du fantôme vagabond. J'ai accompagné mon hôte Tunki depuis sa maison à deux heures d'ici, car ce dernier commençait à s'inquiéter de ne pas voir revenir Pakunt. Les transes induites par la stramoine peuvent être violentes et conduire les hallucinés à errer en courant dans la forêt sans prendre garde aux dangers qui les guettent ; une mauvaise chute ou une noyade ne sont pas à exclure, même pour ceux qui, comme Pakunt, ont déjà subi l'épreuve avec succès à plusieurs reprises. Malgré ses éraflures et le short en lambeau qui gît à côté de lui, le jeune homme paraît s'en être bien tiré et c'est d'une voix ferme qu'il annonce à Tunki : « *Pai! kanutrajai! waimiakjai!* » « C'est bien, j'en ai eu la vision, je l'ai rencontré ! »

Pakunt est « parti sur le chemin » car il vient de tuer un

homme; il lui faut donc au plus tôt renouveler sa vision d'arutam sous peine d'être déserté par sa force vitale à un moment aussi critique. Le meurtre s'est produit peu de jours après notre arrivée chez Tunki, un très grand chamane et le propre frère de mon ami Mukuimp de Capahuari, lequel m'incitait depuis longtemps à aller faire une visite sur le Kunampentza à cet aîné qui lui avait enseigné à peu près tout ce qu'il savait en matière de chamanerie. C'est un projet que j'avais différé car le Kunampentza est situé à la limite septentrionale du territoire achuar, très loin des régions que nous avions l'habitude de fréquenter et où beaucoup de travail restait à faire avant de commencer une enquête plus approfondie sur le chamanisme.

Plus de huit mois se sont écoulés depuis la fin de notre expédition en pirogue avec Tseremp et Tarir, que nous avons passés en longs séjours dans des lieux déjà familiers, Capahuari et Sasaïme, entrecoupés de petits voyages dans des régions limitrophes, sur le Copataza ou dans le haut Pastaza. Depuis bientôt deux ans que nous vagabondons parmi les Achuar du Nord, nous sommes connus à peu près partout et personne ne s'étonne plus de notre présence. Ce n'est pas sans poser des problèmes : tout le monde me supposant déniaisé, chacun attend de moi que je prenne au sérieux les obligations de la parenté fictive où l'on m'a inséré et que je me range dans telle ou telle faction en conflit. C'est ce qui est arrivé lorsque nous avons débarqué en avionnette à Conambo il y a une quinzaine de jours afin de rencontrer Tunki.

Sur le cours moyen du Kunampentza, « la rivière de l'écureuil », Conambo se résume à une piste d'atterrissage, construite il y a une dizaine d'années lors d'une éphémère tentative de prospection pétrolière, autour de laquelle quelques familles achuar et quichuas se sont récemment regroupées. Lors de notre arrivée, la plupart des maisons achuar était désertées en raison d'un grave conflit opposant deux groupes de parents liés par le mariage; l'une des factions s'était réfugiée sur le Wayusentza, un petit affluent du Pindo Yacu à deux jours de marche vers le nord, tandis que l'autre, sous la conduite de Tunki et de Mukucham, s'était repliée au bord du Kunampentza, à une journée de navigation en amont du village et dans un site bien choisi car le fleuve, facile à contrôler, en constitue la seule voie d'accès. Sachant mon amitié avec Mukuimp et apprenant que j'étais

330

venu voir son frère, un parent de Tunki qui se trouvait à Conambo ce jour-là nous avait embarqués dans sa pirogue pour nous mener chez notre hôte.

Comme d'habitude, le conflit avait débuté par un problème conjugal : lasse d'être maltraitée par son époux Chuchukia, Chayuk avait abandonné son mari et s'était réfugiée chez ses frères. Plusieurs enfants étant morts brusquement chez ces derniers, l'on commença à accuser Mashu, père de Chuchukia et chamane réputé, de les avoir « mangés » pour se venger de la défection de sa bru. La fille de Chayuk, qui était mariée à un neveu « embranché » de Chuchukia, quitta elle aussi son mari sur les instigations de sa mère, annulant les liens institués par le mariage entre ces deux groupes d'affins. Les enfants étaient en outre restés avec leur père respectif, contrairement à la coutume en pareil cas, laissant leur mère désespérée et sans grand espoir de les revoir bientôt puisque aucune visite n'était plus possible entre ces gens qui désormais se détestaient. C'est dans ces circonstances tendues que Pakunt, un fils « embranché » de Chayuk, avait été frappé d'une semi-paralysie des jambes, qui fut attribuée à un tunchi chamanique. Mukucham, son oncle maternel, avait tenté en vain de le guérir et c'est Tunki, allié par ses femmes à Mukucham, qui réussit à faire disparaître son mal. Interrogé par Pakunt, Tunki avait prudemment déclaré qu'il n'avait pas réussi à voir le chamane responsable du tunchi ; mais l'escalade de l'inimitié était trop avancée pour que l'on se contentât d'une telle réponse, et c'est Chayuk qui devait révéler la culpabilité de Mashu après une transe visionnaire sous l'effet de la stramoine. Les choses en étaient là lorsque nous arrivâmes chez Tunki. Chayuk, une grande et forte femme, assez belle dans le genre hommasse, et d'une exceptionnelle liberté de ton et d'allure pour une personne de son sexe, n'avait cessé d'exhorter ses parents à venger toutes ces vilenies, leur reprochant leur couardise en termes presque explicites. Peu après, Pakunt était descendu à Conambo avec son beau-frère Shiki ; à son retour quelques jours plus tard, nous apprîmes sans grand étonnement qu'il avait réussi à tuer Mashu la nuit précédente, profitant d'une brève visite de ce dernier au village pour chercher des ustensiles dans son ancienne maison.

De retour chez Tunki, et après s'être longuement baigné, Pakunt peut prendre son premier repas depuis qu'il est « parti sur le chemin » : un bol de *tumpi*, sorte de purée de manioc et de taro. Pendant de longues semaines encore, il va être condamné à ce genre de mets insipides. Jusqu'à la lune nouvelle, lui rappelle Tunki, il ne pourra manger que des petits poissons sans arêtes et cuits à l'étouffée, des cœurs de palmier, des tubercules du jardin et des feuilles bouillies de *jeep*, une aracée sauvage, tous aliments conçus comme « blancs », dépourvus de sang, tendres et inactifs, préparés sans contact direct avec le feu de cuisine, et globalement associés au végétal dans ce qu'il a de plus inerte. Un homme mûr et expérimenté — probablement Tunki lui-même — lèvera alors l'interdit sur le gibier en plaçant dans la bouche de Pakunt un petit morceau de viande. Mais, pendant plusieurs lunes encore, ce dernier sera astreint à ne manger que des petits mammifères à la chair pâle et peu fibreuse, presque domestiques car vivant à proximité des hommes et s'alimentant de leurs jardins, tels les agoutis, les acouchis, les écureuils ou les tamarins. C'est seulement quatre ou cinq mois après sa rencontre avec arutam que le jeune homme pourra consommer les viandes « noires » et fortes du vrai gibier (pécaris, singes laineux, toucans, marails...) et la chair des gros poissons-chats, les seuls poissons dotés d'un wakan, sans doute parce qu'ils s'alimentent en partie de leurs congénères. Ce régime paraît être celui d'un convalescent, restaurant peu à peu son organisme perturbé au prix d'une existence ralentie. Pakunt ne doit plus chasser ni fournir d'efforts physiques violents, il lui faut s'abstenir d'entreprendre des visites au long cours, même le commerce sexuel lui est interdit, comme s'il était encore trop fragile pour se permettre sans dommage une telle dépense génésique.

Qu'est-ce au juste que ce mystérieux arutam? C'est une question qu'à la suite de nos prédécesseurs chez les Jivaros nous n'avons cessé de nous poser depuis les premiers jours et dont j'entrevois seulement à présent comment l'on pourrait y répondre, l'expérience de Pakunt, et les commentaires avisés de Tunki qu'à propos d'elle je suscite, contribuant à ordonner dans mon esprit les informations éparses que j'avais recueillies auparavant. Arutam, c'est d'abord une vision, fruit d'une conscience altérée par le jeûne, par l'ingestion répétée de jus de tabac et surtout par les fortes doses de scopolamine que libère la préparation de stramoine. Pourtant, la pharmacologie n'explique pas à elle seule la nature de l'hallucination ni les significations qui lui sont attachées. D'après les récits que j'ai pu recueillir, les manifestations d'arutam sont très stéréotypées. Prostré par la narcose au bord du chemin, le corps affaibli par le manque de nourriture, l'esprit tout entier tourné vers la rencontre à laquelle il aspire, l'implorant perçoit soudain les échos d'un vent lointain qui s'enfle en ouragan et s'abat brutalement sur la clairière, en même temps qu'une figure étrange ou monstrueuse s'approche de lui peu à peu : ce peut être un jaguar gigantesque aux yeux de feu, deux anacondas géants enlacés, un immense aigle-harpie, une troupe d'inconnus armés aux rires sarcastiques, un corps humain tronçonné dont les membres rampent sur le sol ou encore une grande tête flamboyante tombant du ciel et roulant en convulsions. Malgré l'effroi qui saisit le visionnaire, il lui faut toucher l'apparition de la main ou avec un bâton ; celle-ci s'évanouit aussitôt dans une explosion assourdissante, le vent s'apaise aussi vite qu'il s'était levé, et dans le calme soudain revenu un imposant vieillard se matérialise. C'est arutam, autrement dit « l'Ancien », le fantôme d'un guerrier valeureux qui, après avoir éprouvé le courage de l'implorant en adoptant un avatar terrifiant, se révèle maintenant à lui sous une forme bienveillante pour lui délivrer un bref message d'espoir, d'assistance et de longévité, avant de disparaître à son tour.

Si mes compagnons s'accordent sur le déroulement des rencontres d'arutam, ils diffèrent en revanche quant à la teneur de ce que celui-ci révèle. Certains prétendent qu'il y a deux types d'arutam selon la nature de la prédiction : l'un s'attacherait exclusivement au bonheur domestique et annoncerait une vie longue et pourvue en abondance de satisfactions terre à terre — multiples épouses, gendres nombreux et respectueux, jardins opulents, etc. —, tandis que l'autre serait un gage de succès à la guerre, l'instrument d'une bravoure exemplaire et, en définitive, la garantie d'une invincibilité presque absolue dans les combats. Il y a des Achuar qui disputent une telle distinction et soutiennent qu'on ne saurait dissocier les réussites propres à une existence épanouie des exploits guerriers qu'une grande force d'âme rend possibles ; les uns comme les autres supposent la parfaite maîtrise de soi et la conscience de sa propre valeur auxquelles seule la rencontre d'un arutam permet d'accéder. Sans doute plus plausible que la précédente, cette opinion est d'ailleurs partagée par ces hommes qui, n'ayant pas eu le privilège de la révélation, se sentent inférieurs aux autres dans tous les domaines d'accomplissement personnel. La quête visionnaire n'est pas toujours couronnée de succès, confirmation de ce que la drogue est moins un sésame automatique qu'un catalyseur d'intentions culturellement figurées. Tseremp m'a confié qu'il n'avait jamais vu arutam malgré plusieurs tentatives; il paraît résigné à son sort et affirme qu'il serait vain pour lui d'y prétendre car on s'aperçoit vite des effets d'arutam chez un homme à sa manière de se comporter : il parle haut et fort, notamment dans les dialogues cérémoniels, témoigne d'aisance dans toutes les circonstances et se révèle impassible face au danger ou à l'adversité, toutes qualités qui, de son propre aveu, lui font défaut. Il se gausse de son beau-frère Titiar qu'il soupçonne d'être logé à la même enseigne que lui au vu de sa façon d'être, mais qui affirme avoir rencontré arutam sans que personne dans son entourage n'y accorde crédit.

L'incertitude qui règne quant à la nature des messages délivrés par arutam, comme le fait que l'on puisse feindre de les avoir reçus, vient en partie de ce qu'il faut garder secrète la révélation obtenue sous peine d'en perdre les bénéfices. Le sujet est si intime que mes compagnons en parlent avec réticence, même pour décrire des visions anciennes dont l'incidence personnelle a maintenant disparu. La recherche d'un arutam doit en effet être répétée à intervalles réguliers. Celle-ci commence vers dix ou douze ans pour un garçon, sous la conduite d'un mentor, son père en règle générale, en raison des dangers que l'entreprise présente. Ces expériences initiales constituent une sorte d'exercice préparatoire où le néophyte apprend à contrôler ses visions, la première rencontre véritable d'arutam intervenant vers dix-sept ou dix-huit ans, lorsque le jeune homme a acquis assez d'empire sur lui-même pour entreprendre sa quête en solitaire. Les effets sociaux en sont immédiatement sensibles : il cherche à se procurer un fusil; il peut prendre femme; surtout, il est invité à participer à des raids, le plus souvent par le père de son épouse, sous la conduite de qui il fait son apprentissage de guerrier. Arutam opère en effet comme un stimulant de la bravoure qui pousse le jeune homme à s'illustrer dans les combats; toutefois, l'influence d'arutam se dissipe dès qu'il a tué un ennemi, et il lui faut alors «partir sur le chemin» pour une nouvelle rencontre. Tous les hommes qui participent à une expédition victorieuse se trouvent du reste dans la même situation car la mise à mort d'un ennemi est une affaire collective : dès qu'un membre de la troupe a tiré le coup de feu mortel, tous déchargent leur fusil sur la victime abattue et deviennent par cet acte solidairement co-meurtriers, ce qui permet à des jeunes gens encore inexpérimentés de commencer très tôt à accumuler des faits d'armes.

Mes compagnons prétendent que l'emprise d'arutam disparaît très vite après que l'on a tué, vous laissant dans un état de langueur extrême, tenaillé par une faim insatiable, toute volonté annihilée hormis le désir de «partir sur le chemin». Il est d'autant plus urgent alors d'aller quérir arutam que l'on tombe dans cet état vulnérable au moment précis où l'on est le plus exposé à des représailles de la part des parents de la victime. Or la rencontre d'un nouvel arutam paraît non seulement restaurer les forces du vainqueur, mais aussi les accroître de manière graduelle à chaque expérience visionnaire, de sorte que les hommes âgés qui sont maintes fois «partis sur le chemin» sont réputés invincibles. Ces vieux braves, tels Tsukanka et Naanch à Capahuari, ou Tukupi et Washikta à Sasaïme, meurent certes comme tout le monde, mais jamais, dit-on, d'une mort accidentelle ou par violence physique : ils réussissent à survivre lors même qu'ils sont criblés de chevrotines et, s'ils finissent par succomber, c'est moins en raison de leurs blessures que parce qu'un chamane les a affaiblis en leur envoyant un tunchi, seule méthode pour se débarrasser d'adversaires tellement formidables que l'on a renoncé à les tuer par des moyens plus directs. Une série de tête-à-tête avec arutam dans la somnolence du «reposoir» aboutit ainsi à une accumulation personnelle de puissance, raison pour laquelle on désigne souvent les grands guerriers par l'expression *kanuraur*, «ceux qui savent dormir».

Parce que l'on en mesure en premier lieu les effets dans la guerre, arutam a partie liée avec la libération d'une force intérieure dans des actes de violence codifés. Ceux-ci ne se cantonnent pas toujours aux faits d'armes. Tunki me dit que les chamanes ont des accointances avec une espèce particulière d'arutam à laquelle ils accèdent en mélangeant à la stramoine un peu de natem, leur breuvage hallucinogène particulier, rencontre qui consolide leur système de protection contre des confrères ennemis en accentuant leurs propres dispositions offensives. De même qu'après avoir vu arutam un homme ordinaire brûlera d'éprouver au combat sa bravoure raffermie, de même un chamane visité par son arutam spécifique sera-t-il dévoré de l'envie d'envoyer ses projectiles invisibles sans trop en contrôler la destination.

L'énergie que la vision mobilise n'est pourtant pas tournée vers la seule exaltation de la suprématie du moi; elle anime aussi au quotidien une existence épanouie et durable. Cet aspect d'arutam est patent dans les bénéfices que les femmes tirent de leur expérience visionnaire. « Partir sur le chemin » est moins important pour une femme que pour un homme, qui doit établir sa gloire sur le champ de bataille et renouer les fils de sa vie chaque fois qu'il a tué. Toutes ne se soumettent donc pas à l'épreuve, laquelle attire surtout les épouses des hommes kakaram, « les forts », c'est-à-dire ceux qui ont rencontré de nombreux arutam. Outre la longévité, elles y gagnent l'assurance d'un parfait accomplissement dans les domaines qui relèvent de la compétence féminine : la maîtrise des plantes cultivées et de leur transformation, la poterie, le tissage, l'élevage des chiens, etc. L'émulation joue sans doute un rôle dans le désir d'une épouse de rencontrer arutam, non pas tant pour rivaliser avec son mari dans une improbable guerre des sexes que pour établir une forme de parité dans des biographies convergentes dont la garantie d'une double révélation accentue la complémentarité. Tout comme les hommes, certaines femmes vont régulièrement au « reposoir » pour y prendre de la stramoine, avec l'assistance de leur mère ou d'une sœur plus âgée en général. Il leur arrive de rencontrer arutam en songe et sans stimulants, notamment lorsqu'elles perdent leur mari ou que son affection se voit aliénée par une violente mésentente. L'éloignement temporaire ou définitif du conjoint paraît agir sur elles à la manière du meurtre pour un homme; il s'agit d'un événement singulier et chargé de passion, clôturant une période de la vie dont arutam avait dessiné le déroulement, et qui impose de ce fait la refonte d'un destin personnel sous les auspices d'une nouvelle prédiction.

Cerner arutam par ses effets, comme j'ai tenté de le faire jusqu'à présent, n'est pas suffisant pour accéder à l'intelligence des principes qui le constituent. Une première question s'impose : qui est cet «Ancien» porteur d'une révélation vitale? On peut, en première approximation, le définir comme un ancêtre. C'est un mort relativement récent ou dont la mémoire ne s'est pas encore perdue, ce dont il s'assure en déclarant son nom, un parent en règle générale, parfois lointain mais le plus souvent originaire du même «pays» que le visionnaire, un personnage estimé de son vivant, notamment pour sa longévité. Les ancêtres masculins se manifestent aux hommes, les ancêtres féminins aux femmes et les ancêtres chamanes aux chamanes. Faute de lignées clairement établies, les «Anciens» ne sont pas tous des consanguins, encore qu'il soit courant qu'un père décédé il y a peu se révèle comme arutam à son fils aîné après lui avoir indiqué sur son lit de mort les lieux où il aurait des chances de le rencontrer. Chaque arutam a donc existé dans un passé proche, on l'a parfois bien connu, voire aimé, ce qui explique la bienveillance dont il témoigne une fois surmontée la peur que cause sa première apparition.

Est-ce un fantôme, alors? Pas vraiment, si j'en crois les explications de Tunki : «La personne (aents) que tu vois n'est pas la vraie personne; la vraie personne a disparu pour toujours, c'est son arutam que tu vois.» Bigre! «Pourtant, lui dis-je, arutam est bien un Ancien, un de vos parents morts; qu'est-ce donc que l'arutam de cet arutam? — La personne que tu vois est une image (wakan) d'arutam; la personne n'existe plus, mais arutam existe pour toujours; arutam voit avec les yeux de cette personne, arutam parle avec la bouche de cette personne, parce que arutam est invisible; pour se faire connaître, arutam se fait semblable à la personne, mais la personne est morte.» Voilà donc une entité qui semble éternelle mais très localisée et qui n'existe dans le monde que par ses œuvres, notion complexe s'il en est, et bien propre à remuer mes souvenirs philosophiques.

Abandonnons un instant les questions d'ontologie et revenons à ce que les Achuar attendent de la rencontre avec arutam. Les bénéfices escomptés en sont connus, mais de quelle opération au juste résultent-ils? En ce domaine, comme dans bien d'autres, les chants anent fournissent une clef précieuse sinon facile à utiliser. Pour faire advenir la vision qu'il attend, l'implorant invoque en effet arutam par le moyen d'anent d'un genre particulier, tel celui-ci chanté par Yaur à Copataza.

« Mon petit grand-père, mon petit grand-père
Plongé dans la détresse, j'éveille ta compassion
Moi-même je suis celui-là
Moi le fils de la patte d'ocelot
Ainsi disant, l'oreille aux aguets
Toi qui ne peux être dépassé par quiconque
Ainsi disant, l'oreille aux aguets
Mes ancêtres à moi, où sont-ils allés?
Mes ancêtres à moi, où donc êtes-vous partis?
Plongé dans la détresse, j'éveille ta compassion
Dans mon for intérieur, je demande seulement : Où es-tu parti?
Moi le fils de la patte d'ocelot
Ainsi disant, l'oreille aux aguets
A toi qui déclares : Comme une boule de feu, je vais à l'habitude,
Plongé dans la détresse, j'éveille ta compassion
T'en venant comme une boule de feu
Abats-toi, abats-toi sur moi! Ainsi resplendissant, ainsi illuminé
Toi qui es mon grand-père, toi qui es mon grand-père
Toi qui ne peux être dépassé par quiconque
Moi-même je suis celui-là
Comme l'enfant porté par sa mère, ainsi je suis
Mon grand-père que personne ne dépasse
Me faisant surgir tout élancé
Tout odorant, tout odorant m'ayant rendu. »

Comme dans tous les anent de ce type, arutam est invoqué par un terme de parenté affectueux, « petit grand-père », qui exprime l'idée d'une filiation directe avec les générations précédentes dont on regrette la disparition, ainsi qu'en atteste la lamentation « mes ancêtres à moi, où donc êtes-vous partis? ». L'implorant se fait humble, il cherche à attirer la commisération d'arutam en soulignant son abandon et sa solitude, quémandant sa protection et son contact rassurant à l'instar d'un nourrisson qui réclame sa mère. La présence d'arutam se manifeste à la manière d'une illumination, morale et concrète tout à la fois, que l'image de la boule de feu *(payar)* vient illustrer à propos. C'est alors que s'opère la métamorphose : une personnalité nouvelle jaillit de l'expérience visionnaire (« me faisant surgir tout élancé »), comme purifiée par un bain lustral — le thème de l'ablution est commun dans ces anent — et ainsi rendue « tout odorante ».

Un anent de Pinchu permet d'éclairer d'autres points.

« Mon petit grand-père désiré
Simplement indépassable
A l'uyun de mon petit grand-père, flic flac en oscillant, flic flac
  en oscillant je vais
Écoute mon ballottement ! Écoute mon ballottement !
Écoute ! Écoute en marchant ! Écoute ! Écoute !
Dans l'attente qu'il m'emporte, dans l'attente qu'il me réarrange,
  je vais à mon grand-père
A l'indépassable, tout droit, tout droit, je vais
Ma détresse éveille la compassion
Humble et digne de pitié je vais
Oh ! D'où suis-je le fils ?
Plongé dans l'affliction je vais
Mon grand-père désiré, parle-moi ! Parle-moi simplement !
Allant simplement
A l'uyun de mon grand-père, à ton uyun ballottant, flic flac je vais
Grand-père désiré, simplement indépassable, seul je vais
Tout droit, tout droit je vais, grand-père désiré
Je ne peux manquer de te contempler
Oscillant, oscillant je vais
Je vais en crépitant, simplement indépassable. »

La métaphore de l'uyun, cette petite sacoche en filet ou en peau que les hommes portent en forêt, éclaire la relation complexe que l'implorant cherche à établir avec arutam : s'identifiant à cet objet, il se présente à la fois comme un contenant aspirant à être rempli et comme un attribut indispensable à l'ancêtre, mais sans signification propre hors de sa présence. L'interrogation «d'où suis-je le fils ?» exprime le désarroi du visionnaire en quête de racines dans un lieu bien défini et semble appeler le réconfort de cette liaison stable à un territoire ancestral qu'à travers arutam il espère obtenir. Particulièrement significative, enfin, est l'expression «dans l'attente qu'il m'emporte *(jurukuta)*, dans l'attente qu'il me réarrange *(iwiaitkuta)*» ; l'action d'arutam s'y révèle sous deux modalités complémentaires : la première évoque l'adoption d'un enfant et suggère ainsi la création d'une autre identité sociale, tandis que la seconde pointe vers une métamorphose au cours de laquelle l'implorant se voit doté de caractéristiques nouvelles. C'est d'ailleurs ce que confirme Tunki lorsque, à la question :

« Comment arutam agit-il sur le visionnaire ? », il répond :
« Arutam réorganise *(iwiaitkawai)* la personne ; elle devient une
nouvelle personne. »

Peut-on dire alors qu'arutam serait « l'âme » d'un ancêtre
venue se réincarner dans un vivant, une banale métempsycose,
en somme, dont l'histoire des religions offre maintes illustrations ? Une telle interprétation est douteuse si l'on songe que
l'ancêtre ici n'est qu'une figuration transitoire, le médium grâce
auquel arutam se fait reconnaître par un individu. Non, arutam
recouvre à l'évidence un phénomène plus complexe, en ce qu'il
désigne à la fois une relation et le terme avec lequel la relation
est instituée, un lien de dépendance mystique recherché en même
temps que le principe immatériel et irreprésentable avec lequel
il est établi. Bien que dépourvue d'identité propre, cette entité
abstraite est néanmoins individuée et attachée à un territoire, ce
qui lui permet de prendre l'apparence d'un mort familier afin
d'apparaître cycliquement à des hommes et des femmes différents dont elle recompose la personne en énonçant leur destinée.
La métamorphose qui en résulte s'exprime de manière tangible
par une transformation du comportement, mais elle n'est pas
seulement morale ou psychologique ; en effet, c'est l'équilibre
vital tout entier qui se voit affecté par le cycle des expériences
visionnaires, et il faut donc bien supposer qu'arutam s'incorpore
d'une manière ou d'une autre à ceux qui l'ont rencontré.

De quelle manière les Achuar se représentent-ils cette incorporation ? Une coutume que j'avais remarquée sans lui attacher
grande importance, mais sur laquelle Tunki vient de m'apporter
des précisions, jette sur ce processus un nouvel éclairage. On sait
que l'effet d'arutam se dissipe quand un homme a tué un
ennemi ; en prévision de cet abandon qu'il sait inéluctable, le
guerrier retire ses bracelets juste avant de partir pour un raid et
n'en remettra d'autres, tissés par sa femme, que lorsqu'il aura
rencontré un nouvel arutam au retour de l'expédition victorieuse. C'est précisément ce que Pakunt a fait ce matin sous mes
yeux. Or, ces longues bandelettes multicolores enroulées aux
poignets ne sont pas des emblèmes de bravoure ou de coquets
ornements ; ils ont pour fonction de sceller hermétiquement le
pouls, ce point de passage obligé entre l'intérieur et l'extérieur
du corps qui constitue en quelque sorte la porte d'arutam, à
travers laquelle, selon les circonstances, il fait son entrée ou sa

sortie. La faiblesse qui a gagné Pakunt aussitôt après avoir tué Mashu, de même que l'espèce de convalescence à laquelle il va se soumettre à présent témoignent de ce que le va-et-vient d'arutam provoque une profonde perturbation dont l'organisme entier se ressent; brutalement déserté par l'une de ses composantes essentielles, le jeune homme se voit maintenant restructuré selon une combinaison nouvelle dont la difficile stabilisation n'est obtenue qu'au prix de multiples précautions.

Arutam est plus que l'allégorie d'une destinée entrevue dans un état second, une expérience stimulante où se ressaisiraient toutes les facultés; il accompagne l'individu durant une période de son existence, double attentif dont la présence ou l'absence se fait sentir dans les actes les plus humbles de la vie quotidienne. Pour mes compagnons, arutam n'est pas une simple projection mentale, c'est un principe extérieur multiple et stable. Multiple, parce que chaque « pays » en possède un stock, stable parce que ce stock paraît fini. Conformément à sa vocation d'éternité, arutam ne se crée ni ne se perd, identique à lui-même, il se perpétue au fil des générations dans des individus chaque fois différents, mais reliés les uns aux autres par la parenté et la résidence.

Comment expliquer alors que l'acquisition successive d'arutam distincts engendre chez un individu une accumulation progressive d'énergie vitale ? C'est ce que Tunki, fier possesseur d'une luxueuse radio portable, entreprend de m'expliquer par une métaphore physico-chimique : « Arutam, c'est comme une pile de radio qui ne meurt jamais; quand arutam quitte un homme fort, la pile est encore plus forte; quand arutam quitte un homme faible, la pile est plus faible qu'avant. » Arutam se recharge ou se décharge ainsi plus ou moins en fonction des personnes avec lesquelles il est temporairement associé, disposition qui restitue à chacun la liberté d'être ce qu'il est en fonction de son tempérament, et qui interdit que le cycle des expériences visionnaires aboutisse à élever un médiocre dans la hiérarchie des caractères. Nulle prédestination mécanique dans ces mutations successives de la personne : on est toujours le fils de ses œuvres, jusque dans l'ampleur des secours qu'arutam vous dispense.

A la mort de celui qu'il secondait, arutam redevient une essence désincarnée jusqu'au moment où il reprend les traits de son ancien possesseur pour apparaître brièvement au nouvel individu dont il animera dès lors l'existence. C'est aussi ce qui se passe lorsqu'un homme a tué, sauf que son arutam fugitif adopte une identité différente pour se manifester à un autre implorant. Le parallélisme entre les deux situations soulève toutefois une interrogation : pourquoi faut-il donc que l'on soit déserté par son arutam quand on a donné la mort ? Il est vrai que chaque meurtre tend à clore le cycle d'une destinée en partie définie par l'exploit guerrier dont elle a dessiné l'accomplissement. Mais il y a plus. En dépit de leur ferveur belliqueuse, les Achuar ne prennent pas l'acte de tuer à la légère, car en supprimant une vie c'est aussi la sienne propre que l'on met en péril. L'état où se trouve le meurtrier juste avant de « partir sur le chemin » présente bien des analogies avec celui du moribond que son âme wakan abandonne quelque temps avant le dernier soupir : faible et désarmé comme lui, il est, de l'avis de tous, promis à une mort certaine s'il ne rencontre pas bien vite un nouvel arutam. Semblable aux défunts, il est tenaillé par une faim perpétuelle, transi par le froid et anxieux de regagner l'intimité des siens, ce qui lui est interdit tant qu'il ne s'est pas raffermi par une nouvelle vision. Tandis qu'il cherche arutam, ses parents ne doivent pas le regarder ni même penser à lui, de la même façon que le souvenir des morts doit être banni au plus tôt de la mémoire pour éviter qu'ils n'importunent de leur ressentiment ceux qui leur survivent. Loin d'y retremper sa force, l'on meurt donc un peu chaque fois que l'on a tué, condition dangereuse entre toutes dont la désertion d'arutam paraît être autant un symptôme qu'un résultat.

Comme bien des symboles que la tradition a sanctifiés pour n'avoir point à les éclaircir, arutam est un concept délibérément vague qui permet d'accommoder, sous un terme unique et dans une expérience perceptive à nulle autre pareille, un vaste registre d'idées, de sentiments et de désirs où s'affirme une certaine conception achuar de la condition humaine. La force de conviction de ce symbole tient à ce qu'il se manifeste d'abord sous les espèces d'une vision à la fois individuelle et collectivement tenue pour vraie, que l'on peut toucher, entendre, s'approprier et garder en mémoire, sans pour autant la maîtriser complètement. A l'instar des anent, immuables de forme et de fonction, la vision d'arutam est un quasi-objet ; entité immatérielle mais réelle par les effets qu'elle produit, existant à n'en pas douter de toute éternité, elle est concédée à des hommes et à des femmes pour un bail temporaire, afin que ses dépositaires en perpétuent la démonstration d'efficacité en l'installant pour un temps au cœur de leurs propres aspirations.

A travers ce support figuratif, c'est aussi une approche originale de la causalité qui transparaît. Sous sa forme désincarnée, arutam est une pure virtualité de destin, un principe moteur sans affectation particulière ni existence visible ; il ne s'actualise de manière épisodique qu'à travers la succession des biographies partielles dont il permet le dévoilement. Il est donc agi autant qu'agissant, constamment revitalisé par ceux qu'il anime, toujours singulier mais répétable à l'infini, un patrimoine mystique, sur lequel personne n'a de prise et dont la sauvegarde est fonction du désir de chacun d'y puiser tour à tour. Admirable dispositif d'annulation du temps pour une société indifférente au passé : un présent sans profondeur se voit ainsi constamment renouvelé par un puissant mécanisme de continuité qui garantit depuis la nuit des temps à chaque génération nouvelle de partager les mêmes arutam que ceux dont les générations précédentes avaient déjà tiré parti, contribuant par là à perpétuer dans des fragments d'existence discontinus le même fondement collectif d'une identité partagée.

D'après ce que rapportent les ethnographes des autres tribus jivaros, l'arutam des Achuar semble différer de l'arutam des Shuar, qui diffère lui-même de ce que les Aguaruna appellent *ajutap.* De telles divergences d'interprétation ne découlent pas uniquement des préjugés théoriques ou de la philosophie spontanée que chacun d'entre nous injecte dans ses descriptions ; elles témoignent aussi d'une indétermination foncière de cette notion complexe dont le contenu paraît avoir été infléchi dans des directions opposées par chaque tribu en fonction de ses idiosyncrasies sociologiques et historiques. Si les observateurs s'accordent sur les circonstances dans lesquelles les Jivaros reçoivent une révélation du fantôme d'un ancêtre, en revanche, tant l'incidence de cette rencontre que les caractéristiques mêmes assignées à cet ancêtre sont fort dissemblables. La variante aguaruna se décline sur le mode mineur : ajutap est l'instrument transcendant d'une prédiction de succès à la guerre dont la remémoration publique avant un combat stimule la bravoure de son bénéficiaire; la vision n'est pourtant pas dépourvue de toute substance puisqu'elle se transforme en un nouvel esprit ajutap à la mort du visionnaire. Pour les Shuar, la vision d'arutam permet d'acquérir une « âme » nouvelle, donnée par un ancêtre inconnu, laquelle a pour effet principal de susciter un irrépressible désir de tuer. La veille d'une attaque, chaque guerrier décrit sa vision publiquement, causant le départ de son âme arutam; l'affaiblissement qui en résulte est progressif, mais l'homme doit néanmoins chercher un nouvel arutam, faute de quoi sa vie serait en danger. Retrouver au plus tôt un arutam permet en outre de bloquer la dissipation graduelle du pouvoir de l'ancienne âme arutam, contribuant à une accumulation de puissance lors de chaque acquisition consécutive. A la mort d'un guerrier, celui-ci produit autant d'âmes arutam qu'il en aura incorporées au cours de sa vie. Rien de tel chez les Achuar que je connais, puisque l'accumulation d'énergie se produit dans arutam lui-même et non dans le corps des hommes; en outre, mes compagnons soutiennent que les arutam existent en nombre fini, qu'ils sont rattachés au territoire d'un groupe local et qu'ils révèlent à l'implorant leur ancienne identité. Contrairement à ce qui se passe dans les autres tribus, les mêmes arutam s'incorporent donc génération après génération dans les habitants des mêmes « pays » et contribuent par là, malgré l'amnésie généalogique, à perpétuer en substance l'identité distinctive des parentèles.

Apparemment propre aux seuls Achuar, la transmission d'arutam par un principe de descendance continue est peut-être l'alternative qu'ils ont trouvée à la chasse aux têtes. Tant la capture des tsantsa que l'incorporation d'arutam visent en effet, par le moyen de la guerre, à consolider la consanguinité imaginaire des groupes de voisinage en reproduisant en leur sein des espèces de brouillons de personnes dépourvus des stigmates de l'affinité. Le rituel de tsantsa convertit un ennemi non parent en un enfant consanguin, tandis qu'un rapport de filiation symbolique aux mêmes « grands-pères » arutam transforme tous les membres d'une parentèle en un groupe solidaire et dépendant du principe ancestral qui les définit comme une collectivité idéalement consanguine. Les ingrédients et les objectifs sont les mêmes, seuls changent les moyens d'y parvenir : ou bien l'altérité produit du soi par l'institution d'une affinité sans véritables affins, ou bien le soi réitère le soi parce que l'on feint d'ignorer l'affinité des affins véritables. Le choix entre l'une ou l'autre de ces combinaisons relève sans doute de la contingence historique. Longtemps soumis aux attaques incessantes des Shuar qui leur étaient bien supérieurs en nombre, les Achuar finirent par se retirer dans des zones refuges pour fuir la dangereuse proximité de leurs voisins. C'est probablement cette clôture sur eux-mêmes qui entraîna la permutation ; incapables pour des raisons militaires de continuer la chasse aux têtes, ils auraient été condamnés à puiser dans leurs propres ressources en requérant d'arutam le même service autrefois rendu par les tsantsa de leurs ennemis : bref, rester identique à soi-même sans jamais rien devoir à personne.

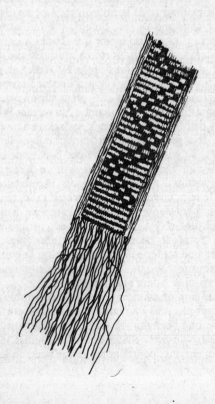

Chapitre XX

LE CHANT DU CHAMANE

La vibration du tsayantar de Tunki résonne en contrepoint du fond continu des insectes, acidulée et métallique. C'est une nuit sans lune et la pénombre de la maison est à peine dissipée par le foyer qui se consume au pied du chimpui où notre hôte est assis. Voilà près d'une demi-heure que Tunki a commencé à «boire le natem», selon la formule qui désigne les cures chamaniques; il n'a cessé depuis de faire résonner son grand arc musical, les yeux perdus dans le vague d'une méditation sereine. Son patient, silencieux, est assis à ses pieds sur un petit kutank. C'est un homme du village de Conambo, un certain Wisui, frère «embranché» de Mukucham et amik de fraîche date de Tunki. Bien qu'il ne soit pas directement impliqué dans la vendetta contre ceux du Wayusentza, il est lié par la parenté et l'amitié élective à la faction de Tunki, et c'est donc ce dernier qu'il est venu trouver lorsqu'il s'est senti malade. Il a débarqué dans l'après-midi, le teint cireux et la démarche lourde, se plaignant d'une douleur persistante au foie; il l'attribue à un tunchi chamanique, ayant rêvé il y a peu que des petits oiseaux lui picoraient le torse et pénétraient dans son flanc, présage classique pour une attaque de tsentsak. Selon la coutume qui veut que l'on fournisse au chamane les instruments de son office, il a amené avec lui le natem et le tabac.

Au physique comme au moral, Tunki ne ressemble pas à son frère Mukuimp; pas plus que lui, toutefois, il ne correspond à l'image sévère que l'on peut se faire d'un chamane : râblé et hâbleur, le visage un peu bellâtre orné d'une mince moustache clairsemée, les cheveux courts gominés à l'huile de kunkuk, il affecte des manières joviales qui ne parviennent pas à dissimuler un tempérament madré. Malgré son invitation, j'ai décliné de l'accompagner dans la transe. Il m'a fallu plusieurs mois pour dissiper la fausse impression que j'avais créée à mon insu en acceptant de «boire le natem» chez Wajari et qui m'avait conduit à m'éloigner quelque temps de Capahuari pour fuir la réputation de chamane qui m'avait aussitôt été faite. Encore à présent, je ne suis pas sûr d'être cru lorsque je nie être un uwishin, un chamane, mais cette dénégation me met au moins en situation de prévenir les malentendus, sinon d'en contrôler la naissance et la propagation. Me recommandant de son frère Mukuimp, j'avais déclaré à Tunki que je souhaitais d'abord comprendre comment il procédait avant de me soumettre à une initiation, c'est-à-dire avant de prendre du natem et d'acquérir auprès de lui une provision de tsentsak. Il avait paru douter que l'on puisse apprendre quoi que ce soit du chamanisme d'une manière aussi abstraite; mais le savoir qu'il me dispense de bon gré depuis quelques jours ne saurait être mis à profit sans les outils qui le rendent efficace, et chacun y trouve son compte : flatté par ma curiosité, Tunki ne rechigne pas à me livrer ses secrets de métier, sachant qu'il me faudra lui acheter ses tsentsak au prix fort si je veux pouvoir m'en servir, tandis que j'accumule des informations précieuses sans trop risquer que l'on me fasse un mauvais sort pour cause de sorcellerie.

Tunki a cessé de jouer et il descend maintenant vers la rivière où je l'entends bientôt s'ébrouer. La musique de son tsayantar lui a permis de réveiller les fléchettes qu'il a stockées dans son corps, de les faire vibrer à l'unisson, de la même façon que le cristal au son de certaines notes de violon. Présentée comme une entreprise de «séduction» de ses propres tsentsak, cette excitation mélodique s'adresse à une classe de fléchettes, dites «fléchettes du raton laveur», *entsaya yawa tsentsakri*, qui entrent en résonance avec la musique ou le chant du chamane et contribuent à son harmonie intérieure. Pour activer au mieux leur fréquence, l'uwishin doit aussi pouvoir fixer longuement son esprit sur des images de vrombissement, des colibris ou des libellules en vol stationnaire, par exemple, tous les sens se combinant dans l'expérience de la transe pour faire du corps une grande vibration immobile. Tunki renforce à présent par son bain le «refroidissement» que le natem a amorcé; il s'attache à maîtriser dans la fraîcheur de l'eau ce grouillement organique qui forme en lui une vivante carapace bourdonnant en silence. La rivière est en outre le lieu d'élection des créatures auxiliaires du chamane qu'il peut convoquer sans mot dire en s'immergeant dans leur milieu originaire comme un immense diapason propageant des ondes concentriques.

Après s'être séché auprès du feu mourant, Tunki se met à souffler sur le torse de Wisui l'âcre fumée d'une grosse cigarette que son patient avait préparée en émiettant une carotte de tabac dans une feuille sèche de bananier. Puis il s'empare du *shinki-shinki*, un faisceau de feuilles bruissantes confectionné pour la circonstance, et commence à en balayer rythmiquement la partie dolente. Cette première phase de la cure vise à anesthésier les fléchettes maléfiques logées dans le corps de Wisui : dopées par la fumée, éventées par la cadence soporifique du shinki-shinki, elles s'engourdissent de froid, perdent de leur virulence et deviendront plus aisées à décrocher. Dans le silence de la maison, le tchac-tchac-tchac-tchac ininterrompu du faisceau exerce un effet apaisant que je ressens aussi, il dilate le temps par répétition et porte à une agréable torpeur. C'est à ce moment où l'attention divague que Tunki commence à siffler entre ses dents un petit air accordé à la mesure de son balayage. Il le soutient quelques minutes, puis, sans jamais cesser d'agiter le shinki-shinki, commence à chanter d'une voix quasi indistincte les paroles de la mélodie qu'il sifflait :

> « *Wi tsumai-tsum, tsumai-ai-ai-tsumai-ai-ai*
> *Tsumai, tsumai, tsumai-tsum*
> *Tsumai, tsumai, tsumai-tsum*
> *Tsumai, tsumai, wi, wi, wi, wi, wi, wi, wi*
> *Tsumai, tsumai, tsumai-tsum, tsumai, tsumai-tsum*
> *Wi, wi, wi, wi-nia um-pun-krun e-ken-tran-ku*
> *Wi, wi, wi, wi, wi, wi, wi e-ke-trait-ja...* »

La voix s'enfle à présent, gagne en précision et en intensité.

> « *Iwianch, iwianchi ji-irtan*
> *Wikia en-ket-ki-nia-ku nu-na-kun*
> *Wikia en-ket-ki-nia-ku nu-na-a-a-a*
> *Ajatke kurat, a-jat-ke ku-ra-ra-ra-rat*
> *Uratkinia um-puar-wit-jai*
> *Uratkinia um-puar-wit-jai-jai-jai-jai-jai*
> *Wi, wi, wi, wi, wi, wi, wi...* »

Comme dans les anent plus ordinaires, l'expression est allégorique et chargée d'images poétiques, mais le sens demeure pour l'essentiel accessible à l'auditoire, particulièrement au malade qui écoute avec attention les paroles de Tunki. On ne trouve point ici ces formules énigmatiques ou ces langages ésotériques que les chamanes emploient dans d'autres régions des Amériques pour attirer la révérence des profanes et leur déguiser les secrets d'un art mystérieux.

« Moi, tsumai, tsumai...
Moi, moi, moi, moi, moi, moi, moi !
Tsumai, tsumai...
Moi, moi, moi, tandis que je fais pénétrer mon projectile
Moi, moi, moi, moi, moi, moi, moi, je suis en harmonie
Faisant surgir mes esprits Iwianch
Je leur fais passer la barrière de dards
Je leur fais franchir le mur de fléchettes
Leur donnant une issue immédiate
Leur laissant la voie libre
De cette façon, je souffle, moi, moi, moi...
Lançant mon projectile soufflé
Submergeant tout, saturant tout
Je souffle, moi, moi, moi...
Tarairira, tara, tariri-ri-ri-ri-ri
Toi l'extraordinaire
Tarairira, tara, tariri-ri-ri-ri-ri
Aussi remarquable que toi, moi je souffle
Tsunki, Tsunki, mes esprits je vous convoque
Me frayant violemment un passage, je souffle, je souffle
Moi, moi, moi, moi, moi, moi, moi !
Tsumai, tsumai...
Moi, moi, moi...
Comme une rivière emportant sa berge, je recouvre tout de mon flot, je déborde de partout
Immobile ici même
M'étendant dans les profondeurs, je souffle
Moi, moi, moi, moi, moi, moi, moi !
Même incrustés hors d'atteinte, moi je décroche les tsentsak d'un coup sec, en soufflant
Me frayant un passage, je séduis complètement l'étranger qui s'est invité dans ton corps, en soufflant, en soufflant, moi, moi, moi, moi, moi, moi !
Tarairira, tara, tariri...

Tsumai, tsumai...

Faisant pénétrer mon souffle, le rendant désirable, je m'applique à faire lâcher prise

Je m'emploie à délivrer complètement, absolument, en ouvrant l'issue

Moi, moi, moi, moi, moi, moi!

Tsumai, tsumai... moi, moi... rari-ri-ri, rari-ri-ri...

Supai, supai, supai, supai, supai, moi, moi...

Comme Tsunki même, je sais parler, moi, moi, moi...

Dans ta tête toute dolente, dans ta tête douloureuse

Aussi bien incrustée ta douleur soit-elle, je la décroche d'un coup sec

Te laissant parfaitement bien, je chante et je chante, je souffle et je souffle

Tarairira, tara, tariri... moi, moi... ri-ri-ri-ri

Le pasuk des entrailles de la terre, celui-là aussi je l'appelle, moi, moi, moi...

La mort que j'éloigne à présent, je la balaye de mon faisceau, avec fierté

Moi, moi, moi, moi, moi, moi!

Comme les pasuk des grands arbres, comme les pasuk tout zébrés, je suis sous l'emprise du natem

Immobile, je porte le pasuk en collier et la mort même je séduis pour l'emporter au loin, moi, moi, moi, moi...

Tarairira, tara...

Tsumai, tsumai...

Attirant sans relâche le pasuk des cieux, le tout sanglant

Le portant sans cesse autour de moi comme un collier

La mort même je la balaie de mon faisceau, ainsi je fais de la mort qui t'habite, ainsi je fais de la mort à qui je me révèle, moi, moi, moi...

Surpuissant, moi, moi... tsumai... tarairira...

Du pasuk des entrailles de la terre, du pasuk multicolore, je me fais un collier

Immobile, je te passe le collier et, réparant ton manque d'appétit, moi, moi, moi, je te laisse bien recomposé, moi, moi, moi... tsumai, tsumai...

Pasuk des entrailles de la terre, c'est vous que je fais venir

Le multicolore, c'est toi que j'appelle

C'est à vous que je parle, et avec moi j'emporte toutes les créatures du natem

Ainsi je fais, moi, moi, moi, moi, moi, moi, moi!

Tsumai, tsumai...

Celui qui est presque hors d'atteinte, celui-là pourtant je l'arbore en collier

Immobile, je suis ici même où Tsunki s'apprête à faire son œuvre, là où il va faire déferler la crue

Mes esprits Iwianch je les fais bleuir dans mon âme même, je les fais bleuir

Je les fais sortir en frétillant "puririri!", moi, moi, moi, moi!

Tsumai, tsumai...

Celui que l'on nomme Tsunki, celui-là je le fais venir dans la crue qui gronde "shakaaa!"

Sans relâche je vais, faisant déferler ma crue dans son cœur même, la crue de ma propre rivière, appelant sans cesse la crue, faisant gronder les eaux, je vais en pagayant

J'ai la puissance des fleuves en crue, sans cesse j'appelle le débordement des eaux

Formidable je suis, comme le flot roulant les galets, sans répit assurant ma victoire, tout odorant, tout parfumé, je fais rouler Tsunki, moi, moi, moi...

Tsumai, tsumai...

Je me fais comme un porc-épic, portant les épines en collier, me revêtant de piquants, j'en suis tout recouvert

Ta mort même, je m'en vais l'entraver au loin, confiant dans mon intrépidité

Moi, moi, moi, moi, moi, moi!

Ayant appelé l'âme que voici, je m'en empare et la retiens fermement

Dans l'encre d'or je suis tout répandu

Imbu de ma vaillance, je suis fier de moi

Tout orné du collier, tout paré du porc-épic, je balaie la mort de mon faisceau, intrépide et confiant

Moi, moi, moi, moi, moi, moi, moi!

Celui que l'on nomme le porc-épic des cieux, celui-là je m'en empare pour faire une couronne de dards et éloigner décidément la mort de ta tête

Par les frissons je suis saisi, tsumai, tsumai...

A mon appel Tsunki a répondu

Dans cette marmite d'or où ton âme fut enfermée, avec audace, je fais fuir la mort

M'habillant de neuf, tout revêtu de neuf, par le natem amené, je m'en décore comme d'un collier, moi, moi, moi, moi, moi, moi, moi!

Tsumai tsumai...

Tu es ceint de l'arc des esprits Iwianch

Tournant sans relâche sur moi-même, j'appelle la mort et m'en empare

Moi, moi, moi, moi, moi, moi!

J'interpelle sans trêve les esprits Iwianch et ma voix les fait trembler

Je les fais venir, te balayant de mon faisceau, pour qu'ils te laissent en paix... »

Tunki chante pendant près d'une heure d'une belle voix rauque de baryton. Parfois, il s'interrompt pour reprendre la mélodie en sifflant ou pour exhaler des bruits étranges, soupirs profonds surgis des tripes ou grondements ventriloques, comme si une troupe turbulente s'agitait en lui qu'il fallait discipliner par les mouvements de son diaphragme. L'anent décrit pas à pas les métamorphoses qu'il subit et les puissances qu'il mobilise ; incantation autant que commentaire, le chant s'adresse à ses esprits familiers comme à Wisui devant qui il retrace, à la manière d'un chœur désincarné, les actions dont leurs deux corps sont le théâtre.

Le « voyage » a commencé sous l'effet du natem et l'âme de Tunki est en quelque sorte dédoublée, voire dispersée en multiples fragments pourtant solidaires. La voix ferme et bien posée induit et contrôle la mise en place dans sa gorge et sa poitrine du dispositif qui va transformer son organisme en un fortin d'où lancer des attaques contre les auxiliaires du chamane ennemi ; ses yeux scrutent le corps du malade et y localisent comme par une radioscopie les tsentsak qui sont à la source du mal. Mais son esprit se déplace aussi dans l'espace à une vitesse prodigieuse pour rassembler les créatures dont il recherche l'assistance ou les esprits dont il tire ses pouvoirs, tandis que, à la manière d'un avion d'observation survolant les lignes ennemies, il espionne dans la nuit les mouvements des sbires de son adversaire qui accourent pour renforcer sur le patient leur emprise néfaste. D'où cette accumulation d'images discontinues, témoins dans l'anent de la multiplicité des opérations violentes auxquelles Tunki se livre en dépit de son immobilité rassurante.

Les deux refrains dominants — « *tsumai, tsumai...* » et « *tarairira, tari-ri-ri...* » — sont les seules allusions un peu ésotériques du chant. La première fait référence au *sumai*, nom donné au chamane par les Indiens Cocama, ces lointains voisins des Achuar vers le sud dont la réputation en matière de chamanerie s'étend à travers tout le Haut-Amazone. Le terme est aussi connu chez les Indiens Shipibo et Conibo des plaines alluviales de l'Ucayali, à plus de mille kilomètres d'ici, et désigne la faculté qu'ont leurs propres chamanes de se déplacer sous les eaux à grande allure, enviable exploit qui assure leur célébrité chez les confrères bien au-delà des frontières du Pérou. Quant au « *tariri-ri...* », c'est une formule classique des chants chamaniques propres aux Indiens Quichuas du Napo auprès de qui Tunki aurait acquis certaines de ses tsentsak; elle invoque de manière stylisée l'esprit Jurijri, l'une des « mères du gibier » chargées de veiller sur les animaux en même temps que l'un des serviteurs les plus fidèles des uwishin. Incompréhensibles pour les profanes, ces emboîtements de citations jouent un peu le rôle du latin de cuisine chez les anciens médicastres : non pas tant un artifice pour jeter la poudre aux yeux qu'une réaffirmation de l'appartenance à une communauté plus vaste, unifiée en dépit des rivalités par une commune adhésion au langage initiatique de la corporation. Même s'il a peu voyagé dans sa chair, le chamane est un individu cosmopolite par nature. Constamment à l'affût des idées nouvelles et des modes métaphysiques, il s'efforce de rompre l'isolement ethnique et linguistique par un grand trafic de métaphores et d'images qu'il grappille au hasard des rencontres, sans en connaître toujours l'origine ou la portée, mais avec la conscience confuse de partager avec les cultures éloignées d'où elles proviennent quelque chose comme un fonds d'inventaire en commun. De là sans doute l'obsédante présence du monde aquatique dans l'arsenal de la chamanerie amazonienne : solitaire sur son petit segment de rivière, chaque chamane se sent connecté à la foule de ses semblables inconnus par un maillage fluvial couvrant des millions de kilomètres carrés, où lui-même et ses esprits familiers ont la capacité de se déplacer comme dans un réseau téléphonique spécialisé.

De cette prépondérance des eaux, l'anent de Tunki offre maintes illustrations. Dans la puissante allégorie de la crue qui déferle en grondant tout au long du chant comme une métonymie du sumai, mais aussi dans la référence aux esprits Tsunki : ces êtres semblables aux hommes qui mènent sous la surface des rivières une existence en tout point identique à la leur sont, paraît-il, les dépositaires des pouvoirs chamaniques et les garants de leur efficacité répétée. L'anecdote que l'on nous a plusieurs fois rapportée de l'homme qui menait une double vie avec une belle Tsunki et en avait des enfants, qui chassait à parts égales pour sa famille terrestre et sa famille aquatique, qui témoignait vis-à-vis de son beau-père des profondeurs d'un respect empreint de reconnaissance, cette anecdote concernait invariablement des uwishin, parfois à peine dégrossis comme Nayapi, et pourtant définis dans leur statut par cette relation particulière aux esprits des eaux. Un mythe que nous a raconté

Wajari donne de ce rapport de connivence une version presque canonique.

« Autrefois la femme Sua vivait au bord d'un lac. Une nuit elle rêva d'un très bel homme et, au matin, son cœur était serré par le désir de le revoir. Cet homme c'était Tsunki. Il finit par enlever la femme Sua et l'emmena au fond du lac. Là, on dit que Tsunki la fit asseoir sur un caïman ; la femme Sua avait peur car le caïman ne cessait de claquer des mâchoires, aussi Tsunki lui donna un bâton pour qu'elle lui tape sur le museau lorsqu'il ouvrait la gueule ; voyant que le caïman s'énervait, Tsunki fit alors asseoir la femme Sua sur une tortue *charapa* où elle se trouva bien. Là, elle put observer à loisir ; elle vit tous les animaux familiers des Tsunki, les "anacondas bleu de nuit" enroulés de façon compacte, les jaguars noirs attachés aux poteaux avec des chaînes ; tous ces animaux reniflaient la femme Sua en montrant leurs crocs, et Tsunki leur parlait constamment pour qu'ils se tiennent tranquilles et n'essaient pas de la dévorer. La femme Sua vécut longtemps avec Tsunki. Pendant ce temps, sa mère la cherchait partout en pleurant ; elle pensait que sa fille avait été mangée par un anaconda. Mais après quelque temps, la femme Sua revint ; elle était devenue une uwishin très puissante. Elle dit à sa mère : "Tsunki m'a enlevée ; il m'a dit d'aller visiter ma famille." Elle raconta que sous les eaux, dans les profondeurs, il existait de grandes villes de pierre ; on s'y déplaçait dans des pirogues aussi rapides que des avions. La nouvelle s'en répandit, mais personne ne voulait la croire. Elle invita alors ses parents à l'accompagner au bord du lac et leur déclara : "Je m'en vais à présent pour boire de la bière de maïs." Elle rentra dans l'eau, sans se mouiller ; au moment où le sommet de sa tête allait disparaître, elle demanda qu'on lui ouvre la porte ; tout le monde perçut le grincement d'une porte qui s'ouvre, et l'on entendit même des chiens aboyer au fond du lac ; ainsi chacun fut convaincu de ce qu'elle disait la vérité. Longtemps après, elle resurgit du lac, saoule de bière de maïs, sans être aucunement mouillée ; elle se mit à vomir la bière de maïs et c'est comme cela que nous connûmes le maïs ; avant, il n'y avait pas de maïs et c'est la femme Sua qui le ramena des profondeurs. Comme elle était une uwishin très puissante, un jour les gens dirent : "Il faut tuer la femme Sua, car elle est ensorceleuse, wawekratin"; elle déclara alors : "Puisque c'est ainsi, je m'en vais pour toujours, je vais rejoindre mon époux Tsunki", et elle disparut à jamais dans le lac. »

A ceci près que les protagonistes changent de sexe, le mythe diffère peu de toutes ces anecdotes que l'on nous a maintes fois relatées comme si elles s'étaient réellement déroulées dans l'espace parallèle du rêve. Il est vrai que les femmes chamanes sont rares dans la réalité; veuves, en général, ou demeurées vieilles filles par dévotion à leur fonction, elles compensent un célibat terrestre bien accepté par une union avec Tsunki plus exclusive que la double vie menée par leurs confrères masculins avec les créatures de la rivière. Le monde des rêves n'est pas très éloigné de celui des mythes dont il partage certaines règles de construction. Mais, au contraire des savants du siècle passé, qui voyaient dans le second un reflet du premier, il est probable que l'inverse prévale ici et que le voyage de la femme Sua dans la ville sous les eaux fournisse la matière de toutes ces aventures de concubinage onirique avec Tsunki que les uwishin aiment à raconter. De fait, les fidèles auxiliaires des chamanes sont bien encore à présent ces créatures aquatiques dont Tsunki s'entoure dans le mythe et que l'héroïne apprivoise non sans terreur : le jaguar mélanique, ce félin magnifique et rare à la robe d'un noir soyeux, et surtout « l'anaconda bleu de nuit » — *kintia panki*, les naturalistes l'appellent le « boa arc-en-ciel » —, un reptile d'un bleu irisé si profond qu'il paraît répandre l'obscurité autour de lui, de la même manière qu'une flamme émet de la lumière. C'est à son exemple que Tunki fait « bleuir son âme », c'est-à-dire la camoufle dans les ténèbres pour y soustraire à la vue du chamane ennemi les opérations qu'il y mène, la nuit qui nous entoure n'étant pas suffisante pour cacher quoi que ce soit aux yeux d'un uwishin aiguisés par le natem. Ce lexique de la dissimulation est d'ailleurs extensible à loisir, et « l'encre d'or » que notre hôte déverse dans son patient n'est qu'une métaphore moderniste de la noirceur chatoyante propre au grand serpent.

Bien qu'ils appartiennent au bestiaire amazonien, jaguar noir et anaconda bleu de nuit sont invisibles aux profanes et ne portent allégeance qu'aux chamanes qui les traitent à la manière d'animaux domestiques : chaque uwishin possède son anaconda — plus puissant, le jaguar noir est réservé au sommet de la hiérarchie — installé à demeure dans une caverne subaquatique au pied de la maison. L'animal est un vecteur de contamination — aidé en cela par sa faculté de transporter avec lui une pénombre protectrice — en même temps que le véhicule où l'âme du chamane peut venir temporairement s'incarner pour aller épier au loin le théâtre de ses agissements. Il semble immortel, ou du moins doté d'une longévité exceptionnelle. Wajari m'a désigné un jour une falaise surplombant un profond méandre du Kapawi où vivrait toujours l'anaconda de son père, un uwishin très réputé avant sa mort, une dizaine d'années auparavant. La sujétion de l'anaconda à son maître n'est pas automatique, elle se nourrit d'une séduction constante qu'un rival plus charmeur rompt parfois sans scrupule. C'est ce qui est arrivé à Awananch, le chamane du bas Bobonaza, dont l'anaconda inconstant repartit avec un confrère venu en visite, provoquant l'effondrement de sa tanière, l'affaissement de la berge qu'elle supportait, et l'écroulement d'une partie de la maison de son ancien patron emportée par le glissement de terrain. Les autres créatures de la rivière — cabiais, dauphins d'eau douce, crabes, caïmans, ratons et loutres — ne sont que des comparses de l'anaconda et du jaguar qui leur délèguent de temps en temps de menus tâches d'assistance ; ils constituent aussi pour l'uwishin un réservoir d'attributs imagés — traits caractérisques de leur morphologie ou de leur comportement — par lesquels désigner ses différents types de fléchettes magiques.

Les Tsunki et leurs animaux domestiques ne représentent qu'une fraction des créatures composant cette cohorte de familiers que les chamanes nomment leurs pasuk. Bien qu'ils soient regroupés sous un terme générique, tous les pasuk n'ont pourtant pas le même statut : aux «esprits de la forêt», génies redoutables qui passent alliance avec les uwishin mais ne leur sont pas inféodés, s'oppose une troupe hétéroclite de serviteurs subalternes, entièrement soumis à la volonté de leurs maîtres dont ils accomplissent les ordres à la manières de zombies. Outre Tsunki, les premiers englobent les esprits qui veillent aux destinées des animaux, ces fameuses «mères du gibier» dont l'intercession est si nécessaire à la chasse : Amasank, le chasseur de toucans qui se déplace dans la voûte des arbres sur des ponts de sarbacanes ; Jurijri, le conquistador polyglotte, barbu et troglodyte, dont la deuxième bouche, dissimulée par les cheveux, dévore les chasseurs irrespectueux; Shaam, enfin, le monstre brumeux des marais, exhibant à l'air libre son cœur palpitant. Tous ces pasuk sont eux-mêmes des chamanes, habiles à soigner les animaux blessés par les hommes, et Tunki les considère moins comme de simples auxiliaires que comme des confrères éminents dont il cherche à s'attirer la collaboration. Il n'en retire pas de bénéfices particuliers à la chasse d'où il revient assez souvent bredouille. Les uwishin ne reçoivent en effet le concours des «mères du gibier» que pour des affaires de métier, sage limitation à un pouvoir déjà considérable d'agir sur autrui que des succès constants à la chasse rendraient impossible à tolérer par la masse de ceux qui en seraient exclus.

Aucune restriction, en revanche, dans l'emploi des pasuk de second rang, des êtres fort divers par leur apparence, mais tous fidèles dans l'accomplissement des desseins de ceux qui les contrôlent. Deux d'entre eux sont particulièrement craints : le Titipiur et le Nikru Iwianch. Le premier n'est visible que des seuls chamanes à qui il apparaît tel un homme vêtu d'une robe blanche, sans doute une extrapolation fantastique de l'un de ces missionnaires dominicains qui depuis plusieurs siècles s'efforcent en vain d'approcher les Achuar. Le Titipiur rôde autour des maisons à la tombée de la nuit, reconnaissable par tous à son cri mélancolique, «*piia-piia-piia...*», qui sème une intolérable inquiétude dans le cœur de ceux qui l'entendent. Lorsque tout le monde est endormi, et si aucun feu n'est là pour le tenir à distance, il vient dévorer le foie des victimes qui lui ont été désignées par son maître, sans se faire plus remarquer qu'une chauve-souris vampire suçant le sang d'un dormeur. Il lui arrive aussi de construire sur les chemins proches de la maison des pièges invisibles qui lardent de fléchettes magiques ceux qui s'y engagent. Dans l'un et l'autre cas, une mort rapide s'ensuit. Le Nikru Iwianch est tout aussi terrible, mais moins discret dans sa façon de tuer : c'est un Noir herculéen, arborant une grande épée et chaussé d'énormes bottes, qui surprend ses proies lorsqu'elles sont seules, les assomme à coups de poing, puis les déshabille et obture tous leurs orifices corporels en les suturant avec des bâtonnets pointus. A ce qu'il paraît, l'on en meurt promptement.

Nikru Iwianch n'est qu'une variété un peu hors du commun de la race des Iwianch, des êtres anthropoïdes, de couleur sombre, où se matérialise dans certaines circonstances l'âme des morts. Vaguement hostiles aux vivants, sans être par nature méchants, ils aiment effrayer les femmes et les enfants qu'ils enlèvent parfois, ou bien s'amusent à faire tomber les objets et à casser la vaisselle. Les grands chamanes exercent sur ces *poltergeist* tropicaux une influence qu'ils emploient à l'occasion pour leur désigner les gens qu'ils aimeraient voir importunés, rencontre de deux espiègleries malignes plutôt que complicité délibérée dans la poursuite du mal. Parce qu'il désigne une entité incertaine et plutôt maléfique, le terme Iwianch est utilisé dans le langage courant comme une sorte de housse sémantique permettant de recouvrir les réalités les plus diverses d'un voile inquiétant. C'est ainsi que l'arsenal de fléchettes magiques dont chaque uwishin dispose est souvent appelé Iwianch, de même que l'ensorcellement qu'elles peuvent causer ou que les divers animaux qui ont pour fonction de les véhiculer jusqu'à leur cible. C'est le cas de plusieurs espèces d'oiseaux — les hiboux et les pityles, appelés *iwianch chinki* ou «oiseaux Iwianch» —, des singes-araignées, des sakis à tête blanche, des porcs-épics ou des araignées, assortiment de créatures tantôt longilignes et noires, tantôt affublées d'un visage triste ou d'une impérieuse fixité, tantôt crochues, tantôt bardées de piquants, et propres à signifier dans la bizarrerie de leur abord la mystérieuse malveillance dont elles sont les instruments. Il arrive que les dispositions naturelles de certaines espèces — des ocelots à manger les poules ou des serpents à injecter leur venin — soient guidées par les chamanes pour nuire à leurs ennemis; quant à l'anaconda omnipotent, les uwishin ne dédaignent pas à l'occasion de l'envoyer renverser une pirogue, happer un nageur ou, si improbable que l'événement puisse paraître, déraciner un arbre pour qu'il chute inopinément sur le voyageur.

Mais le pasuk est aussi une sorte d'outil intellectuel qui peut échapper à toute représentation figurative; il est alors le principe actif des fléchettes, ce par quoi elles gagnent cohésion et but en commun, une sorte de pasteur conduisant son troupeau, décrit parfois comme un homoncule pour la commodité de l'image, et qui serait lié au chamane par un sentiment proche de la piété filiale. Envisagé sous cet aspect, le pasuk est une manière synthétique de classer les différentes catégories de fléchettes magiques selon le moteur qui donne unité à leur comportement, une manière de prototype idéal de même nature que l'amana, cet individu exemplaire qui synthétise et étalonne à la fois les caractéristiques physiques et morales de chaque espèce animale.

L'anent de Tunki n'a pas pour seules fonctions de convoquer ses pasuk majeurs et mineurs ni de mettre en branle ses tsentsak pour qu'elles élèvent autour de son malade un bouclier protecteur. La voix sûre et dominatrice, l'exaltation de sa propre puissance que scande en refrain l'orgueilleux « moi, moi, moi... », le rabaissement de son adversaire dont il conquiert les fléchettes magiques par la séduction, et jusqu'au bruissement apaisant du shinki-shinki, tout contribue à rassurer Wisui, à le convaincre qu'il est entre de bonnes mains, à induire dans son esprit les prémices d'un soulagement et bientôt, peut-être, d'une guérison.

Ayant conclu son chant par quelques expirations grondées du plus bel effet, Tunki se tourne vers la femme de Wisui ; d'un ton posé en parfait contraste avec l'état d'exaltation mystique où il se trouvait il y a quelques instants, il se met à l'interroger sur les symptômes de son époux. L'exercice ressemble à ce que les médecins appellent une anamnèse : depuis quand souffre-t-il ? Dans quelles circonstances précises a-t-il commencé à ressentir le mal ? Qu'avait-il dit ou fait juste auparavant ? Qu'a-t-il rêvé depuis ? Avec quoi s'est-il soigné ? Les chamanes ne se livrent pas systématiquement à ce genre d'enquête, mais chaque fois que j'en ai été le témoin, c'était à l'entourage du patient et non à celui-ci que les questions étaient adressées. Car les réponses de Wisui pourraient être fallacieuses et suggérées par le chamane ennemi qui, après avoir arraisonné son corps, imposerait peut-être déjà à son âme l'emprise de sa volonté. L'on m'a ainsi raconté, à Copataza, l'histoire d'une jeune femme qu'un uwishin avait fini par envoûter complètement ; l'ayant frappée de cette mystérieuse « mélancolie crépusculaire » dont souffrait le gendre de Naanch à Capahuari, il lui dictait les anent désespérés qu'elle chantait au coucher du soleil et où elle rendait responsable de son sort un rival de son tourmenteur ; enhardi par son succès, et après qu'un troisième chamane se fut révélé impuissant à guérir les accès de neurasthénie de la malheureuse, l'uwishin n'hésita pas à faire chanter en public par sa victime des anent de dérision dans lesquels il tournait son confrère en ridicule et exaltait sans retenue sa propre maîtrise de la sorcellerie.

Les informations que Tunki recueille consciencieusement auprès de la femme de Wisui servent moins à établir son diagnostic qu'à le confirmer ; tout en chantant, il a repéré dans le foie de Wisui des pelotes de fléchettes dont il lui faut vérifier la nature et la provenance. Finalement, sa conviction est arrêtée : ce sont des tsentsak du type tseas, « curare », dont les effets sont semblables à un empoisonnement, et qui appartiennent sans aucun doute à Chuchukia, le fils du chamane Mashu tué par Pakunt il y a peu. Chuchukia aurait récupéré les Iwianch de son père pour se venger sur Wisui, allié marginal de la coalition des assassins et mal protégé contre les agressions chamaniques car ne vivant pas dans l'entourage immédiat de Tunki. Les dates correspondent, de même que la « signature » des tsentsak de Mashu — leur forme, leur manière de réagir — avec lesquelles Tunki a déjà eu maille à partir par le passé. C'est presque avec soulagement que chacun accueille ce verdict prévisible.

Il est rare qu'un uwishin ne confirme pas les pressentiments de son patient ; si l'on va le consulter, en définitive, c'est bien que les secours attendus de la pharmacopée indigène se sont révélés inopérants, sûre indication que le mal est bien un tunchi, un ensorcellement, et non un sunkur, une maladie. La distinction entre ces deux catégories est suffisamment élastique pour qu'elle s'abolisse parfois. A Conambo, mais aussi à Copataza, l'on considère d'emblée les affections les plus bénignes comme des tunchi : une migraine, une indigestion, un mal de dent sont traités par des techniques chamaniques, l'usage des remèdes végétaux ayant presque disparu. Les chamanes sont si nombreux dans ces deux localités — et à Conambo la discorde intestine si aiguë — que la tendance des Achuar d'envisager chaque sunkur comme un tunchi en puissance se trouve ici réalisée dans le refus de croire encore à l'existence de « maladies ordinaires ». Même la mort récente d'une fillette de Mukucham des suites d'une coqueluche — un sunkur pourtant orthodoxe — a finalement été attribuée à un tunchi envoyé par Mashu, qui aurait parachevé l'action de la maladie en augmentant sa virulence jusqu'à lui donner une issue fatale.

La disposition d'un chamane à reconnaître chez son patient les signes d'un sunkur plutôt que d'un tunchi est en grande partie fonction de la distance sociale, et géographique, qui les sépare :

plus il sera « neutre » par rapport aux réseaux d'alliance et de conflits de celui qui le consulte, moins il se sentira tenu de confirmer les appréhensions de ce dernier. Tayujin de Capahuari, qui souffre depuis plusieurs années d'une douleur à l'estomac — un ulcère probablement — et qui a consulté à ce sujet plusieurs grands chamanes quichuas du Bobonaza, s'est entendu dire par eux qu'il était la proie d'un sunkur bien ordinaire contre lequel ils ne pouvaient rien. D'après les uwishin, il est aisé de distinguer une maladie d'un ensorcellement : tandis que les tsentsak sont visibles dans le corps du patient sous la forme de petits faisceaux, à la couleur et à la luminosité variables selon le type de fléchettes, les sunkur ont l'apparence d'une vapeur mordorée émanant de l'organe affecté. Mais il y a loin de la théorie à la pratique. La moindre ambiguïté dans la manière dont les symptômes se présentent suffira, lorsque les circonstances le dictent et si toutes les parties y trouvent leur compte, à faire rendre au chamane un verdict de tunchi sans qu'il ait pour autant conscience de se livrer à une supercherie.

La décision de livrer le nom du responsable d'un tunchi est encore plus délicate à prendre et dépend, là aussi, du degré d'engagement du chamane dans les affaires de son patient. Techniquement, cette imputation ne présente pas de difficulté. Les tsentsak sont reliées par de très longs fils argentés à ceux qui les ont envoyés et qui continuent ainsi de les guider à distance, liaisons que seuls les uwishin peuvent voir lorsqu'ils ont pris du natem et qu'ils comparent aux filaments irisés d'une toile d'araignée accrochant la lumière. En suivant ces fils jusqu'à leur source lointaine, en identifiant aussi les pasuk ennemis qui ont pour charge de protéger ces lignes de télécommande, les chamanes expérimentés sont en principe capables de reconnaître l'agresseur. Prendre la responsabilité de révéler son nom est une tout autre affaire. A moins d'être, comme Tunki, directement impliqué dans un conflit qu'il peut aiguiser à volonté en dévoilant le coupable que tout le monde soupçonne, le chamane traitant court en effet le risque de s'attirer l'inimitié mortelle de celui qu'il aurait désigné et sur lequel les parents de son malade chercheront à se venger. C'est pourquoi les uwishin qui drainent une vaste clientèle déclinent en général de rendre ce service, ou bien, lorsqu'une forte pression est exercée sur eux, se font payer fort cher pour s'exécuter.

Sachant maintenant à quoi il a affaire, Tunki commence la phase cruciale du traitement. S'emparant d'une carotte de tabac qui macérait dans un bol d'eau, il en exprime le jus dans la bouche et en boit plusieurs rasades, ce qui demande — comme j'en ai fait l'expérience — un estomac bien accroché. Il prend alors une nouvelle lampée de jus de tabac qu'il conserve dans sa bouche et se met à sucer longuement le flanc de Wisui; puis, après un bruyant gargarisme, il dégurgite le liquide et souffle dans sa main repliée. Après avoir répété l'opération une dizaine de fois, Tunki prononce un *«pai!»* satisfait et montre à l'auditoire dans le creux de sa main le résultat des soins : une demi-douzaine de petits morceaux de verre rendus opaques par l'âge. Il souffle enfin à plusieurs reprises sur le ventre du patient, puis déclare le traitement terminé.

Le procédé, qui n'a pas duré plus de cinq minutes, m'avait auparavant été décrit en détails par Tunki. En absorbant du jus de tabac, il s'est constitué une sorte de carapace visqueuse dans la bouche et la gorge empêchant les tsentsak qu'il aspire dans le corps de Wisui de descendre dans sa propre poitrine et son estomac où il lui serait très difficile de les récupérer et où elles pourraient commettre de graves dommages, voire provoquer sa mort. L'extraction des fléchettes est une opération très critique où le chamane risque de devenir la victime des projectiles maléfiques qu'il suce, ce qui explique le soin pris à les mettre en condition favorable tout au long du chant. Il s'agit d'ailleurs moins d'une véritable succion que d'une sorte d'attraction magnétique. Disposant lui-même de tsentsak du type tseas, identiques à celles qu'il a décelées dans Wisui et qu'il conserve à l'ordinaire dans son cou et son thorax, Tunki envoie ses propres fléchettes se coller sur les fléchettes ennemies pour qu'elles s'en saisissent comme par aimantation et les ramènent dans sa bouche. Retranché derrière un mur circulaire de tsentsak, il ne l'entrouvre que pour dépêcher ses fléchettes et les récupérer une fois leur mission accomplie. Une telle opération n'est possible que parce que les tsentsak attaquantes ont été engourdies et désorientées par le traitement précédent, les fils qui les reliaient à leur maître sectionnés par les tsentsak de Tunki, et les pasuk qui veillaient sur elles dispersés par les siens propres. Mais le plus important dans toute cette chirurgie sympathique est de posséder des tsentsak de même nature que celles qui sont à la cause du mal : c'est en raison de cette homologie parfaite que celles-ci accompagneront leurs congénères, trompées par une apparence identique et désireuses alors de s'agréger à elles sans méfiance. Un chamane ne peut donc accéder à une pleine maîtrise de son art que s'il est capable de mobiliser une variété suffisante d'espèces de tsentsak pour pouvoir faire face à la grande diversité des projectiles qu'il aura à extraire.

Reste la régurgitation des tsentsak présentées au public, en fait un simple exercice de prestidigitation, Tunki ayant auparavant placé discrètement les morceaux de verre dans sa bouche, ainsi qu'il m'en avait prévenu en toute ingénuité. Formulées sur le ton de connivence paternaliste d'un patron révélant à l'apprenti les petits trucs du métier, ses raisons n'en sont pas pour autant déshonorantes. Semblable en cela à certains de nos médecins qui en disent le moins possible à leurs malades, que ce soit par simple paresse ou parce qu'ils répugnent à galvauder leur savoir auprès de gens qu'ils jugent incapables de comprendre leurs explications, le chamane préfère une mystification sans conséquence à un exposé fastidieux de la mécanique des tsentsak. Car ces «fléchettes» que Tunki a extraites, il ne les a pas en réalité recrachées dans sa main, mais insufflées dans son poignet où il va les conserver pour son propre usage, en compagnie de quelques-unes de ses tsentsak personnelles qui leur serviront de gardien. C'est avec ces tsentsak détournées qu'il pourra, s'il le désire, ensorceler lui-même ses ennemis. Il serait mal venu d'expliquer cela au malade, et plus simple d'exhiber quelques menus objets — des insectes, des morceaux de lame, des piles usagées parfois — dont la matérialité désormais inoffensive rassure mieux que tous les discours.

Si Tunki recourt à de petites fraudes, c'est surtout parce que les bons vieux mots de la langue ordinaire sont impuissants à exprimer autrement que d'une manière métaphorique l'ensemble des expériences physiques et mentales que le chamane traverse au cours de la cure, une combinaison de visions fragmentées en perpétuelles métamorphoses, de vibrations pulsatives plus ou moins accordées à la cadence du chant, d'impressions extrêmement vives de translation et de dédoublement, altérations sensorielles suscitées bien sûr par la drogue, mais domestiquées peu à peu au cours de l'initiation et lors d'une multitude de sessions successives, de telle façon qu'elles finissent par se couler dans le moule des mots et des images employés traditionnellement par cette culture pour codifier le savoir-faire chamanique. Les tsentsak, par exemple, ne sont pas de véritables « fléchettes », même invisibles. Ce sont des principes animés ou des automates incorporels, aussi peu représentables que les mystérieuses entéléchies de la philosophie classique et qui, faute d'un concept plus abstrait pour les désigner, portent par analogie le nom très concret de ce à quoi elles peuvent être comparées dans certains de leurs effets. De même, tunchi n'est que le nom d'une petite araignée ; habile à se faufiler partout en traînant après elle son fil conducteur, elle permet de signifier au mieux cette faculté qu'ont les chamanes d'envoyer leurs sorts à l'insu de leurs victimes tout en continuant à les contrôler à distance. Décrit à partir du vocabulaire commun, et traduisant des actions, des propriétés, des comportements, des jeux de force dont la nature ou les techniques présentent le modèle, l'appareil matériel du chamanisme n'a d'existence littérale que pour les profanes qui en ignorent les subtilités et à qui on laisse croire, pour s'épargner de longues explications, que les formules employées pour en décrire les mécanismes dépeignent fidèlement la manière dont ils fonctionnent. Il ne m'apparaît pas douteux que, sous l'influence conjuguée du natem et de leur apprentissage, les chamanes perçoivent bien cette imbrication de phénomènes trop complexe pour être rendue par les mots dans son intégralité. Ce n'est donc pas par charlatanisme qu'ils recourent à de petits artifices, ou simplifient dans des métaphores accessibles les opérations qu'ils exécutent, mais parce qu'il y a un trop-plein de sens dans l'expérience totale de la transe que le discours ordinaire n'a pas la faculté de rendre de façon adéquate. D'où l'insistance de Mukuimp et de Tunki pour que je prenne du natem afin de « voir » cette part indicible du chamanisme et que ma séance d'hallucination chez Wajari, si futile m'ait-elle paru sur le moment, a contribué à éclaircir quelque peu.

Chapitre XXI

ARTISANS DE L'IMAGINAIRE

Wisui est reparti hier matin pour Conambo, manifestement tout ragaillardi, non sans avoir remis une sarbacane à Tunki pour prix de ses bons offices. Un autre « client » lui a succédé cet après-midi, un Quichua du nom de Sampico qui vit à trois jours de pirogue en amont. Petit, mais taillé en culturiste, Sampico est aussi chamane et vient s'approvisionner en tsentsak chez notre hôte dont il est le compadre. Les deux hommes ont donc bu le natem à la nuit tombée, Tunki a repris son tsayantar pour en jouer un moment, puis ils sont partis de concert se baigner dans la rivière.

Les tsentsak des Achuar, des Shuar et des Quichuas sont en principe différentes et ne peuvent être extraites que par des chamanes de la « tribu » d'où elles proviennent, raison pour laquelle on a parfois recours aux services d'un étranger afin d'ensorceler un proche ennemi, s'assurant ainsi qu'il ne pourra être guéri par un chamane local. Les mécanismes généraux du chamanisme sont toutefois identiques dans les trois cultures, et rien n'empêche un praticien avisé d'étendre son registre en acquérant des tsentsak exotiques qui lui ouvriront une clientèle au-delà des frontières de son groupe.

A l'évidence, Tunki et Sampico troquent sans cesse des tsentsak contre des *supai* — leurs homologues en quichua —, entreprise presque infinie vu le nombre considérable de classes distinctes existantes. Mon hôte prétend en posséder une collection d'une quarantaine d'espèces qu'il désigne métaphoriquement par le nom d'un animal, d'une plante, d'un objet, ou d'une qualité, dont elles exhiberaient chacune par analogie une propriété visible ; parmi celles dont il use le plus, j'ai noté le type gymnote, pour sa puissante décharge électrique ; le type canirou, ce minuscule poisson barbelé qui a la réputation de s'introduire dans les orifices naturels des baigneurs ; le type raie, pour son dard redoutable ; le type singe-araignée, pour la vigueur de sa queue préhensile ; le type colibri pour son bec effilé et la vitesse de ses déplacements ; le type aigle-harpie, pour la puissance de ses serres ; le type toucan, pour son énorme bec ; le type sangsue (l'on comprendra aisément pourquoi) ; le type chonta, pour les longues épines de ce palmier ; le type *kuichip*, une plante aux feuilles extrêmement coupantes ; le type stramoine, parce que cette drogue « rend fou » ; le type miroir, en raison de l'éclat de la lumière réfractée ; le type froid, qui glace les os ; le type jaune, pour la vibration de cette couleur ; ou encore le type *makina*, terme par lequel on désigne ces vrombissants générateurs électriques dont la maîtrise par les missionnaires est pour les Achuar une perpétuelle source d'admiration. Certaines tsentsak ont aussi des fonctions spéciales ; roboratives, telles celles que l'on injecte dans les poumons des hommes qui se plaignent de manquer de souffle pour la sarbacane, ou du genre épouvantail, à l'instar de celles qui sont envoyées dans le territoire des ennemis, sur les salines à gibier ou les coulées de pécaris, pour effrayer les animaux et leur faire déserter la région.

Chaque espèce de tsentsak vit dans sa propre « bave-mère », *maen*, une salive gluante où elles s'épanouissent comme le fœtus dans son liquide amniotique et que le chamane fait remonter de son thorax dans sa bouche lorsqu'il en a besoin. L'exercice requiert une certaine expertise ; une bonne part de l'apprentissage du novice au cours de l'initiation consiste à maîtriser la régurgitation des baves à tsentsak que son initiateur lui a insufflées, aidé en cela par de grandes libations d'un mélange de bière de manioc et de jus de tabac. Il existe aussi des baves sans tsentsak, réservées à des chamanes de petite envergure, les « chamanes à bave » ; ils s'en servent pour provoquer et guérir des lésions externes qui pour être parfois pénibles ou spectaculaires — abcès aux seins, ulcères, lèpre, leishmaniose, etc. — n'en occupent pas moins un rang assez bas dans la hiérarchie des tunchi car elles ne débouchent pas sur une mort rapide. Comme pour les tsentsak à part entière, chacune de ces baves de second rang ne peut être neutralisée que par une bave du même type.

On dit aussi que la bave des chamanes est un puissant philtre amoureux qu'ils déposent dans les jarres à bière à l'insu des femmes dont ils souhaitent s'attirer les faveurs. Si j'en juge d'après les récriminations discrètes qu'Anne Christine recueille auprès des épouses de Tunki, celui-ci paraît en tirer un large avantage.

La transmission des tsentsak à Sampico est prestement exécutée : tenant la tête de son kumpa, Tunki lui souffle de la fumée de tabac sur le sommet du crâne, puis dans la bouche. Il s'agit de fléchettes du type éclair, utilisées à la manière d'un obus pour faire exploser la casemate invisible d'un uwishin ennemi ou pour détruire des tsentsak coriaces dans le corps d'un patient. Tunki, très libéral, donne en outre à Sampico le namur correspondant à ces tsentsak, qui trempait jusque-là dans un bol de jus de tabac ; c'est un galet noir et presque rond, avec un trou au milieu dans lequel on peut souffler pour diriger ses missiles avec plus de précision. Tunki m'a montré il y a peu sa collection de namur chamaniques, des galets de formes originales et des pyrites, qui se rapprochent par leur fonction des namur employés à la chasse : chacun est approprié à un type de tsentsak dont il concentre et active les pouvoirs lorsqu'il macère dans le jus de tabac pendant la session chamanique.

Si la transmission des tsentsak à Sampico est rapidement expédiée, c'est que celui-ci est déjà un chamane confirmé et qu'il maîtrise bien les techniques pour contrôler les fléchettes et les empêcher de revenir aussitôt chez leur ancien propriétaire. Il en est tout autrement lors d'une première initiation, entreprise de longue haleine et au succès toujours aléatoire, exigeant du novice beaucoup d'abnégation et une volonté sans faille. C'est ce dont j'ai pu juger hier soir lorsque Tunki m'a fait le récit de sa première expérience.

« J'ai décidé de devenir uwishin après mon mariage. Mon beau-père était mort ensorcelé, puis mon beau-frère ; ensuite mon fils est mort aussi, encore nourrisson ; un mauvais uwishin avait envoyé des tsentsak dans les seins de ma femme Najari et le bébé est mort très vite en tétant les tsentsak. Que pouvais-je faire ? J'étais impuissant contre les tunchi. Peut-être devais-je attendre que nous soyons tous exterminés ? Alors j'ai été trouver Sharian pour apprendre moi aussi. La première nuit, j'ai bu le natem avec Sharian et nous avons pris du jus de tabac par le nez ; il m'a soufflé des tsentsak sur le sommet de la tête et sur les épaules, entre les doigts aussi ; chaque fois il me soufflait des tsentsak différentes. Ensuite, il m'a transmis ses baves dans la bouche, et il me disait leurs noms : "Prends la bave de l'anaconda ! prends la bave de l'arc-en-ciel ! prends la bave de fer !" J'avais la nausée et je voulais tout vomir. Alors, nous sommes restés éveillés, et toute la nuit nous avons joué du tsayantar pour plaire aux tsentsak. Les premières nuits, il ne faut pas dormir, sinon les tsentsak pensent que l'on est un cadavre et elles repartent chez celui qui les a données. Le lendemain, je n'ai rien mangé et rien bu ; je ne pouvais pas parler car les tsentsak se seraient échappées si j'avais ouvert la bouche ; je n'ai pas dormi non plus, c'était très dur. Nous avons bu le natem à nouveau et Sharian a chanté tous ses anent ; moi, j'apprenais en sifflant. Je suis resté assis toute la nuit et je me piquais la cuisse avec une épine de chonta pour ne pas dormir. Le lendemain, je n'ai encore rien mangé et rien bu ; j'étais très faible et je suis resté couché toute la journée en fumant constamment. Le soir, nous avons encore bu le natem et j'ai commencé à apprendre les anent de Sharian. Cette nuit-là, j'ai pu dormir, car les tsentsak s'étaient déjà habituées à moi. Le lendemain, j'ai encore jeûné ; j'ai passé la journée allongé sur un peak car j'avais perdu toutes mes forces ; je fumais et je dormais. Le dernier jour, Sharian m'a donné à boire de la bière de manioc mélangée à du jus de tabac et puis j'ai dû manger des piments, les petits piments *yantana*, les plus forts. Mon estomac s'est soulevé et les baves me sont remontées dans la bouche ; j'ai bien failli tout recracher, mais j'ai réussi à les ravaler. Alors Sharian m'a dit que maintenant je serai capable de souffler mes tsentsak. Sa femme m'a servi des bananes plantains et des petits poissons bouillis ; je n'avais rien mangé depuis plusieurs jours ; après cela, j'ai été prendre un bain, car je ne m'étais pas lavé non plus ; je puais comme une sarigue. Je suis resté encore quelque temps chez Sharian et il m'a soufflé d'autres tsentsak. Ensuite je suis rentré chez moi.

— Combien as-tu payé pour cela ?

— Beaucoup, car Sharian était un chamane très réputé ; je lui ai donné une tawasap et une sarbacane. Il faut faire attention, car lorsqu'on ne donne pas assez à celui qui vous transmet ses tsentsak, il peut les faire revenir ; certains, même, envoient des tunchi pour se venger.

— Et tu as commencé tout de suite à soigner des gens ?

— Non, pas tout de suite ; il fallait d'abord que les tsentsak s'habituent vraiment à moi. Pendant plus d'une lune, je suis resté chez moi sans plus bouger qu'un tatou ; je n'allais pas chasser ; je prenais de l'eau de tabac presque tous les jours. Sharian m'avait dit de ne pas boire de bière de manioc et je mangeais juste des petits poissons. Pendant plusieurs lunes, je n'ai pas pu faire l'amour. Ma petite femme Najari était furieuse ; en plus, elle n'avait pas de viande à manger. C'était très dur, mais comme je voulais être de ceux qui savent, j'ai résisté. »

L'apprentissage chamanique suppose une altération de l'écologie de l'organisme, la création d'un nouveau milieu interne pour accueillir ces résidentes fantasques que sont les tsentsak, et cela ne peut être obtenu qu'au prix d'une ascèse rigoureuse. Le terme même qui désigne l'initiation, *ijiarmak*, est d'ailleurs dérivé du mot « jeûner », *ijiarma*, auquel s'ajoute le suffixe *-k*, un marqueur modal indiquant qu'une action a été réalisée à la suite d'une succession d'opérations ; devenir uwishin, autrement dit, c'est atteindre un état d'équilibre ou d'accommodement avec les tsentsak par l'épuration progressive du corps. L'on n'y arrive pas seulement en endurant des privations, mais aussi par le strict respect d'un régime alimentaire maniaquement défini. Dans une culture où l'acte le plus banal — semer du maïs, fabriquer du curare, administrer un remède à un chien — exige l'évitement de certaines nourritures, l'on comprendra que les chamanes sont, plus encore que les autres, soumis aux contraintes d'une diète à la complexité byzantine.

Certains aliments mangés par les profanes leur sont à tout jamais proscrits : des petites créatures agiles et toujours en mouvement, comme le sapajou, l'écureuil ou le tamarin à moustache, qui pourraient perturber par leur agitation la cohabitation toujours instable avec les tsentsak ; d'autres sont prohibés parce qu'ils arborent une carapace et portent la menace d'une incapacité à atteindre les tsentsak incrustées dans le corps de leurs patients, ainsi le tatou ou le poisson *wampi* ; d'autres encore, tel le poisson *kusea* aux dents coupantes, car ils pourraient sectionner les fils téléguidant les tsentsak ; certains animaux, enfin, sont dits être des chamanes eux-mêmes, comme le saki à tête blanche, ce singe à la face triste et presque humaine dont la consommation relèverait alors de l'autocannibalisme. Sont en outre interdits, lors de l'initiation et pendant une période qui peut durer jusqu'à cinq mois, tous les gibiers à chair « noire » — pécari, singe laineux, toucan, singe hurleur, etc. —, les mêmes dont on s'abstient après une vision d'arutam, l'apprentissage chamanique bouleversant l'équilibre constitutif de la personne et requérant en conséquence une période de convalescence où l'on doit éviter l'ingestion des viandes fortes. Le sel, le piment et les fruits sont également à proscrire pour des raisons similaires, le sucré et les condiments menaçant de leur saveur relevée le milieu neutre où doivent s'épanouir les tsentsak. Enfin, toute une série d'animaux sont prohibés pour des raisons plus particulières : l'ara parce qu'il vole très haut et comme hors d'atteinte des tsentsak ; le *yawa aikiam*, un gros poisson-chat moucheté, car il évoque la robe du jaguar désormais associé au chamane ; les larves de palmier, enfin, qui forent leur trou dans du bois pourri à l'instar des tsentsak dans le corps des hommes.

Il en résulte un régime d'une consternante fadeur, à base de plantains et de cœurs de palmier bouillis, généralement mangés froids — et pour les plantains, dépouillés de leurs pépins —, parfois accompagnés de petits poissons, et qu'une règle dont personne n'a su me donner la raison commande de porter à la bouche avec des bâtonnets, le contact direct avec les doigts étant réputé nocif. Quant à la chasteté prolongée — principal obstacle à embrasser la profession selon les dires du plus grand nombre —, elle équivaut d'une certaine façon à un jeûne, la « consommation » d'une femme étant ici, comme dans bien d'autres cultures, métaphoriquement assimilée à la consommation d'un aliment. Ma tiède résolution a craqué, je dois le dire, devant le formidable appareil initiatique que Tunki m'a décrit et je lui ai déclaré en conclusion de son récit que je ne me sentais pas prêt à devenir uwishin.

Plus encore que dans d'autres circonstances où elles interviennent aussi, les prohibitions alimentaires accompagnant l'accession à la fonction chamanique sont un moyen de marquer de manière plus ou moins durable une différence de statut. Chaque tabou en soi est en effet relativement arbitraire ; tel animal que l'on suppose porteur d'une qualité particulière pourrait être remplacé par tel autre qui l'exhibe également ou même, en cherchant ailleurs dans son apparence ou son comportement, servir de support à une autre qualité contradictoire avec la première. Le contenu de la liaison établie entre un animal et la disposition néfaste qu'il est censé induire importe moins que la collection des animaux chaque fois dissemblables employée pour signifier en négatif un état qui leur est antithétique. Si irrationnels puissent-ils paraître, les tabous se présentent comme un effet dérivé de la pensée classificatoire ; parce qu'ils mettent en évidence un système de propriétés concrètes signifiées par un ensemble restreint d'espèces naturelles, propriétés qui soulignent que n'importe quel homme n'est pas semblable à n'importe quel autre en ce que la chair de ces espèces lui est proscrite temporairement ou définitivement, ils témoignent d'une volonté de conférer ordre et logique au chaos du monde social et naturel à partir des seules catégories de l'expérience sensible. Dans une culture marquée par l'extraordinaire uniformité des conditions, l'évitement de certaines nourritures permet ainsi d'instituer entre les individus ces petites discontinuités internes indispensables à la vie sociale, sans pour autant compromettre l'égalité de tous par des distinctions trop accentuées.

En dépit de leurs pouvoirs spéciaux et de leur régime alimentaire particulier, les uwishin ne sont pourtant pas des individus à part. Ce n'est pas un signe électif ou une révélation qui est à l'origine de leur vocation, mais une crise morale, déclenchée par le terrible sentiment d'impuissance qu'ils éprouvent face à une cascade de décès parmi leurs proches ou lorsqu'ils sont eux-mêmes frappés dans leur jeunesse par une longue maladie qu'un chamane réussira à guérir. La curiosité joue certes un rôle, et le désir de s'assurer une certaine emprise sur autrui, sentiments bien naturels dans l'espèce humaine et qui ne témoignent pas d'une personnalité pathologique à qui la pratique du chamanisme offrirait un exutoire reconnu par la société.

Il est vrai que la fonction se transmet parfois d'une manière quasi héréditaire. Certains uwishin commencent à approvisionner leurs fils en tsentsak dès la petite enfance, voire lorsqu'ils sont nourrissons, en soufflant leurs fléchettes dans les seins de la mère qui les fait passer au bébé avec son lait. Tunki a commencé il y a quelque temps à donner des tsentsak à son fils

Sunti, âgé d'une douzaine d'années, car il craint de mourir d'un tunchi dans son combat contre les chamanes du Wayusentza et souhaite s'assurer par là que les siens continueront à bénéficier d'une protection s'il venait à disparaître. De fait, les uwishin les plus puissants sont ceux qui ont commencé dès l'enfance à accumuler des tsentsak et qui, en raison de cette longue familiarité avec les outils de leur métier, savent mieux que les autres en contrôler le comportement parfois imprévisible. C'est pour cela que certains Achuar envoient leurs jeunes garçons, et parfois leurs filles, en apprentissage chez des chamanes quichuas réputés, leurs kumpa généralement ; ces enfants « placés » deviennent souvent les gendres de leurs maîtres en chamanerie et acquièrent par là non seulement une compétence recherchée, mais aussi la langue, la parentèle et la culture d'un de ces Indiens apach que l'on dit plus habiles à tirer parti du monde des Blancs.

En matière de chamanisme, rien n'est jamais acquis. L'initiation à un âge tendre se révèle inutile si elle n'est pas suivie par un réapprovisionnement continuel en tsentsak auprès de fournisseurs aussi diversifiés que possible. Mon amik Wajari, dont le père était probablement le chamane achuar le plus puissant au nord du Pastaza, a ainsi été déserté peu à peu par toutes les tsentsak que ce dernier lui avait jadis insufflées, n'ayant pas choisi à l'adolescence de poursuivre dans la carrière que sa famille avait espérée pour lui. Pour devenir un uwishin ordinaire, il faut visiter entre cinq et six pourvoyeurs différents après l'apprentissage initial, beaucoup plus lorsqu'on aspire à grimper dans la hiérarchie. L'entreprise coûte fort cher et conduit à une sorte de sélection par la richesse ; chichement rétribués par leurs patients, les petits chamanes n'arrivent pas à accumuler assez de biens pour pouvoir obtenir auprès de confrères prestigieux les tsentsak qui leur font précisément défaut pour asseoir leur notoriété. A mesure que la réputation grandit, l'on doit débourser de plus en plus pour des tsentsak rares et précieuses qui constitueront autant de pièces de choix à la panoplie. Tunki, par exemple, qui s'est rendu jusque sur le Napo, à plus de trois cents kilomètres d'ici, pour se fournir chez un grand chamane quichua, a dû lui donner une calebasse de curare, une couronne de plumes tawasap, une sarbacane, un chien de chasse et un fusil à cartouche, bref, une petite fortune à l'échelle achuar. La valeur des tsentsak est du reste à peu près standard selon leur catégorie, et Chalua, un chamane quichua du Bobonaza, a exigé de notre hôte les mêmes choses en échange de fléchettes très spéciales en provenance des Antuas du Pérou. Tunki n'a toujours pas fini de solder ce dernier achat et je le vois se débattre dans une logique de l'expansion par l'endettement qui nous est certes familière, mais que l'on s'étonne un peu de retrouver jusqu'ici. Un chamane du Copataza m'a bien dit qu'il renouvelait ses provisions de tsentsak en rêve et après avoir pris du jus de tabac peu avant de se coucher ; il était visité dans son sommeil par des uwishin décédés, mais connus de lui personnellement, qui lui transmettaient gratis ce que d'autres s'échinent à payer très cher. Sa notoriété étant par ailleurs des plus modestes, j'en ai conclu qu'il avait trouvé ce procédé faute de ressources suffisantes pour continuer à exercer sa fonction.

Le prix et l'efficacité supposée des tsentsak croissent à proportion de la distance de leur origine, à tel point que certains chamanes quichuas du Bobonaza iraient à présent se fournir jusque chez les Indiens d'Otavalo dans les Andes du Nord. Quelle peut bien être la source ultime de ces tsentsak en flux perpétuel ? Les esprits des eaux Tsunki, sans doute, mais ils en sont les créateurs plutôt que les pourvoyeurs ; vu l'ubiquité qui leur est attribuée il n'y a pas de raison pour qu'ils en aient donné plus aux Achuar qu'à la multitude des peuples qui bordent les rivières. Alors viendraient-elles justement des ethnies voisines, et particulièrement des Quichuas dont les «fléchettes» paraissent si appréciées des Achuar ? Mais les Quichuas eux-mêmes, d'où les tiendraient-ils ? C'est la question que j'ai posée à un Indien Quichua du Napo, rencontré un jour à Puyo, et dont le père était un chamane réputé. Il m'a répondu par une anecdote. Un jour qu'il était à la chasse avec son père, encore tout petit garçon, un violent orage éclata et une foule d'animaux les entoura soudain ; ravi de cette aubaine, le père tirait sur les animaux, mais lorsque son fils approchait pour les ramasser, ils s'évanouissaient brutalement ; sur ces entrefaites arriva une troupe d'hommes blancs et blonds, habillés comme des missionnaires joséphins, qui enlevèrent le père ; ce dernier resta absent pendant plus d'un mois ; tout le monde le croyait mort lorsqu'il revint un beau matin en déclarant qu'il avait bu l'*ayahuasca* tous les jours avec ses ravisseurs et qu'il était maintenant devenu un grand chamane.

C'est donc bien des Blancs que proviennent en définitive les pouvoirs chamaniques les plus puissants, de ces maîtres de l'écriture aux cheveux pâles qui sont les plus exotiques des étrangers, raison de l'insistance que mettaient mes compagnons à ce que je leur cède mes hypothétiques tsentsak ou, à défaut, que j'assiste Mukuimp dans ses cures. Tunki me l'a confirmé explicitement, non sans ajouter une précision saugrenue : notre immunité aux tsentsak des Achuar viendrait non seulement de ce que nos tsentsak à nous seraient plus fortes que les leurs, mais aussi de ce que nous mangeons de l'oignon, les fléchettes autochtones étant allergiques à ce modeste bulbe, tels les vampires des Carpates aux gousses d'ail.

Si les Quichuas servent d'intermédiaires dans la chaîne de fournitures chamanique, c'est parce que, dans ce domaine comme dans d'autres, ils sont pour les Achuar une manière de substitut des Blancs. Comment pourrait-on en douter, alors que les chamanes quichuas les plus notoires du Bobonaza sont presque tous employés par l'armée équatorienne ? Tamberos ou sous-officiers de carrière, ils mènent en marge des cantonnements une double vie ignorée de leurs supérieurs ; soldats ponctuels et efficaces le jour, ils reçoivent la nuit une clientèle venue de loin, autant attirée par leur réputation d'excellence que par l'aura de puissance associée à la machine militaire. Accumulant les biens de consommation les plus voyants grâce à leur solde et aux bas tarifs pratiqués par les magasins spéciaux de l'armée, ils ne dédaignent pas les biens plus traditionnels avec lesquels ils continuent de faire payer leurs cures. C'est également la proximité des kirinku, dont ils recueilleraient une partie des pouvoirs, qui fait le grand succès des chamanes shuar de Makuma, siège de la grande mission des évangélistes nord-américains ; fascinés par leurs compétences cosmopolites, les Achuar de Capahuari ne peuvent s'empêcher d'aller visiter ces uwishin d'exception, en prenant soin de cacher leurs véritables motifs sous des prétextes pieux dans l'espoir d'obtenir des missionnaires un transport gratuit en avion. Du fait de leur situation stratégique à la lisière du monde des Blancs, ces chamanes interlopes se convertissent ainsi en plaques tournantes d'un grand trafic d'objets matériels autant qu'immatériels. L'on est fort loin ici de l'image stéréotypée qui fait du chamane indien le meilleur rempart de la tradition et du conservatisme culturel contre les assauts de la modernité, puisque c'est au contraire d'un rapport fantasmatique au monde occidental qu'il tire à présent une bonne part de sa légitimité.

A condition d'apprendre le quichua et d'abandonner leur communauté d'origine, les Achuar peuvent jouer ce jeu-là. J'en ai eu la preuve il y a quelques mois avec un chamane d'origine achuar répondant au nom de Rufeo, par ailleurs caporal au petit détachement militaire de Cabo Pozo sur le bas Bobonaza. Rufeo est un *panku*, l'un des trois ou quatre que compterait la province de Pastaza. Les panku constituent une classe d'uwishin à part, le *nec plus ultra* de la profession, car ils savent diagnostiquer à coup sûr la nature et le responsable d'un tunchi comme rendre un pronostic infaillible sur l'évolution du mal. Ils reçoivent ce pouvoir de l'âme des morts qui s'incarne en eux lorsqu'ils boivent le natem, et qui parle par leur bouche «comme à la radio», selon la formule de Wajari dont le père était lui-même panku. L'on a également recours à eux pour réaliser une sorte d'autopsie médiumnique au cours de laquelle ils incorporent le wakan d'un mort récent pour lui faire nommer le responsable de son ensorcellement. Il s'agit donc d'une véritable possession, très différente de la cure chamanique classique, et si les panku possèdent des tsentsak invisibles aux praticiens ordinaires, et d'autant plus redoutables qu'ils les obtiennent directement des morts, c'est cette faculté divinatoire qui assure avant tout leur réputation. L'institution est peut-être d'origine quichua, le mot panku désignant dans cette langue ce que les Achuar appellent un kutank, à savoir le petit banc réservé aux visiteurs : le panku serait donc le «siège» de l'âme des morts.

La transe de Rufeo n'avait pas été aussi spectaculaire que je l'avais espéré. A quelques pas à peine du bâtiment où couchaient le sous-lieutenant et la demi-douzaine de conscrits composant tout l'effectif du détachement, le panku s'était installé dans une cahute obscure pour boire le natem à la demande de Tentets, un «neveu» de Nankiti du Yutsuentza chez qui nous devions passer quelques jours plus tard une nuit fort agitée. Sur le fond des *pasillos* que diffusait une radio dans le baraquement voisin, une voix nasillarde s'était bientôt élevée, sans que Rufeo paraisse ouvrir la bouche, un truc de ventriloque probablement, ce qui expliquerait pourquoi l'apprentissage d'un panku peut durer jusqu'à un an. «Je viens des profondeurs du volcan

Tungurahua, déclarait la voix sépulcrale, pour voir les tsentsak cachées dans ton corps ; rien n'échappe à ma clairvoyance car je suis aveugle à la lumière et j'existe seulement dans les ténèbres ; je vois des tsentsak de fer qui brillent comme la surface de l'eau ; je vois beaucoup de tsentsak dans tes jambes... » Le diagnostic s'était poursuivi, très répétitif, avant que le nom du coupable ne soit finalement lâché : comme l'on pouvait s'y attendre, c'était Turipiur, le chamane de l'Apupentza contre qui les gens de Nankiti étaient en guerre, un homme particulièrement « ensorceleur ». Pour cette seule exhibition, et sans avoir tenté une cure, notre caporal s'était fait payer d'une superbe couronne de plumes tawasap.

Tous les uwishin que j'ai rencontrés clament à l'envi qu'ils sont *tsuakratin*, guérisseurs, et non *wawekratin*, ensorceleurs, mais la distinction paraît être plus circonstancielle que technique. Tunki prétend que chaque uwishin possède à la fois des tsentsak « de guérison » et des tsentsak « d'ensorcellement », différenciées non pas tant par leur nature que par les conditions de leur utilisation. Les fléchettes d'ensorcellement sont celles que le chamane extrait d'un patient et qu'il accumule dans ses poignets ; les ravages qu'elles ont commencé d'exercer leur ont donné le goût de la chair humaine et une sorte de malignité indistincte qui les poussent à échapper au contrôle de celui qui les a capturées afin de chasser pour leur propre compte. Un uwishin est guérisseur s'il réussit à garder la maîtrise de ces sous-produits de son activité en les envoyant à l'occasion butiner le suc des fleurs pour satisfaire leur faim insatiable, au contraire de l'uwishin ensorceleur, envahi par les tsentsak qu'il a sucées et impuissant à les retenir, source de danger pour tous, y compris ses proches, puisque ces dernières s'attaquent dès lors à tous les humains sans discrimination. Mais comme il dispose d'un stock de fléchettes d'ensorcellement en principe bien disciplinées, le chamane guérisseur peut les employer à l'occasion pour attaquer un ennemi, ce qu'il ne saurait faire avec ses tsentsak personnelles : s'il cédait à une telle tentation, un confrère pourrait les récupérer en les aspirant dans le corps de sa victime et les lui renvoyer sur-le-champ, provoquant sa propre mort en peu de temps. Sujettes à un va-et-vient perpétuel, les tsentsak meurtrières dont chaque chamane dispose à sa guise frappent ainsi de suspicion toutes les proclamations de dévouement exclusif à la santé d'autrui et rendent bien illusoire la différence entre ensorceleurs et guérisseurs. Cette équivoque est constitutive du chamanisme, ainsi qu'en atteste un petit mythe recueilli auprès de Mamays et qui relate comment un mauvais choix entre deux uwishin fut à l'origine de la mort définitive.

« L'on raconte qu'autrefois Ortie était un uwishin. Lorsque les gens tombaient malades, il les guérissait. Ceux qui étaient ensorcelés par la "gent-de-pierre" *(kaya aents)*, il les guérissait, il les rendait à la vie. Il y avait aussi un autre uwishin, Amaran (une petite fourmi à la piqûre douloureuse); celui-là, par contre, était très ensorceleur. Autrefois, lorsque les hommes mouraient, l'on plaçait leurs corps dans une petite hutte construite pour la circonstance au sommet d'un grand arbre. On asseyait le mort sur son chimpui, bien orné, avec sa couronne tawasap. Après quelque temps ainsi, le mort se mettait à revivre. Et la veuve, qui restait esseulée dans la maison, pleurait en balayant; elle chantait : "Mon homme, mon homme, où es-tu pa-ar-ti-i-i-i?" Lorsque la veuve allait voir son mari au bout de quelques jours, elle le trouvait tout pimpant qui déclarait : "Maintenant je suis guéri." L'homme rentrait à la maison en expliquant qu'il était allé à la pêche et sa femme lui servait la bière de manioc qu'elle avait préparée pour l'occasion. C'est ainsi jadis que nous faisions avec nos époux. Or, un homme était malade et l'on envoya quérir les uwishin; l'on alla chercher Amaran, l'on alla chercher Ortie, et l'on envoya même Sesenk (un coléoptère) pour qu'il ramène la gent-de-pierre. Amaran fut celui qui arriva en premier, mais l'homme était déjà mort. En ce temps-là, lorsque les gens mouraient, leur cœur continuait à battre. Amaran lui palpa la poitrine et il vit que le cœur battait très lentement; alors il lui planta sa lance dans le cœur et c'est ainsi qu'advint la mort définitive, car Amaran ne savait que donner la mort. Ortie arriva après, mais c'était trop tard. Ortie déclara : "Si vous étiez venus me trouver en premier, moi j'aurais pu 'souffler' sur le corps afin que vous ne connaissiez jamais la mort définitive, mais maintenant il est trop tard." Ayant dit cela, il fit don de l'ortie et "souffla" sur elle. C'est pour cela que nous soignons maintenant avec l'ortie. »

De nos jours, le partage entre les bons et les mauvais uwishin s'opère de façon plus pragmatique : les chamanes les plus proches, qui vous sont liés par la parenté, sont censés mettre leurs talents au service de la communauté locale et réserver leurs tunchi pour nuire à des ennemis communs, lesquels chargent en retour leurs propres uwishin de vous attaquer. Seuls les plus grands chamanes sont capables d'attirer une clientèle dépassant les limites de leur parentèle immédiate, une neutralité affichée leur permettant d'accepter de soigner ou d'ensorceler n'importe qui, à condition que l'on y mette le prix. Au sein même d'un groupe de voisinage, toutefois, la moindre tension suffit à jeter la suspicion sur un uwishin pour peu qu'il soit identifié avec l'une des factions en présence ; l'affaire Mashu en fournit une belle illustration puisque l'homme avait longtemps joui d'une honorable réputation parmi ses affins les plus proches avant d'être tué par eux en raison de sa sorcellerie. Le fait d'être reconnu comme uwishin dépend d'ailleurs plus des caprices de l'opinion publique que d'un état avéré ou d'une pratique notoire. Combien de fois n'ai-je pas entendu dire sur le bas Kapawi que mon amik Wajari était uwishin, au prétexte que son père l'avait été et qu'il en avait reçu des tsentsak dans l'enfance ? Naanch aussi avait cette réputation pour les gens du Copataza, sans que j'aie jamais pu éclaircir les raisons objectives qui auraient permis de l'asseoir. J'avais moi-même été soupçonné de l'être pour avoir simplement bu du natem. On comprendra qu'embrasser ouvertement la carrière du chamanisme expose à un risque mortel dont tous ses praticiens sont conscients : l'assassinat d'un chamane réputé ensorceleur est considéré comme légitime par à peu près tout le monde, y compris par ses parents les plus proches qui admettent avec fatalité que c'est là l'issue presque normale de cette périlleuse fonction.

Exposés à tous ces dangers, les uwishin consacrent beaucoup d'énergie et une bonne part de leurs ressources à contracter des alliances défensives. Le nombre de leurs amik est en général supérieur à la moyenne, leur assurant ainsi un réseau de protection plus dense et plus étendu, en même temps que l'espèce de satisfaction morale qu'apporte l'espoir d'être vengé en cas de fin prématurée. Les grands uwishin n'ont aucun mal à trouver des amis rituels qui voient dans ce lien une garantie d'obtenir un prompt secours pour eux et leurs proches en cas de besoin, et à un prix qu'ils espèrent plus modique ; ces derniers y gagnent en outre l'engagement tacite de leur amik chamane de refuser tout «contrat» d'ensorcellement sur leur tête pour le compte d'un de leurs ennemis. C'est aussi l'intérêt des uwishin de nouer avec un «grand homme» une complicité active, souvent formalisée par un échange de sœurs; les deux beaux-frères se protégeront réciproquement dans leurs sphères respectives de compétence, ainsi que le faisaient Awananch et Nankiti dans leur guerre contre ceux de l'Apupentza. Devenus en quelque sorte des guerriers de l'invisible, les uwishin secondent de leurs pouvoirs magiques la stratégie militaire d'une faction ou, dans les rares cas où ils sont eux-mêmes des «grands hommes», la conduisent à distance sans participer aux raids dont ils délèguent la direction à de jeunes guerriers éprouvés.

La consolidation de ces alliances protectrices exige du chamane qu'il pratique une générosité calculée à l'égard de ses défenseurs potentiels en consentant à des échanges qui lui sont défavorables et qui viennent entamer d'autant les biens qu'il accumule pour prix de ses services. La disparité est d'ailleurs grande de ce point de vue entre les petits uwishin de voisinage et les chamanes les plus cotés : l'on va consulter les seconds en désespoir de cause lorsque les premiers ont échoué et les tarifs grimpent alors à la mesure de leur notoriété et du désespoir des patients. Mais ces grands chamanes sont rares et relativement marginaux; vivant à l'ombre des Blancs et jouissant d'une sorte de privilège d'extra-territorialité, ils sont déjà si retranchés de leur collectivité native qu'ils dédaignent en général d'employer leur richesse pour acquérir une position éminente dans le jeu des coalitions locales. En revanche, rien ne distingue du lot commun les uwishin sans réputation. A l'instar de Mukuimp, ils seraient même plus démunis encore que le tout-venant car tenus d'investir périodiquement leurs maigres rétributions dans l'achat dispendieux de nouvelles tsentsak. Astreints à une existence ascétique, condamnés à redistribuer leurs biens pour se procurer considération et sécurité, obligés à des dépenses constantes pour rénover les outils de leur office, exposés sans relâche à la menace d'une exécution sommaire, en concurrence permanente, voire en guerre ouverte les uns contre les autres, les chamanes paient fort cher le privilège d'être reconnus comme les arbitres de l'infortune d'autrui. Si ces contraintes n'ont toujours pas tari les vocations, elles ont du moins empêché que les uwishin ne tirent parti de leur fonction pour acquérir un pouvoir politique et économique qui les aurait élevés au-dessus des autres hommes.

Arrêtés sur la route du despotisme par l'extrême contrôle social qu'une société anarchique délègue à tous sur chacun, les chamanes achuar ne sont pas non plus des charlatans qu'une secrète insatisfaction aurait poussés à exploiter la crédulité des profanes. Sincères dans leur disposition initiale, ils «voient» manifestement sous l'effet du natem toutes ces entités qu'on leur a appris à reconnaître et dont ils croient contrôler les agissements. Mais la conviction suffit-elle à emporter la guérison? Si elle est partagée par les malades, comment ne le pourrait-elle pas, à l'occasion?

Bien souvent, les maux qui affligent le client d'un chamane sont imaginaires ou de type psychosomatique. J'ai vu plusieurs fois des gens quasiment à l'article de la mort, ayant abdiqué toute volonté de vivre tant ils étaient persuadés que rien ne saurait les délivrer de leur ensorcellement, et dont j'aurais pourtant parié qu'ils étaient en parfaite santé, vu l'absence apparente de tout symptôme préoccupant. Entraînés par l'un de leurs proches chez un uwishin renommé dont ils gagnaient la demeure avec une peine infinie, ils s'en revenaient quelques jours plus tard d'un pas vif et la mine florissante, délivrés d'un tourment qui n'avait sans doute jamais eu de base organique. Parce qu'ils apaisent l'angoisse de ceux qui les consultent, parce qu'ils les délivrent de l'aliénation terrible du face-à-face avec la douleur et l'inconnu, les chamanes arrivent même à provoquer un mieux-être temporaire chez des gens réellement malades, toute détérioration postérieure de leur état apparaissant moins comme le signe d'un échec que comme l'indice d'un nouvel ensorcellement sans rapport avec le premier. Contrairement à ce que pensent avec une certaine naïveté les missionnaires catholiques qui imputent le présent mercantilisme des chamanes jivaros à une navrante dégradation des valeurs antiques, il semble bien que le réconfort apporté par la cure soit proportionnel à son prix. Chacun sait ici que la guérison est d'autant plus rapide qu'elle a coûté plus cher, les chamanes ayant compris ce que les psychanalystes ont découvert tardivement, à savoir qu'il faut littéralement «payer de sa personne» pour faire d'une situation de dépendance la condition de son propre salut.

Chapitre XXII

PAROLES D'ÉVANGILE

A qui le voit pour la première fois, le père Albo présente un bien curieux contraste. Du clerc, il a la physionomie ; les yeux d'ingénuité limpide derrière les lunettes rafistolées, la barbe blonde en désordre, la légère voussure des épaules, le sérieux et la pâleur du visage, tout cela évoque les veilles sur des textes ardus et la transparence sereine de la foi. Aussi est-on surpris de voir superposés sur cette apparence bénigne les habituels signes distinctifs du guerrier achuar : la couronne de plumes recouvrant en partie les cheveux longs, les dessins au roucou sur les pommettes, un beau pagne itip porté avec naturel, de larges bandelettes emmaillotant les poignets, attributs autant qu'ornements, qui magnifient et prolongent à l'ordinaire des hommes cuivrés et musculeux, et semblent ici sur la carcasse un peu frêle du salésien comme les pièces rapportées d'un accoutrement. Seul le fusil manque à cette panoplie virile, supplanté par une croix discrète en sautoir. Tout sentiment d'incongruité s'évanouit pourtant dès que le père Albo se met à parler : la voix légèrement cassée module à merveille les staccatos du jivaro, ferme et posée comme celle d'un grand homme, contribuant par son autorité pleine de vigueur à faire oublier l'aspect presque gracile du missionnaire italien. Sa démarche à petits pas courts et pressés, ses attitudes, la manière dont il boit la bière de manioc, chacun de ses gestes enfin témoigne de ce qu'il a su rompre aux habitudes de la forêt un corps depuis longtemps oublieux des aises modestes du séminaire. Nous le connaissions depuis longtemps de réputation, sa rencontre ne pouvait manquer d'être un événement.

Voilà deux jours que le père Albo, ou plutôt Ankuaji, selon le nom indigène qu'il s'est choisi, est arrivé à Sasaïme. Il accompagnait Kaniras, un homme de Pumpuentza, venu négocier le tumash pour l'assassinat de Kawarunch par Narankas, Nurinksa et Kuunt il y a quelques mois. A deux jours de marche d'ici vers le sud-est, Pumpuentza est un village récent, du même genre que Capahuari, mais formé sous les auspices des salésiens dont le père Ankuaji fut le premier représentant à s'établir chez les Achuar du Sud. Comme la plupart des Achuar septentrionaux, les gens de Sasaïme penchent plutôt, quant à eux, pour les missionnaires protestants de Makuma; en outre, ils sont en guerre depuis des décennies avec ceux de Pumpuentza et tendent à considérer les paati salésiens avec la même méfiance que leurs ennemis traditionnels. L'autorité morale du père Ankuaji s'étend toutefois bien au-delà de la région où il exerce son activité pastorale, à six ou sept jours de marche d'ici vers le sud, et c'est autant pour garantir la sécurité de Kaniras que pour prévenir l'éclatement d'une vendetta entre ses ouailles et les hommes de Sasaïme qu'il a décidé de s'entremettre. Les gens de Pumpuentza ne sont eux-mêmes que des intermédiaires dans cette affaire embrouillée qui souligne encore une fois le rôle crucial dans la construction des factions de la fracture entre parents et alliés. Originaires d'une petite rivière au nord de Pumpuentza, les trois frères meurtriers de Kawarunch sont apparentés aux habitants de ce village, mais c'est loin de chez eux, à Sasaïme et à Capahuari, qu'ils ont pris femme. L'assassinat de Kawarunch a naturellement conduit Narankas, Nurinksa et Kuunt à fuir leur «pays» d'adoption pour trouver refuge chez leurs oncles et cousins «embranchés» de Pumpuentza dont ils escomptent la solidarité au cas où leurs affins chercheraient à se venger. Cette solidarité leur a été chichement mesurée : selon le père Ankuaji, les gens de Pumpuentza ont accueilli les trois hommes avec beaucoup de réticence car, de l'avis de tous, leur crime était gratuit et risquait d'entraîner une guerre contre les Achuar du Nord que personne ne souhaitait. C'est donc à contrecœur que Kaniras a cédé aux objurgations du missionnaire salésien qui lui demandait de jouer le rôle du médiateur.

Le père Ankuaji est déjà venu à deux reprises à Sasaïme au cours des mois précédents, apportant même un fusil lors de sa dernière visite pour solder le tumash. Le fils aîné de Kawarunch était prêt à accepter la compensation, mais son frère « embranché » ne voulait rien entendre et s'est dit prêt à la guerre. La présente tentative de conciliation serait donc la dernière chance d'éviter un conflit. Elle paraît malheureusement fort compromise : la discussion d'hier n'a pas abouti, les gens de Sasaïme cherchant à faire monter les enchères par des exigences déraisonnables. Dégoûté, Kaniras est reparti ce matin à l'improviste pour Pumpuentza, non sans avoir confié à Picham qui l'hébergeait son exaspération devant la mauvaise volonté de ses interlocuteurs et son désir de ne plus rien avoir à faire avec eux. Lorsque Picham, qui l'avait accompagné un bout de chemin pour assurer sa protection, eut rapporté la nouvelle, celle-ci fut interprétée comme une déclaration d'hostilité. Tukupi et Washikta se mirent à clamer qu'ils n'avaient pas peur de faire la guerre, énumérant tous les alliés sur lesquels ils pouvaient compter. Par l'intermédiaire de Picham, qu'il a connu autrefois, le père Ankuaji s'efforce depuis lors d'éteindre l'incendie qui couve ; il nous a aussi demandé d'expliquer à Tukupi, chez qui nous vivons depuis plusieurs jours, que la décision de Kaniras était toute personnelle et ne reflétait pas l'attitude des habitants de Pumpuentza : une partie de sa famille a été tuée par des gens de Sasaïme et de Copataza, et c'est un mouvement de panique qui l'aurait conduit à fuir.

La plupart des hommes de Sasaïme témoignent dans cette affaire d'une parfaite mauvaise foi. De son vivant, Kawarunch avait subi tout le poids de leur ostracisme ; il avait été calomnié par Washikta qui l'accusait d'un meurtre qu'il avait lui-même commis, il avait été tourné en ridicule par Narankas, son futur assassin, avec la complicité de Tukupi son beau-frère, et l'on voit mal comment sa mort aurait pu provoquer chez ses détracteurs autre chose qu'une discrète satisfaction. Son fils Kunamp est au ban de la communauté en raison de sa kleptomanie aiguë ; cette compulsion exceptionnelle chez les Achuar, et que tout le monde s'accorde du reste à considérer comme une forme de folie dont il n'est pas vraiment responsable, le rend peu sympathique aux yeux de ceux qui sont exposés à ses menus larcins. Tukupi, Washikta et consorts se soucient donc comme d'une guigne de la vengeance de Kawarunch et ils ne laissent planer la menace d'un conflit que pour jouir du rapport de forces favorable que les circonstances leur ont donné, et sans doute aussi parce qu'ils éprouvent une satisfaction sardonique à mettre le missionnaire salésien dans l'embarras.

Tout en étant civil avec nous, le père Ankuaji n'a pas depuis hier recherché notre présence, peut-être parce qu'il nous range inconsciemment dans l'autre faction. Sa réserve tient aussi à l'abîme qui, malgré une similitude superficielle, sépare nos vocations respectives. Cet homme a consacré sa vie aux Achuar autant qu'à Dieu, et s'il a fait de leur destinée son affaire personnelle, s'il s'est passionnément attaché à les préserver de l'occidentalisation, c'est pour mieux les guider sur la voie de l'utopie chrétienne qu'il a rêvée pour eux. Il a peine à admettre qu'en dépit de l'affection qui nous lie à quelques-uns de nos compagnons, malgré l'admiration que nous éprouvons pour certains traits de leur culture, nous ne nous sentions pas investis comme lui d'une mission prophétique. Il a sans doute deviné ces réticences, mais ne les a pas comprises : certaines de ses remarques donnent à entendre qu'il nous considère comme des voyeurs sans malice, trop esclaves de l'observation scientifique pour vouloir infléchir le cours des événements ; nous serions des cœurs secs, en somme, incapables d'éprouver pour les Achuar cet amour immense qu'il porte abstraitement à chacun d'entre eux. Je lui ai quand même expliqué la situation locale pour le rassurer, et il m'a demandé de prévenir Tukupi qu'il se rendrait chez lui pour faire un aujmatin.

Peu avant l'heure convenue pour la conversation, quelques hommes débarquent chez Tukupi, comme pour une visite fortuite ; l'atmosphère est réjouie, chacun se préparant à un spectacle hors du commun. Tukupi avait eu un sourire ironique lorsque je l'avais informé du désir du paati : comment un Blanc pourrait-il mener à bien ce dialogue cérémoniel auquel les jeunes garçons s'entraînent assidûment pendant des années et que bien des hommes mûrs maîtrisent mal ? Et pourtant, la performance du père Ankuaji est éblouissante. Il aligne sans trêve des périodes scandées et truffées de virtuosités syntaxiques ; pas une hésitation, pas un bredouillement, pas une répétition, malgré le barrage presque continu d'interpolations que lui oppose Tukupi ; ce dernier paraît même à un moment perdre pied, ne trouvant plus comme contrepoint qu'à répéter inlassablement son propre nom. Il est vrai que le salésien n'improvise pas, mais lit un aujmatin qu'il a composé d'avance pour ce genre de circonstances; il le fait à la manière d'un acteur consommé et sans trop paraître se référer à son papier. Si l'expression en est, comme toujours, fort redondante, le message brode de manière originale un thème évangélique sur l'habituel fonds commun des nouvelles de guerre : « Je viens t'apprendre que mon petit ancien est mort; les méchants l'ont tué; il est mort pour toi... » A cela, et pour faire bonne mesure, Tukupi répond par une molle contrition : « Autrefois j'ai tué des ennemis, maintenant je ne fais plus la guerre; seulement pour me défendre... » Un très long silence s'installe à l'achèvement du dialogue. De ce formidable affrontement des caractères et des capacités que constitue l'aujmatin, le père Ankuaji sort indiscutablement vainqueur.

Quelques jours ont passé, le père Ankuaji est reparti après avoir convaincu Picham d'aller négocier le tumash à Pumpuentza, et la monotonie de la vie quotidienne a repris le dessus. Pourtant Tukupi paraît mal à l'aise, inquiet, maussade; ne sortant guère de chez lui, il alterne entre des périodes d'humeur noire où il se mure dans un mutisme grincheux et des élans d'affection quasi paternels où il vient s'asseoir près de moi pour me poser des questions très personnelles, ce qu'il ne faisait pas auparavant, ayant jusque-là manifesté une souveraine indifférence à l'égard du monde d'où nous provenions. C'est surtout mon journal de terrain qui le fascine et qu'il me demande de lui traduire page par page. Le soir, lorsque j'y reporte à la lueur d'une lampe torche coincée dans le creux de l'épaule les informations glanées dans la journée, il me regarde avec une attention songeuse et m'interpelle à l'occasion pour que je lui lise ce que j'écris. Peu à peu, au hasard des confidences et des questions, l'explication de son comportement finit par m'apparaître : la visite du père Ankuaji a déclenché chez Tukupi une grave crise d'identité, latente sans doute depuis quelque temps, mais que la maestria rhétorique de son interlocuteur a soudain mise à nu.

Avec beaucoup d'intelligence, Tukupi avait vite compris qu'il était vain de s'opposer aux missionnaires dont l'action se faisait de plus en plus perceptible aux lisières de son domaine. Il avait fini par accepter il y a deux ans les avances des évangélistes américains de Makuma et consenti à l'envoi d'un prédicateur shuar qui s'efforçait à grand-peine d'organiser une école. Purement tactique, sa décision lui avait permis de consolider grâce à un appui extérieur la légitimité d'une position acquise par ses propres mérites, en jouant de tout le registre des qualités attendues d'un grand homme. Rien n'avait changé pour lui et il continuait de manipuler les autres avec une habileté consommée ; en témoignaient les assassinats d'Ikiam et de Kawarunch, qui n'auraient pu être commis sans son accord et, pour le second du moins, l'avaient probablement été à son instigation. Malgré le formidable appareil technique des Blancs, malgré leur pouvoir de contrôle sur des richesses à l'évidence infinies, Tukupi était convaincu que sa prééminence dans le système politique traditionnel ne pourrait être remise en cause par ces intrus si ignorants de sa culture, sûr qu'il était de son passé glorieux, de son charisme éprouvé et surtout de la puissance de conviction de son éloquence. Et voilà que ce petit paati avec son petit bout de papier l'avait mis en échec dans un art où il se piquait d'être sans égal !

Cette amère expérience oblige notre hôte à reconsidérer les tranquilles certitudes qui jusqu'à présent menaient sa vie : aux Achuar la virtuosité d'un discours dicté par l'inspiration d'arutam, révélateur du caractère et puissant levier pour agir sur l'âme d'autrui ; aux Blancs les secours de l'écriture, un procédé qui leur avait certes permis d'énoncer en jivaro l'unique mythe dont ils paraissaient disposer, mais qui semblait impropre à tout autre usage qu'à figer dans le seul livre dont il eût connaissance, et dans une langue bien simplifiée, un message des plus ésotériques n'évoquant en lui aucun écho. Or, l'épreuve de l'aujmatin était venue miner ce grand partage rassurant. Tukupi se rend compte à présent que l'écriture peut déborder du Livre où elle était sagement confinée, qu'elle est même près d'envahir son domaine réservé, submergeant de sa puissance d'instrumentation les anciens fondements de son autorité. La vision d'arutam, cette révélation fugace et secrète où se fortifiait la parole, perdrait maintenant toute justification ; elle serait bientôt supplantée par la « vision » d'un papier, opération plus efficace car renouvelable en n'importe quelle circonstance et accessible au premier blanc-bec venu. Que l'on ne se méprenne pas. Tukupi ne voit rien de profane dans la lecture par le père Ankuaji de son remarquable aujmatin, mais plutôt un troublant parallèle avec les conditions d'exercice de sa propre éloquence. Parce qu'il ne saurait imaginer que le complexe contrepoint du dialogue cérémoniel puisse être véritablement codé par l'écriture, il considère la feuille de papier comme une sorte de talisman, doté d'une autonomie propre. Tout comme arutam, le texte lui paraît exister à la manière d'une illumination très personnelle, et non comme le support ancillaire d'une inspiration qui lui préexiste.

Le paradoxe de cette terrible déconvenue, c'est qu'elle va à l'encontre de ce que le père Ankuaji a toujours souhaité. En adoptant le costume et les coutumes des Achuar, en s'exprimant dans leur langue et selon les canons de la rhétorique traditionnelle, il cherche, bien sûr, à gagner leur confiance, mais aussi et surtout à célébrer publiquement leur culture et leurs institutions dans cette phase délicate des premiers contacts où bien des peuples cèdent à l'abattement et à la dépréciation d'eux-mêmes. Or, loin de dissiper chez Tukupi un éventuel sentiment d'aliénation, ce Blanc qui rivalise avec lui dans ce qu'il croyait encore être l'apanage des Indiens n'a réussi qu'à lui faire soudain mesurer toute l'étendue de son impuissance. L'évangélisation distille sans cesse de tels malentendus, lors même qu'elle est animée des meilleures intentions. Ne s'en étonnent que les naïfs : l'intelligence de la singularité d'autrui à laquelle aspirent les ethnologues et bon nombre de missionnaires s'accommode bien mal du désir de faire partager ses convictions.

Malgré son désir de ne pas bouleverser la vie et la culture des Achuar, malgré aussi le peu de conversions qu'il enregistre, le père Ankuaji perturbe probablement plus que les fondamentalistes nord-américains les valeurs traditionnelles des quatre ou cinq communautés où s'exerce sa mission pastorale. A la différence des protestants, d'abord, il réside en permanence parmi ses paroissiens ; comme un curé de campagne, il intervient sans cesse pour régler leurs différends et peser sur leurs décisions, argumentant ici contre un projet de mariage polygame, là contre une résolution de vengeance, obstacle discret mais efficace au libre jeu des institutions sociales et de la politique des factions. En dépit des fortes réticences de la hiérarchie salésienne, il a entrepris d'adapter le culte et la théologie catholiques aux exigences de son sacerdoce. La célébration de la messe avec des ornements et des substances indigènes, l'usage d'anent et de nampet à des fins liturgiques, des parallèles audacieux entre certains rituels jivaros et les fêtes du calendrier romain, la transformation des héros de la mythologie en hypostases des attributs de la Sainte Trinité, autant d'innovations bien intentionnées qui visent à affirmer la préfiguration de la présence divine dans la religion autochtone. Mais ce syncrétisme délibérément recherché dépossède en fait les Achuar bien plus sûrement que l'orthodoxie biblique de tout ce que leur rapport au surnaturel avait d'original.

Pour les prédicateurs protestants, de telles pratiques confinent à l'idolâtrie. A l'abri du doute qui taraude à l'occasion les missionnaires salésiens, et convaincus de ce que la totalité du message chrétien réside dans la littéralité des Saintes Écritures, ils n'aspirent qu'à délivrer les Achuar de l'emprise du Diable par des recettes simples et éprouvées : condamner sans appel la plupart des traits de leur culture qui témoigneraient de sa présence et leur imposer les préceptes et le mode de vie qu'ils ont cru eux-mêmes pouvoir tirer de la Bible. En raison de sa démesure, un tel projet paraît voué à l'échec ; on ne transforme pas du jour au lendemain un guerrier jivaro en un fidèle des Églises fondamentalistes de l'Amérique profonde. Une déculturation de cette ampleur est d'autant moins envisageable que les pasteurs évangélistes ne visitent leurs ouailles que très épisodiquement et sont donc incapables d'influer durablement sur eux, voire de comprendre que la piété de façade affichée lors de leur passage est la meilleure assurance de pouvoir reprendre le cours d'une existence « satanique » dès qu'ils seront repartis.

L'attitude des Achuar ne procède qu'à moitié d'une volonté consciente de dissimulation et il leur arrive parfois de refuser la conversion par réelle sincérité. C'est ce que j'avais pu constater à Conambo au cours d'une étonnante expérience de quiproquo culturel. Lors des derniers jours de notre séjour chez Tunki, un missionnaire américain avait programmé un grand baptême collectif, sans doute pour exorciser l'influence du Diable dont l'assassinat de Mashu portait manifestement la trace. Au jour dit, les factions rivales s'étaient retrouvées au village, s'observant en chiens de faïence de part et d'autre de la piste où le missionnaire devait atterrir, les fusils dissimulés à proximité. A la grande déception du pasteur, et malgré une exhortation vigoureuse, seules quelques jeunes femmes l'avaient accompagné dans la rivière pour le baptême. Pourtant, les raisons que me donnaient les hommes pour ne pas devenir des *yus shuar*, des « gens de Dieu », attestaient précisément de ce qu'ils prenaient les conséquences de ce sacrement très au sérieux. En devenant chrétiens, me disaient-ils, ils devraient se priver des secours du chamanisme et des avantages de la polygamie, s'abstenir de fumer et de boire de la bière de manioc et, surtout, renoncer à la vendetta, ce qui leur paraissait inimaginable dans les circonstances présentes. En bonne logique, ils considéraient que le châtiment éternel dont les menaçait le missionnaire ne valait que pour les seuls croyants ayant péché, et qu'en refusant le baptême ils pouvaient continuer à enfreindre sans dommage les multiples interdictions qui leur étaient faites.

Une telle rigueur d'interprétation est toutefois assez rare. Les quelques Achuar qui se prétendent yus shuar sont venus à la nouvelle religion moins par la grâce de la révélation que parce qu'ils y trouvaient leur compte. C'est le cas de Tseremp, que son échec à rencontrer arutam et le peu de prestige dont il jouit parmi les siens ont conduit à rechercher auprès des évangélistes le signe d'une élection que sa culture lui refusait. Persuadé de jouir d'une protection spéciale du Seigneur, il traite ses concitoyens avec la même condescendance apitoyée dont ceux-ci l'accablent, attitude qui contribue d'autant moins à améliorer sa réputation que sa profonde ignorance théologique lui interdit tout prosélytisme efficace. D'autres, les plus nombreux, sont attirés par les avantages économiques qu'ils escomptent des missionnaires protestants. Ce n'est pas que ceux-ci soient si généreux, mais ils aiment à susciter chez les Indiens l'éclosion d'une mentalité d'entrepreneur, les incitant à se lancer dans des cultures de rente ou à développer la collecte de produits demandés sur les marchés, qu'ils commercialisent grâce à leurs avionnettes. En échange, ils vendent à prix coûtant les objets manufacturés dont les Achuar ont besoin, court-circuitant ainsi les réseaux des regatones, au grand déplaisir de ces derniers.

L'initiation pratique aux mécanismes de la libre entreprise n'a touché jusqu'à présent qu'une minuscule minorité, et elle engendre des comportements plus proches de la magie que de l'économie politique. A Copataza, le village le plus ouvert au commerce missionnaire, une interrogation obsédante revient dans toutes les conversations : Que faut-il faire pour pouvoir bénéficier de la «richesse de Dieu» *(yus kuit)*? L'évidente abondance de biens matériels dont disposent les prédicateurs nord-américains ne peut venir que du lien très spécial qu'ils entretiennent avec cette divinité mystérieuse dont il devient alors indispensable de se rapprocher pour bénéficier d'avantages identiques. Les missionnaires prônant le dialogue direct avec Dieu par l'intermédiaire de la prière, rien ne s'opposerait en principe à ce qu'Il fasse pleuvoir ses bienfaits sur les Indiens avec la même libéralité. En conséquence de quoi, dans plusieurs maisons de Copataza où nous avons séjourné, le maître de céans se livrait à la tombée de la nuit à un exercice de piété des plus intéressés. Les yeux clos et le front plissé par la concentration, il faisait monter vers le ciel une interminable litanie de demandes : «Yus, donne-moi des vaches! Yus, donne-moi un fusil! Yus, donne-moi des remèdes! Yus, donne-moi des perles de verre!» Ce genre de requêtes, d'où la propagande des Églises fondamentalistes tire une partie de son succès aux États-Unis mêmes, rappelle assez le «culte du cargo» auquel se livrent certaines sociétés de Mélanésie, un rituel prophétique destiné à détourner vers leurs villages ces bateaux et ces avions chargés de marchandises dont les Blancs s'étaient jusque-là arrangés pour monopoliser le bénéfice. Toutefois, tandis qu'en Océanie les ancêtres demeurent sourds aux suppliques, et désespérément vides les installations de fortune érigées pour recevoir les cargos, à Copataza les petits avions de la mission protestante atterrissent à l'occasion pour débarquer des marchandises; il faut certes encore les acheter, mais leur simple venue atteste malgré tout d'un début d'efficacité de la prière.

L'approvisionnement céleste de Copataza s'accorde assez bien avec un tout petit mythe, relaté par Mukuimp, et qui justifie la présente inégalité entre les Indiens et les Blancs dans la répartition des richesses : «Autrefois, les ancêtres des Blancs et ceux des Achuar étaient identiques; un jour un avion est venu; les ancêtres des Achuar ont eu peur de monter dans l'avion; ceux qui sont partis dans l'avion sont devenus des Blancs; ils ont appris à tout fabriquer avec des machines, tandis que les Achuar devaient tout faire péniblement avec leurs mains.» Ce mythe, le seul à ma connaissance portant sur un tel thème, témoigne dans sa désinvolte concision du peu d'intérêt que les Achuar portent à la genèse des différences entre les peuples et, plus généralement, de leur indifférence aux explications historiques rétrospectives. Son origine en est sans doute récente, le terme employé par Mukuimp et par ses compagnons pour désigner l'avion, *wapur*, faisant référence aux petits bateaux à vapeur qui, vers la fin du siècle dernier, commencèrent à remonter les rivières les plus méridionales du pays jivaro depuis les comptoirs du Marañon, véhicules épisodiques d'un commerce de traite accepté avec fatalité, comme le sont les avionnettes évangéliques pour les Achuar contemporains. La morale de l'histoire est dépourvue d'amertume : les Indiens ne s'efforcent pas de devenir des Blancs en acceptant à présent les facilités du transport aérien et en tentant d'en canaliser les avantages par des oraisons répétées ; ils cherchent plutôt, maintenant qu'une deuxième chance leur est offerte, à corriger quelque peu les conséquences d'un choix initial malheureux.

Aux yeux des Achuar, la prière doit en outre revêtir une partie de son attrait des affinités manifestes qu'elle entretient avec la vision d'arutam. Comme elle, il s'agit d'un lien mystique et personnel avec un principe protecteur, périodiquement réactivé par une communication immédiate, et dont les effets se font sentir à travers une réussite ostensible dans les accomplissements profanes. La ressemblance entre ces deux demandes d'intercession valide ainsi la thèse des salésiens selon laquelle la vision d'arutam est au cœur de la religiosité jivaro, non pas, comme ils le pensent, parce qu'elle préfigurerait l'expérience de la révélation divine, mais bien parce qu'elle rend acceptable une interprétation littérale et intéressée de la piété.

Il n'est jusqu'aux séances de culte organisées par les missionnaires protestants qui ne soient mises à profit par les Achuar pour mener à bien des ambitions on ne peut plus terre à terre. A la pastorale itinérante du père Ankuaji, les prédicateurs nord-américains préfèrent en effet des réunions épisodiques, tenues dans l'un des villages sous leur contrôle, vers lequel ils acheminent gratuitement en avionnette les yus shuar qui en font la demande. Ces « conférences évangéliques » offrent une magnifique occasion de se faire sans peine de nouveaux amik, de troquer à l'envi, de négocier des mariages, de nouer des alliances politiques, d'échanger des nouvelles ou de consulter un chamane renommé. Bien qu'ils aient probablement conscience de tout cela, les pasteurs choisissent de fermer les yeux ; il est même possible qu'ils tirent parti de la situation, en laissant se cimenter dans ces congrégations périodiques des réseaux de solidarité beaucoup plus vastes que ceux découlant du jeu normal des relations de parenté et de voisinage, réseaux dont ils deviennent alors les principaux médiateurs. Les complicités qui s'y tissent sont d'autant plus efficaces qu'elles reposent sur le vieux principe qui veut que les ennemis de mes ennemis soient mes amis : elles rapprochent des hommes originaires de localités très distantes, des quasi-inconnus, séparés à l'ordinaire par des noyaux d'adversaires communs, mais contre lesquels, en raison de la distance précisément, ils n'avaient pas imaginé jusqu'à présent de se coaliser. D'où l'aspect de mosaïque que revêt la géographie des influences exercées respectivement par les catholiques et par les protestants. Ce n'est pas en fonction de convictions personnelles que les Achuar font leur choix entre les deux religions concurrentes, ni en comparant les avantages matériels que l'une ou l'autre serait en mesure de leur offrir, mais en suivant la pente des inimitiés traditionnelles. Les ennemis d'hier — et souvent même d'aujourd'hui — ne pouvant concevoir d'être réunis sous la férule d'une même organisation missionnaire, l'affiliation religieuse prend le caractère d'un inéluctable automatisme ; à l'instar de Tukupi, il suffira de constater que les adversaires héréditaires de Pumpuentza sont passés sous l'égide des salésiens pour céder aussitôt aux sollicitations des évangélistes. Le manque d'œcuménisme des missionnaires rejoint la partialité des Indiens pour étendre à l'échelle de la tribu, sous les espèces d'une nouvelle guerre de religion, le mécanisme d'une hostilité séculaire entre des groupes de voisinage décidément hostiles à toute cohabitation.

Parce qu'elle est loin de s'exercer partout, mais aussi et surtout parce qu'elle est brouillée par toutes ces réinterprétations qui en déforment le sens et la portée, l'influence de l'évangélisation ne doit pas être surestimée. Ainsi aucune de ces institutions sur lesquelles les missionnaires ont jeté l'opprobre — la vendetta, le chamanisme, le mariage polygame, la quête d'arutam — ne paraît-elle menacée dans les quelques villages soumis depuis trois ou quatre ans à un prosélytisme intermittent. Cette influence est en outre réversible, signe d'une incontestable bonne santé du corps social. C'est ce que suggère l'exemple des jeunes prédicateurs shuar envoyés en pays achuar par les protestants afin d'y procéder à l'éradication des coutumes jugées les plus perverses. Loin de mener à bien leur mission, presque tous ces jeunes gens ont choisi d'y renoncer pour prendre une femme sur place — certains même en ont à présent plusieurs —, épousant dans un même mouvement les valeurs traditionnelles de leur belle-famille qu'ils avaient appris à mépriser. A l'origine très occidentalisés dans leur apparence et leur comportement, ces produits exemplaires du décervelage missionnaire se sont coulés avec une déconcertante aisance dans les mœurs antiques auxquelles leurs propres pères avaient dû progressivement renoncer, expérimentant une acculturation à rebours qu'une nostalgie vivace et en partie inavouée avait peut-être contribué à rendre plus facile.

Une telle inversion de la marche de l'histoire est probablement temporaire. Elle invite toutefois à nuancer le schématisme avec lequel on considère encore trop souvent l'imposition de la « paix blanche » dans les minorités tribales. Il est rare que l'acculturation soit une occidentalisation, sinon dans ses manifestations les plus superficielles : l'usage d'une langue européenne, le port de la chemise et du pantalon, l'emploi de techniques mises au point dans les pays industrialisés, n'ont pas converti les Shuar aux systèmes de valeurs et aux modes de vie que partagent les nations modernes d'Europe et d'Amérique du Nord. Ce n'est pas « la culture de l'Occident » — si une telle abstraction existe — qui leur est présentée en modèle, mais la culture populaire de leurs concitoyens dans ce petit pays du tiers monde dont ils ont si longtemps été membres à leur insu. Les nouvelles références des Shuar convertis, ce à quoi ils aspirent à s'identifier, ce sont les usages en cours parmi les populations rurales de l'Équateur, leurs musiques et leurs danses, leurs habitudes alimentaires, leur parler caractéristique où l'espagnol se mâtine de quichua, leurs institutions communautaires et la morale sociale qui les gouverne, bref, tout un réseau de codes et de signes de reconnaissance typiques, aussi peu familiers à un Occidental que ne l'est la culture jivaro. Ces variations dans les degrés d'exotisme ne nous disculpent pas de notre responsabilité collective dans la destruction au cours des siècles de milliers de sociétés dont chacune contribuait de manière originale à l'indispensable diversité des modes d'expression de la condition humaine ; l'on peut pourtant y trouver une consolation en songeant que notre planète n'est pas encore véritablement devenue un village, tout au plus une sorte de ville tentaculaire, où sur les décombres des hameaux qui peuplaient sa périphérie se construisent chaque jour de nouveaux quartiers aux personnalités de plus en plus contrastées.

Chapitre XXIII

MORTS ET VIVANTS

Bien avant l'aube, je suis réveillé par les lamentations déchirantes des femmes explosant soudain dans la maison : « *Nukuchiru! nukuchirua! jaka-yi-i-i-i-i, nukuchiru! nukuchirua! yamaikia jarutka-yi-i-i-i-i.* » La vieille Mayanch vient de mourir. Elle était malade depuis longtemps, et lorsque nous nous sommes couchés, tout le monde sentait que la fin était proche. Turipiur a veillé la plus grande partie de la nuit ; chaque fois que j'émergeais d'un sommeil difficile, je le voyais assis sur son chimpui, le visage à peine dessiné par la lueur du feu, attentif à la respiration sifflante de sa sœur à l'agonie. Agée d'une cinquantaine d'années, Mayanch avait été recueillie par Turipiur après son veuvage deux ou trois ans auparavant et elle s'était gagné l'affection de toute la maisonnée. Depuis mon arrivée chez Turipiur, il y a presque un mois, elle n'avait pratiquement pas quitté son peak, s'affaiblissant de jour en jour. On ne m'avait pas demandé de la guérir et je n'en avais pas pris l'initiative : elle présentait tous les symptômes d'une tuberculose avancée contre laquelle une piqûre d'antibiotique n'aurait eu aucun effet durable. J'aurais en outre couru le risque de me voir accusé de sa mort, ainsi qu'il arrive souvent aux chamanes consultés en dernière extrémité et dont le patient expire peu après la cure. Leur impuissance est alors l'indice d'une complicité avec le chamane agresseur, raison pour laquelle les praticiens avisés s'abstiennent de traiter les cas désespérés. Le danger était d'autant plus réel ici que Mayanch avait été soignée exclusivement par son frère Turipiur, un uwishin réputé.

N'aurait-il pas hésité, malgré nos bonnes relations apparentes, à renvoyer sur moi le poids de son échec?

Frère du chamane Peas assassiné il y a quelque temps par Yankuam, Turipiur est un homme flegmatique d'une quarantaine d'années, grand et sec comme un coup de trique, à l'œil pensif et aux gestes mesurés. C'est lui qui conduisait l'expédition avortée de représailles dont j'avais été le témoin chez Nankiti, et c'est contre lui qu'était dirigé le raid que Nankiti s'apprêtait à lancer lorsque j'ai quitté précipitamment sa demeure il y a près d'un an. J'ai appris depuis que cet ultime épisode de la vendetta était demeuré sans conséquence. Nankiti et ses guerriers avaient été arrêtés par la crue de l'Apupentza, une rivière coulant à une centaine de mètres d'ici, et qu'ils comptaient traverser à gué. Ayant fait, par précaution, un large détour vers l'amont, la petite troupe avait entrepris d'abattre un très grand arbre sur la berge pour se ménager un pont. Le bruit continu de la cognée avait attiré l'attention d'un parent de Turipiur qui se trouvait sur l'autre rive ; il avait lâché un coup de fusil sur les assaillants avant de donner l'alerte, et Nankiti s'était replié, ne pouvant plus compter sur l'effet de surprise. C'est en grande partie parce que j'avais failli autrefois subir son attaque que je m'étais décidé à visiter Turipiur ; conduit par une curiosité un peu perverse, je voulais expérimenter ce privilège d'observation dénié aux Achuar en allant examiner l'envers du décor. J'étais venu seul, n'ayant aucune garantie quant à l'accueil qui me serait réservé, tandis qu'Anne Christine demeurait chez l'ami Wajari à Capahuari.

Turipiur s'était à la vérité révélé un hôte charmant et attentionné, bien plus sympathique que son adversaire Nankiti, et j'en étais venu à épouser sa cause, d'autant plus que, dans cette affaire, c'était lui la victime en définitive. Lui ayant expliqué les raisons qui m'avaient conduit chez son ennemi lors de l'attaque, il en avait conçu une grande inquiétude rétrospective, peut-être moins par souci des dangers qu'il m'aurait fait courir que par crainte des représailles que l'armée s'est dite, selon lui, prête à exercer si l'on tue un Blanc. La faction de Turipiur est du reste plus consistante que celle de Nankiti. Il est l'aîné d'un groupe de cinq frères, augmenté de quelques gendres et beaux-frères, auxquels s'ajoutent plusieurs grands fils, soit une quinzaine de guerriers bien pourvus en armes, dont quelques carabines à répétition de fort calibre. Chacun des frères occupe une maison fortifiée à portée de voix des autres, celle de Turipiur, plus grande et mieux protégée, faisant un peu l'office du donjon dans un château fort médiéval. En dépit de l'état de guerre et de la maladie de Mayanch, il régnait chez Turipiur une atmosphère agréable qui rendait ma solitude moins pesante ; aussi, quand j'eus appris après quelques jours à me plier aux précautions de la vie de forteresse — moins draconiennes au demeurant que chez Nankiti —, la conscience des circonstances exceptionnelles où je me trouvais s'était peu à peu dissipée.

Depuis une semaine, l'humeur de la maison s'était néanmoins assombrie devant l'aggravation manifeste de l'état de Mayanch. Son entourage n'y avait pas peu contribué : comme la vieille était fiévreuse, les femmes l'accompagnaient régulièrement dans un ruisseau proche, le plus souvent sous la pluie, pour la tremper dans l'eau fraîche et «refroidir sa fièvre». La malheureuse revenait en tremblant de tous ses membres, plus pathétique à chaque bain, jusqu'au moment où sa trop grande faiblesse avait interrompu ce calvaire inutile. Mes remontrances atterrées furent accueillies par une indifférence polie : n'avait-on pas toujours agi ainsi pour refroidir la fièvre ? Dès hier matin, les femmes avaient commencé à se lamenter de façon intermittente, traitant la vieille comme si elle avait déjà expiré. «Tu es morte, petite grand-mère, tu es morte», lui disait-on tristement, alors qu'elle parlait encore et demandait à manger. Il est vrai que mourir est pour les Achuar une action cumulative et quasi volontaire. «Être malade», *jaawai*, et «être mort», *jakayi*, sont formés sur une même racine, le passage d'un état à l'autre s'exprimant à travers une série d'adverbes et de suffixes qui marquent des degrés dans une progression vers l'extinction de la vie. L'on est déjà un peu mort avant que d'être décédé, un malade étant conçu comme un défunt en puissance et un défunt comme un malade accompli.

A divers signes sans équivoque, l'on savait déjà que Mayanch avait commencé de se décomposer, non pas encore dans sa chair, mais bien dans sa personne, dont les différents attributs reprenaient peu à peu leur indépendance. Il y a deux jours, un neveu de Turipiur avait trouvé le cadavre d'un petit hibou à quelques pas de la maison ; «*mese ajakratin !*» avait dit Turipiur aussitôt : ce mauvais augure annonçait la fin prochaine, le hibou étant l'un des avatars où s'incarne l'âme des morts. Tout le monde savait que le wakan de Mayanch avait déjà quitté son corps pour se transformer en Iwianch, un Iwianch certes invisible, mais dont la présence se faisait sentir chaque jour. Tantôt c'était le bruit d'une course autour de la maison ou quelques coups frappés à la porte de la palissade au beau milieu de la nuit, tantôt c'était une marmite qui, sans qu'on l'explique, se renversait sur le feu ou un bol qui chutait du haut d'une claie. Bien que Mayanch continuât en apparence à jouir de la plupart de ses facultés, elle n'était plus pour ses proches qu'un automate privé de pensée et de sensibilité émotive. Son désir même de nourriture était interprété comme une confirmation de cette dépossession spirituelle, l'une des principales caractéristiques de l'Iwianch étant précisément une faim insatiable. Précédant de plusieurs jours la cessation des fonctions vitales, l'évasion du wakan et ses manifestations maladroites dans l'enceinte de la maison indiquaient à tous que la vieille avait rejoint le monde des défunts.

Sur la nature véritable de cette transmutation, comme sur la destinée plus générale de l'âme après la mort, les Achuar professent les opinions les plus diverses, ainsi que j'avais pu encore le constater ces derniers jours en interrogeant la maisonnée de Turipiur à propos du sort réservé à Mayanch. L'incertitude de mes compagnons quant aux mécanismes de décomposition de la personne ne fait que refléter leur parfaite indifférence à la manière dont elle se constitue. Hommes et femmes s'accordent certes sur les principes généraux de la fabrication d'un enfant : dans l'utérus de la mère, le père dépose un « œuf » minuscule contenu dans sa semence, qu'il devra alimenter et fortifier tout au long de la gestation, et particulièrement au cours des derniers mois, par des apports réguliers de sperme. La femme ne joue qu'un rôle subalterne en la matière, celui d'un réceptacle passif ; c'est pourtant à elle que l'on impute la stérilité, qui résulterait d'une incapacité à fournir à « l'œuf » l'environnement propice à son épanouissement. L'on admet que l'embryon est doté d'un wakan dès sa conception, mais personne ne paraît savoir d'où procède cette âme ni ne s'en inquiète le moins du monde. Un tel désintérêt est du reste compréhensible, vu l'absence dans cette société de tout principe de filiation : les parents ne transmettent aucune prérogative à leurs enfants à l'exception du nom — celui d'un aïeul en général — et parfois d'un tatouage sur le visage, marques d'individuation plutôt que symboles d'une continuité linéaire avec les générations précédentes. Contrairement à ce qui se passe dans bien des sociétés prémodernes, la naissance ne vaut pas ici incorporation dans un clan ou un lignage aux intérêts bien définis, elle ne confère pas de privilège sur un terroir ou sur un patrimoine, elle n'ouvre pas l'accès à des charges ou des titres, elle n'impose pas de devoirs particuliers vis-à-vis d'une divinité locale ou d'un autel domestique ; elle est l'essor initial donné à une virtualité d'existence qui devra tout à ses propres œuvres. Une théorie élaborée des substances et des principes formateurs de la personne est donc superflue ; le père et la mère ne représentant qu'eux-mêmes, et non pas des groupes attachés à faire prévaloir quelque droit sur leur descendance, il n'est nul besoin de démêler leurs parts respectives dans la genèse d'un enfant.

A la naissance, le wakan est fluide et plastique ; il se développe en même temps que le corps, au gré des expériences émotives et perceptives qui lui dessineront peu à peu une physionomie propre où s'exprimera le caractère de chacun. Le wakan d'un bébé ne lui donne aucune singularité, tout au plus la promesse des facultés caractéristiques des êtres de langage ; son identité n'y est pas contenue en puissance, encore moins sa destinée. Identité et destin se forgent lors des rencontres successives avec arutam, un moteur impersonnel et abstrait, temporairement efficace, mais jamais définitivement incorporé car fantasque dans ses apparitions et n'appartenant à personne en particulier. Génération après génération, arutam permet aux personnalités de s'épanouir et à la condition humaine de prendre son relief, sans aucune prédétermination du wakan, cette petite lueur de conscience et d'affectivité qui n'est pas plus qu'un prédicat de la vie. Les avatars du wakan après la mort ne revêtent donc pas une grande importance, puisque avec l'achèvement de l'existence qu'il avait pour fonction d'accompagner son rôle devient caduc.

Selon l'interprétation la plus courante, le wakan quitte le corps peu avant la mort pour se transformer en un Iwianch qui va hanter la maison jusqu'à la dissolution complète des chairs du défunt ; à ce moment, le wakan-Iwianch se métamorphose en animal. Le wakan n'ayant pas de siège précis dans l'organisme des humains, l'espèce dont il va prendre la forme dépend de la partie du corps où il résidait immédiatement avant son départ : un hibou s'il était dans le foie, un oiseau pityle pour le cœur, un papillon Morpho pour les auricules — certains disent les poumons —, un daguet rouge pour la « chair » ou parfois pour l'ombre portée. Cette dernière est constitutive de la personne, au même titre que son reflet dans l'eau, l'une et l'autre étant d'ailleurs désignés par le terme wakan dont ils composent en quelque sorte le support figuratif. Le wakan des hommes s'incarne dans les mâles de l'espèce et celui des femmes dans les femelles. D'aucuns prétendent, en revanche, que le wakan regagne le placenta du mort, enterré jadis auprès de sa maison natale, et qu'il y mène pour l'éternité la vie végétative d'un fœtus, tandis que les différentes parties de son corps deviennent autonomes et se métamorphosent en animaux selon les mêmes règles que précédemment. Quant aux Iwianch, sous leur apparence humanoïde du moins, ils seraient fabriqués en forêt par les oiseaux pityles. D'autres encore déclarent que le wakan s'engloutit dans le volcan Sangay — une croyance transmise par les Shuar et dont l'origine missionnaire n'est pas douteuse —, alors que le foie se transformerait en Iwianch, soit sous les espèces d'un être grand, velu, très maigre et à la tête simiesque, soit comme l'un des animaux déjà évoqués. On dit encore que le wakan aime à s'incarner dans les hiboux et les pityles afin de récupérer sa vision, puisqu'il est réputé aveugle dès qu'il abandonne le corps ; ces oiseaux prêteraient donc leurs yeux aux morts, et il n'est pas rare qu'un Achuar, entendant un pityle siffler son *pees-a-pees* caractéristique, se mette à grommeler en baissant la tête : « Va-t'en importuner celui qui t'a ensorcelé ! » Quelques-uns avouent enfin tout ignorer du destin de l'âme après la mort et me pressent de leur apporter mes lumières sur la question. Bref, chacun paraît broder selon son inspiration sur un canevas commun à tous, exercice d'imagination propre à faire passer un bon moment plutôt qu'interrogation angoissante requérant une réponse orthodoxe et socialement sanctionnée.

De toutes ces figures d'outre-tombe, celle de l'Iwianch est la plus originale. Ses frontières ontologiques sont très imprécises, puisque Iwianch est d'un usage à la fois générique et particulier : il désigne les diverses manifestations, notamment animales, de l'âme des morts — le daguet rouge est dit « daguet-Iwianch », le pityle « moineau-Iwianch » — et l'arsenal magique des chamanes dans ce qu'il a de maléfique, en même temps qu'un être singulier, vaguement humanoïde, dont la malveillance sans gravité motive probablement les autres significations néfastes attachées au terme. Avec un flair ethnographique certain, les missionnaires ont traduit Iwianch par « démon », reproduisant dans cette analogie le flou sémantique du concept jivaro.

Sous son avatar humanoïde, Iwianch présente bien des traits paradoxaux. En premier lieu, et quelles que soient les divergences d'interprétation quant aux mécanismes qui le produisent, son existence ne paraît faire de doute pour personne. Or ce fantôme est le plus souvent invisible et sa présence surtout identifiable aux effets qu'elle produit : aveugle, il se déplace de manière erratique dans la maison et heurte les objets ; affamé, il dérobe de la nourriture ; sexuellement frustré, il se livre à des attouchements nocturnes sur les femmes endormies ; terriblement esseulé, il vole des chiens pour avoir une compagnie. En forêt même, il se manifeste surtout par son cri caractéristique, *chikiur-chikiur*, ou par le bruit d'une branche cassée sous un pas, comme si ce mort timide répugnait à révéler aux vivants l'horreur de sa figure. Il est vrai qu'il se manifeste parfois aux femmes et aux enfants, mais sans que ceux-ci aient immédiatement conscience de ce à quoi ils ont affaire. Les enfants ne voient en lui qu'un inconnu à l'abord amical ; séduits par l'attrait de la chose défendue, ils se laissent attirer par ce nouveau compagnon de jeu dans de longues promenades en forêt, plongeant leurs parents dans une folle inquiétude. Les jeunes fugueurs que j'ai pu interroger ne conservaient du reste qu'un souvenir très vague de leur expérience, moins traumatique pour eux que pour leur entourage.

Un mythe qui me fut raconté par Wajari rend très bien l'atmosphère plutôt affectueuse de cette camaraderie des morts et des enfants.

« On raconte qu'autrefois, dans une maison où les parents s'étaient absentés, un grand-père défunt vint rendre visite à ses petits-enfants. Il prit de la viande dans la réserve et prépara un ragoût, puis il appela ses petits-enfants : "Venez manger !" Après avoir mangé, il les invita à jouer avec lui ; les enfants prirent des fléchettes de sarbacane, les allumèrent au foyer et mirent le feu à sa tête de *pees-a-pees* (l'oiseau pityle); tandis que sa tête brûlait comme une torche, il chantait : "Petits-enfants, moi je continue d'exister, moi je continue d'exister." Les enfants s'amusaient beaucoup et, bien fatigués, finirent par s'endormir. Profitant de l'occasion, le grand-père dévora toute la réserve de viande de la maison. Au retour des parents, les enfants déclarèrent : "Vous ne savez pas? Grand-père est venu et nous a donné à manger du ragoût. — De quel grand-père parlez-vous donc? Votre grand-père est mort il y a des années", répondirent les parents. Les enfants affirmèrent que le grand-père leur avait bien dit : "Vous êtes mes petits-enfants. — Bêtises que tout cela! Votre grand-père a disparu depuis longtemps; c'est Iwianch qui est venu vous voir", rétorquèrent les parents. Préoccupé, le père décida de se cacher en haut d'une claie pour voir ce qui se tramait en son absence. Arrive un vieux, les cheveux en broussaille, qui se met à préparer un ragoût et convie les enfants à manger. Pendant qu'ils mangeaient tous, le grand-père s'extrait un œil et le met dans le ragoût pour le saler; il le retire après un moment et le pose sur une des bûches du foyer afin qu'il sèche. Voyant cela, le père s'exclame en son for intérieur : "C'est donc lui qui pillait nos réserves de nourriture!" Il s'était muni d'une longue perche avec laquelle il réussit à atteindre l'œil sans que personne ne s'en aperçoive. Il poussa l'œil dans le feu où il éclata. "*Chaa!* Qu'est-ce que c'est que ça? s'exclama le grand-père; peut-être est-ce un peu de mousse qui a pris feu; ça m'a fait peur." Après avoir terminé de manger, le grand-père voulut récupérer son œil, mais il ne le trouva point. Très soucieux, il le chercha partout; puis, comme il entendait les voix des parents qui revenaient, il prit congé de ses petits-enfants et s'éloigna en disant : "*Wee, wee*" (sel, sel). Questionnés par leurs parents, les enfants déclarent que le grand-père est parti à jamais. Le temps passant, l'épisode finit par être oublié. Un jour, une vieille qui était au jardin avec ses filles se fait surprendre par une forte averse. Elle décide de rentrer à la maison pour se sécher, tandis que ses filles demeuraient au jardin pour peler et laver les racines de manioc. Tremblante de froid, la vieille arrive à la maison et y trouve un homme allongé sur un lit devant un bon feu. "Qui es-tu?" demande-t-elle; mais l'homme ne répond pas. Effrayée, la vieille s'empare d'un tison, à ce moment-là, l'homme se jette sur elle, la roule sur le sol et lui arrache un œil qu'il place dans son orbite vide. Puis il s'en va satisfait, laissant la vieille sans vie. L'on comprend bien vite que c'est le mort qui était venu arracher un œil à la vieille. Le père s'étonne : "C'est sans doute mon père, serait-il donc vivant ?" Ils décident alors de le tuer et le père reprend sa faction en haut de la claie. Peu après le mort arrive à nouveau, prépare un ragoût et invite les enfants à manger. Il sale encore la nourriture avec son œil, mais se le replace immédiatement dans l'orbite. Dûment instruits par leur père, les enfants s'installent tout autour du grand-père et, en se déplaçant insensiblement, le forcent à s'approcher de plus en plus du foyer, jusqu'à ce qu'il prenne feu. Les enfants lui disent alors : "Grand-père, grand-père ! tu brûles ! — Mais non, mes petits-enfants, je me balance." En disant cela, il vit que son corps commençait lentement à se consumer. Il décide alors de s'en aller : "Petits-enfants, je prends congé de vous ; portez-vous bien, car je m'en vais pour toujours." Il s'éloigne, en se consumant peu à peu, jusqu'à arriver dans la partie la plus épaisse de la forêt où son corps ardent met le feu à la végétation avant de tomber en cendre. »

Comme en témoigne le mythe, les femmes sont traitées par les Iwianch avec moins de sympathie que les enfants. Leurs rencontres avec les fantômes paraissent se dérouler principalement la nuit, sur le mode intime ou brutal d'un contact physique et non visuel. De l'une de ces confrontations, nous avions été à Sasaïme les témoins perplexes. Vers le milieu de la nuit, toute la maisonnée de Picham chez qui nous séjournions alors avait été réveillée par les gémissements pitoyables d'Asamat, frère de Tukupi et sourd-muet de naissance. Il paraissait nous demander des cigarettes, ce que confirma Picham, rompu comme tous les habitants de Sasaïme au langage gestuel permettant de communiquer avec Asamat et son épouse, sourde-muette également, langage qu'une longue hérédité locale de cette infirmité avait permis de codifier en un répertoire élémentaire, perpétué et enrichi de génération en génération. Sortie pour satisfaire un besoin naturel, l'épouse d'Asamat avait apparemment été surprise par un Iwianch qui, après l'avoir enlacée par-derrière, lui avait donné deux gifles avant de disparaître. Comme il était habituel en pareil cas, la malheureuse s'était évanouie aussitôt qu'elle eut commencé de décrire par signes son aventure à son mari. La stupeur où elle était tombée ne pouvait être dissipée qu'en soufflant sur sa tête du tabac dont Asamat se trouvait momentanément démuni; nous l'obligeâmes aussitôt et celle-ci reprit ses esprits.

L'événement nous avait plongés dans un abîme de spéculations. Comment des êtres privés dès la naissance de toute communication verbale pouvaient-ils se représenter d'autres êtres, eux-mêmes invisibles et muets à l'ordinaire? Quelle conception Asamat et son épouse se faisaient-ils d'un fantôme dont les attributs ne pouvaient être que très imparfaitement rendus par le code rudimentaire grâce auquel certains traits de leur culture avaient été transmis aux deux sourds-muets? Un peu à la manière des hiéroglyphes, leur langage repose en effet sur un principe mimétique, chaque entité signifiante étant exprimée par une image analogique schématisée en deux ou trois gestes, image qui tirait donc sa pertinence et sa puissance évocatrice de ce que le référent auquel elle renvoyait était toujours observable dans l'environnement social et naturel immédiat. De quelle manière, enfin, Asamat avait-il pu deviner l'expérience que son épouse venait de subir, puisque celle-ci avait été frappée d'hébétude quelques instants à peine après l'avoir revu? A moins de partager la croyance de nos hôtes en l'existence des Iwianch — ce qui ne paraissait pas poser de problème à quelques missionnaires protestants —, il fallait bien admettre que la relation des Achuar à ces visiteurs de l'au-delà était structurée par un type de communication qui empruntait fort peu à l'expression verbale.

C'est principalement au travers d'un jeu subtil entre voir et ne pas voir, et en exploitant la gamme des incompatibilités possibles entre les divers types de sensation, que les interactions entre les vivants et les morts paraissent prendre leur valeur d'illusion et de vérité. Privés de vision, les morts s'obstinent à vouloir voir les vivants grâce aux yeux des animaux où ils s'incarnent; à défaut, et profitant de l'obscurité de la nuit, ils cherchent à toucher les femmes sans se faire voir eux-mêmes, mais sans non plus déguiser leur nature, révélée par leurs agissements; attitude inverse de celle qu'ils ont vis-à-vis des enfants à qui ils se font voir sans divulguer leur identité. Les vivants, quant à eux, font le contraire des morts, puisqu'ils s'efforcent précisément de ne pas voir ces derniers; en détournant les yeux lorsqu'ils rencontrent un Iwianch-animal, par exemple, et en refusant de se laisser entraîner dans une situation de communication avec les fantômes.

Pourtant, tous ne réussissent pas également bien dans cette partie de cache-cache où il s'agit de n'être pas vu par ceux qui aspirent à voir tout en ne voyant pas ceux qui veulent être vus. Sans doute parce qu'ils maîtrisent le discours d'une façon mieux affirmée, les hommes arrivent le plus souvent à devancer tout échange de regard avec les Iwianch en établissant d'emblée la prééminence du registre sonore sur le registre visuel : dès qu'un bruit caractéristique entendu en forêt laisse présager la proximité d'un fantôme, le chasseur produira un claquement ou une détonation — il brise une branche, ou décharge son fusil —, prenant l'initiative de répondre au bruit par le bruit pour s'éviter de glisser dans une fascination hypnotique. A cela il ajoute généralement l'exclamation : « Et moi je suis un homme ! », affirmant ainsi l'irréductible différence de statut entre les vivants et les morts, et rétablissant entre eux par la parole l'indispensable distance qu'une illusion visuelle menaçait un moment d'abolir. Piégé par un registre de communication qu'il contrôle mal, l'Iwianch disparaît alors sans se révéler.

Avec les femmes, les Iwianch adoptent une tactique différente, profitant au contraire de ce que la nuit les rend invisibles pour se manifester à elles par un contact physique et non plus visuel. La tiède chaleur féminine les attire, mais la chaleur excessive des foyers les repousse, raison pour laquelle il est imprudent de trop s'éloigner d'un feu durant la nuit, surtout lorsque l'on campe en forêt. En s'attaquant au corps des femmes, les fantômes les entraînent dans une interaction qu'elles ne sauraient prévenir ; pour un bref instant, ils leur font franchir le seuil de cet univers des morts où règnent l'ambiguïté des sens et la confusion des sentiments. La relation aberrante dans laquelle elles se sont laissé enfermer les retranche alors pour un temps de la communauté des vivants, et c'est en revoyant leur entourage que la chimère se dissipe, mais pour les laisser prostrées, incapables de s'exprimer, toute capacité à s'engager dans une communication normale par la parole et le regard soudain annulée du fait de l'attouchement qu'elles ont subi. D'où l'importance du tabac, stimulant de la clairvoyance et auxiliaire de la concentration ; sur une chair qu'un contrôle imparfait avait rendue vulnérable, il restaure la domination du wakan, source de la vue et du langage.

Bien plus que les femmes, les enfants sont désarmés face aux Iwianch. Leur wakan encore incomplet les rend poreux aux influences de l'environnement et prompts à céder aux mirages de la perception, incapables d'opérer une discrimination entre les sensations diverses qui les assaillent. C'est donc à eux seuls que les fantômes peuvent dévoiler une apparence qui paraîtra ordinaire à leur regard sans prévention, c'est avec eux seuls qu'ils pourront établir un dialogue dont l'absurdité ne sera pas perçue. Les plus jeunes y courent un danger extrême, l'indifférenciation des sens favorisant l'indistinction des âmes et son ultime conséquence, l'incorporation par l'enfant du wakan du mort. Le défunt retrouvera là un accès temporaire au monde véritable et à la palette merveilleuse d'une sensibilité innocente, jusqu'à ce que cette coexistence impossible ne finisse par provoquer la mort de l'enfant et une nouvelle expulsion du fantôme dans la grisaille des faux-semblants.

Ces différents types d'interaction entre les vivants et les morts paraissent s'ordonner autour d'une série d'oppositions entre le continu du champ visuel et le discontinu des sonorités et des sensations tactiles. L'existence fallacieuse des fantômes se renforce ou se dissipe selon qu'il y a homologie ou rupture dans le champ de communication que ceux-ci cherchent à établir : les hommes préviennent l'établissement avec eux d'une continuité visuelle par une discontinuité sonore, tandis qu'à l'inverse les Iwianch s'efforcent en touchant les femmes de produire une brusque discontinuité perceptive qui empêchera pour un temps leurs victimes de supporter la continuité du regard des vivants. Les enfants, quant à eux, ne peuvent être que les meilleurs interlocuteurs des fantômes : empêchés de mesurer les discontinuités par un développement inachevé, ils rejoignent sur ce plan des êtres que la privation de tout corps réel a rendus en partie oublieux des distinctions sensorielles.

L'on comprendra alors pourquoi il est vain d'enquêter, comme j'avais voulu le faire au début, sur les circonstances précises au cours desquelles tel ou tel disait avoir rencontré un Iwianch, en espérant débusquer dans des faits positifs les explications concrètes de l'illusion. L'anxiété où mes hôtes sont plongés face aux agissements discrets d'un mort encore vivant ne saurait s'interpréter en termes de vérité ou d'erreur, sauf à prêter aux Achuar une théorie de la connaissance objective identique à la nôtre. Or il me paraît de plus en plus évident que la matière ou les êtres n'ont pas pour eux d'existence en soi, indépendamment des représentations que l'esprit peut s'en former à travers les sens. A la différence des philosophies du sujet qui ont permis en Occident l'essor des sciences positives, en instituant une séparation radicale entre les mots et les choses, entre les idées abstraites de l'entendement et le réel qu'elles appréhendent, les Achuar ne conçoivent pas le travail du wakan comme une mise en forme d'un monde de substances qui lui préexisterait. Sans doute plus proches en cela de l'immatérialisme d'un Berkeley, ils paraissent fonder l'existence des entités connaissantes et des éléments de leur environnement à peu près entièrement sur l'acte de perception : pour paraphraser la célèbre formule de l'évêque irlandais, ce sont les qualités sensibles qui constituent dans un même mouvement les choses elles-mêmes et le sujet qui les perçoit. Faute de jouir de tous les privilèges de la sensation, les Iwianch sont un peu moins réels que les vivants qui n'en saisissent que certains aspects et ne sont eux-mêmes qu'imparfaitement discernés par les morts; ils existent à certains moments et pour certaines personnes, ce mode d'être intermittent et subjectif donnant loisir à chacun de croire aux fantômes sans avoir toujours expérimenté leur présence.

Toute la cosmologie achuar découle de cette conception relationnelle de la croyance. La hiérarchie des objets animés et inanimés n'y est pas fondée sur des degrés de perfection de l'être, ou sur un cumul progressif de propriétés intrinsèques, mais sur la variation dans les modes de communication que permet l'appréhension de qualités sensibles inégalement distribuées. Au contraire du platonisme naïf que l'on a parfois imputé aux Jivaros, opposant le monde véritable des essences, accessible par les rêves et les visions hallucinogènes, au monde illusoire de l'existence quotidienne, il me paraît que les Achuar structurent leur univers en fonction du type d'échange qu'ils peuvent établir avec ses hôtes les plus divers, dès lors investis d'une plus ou moins grande réalité existentielle selon le genre de perception auquel ils se prêtent et dont ils sont en retour crédités.

Parce que la catégorie des êtres de langage englobe des esprits, des plantes et des animaux, tous dotés d'un wakan, cette cosmologie ne discrimine pas entre les humains et les non-humains ; elle introduit seulement des distinctions d'ordre selon les niveaux de communication. Au sommet de la pyramide sont les Achuar : ils se voient et se parlent dans la même langue. Entre les membres des différentes tribus jivaros il y a aussi interlocution réciproque, mais dans des dialectes qui pour être *grosso modo* intelligibles par tous n'en sont pas moins différents et permettent à l'occasion l'équivoque fortuite ou délibérée. Avec les apach — Blancs ou Quichuas —, l'on se voit et l'on se parle aussi simultanément, pour peu qu'existe une langue en commun — l'achuar, l'espagnol ou le quichua — dont la maîtrise insuffisante par l'un des interlocuteurs rend parfois difficile la concordance des sentiments et des volontés, et donc questionnable cette correspondance des facultés qui avère l'existence de deux êtres sur un même plan du réel. A mesure que l'on s'éloigne du domaine des « personnes complètes », les distinctions de champs perceptifs s'accentuent. Ainsi, les humains peuvent voir les plantes et les animaux qui sont eux-mêmes réputés pouvoir voir les humains lorsqu'ils possèdent un wakan ; mais si les Achuar leur parlent grâce aux incantations anent, ils n'en obtiennent pas sur-le-champ une réponse, celle-ci n'étant offerte que lors des rêves. Il en va de même pour les esprits et pour certains héros de la mythologie : attentifs à ce qu'on leur dit, mais généralement invisibles sous leur forme première, ils ne peuvent être saisis dans toute leur plénitude qu'au cours des songes et des transes visionnaires. Enfin, certains éléments du paysage — la plupart des insectes et des poissons, les herbes et les fougères, les galets, etc. — sont visibles par tout le monde, mais ne communiquent avec personne faute d'un wakan en propre ; dans leur existence inconséquente et générique, ils correspondent sans doute pour les Achuar à ce que nous appellerions la nature.

Fort bien, me dira-t-on ; mais d'où tirez-vous cette exégèse cosmologique ? Vous a-t-elle été proposée par un savant indigène ? La transmet-on par la tradition orale ? Évidemment non. Mes compagnons ne font pas plus la théorie réflexive de leurs modes de connaissance que nous n'avons nous-mêmes conscience d'utiliser le principe de contradiction ou du tiers exclu dans la plupart de nos jugements. Et comme le sens commun des uns n'est pas celui des autres, il faut bien que les ethnologues usent à l'occasion des armes des philosophes pour chasser sur des terres que ces derniers ne fréquentent point.

Dès l'aube, les femmes commencent à préparer le corps. Mayanch est soigneusement peignée, on l'habille de son plus beau *tarach*, on lui passe au cou la torsade de shauk jaunes qu'elle affectionnait et sa belle-sœur lui dessine au roucou sur le visage le motif des Pléiades et d'Orion : deux groupes de petits points sur chaque pommette, bordés par deux bandes enserrant une ligne brisée qui suit en arrondi le contour extérieur des joues, de la bouche aux tempes. La morte est ensuite allongée à plat dos sur son peak, jambes jointes et bras serrés le long du corps, puis recouverte d'une couverture en guise de linceul. La plupart des femmes se dispersent alors dans les jardins pour parcourir en se lamentant les lieux familiers que Mayanch fréquentait ; la vue de son petit lopin de manioc, de la berge où elle venait laver les racines, du chemin qu'elle empruntait le soir courbée sous sa hotte, ravive des souvenirs douloureux traduits par un crescendo des complaintes. Assourdi et réfracté par la brume qui ce matin enveloppe le paysage, ce concert de voix enrouées par l'affliction paraît d'une poignante irréalité.

Turipiur est resté dans la maison en compagnie de ses deux gendres, le regard fixe et le visage bouleversé. Par moments, il leur parle de son enfance avec Mayanch, mais sa voix s'étrangle vite malgré ses efforts, et des pleurs qu'il ne cherche pas à essuyer coulent sur son visage. Le spectacle est d'autant plus émouvant que Turipiur fait ordinairement preuve d'un sang-froid imperturbable. Comme tous les grands hommes, il exerce sur ses passions un contrôle assidu et rien jusqu'ici ne paraissait capable d'entamer sa souriante équanimité. Il me déclarait encore il y a peu avec une sincérité évidente qu'il lui était indifférent de mourir dans un affrontement avec la bande de Nankiti, et qu'ayant lui-même tué plusieurs hommes, son tour devait bien venir un jour. Au demeurant, c'est probablement la conscience intime qu'il a de sa force d'âme qui permet à Turipiur de manifester son chagrin sans fausse honte. N'éprouvant aucun doute sur sa virilité, n'ayant plus à fournir la preuve de son endurance morale, il ne craint pas que l'on interprète ses pleurs comme un signe de faiblesse. A plusieurs reprises, j'ai vu des hommes exprimer ainsi sans retenue leur émotion. Il y a quelques semaines, par exemple, un visiteur du Kurientza était venu relater à Turipiur comment sa femme venait de l'abandonner pour s'enfuir avec un amant, le laissant seul avec trois jeunes enfants. Il avait dépeint sa détresse en termes pathétiques, la voix brisée par des accès de larmes qu'il retenait à grand-peine. Personne n'avait songé à le tourner en ridicule, et lorsque après son départ on commenta son infortune, ce fut sur le ton d'une grande pitié; non pas la pitié pervertie où la commisération se mêle de condescendance, mais bien ce sentiment spontané d'identification à autrui dans lequel Rousseau voyait le fondement le plus solide des vertus sociales.

Dès l'arrivée des parents, pourtant, le ton change du tout au tout. Devant chacun l'on découvre un moment le cadavre; les femmes se lamentent aussitôt bruyamment, tandis que les hommes fixent le corps en silence. Les frères, les beaux-frères, les gendres et les neveux s'assemblent peu à peu autour du maître de maison pour commenter l'événement. La douleur de Turipiur s'est muée en fureur et il accuse maintenant ouvertement Awananch d'avoir ensorcelé sa sœur : «Comment aurait-elle pu mourir? Son arutam était trop fort pour qu'elle meure; n'avait-elle pas rencontré arutam après la mort de son mari? Ce sont des tsentsak qui l'ont mangée! Moi, Turipiur, je les ai vus!» L'on renchérit avec conviction, chacun assurant Turipiur de sa solidarité : on ne peut pas laisser impuni un crime aussi gratuit et qui s'ajoute à l'assassinat de Peas; ces gens-là veulent nous liquider tous; nous non plus nous n'avons pas peur de faire la guerre... Attentives à ce que disent les hommes malgré le contrepoint continu des complaintes, les femmes se mettent aussitôt au diapason. L'épouse de Turipiur se lance dans une sorte de mélopée imprécatoire où l'évocation attristée de la défunte se transforme vite en anathèmes contre le chamane odieux qui, au loin et dans une sécurité trompeuse, se moque sans vergogne de sa douleur. La maisonnée tout entière bruit à présent de récriminations. Partageant leur chagrin mais non leur animosité, j'envie presque à mes compagnons cette faculté de transférer la culpabilité du deuil sur un bouc émissaire, admirable ressource pour ceux à qui fait défaut la consolation d'une vie éternelle, mais qui se paie, il est vrai, d'une guerre civile permanente où la mort finit par prendre plus de relief que la vie.

Les visiteurs se dispersent vers la fin de la matinée. Kaitian et Kashpa partent abattre un *shimiut*, arbre au bois tendre qu'ils vont évider pour faire le cercueil. Mashiant, Yakum et moi nous occupons de creuser la tombe à l'emplacement même du peak de Mayanch que nous démantelons. Le travail est dur car nous n'avons que des machettes pour piocher le sol compact de la maison et les planches du lit en manière de pelles pour sortir la terre. Turipiur veut une fosse profonde et il nous faut plus de trois heures de suée pour descendre jusqu'à hauteur de la poitrine.

Les femmes et les enfants sont enterrés quelques pieds à peine sous le peak où ils avaient coutume de dormir, seul espace qui, dans la vie comme dans la mort, leur appartienne en propre au sein de la demeure commune. Il en va autrement pour un homme. C'est toute la maison qui est son domaine, il en est l'origine et le maître, il lui donne son identité et sa substance morale. Elle deviendra donc son sépulcre solitaire lorsque, après avoir enseveli son corps entre les piliers centraux, la famille abandonnera les lieux pour s'éparpiller aux quatre vents de la parentèle. Afin que ce lien entre la maison et celui qui l'a fondée apparaisse de façon plus tangible, l'on dispose parfois le mort dans la posture de l'hôte recevant les visiteurs. Assis sur son chimpui au fond d'une petite fosse circulaire que protège une clôture de pieux, les coudes sur les genoux et la tête posée sur les mains, coiffé de la tawasap et ceint de ses baudriers, il maintiendra sa faction macabre jusqu'à ce que la toiture s'écroule sur ses os blanchis et que commence à disparaître, sous le grouillement conquérant de la végétation, toute trace du site qu'il avait jadis policé.

Kaitian et Kashpa arrivent en portant sur l'épaule le cercueil, taillé à la manière d'une petite pirogue et d'ailleurs pareillement dénommé *kanu*. Ils sont suivis en désordre par d'autres parents qui reviennent pour l'enterrement. Même Senkuan est ici, bien qu'il habite à quatre ou cinq heures de marche : ayant entendu au milieu de la nuit une forte déflagration, signe de ce que arutam déserte le corps d'un mourant, il est parti dès l'aube pour prendre des nouvelles. Mayanch est emmaillotée dans sa couverture, ligaturée par des lianes aux pieds, au cou et à la taille, puis allongée dans le kanu que l'on recouvre avec l'écorce du shimiut maintenue par des épines de chonta en guise de clous. Deux hommes la descendent dans la fosse, les pieds orientés vers le levant, le cercueil reposant sur des rondins pour éviter tout contact avec la terre. L'on place au fond du trou une assiette de plantains, une petite calebasse de cacahuètes et un bol de bière de manioc. Les lattes du peak sont ensuite posées sur trois traverses bloquées à force dans les parois, formant ainsi une sorte de plafond au-dessus du kanu. Turipiur donne alors le signal de l'ensevelissement en jetant une poignée de terre dans la fosse, bientôt suivi par chacun d'entre nous, afin que, par ce geste, « nos wakan ne rejoignent pas dans la tombe le wakan de la morte ». Nous comblons l'excavation, le sol est tassé sous les pieds puis balayé ; hormis la différence de couleur de la terre fraîchement remuée, plus aucune marque ne subsiste de la présence ici-bas de Mayanch. Tout dans la sépulture semble être fait pour que la morte ne s'éternise pas dans son séjour souterrain : pourvue en provisions de bouche, protégée de l'écrasement dans sa petite chambre funéraire, l'on a rendu son corps léger et son départ plus aisé.

Les participants vont à présent sur une petite plage au bord de l'Apupentza sous la conduite de Metekash, l'épouse de Turipiur. C'est une femme énergique d'une quarantaine d'années, très brune de cheveux et de peau, qui combine avec beaucoup de charme un visage impassible avec l'allure vive et enjouée d'une jeune fille. Elle commence par nous frotter le dos et le torse avec des poignées d'herbe chirichiri, les hommes d'abord, les femmes ensuite ; les enfants sont frictionnés sur tout le corps. Puis l'assistance rentre en cortège dans la rivère et nous nous immergeons quelques secondes, y compris les bébés qui se mettent à brailler en chœur au sortir de ce bain forcé. Chacun lave alors sommairement ses vêtements en les essorant au-dessus de l'eau. Metekash entasse les poignées de chirichiri dont elle s'est servie dans une grande calebasse et lâche celle-ci au milieu de l'Apupentza où le courant l'emporte bientôt. Cette purification nous a débarrassés du *pausak*, la contamination du cadavre, notion vague en laquelle se mêlent les influences néfastes dégagées par la morte elle-même et les entités virulentes à l'origine de son décès — peut-être sunkur, plus sûrement tsentsak —, désormais libérées de leur tâche morbide et avides de nuire à nouveau. Il n'est pas impossible, bien que personne n'ait pu me le confirmer, que le cercueil en forme de pirogue permette à la défunte d'entreprendre un voyage mystique vers l'aval, le corps contaminant rejoignant dans sa dérive paresseuse le pausak lâché au fil de l'eau. Sur le chemin du retour, Metekash a disposé un vieux panier rempli de palmes sèches auquel elle met le feu ; en file indienne nous sautons à travers l'épaisse fumée blanche, empêchant ainsi le wakan de Mayanch de nous suivre vers la maison. L'âme de la morte est en effet bien plus à craindre que le pausak de son cadavre, et c'est à tâcher de la faire fuir que l'on va maintenant s'employer.

Chacun ayant revêtu des habits secs, nous nous réunissons chez Turipiur. Sur un large mortier à manioc, deux feuilles de bananier sont posées ; elles sont destinées à recueillir les mèches de cheveux que Metekash va nous couper. Le rôle de maîtresse des cérémonies lui échoit, d'une part parce qu'elle est la belle-sœur de la défunte, d'autre part, et surtout, parce que étant déjà d'âge mûr sa longévité lui garantit une bonne protection contre les dangers qu'elle encourt en menant les rites funéraires. Elle commence par Turipiur, lui plantant un peigne sur l'occiput qu'il saisit pour s'en coiffer et sélectionner une large mèche que sa femme cisaille avec un couteau. Tous les hommes y passent, moi en dernier, puis les femmes et les enfants ; une belle-sœur de Turipiur rend la pareille à Metekash. On m'explique ce geste comme une sorte de conjuration, « pour que la mort s'éloigne de nous ». Metekash prend ensuite un gorgeon d'une calebasse où macère du tabac vert et le recrache dans les yeux de son mari ; à ma grande consternation, elle poursuit dans le même ordre que précédemment, écartant les paupières des récalcitrants et n'épargnant que les très jeunes enfants à qui elle souffle l'eau de tabac sur le sommet de la tête. C'est très douloureux sur le moment, mais la brûlure et la sensation d'aveuglement se dissipent après quelques minutes dans un torrent lacrymal. Ce petit rituel désagréable ne vise pas tant à arracher des flots de larmes à des parents endeuillés qu'à stimuler leur clairvoyance pour qu'ils ne se laissent pas entraîner cette nuit dans des mauvais rêves, des mesekramprar présageant leur propre mort ou, plus funeste encore, laissant apparaître la défunte. Car le wakan de la malheureuse est avide de compagnie et, pour s'en protéger, l'image de Mayanch doit être bannie à jamais, de même que son souvenir. Comme pour mieux marquer cet ostracisme, Mete-kash rassemble les feuilles de bananier avec leur moisson de cheveux et va les jeter à la rivière avec le peigne et la calebasse de tabac.

Pourtant, le repas qui suit n'est pas triste. Il consiste en cœurs de palmier exclusivement, qui symbolisent l'abondance et la longévité. En revanche, le sel est proscrit car sa consistance friable suggère l'éphémère et la décomposition. De temps en temps, un convive balance d'un geste large une poignée de nourriture par-dessus l'épaule pour nourrir le wakan affamé de Mayanch, un peu comme l'on jette un morceau à un chien. L'on parle de tout sauf de la morte et chacun s'en retourne chez soi à la nuit tombée comme si rien de spécial ne s'était passé. Turipiur barbouille alors quelques taches noires sur les joues des membres de la maisonnée avec un peu de genipa : ce n'est pas un signe de deuil, mais un camouflage pour tromper les Iwianch en se rendant aussi noirs qu'eux. Vient le moment un peu redouté du coucher. Beaucoup doivent chanter dans leur for intérieur ces *anent* dont Mukuimp m'avait parlé, injonctions pathétiques adressées au défunt et dont les refrains déclinent la répulsion sous toutes ses formes : «Ne m'appelle plus fils (ou sœur, ou père)! Tu t'es perdu! Maintenant tu es parti pour de bon! Ne me regarde pas! N'enlève pas mon âme! Surtout, n'enlève pas mon âme!»

A nous qui sommes imbus du culte du souvenir et vénérons les morts sans compter, une telle attitude peut paraître choquante. Il ne faut pas voir de l'indifférence dans cette expulsion des défunts hors de la mémoire des vivants, mais l'idée que les vivants ne peuvent être véritablement tels que si les morts le sont eux-mêmes complètement. Or la frontière qui les sépare n'est pas toujours clairement délimitée ni instantané le passage de l'un à l'autre état; il s'accomplit graduellement au cours d'une dangereuse période liminale qui voit les proches du quasi-disparu menacés de partager son sort, en butte à ses invites constantes, obligés de le dissoudre dans un oubli volontaire, pour qu'en s'évanouissant de leurs pensées il puisse mener jusqu'à son terme le processus de son extinction. Loin d'être une faculté que l'on cultive, la mémoire est ici une fatalité subie, une excitation de l'esprit déclenchée par autrui, et c'est à empêcher le mort d'exercer cette sollicitation du souvenir — et surtout pas à le commémorer — que s'emploient les rites funéraires. Toute réminiscence ne s'efface pas pour autant, mais l'on se souvient moins de la personne et des sentiments que l'on éprouvait pour elle, que de ce par quoi elle vous était reliée, de sa position dans la parentèle, des obligations ou des droits immédiats que son décès entraîne, tel le devoir de vengeance ou le lévirat. Par ce refoulement des émotions le défunt devient vite une pure abstraction, préparant ainsi le terrain à l'amnésie collective qui escamote en quelques décennies les générations précédentes, privées de mémorial dans l'esprit des hommes comme elles l'ont été d'un tombeau à leur nom.

C'est pourquoi, sans doute, mes questions sur le devenir du wakan suscitent des réponses contradictoires ou des aveux d'ignorance. Pour mes compagnons, les morts sont dangereux parce qu'ils sont radicalement différents : aucune continuité ne relie leur existence fantomatique et asociale à celle des vivants, aucun espoir d'une récompense ou d'un châtiment qui vienne jeter un pont entre l'au-delà et l'ici-bas, aucun destin d'ancêtre à espérer, aucun privilège à transmettre pour perpétuer un nom et une lignée, aucune consolation à attendre d'impossibles retrouvailles. Si bien des peuples spéculent d'une façon ou d'une autre sur la permanence d'une parcelle du moi et s'attachent à préciser les modalités de cette survie selon la condition et les accomplissements de chacun, la rupture est ici totale. Il importe donc assez peu de savoir ce qui se passe réellement dans ce monde en négatif, sauf pour se protéger de ceux qui y ont échoué un court moment avant de s'évanouir à jamais. Le fatalisme des Achuar face à l'idée de leur propre mort n'en est que plus remarquable. A ce néant qui leur tend les bras et que ne rachète pas leur purgatoire d'Iwianch, ils n'opposent en définitive que la satisfaction d'avoir bien vécu et, pour les hommes du moins, d'avoir bien tué.

Chapitre XXIV

DÉNOUEMENT

Plus de deux ans de cohabitation avec les Achuar m'ayant appris à déchiffrer les signes annonciateurs de leurs actions collectives, je n'ai pas eu beaucoup de peine ces derniers jours à deviner les événements que la mort de Mayanch allait entraîner. Depuis une semaine que nous avons enterré la sœur de Turipiur, l'excitation est allée crescendo. Les hommes se visitent les uns les autres à toute heure du jour pour de longs conciliabules où je ne suis pas convié, mais dont je saisis parfois au loin les éclats. Chez mon hôte, en revanche, tout est calme; parce que ma présence chez lui doit le gêner en la circonstance, Turipiur ne reçoit presque personne et passe son temps à galoper de maison en maison. Il se retire aussi chaque nuit pour « rêver » dans un abri au bord de l'Apupentza, à l'évidence pour consulter son arutam, tandis que les femmes ont entrepris de préparer de grandes quantités de *namuk*, une sorte de liqueur de manioc très alcoolisée, distillée à partir d'une pâte fermentée s'égouttant lentement au fond des muits, et dont je sais qu'elle constitue l'indispensable ingrédient de l'anemat, le rituel de départ en guerre. Hier, le cours des événements s'est précipité : Turipiur m'a annoncé qu'il allait probablement s'absenter quelques jours, ajoutant d'une voix égale, et comme s'il venait juste d'y penser, qu'il aimerait bien que je lui prête mon fusil. C'est une belle arme à double canon, objet d'une constante admiration de la part des hommes, mais dont j'ai dit dès le début qu'il n'était pas question qu'elle rentre dans le circuit des échanges au prétexte que je l'avais moi-même empruntée au père de ma femme. Devinant l'usage auquel Turipiur le destinait, j'ai refusé

417

poliment sa requête. N'ai-je pas besoin de mon fusil pour aller à la chasse? Et qui donc va nourrir la maisonnée s'il s'en va? Turipiur accepta de bonne grâce, aucun de nous deux n'étant dupe des intentions de l'autre, puisque chacun sait ici qu'il n'y a pas plus mauvais chasseur que moi ni moins enthousiaste à traquer le gibier. Le soir même, une petite troupe venait s'installer pour la nuit : Yakum et Mashiant, les gendres de Turipiur, Kaitian et Kukush, ses fils «embranchés», et Pikiur son beau-frère. Turipiur lui-même repartait vers son «rêvoir», une calebasse de jus de tabac à la main.

Nous sommes réveillés vers trois heures du matin par les coups que Turipiur frappe à la porte de la palissade pour se faire admettre. D'emblée il annonce d'une voix forte : «*Paant karam-pratjai*», «J'ai rêvé clairement!» C'est de bien méchante humeur que je m'extrais de mon sac de couchage : nous avons peu dormi, les hommes ayant parlé entre eux à voix basse et sur un ton d'excitation contenue jusque tard dans la nuit. Je n'ai pas cherché à saisir leur conversation ni voulu les rejoindre. Ma curiosité s'est en grande partie émoussée au fil des derniers mois; malgré ce qui se prépare, je ne peux me défaire d'une lassitude désabusée, d'un sentiment de déjà vu, d'une irritation même, face au comportement trop prévisible de ces gens qui peinent maintenant à m'étonner encore, comme si c'était à eux qu'incombait la faute d'être devenus sans surprises et non à moi qui me suis invité chez eux. L'absence d'Anne Christine, le manque d'un alter ego à qui me confier sont certes pour beaucoup dans mon désenchantement, mais plus encore cette usure du désir de comprendre qui, mieux que les délais fixés par un calendrier de recherche, sonne l'heure de la fin du «terrain». Le découragement m'a déjà saisi au cours des années précédentes; je me suis maintes fois demandé ce que je venais faire ici, gaspillant ma vie sur un théâtre obscur pour accumuler des milliers d'observations qui ne seront d'aucune utilité à personne. Pourtant, je n'avais jamais éprouvé comme aujourd'hui le sentiment blasé d'avoir échoué là par devoir plus que par passion de connaître. Dissous dans la banalité du quotidien, l'exotique a perdu la fraîcheur de son mystère; il est temps de plier bagage.

Contrastant avec ma morosité, une grande agitation s'empare de la maison. Les femmes raniment les feux, allument des torches et vont puiser l'eau à la rivière; les hommes retirent leurs rubans de poignet, revêtent leurs tawasap et se peignent le visage de rouge et de noir, en échangeant des plaisanteries où il est surtout question du grand massacre de pécaris auquel ils vont se livrer. L'on entend bientôt un brouhaha de voix à l'extérieur de l'enceinte, suivi par le long mugissement d'un visiteur soufflant dans le canon de son fusil pour annoncer son arrivée. La porte une fois ouverte révèle un petit groupe d'hommes à l'allure martiale; la lueur vacillante des torches accroche à leurs armes des éclats métalliques et souligne le rouge et le jaune des couronnes de plumes, enfoncées jusqu'aux yeux comme des casques chatoyants. Il y a là Mayaproa, Chuint, Kashpa et Nayash, les quatre frères de Turipiur, Utitiaj, le gendre de Mayaproa, et son fils Irarat, célibataire, et qui n'a pas vingt ans. A l'arrière-plan, une masse indistincte de femmes portant des tisons enflammés attend en silence.

A l'intérieur de la palissade, les hommes de la maison se mettent en file pour accueillir les visiteurs qui pénètrent l'un après l'autre, Mayaproa en tête. C'est un homme de petite taille au visage dur mais vibrant d'énergie contenue, bizarrement vêtu d'un pantalon à larges carreaux écossais. Les nouveaux venus et leurs hôtes se disposent face à face en deux lignes de six, les bras croisés sur la poitrine et le fusil au creux du coude. D'une voix forte, Mayaproa s'adresse à son vis-à-vis Turipiur : « Je viens, je viens, je viens, je viens, je viens ! » « Je suis là, je suis là, je suis là, je suis là ! » répond son frère. C'est le début de l'anemat. Les deux hommes crient ensemble à tue-tête, sur un rythme vif et saccadé, se fixant d'un regard soutenu. Mayaproa annonce le motif de sa venue :

« Un homme m'a tué, mon frère ! Un homme m'a tué ! A voir ! Pour que tu m'assistes, pour que coule le sang, je suis venu ! Je suis venu ! je suis venu ! Mon frère, un homme m'a tué ! Pour que tu m'aides, je viens à toi ! Pour que tu me prêtes main-forte, je vais ! Je vais ! Je vais ! Je vais ! Et moi, pour que l'on me réconforte, moi je vais ! Et moi, pour déchaîner la guerre en ta compagnie, je viens ! Je viens ! Je viens ! Je viens ! Je viens ! *Haa !* Ainsi faut-il faire ! *Haa !* A moi qui suis un juunt, pourquoi m'ont-ils fait cela ? C'est pour déclarer cela que je viens ! A voir ! Toi aussi, aide-moi ! A voir ! Qu'il en soit fait ainsi ! Qu'il en soit ainsi, je dis !... »

Sur ce monologue, Turipiur brode son contrepoint :

« A voir ! Cela va sans dire ! Pour me voir, peut-être n'es-tu pas venu ? C'est bon ! A voir ! Je suis là ! Je suis là ! Je suis là ! Moi aussi, un homme ne m'a-t-il pas tué ? C'est bon ! Moi je dis d'accord ! Et eux ! Pourquoi ont-ils fait cela ? Petit frère, j'ai abandonné mon natem ! A voir ! Maintenant je vais éprouver ma force ! A voir ! Maintenant je vais saisir ma lance !... »

Cet échange se poursuit quelque temps, puis, comme à la fin d'un aujmatin, les deux hommes mêlent leurs voix pour conclure.

— Qu'il en soit ainsi ! Je dis !

— A voir ! Maintenant tu es venu !

— S'il en est ainsi, plus tard nous converserons encore !

— Ayant fait ce qu'il fallait faire ! Ayant bien parlé ! Maintenant partons !

— D'accord ! D'accord !

D'un même élan, les visiteurs brandissent leurs fusils et commencent à sauter un pas en avant un pas en arrière, tout en faisant mine de porter des coups de crosse cadencés au visage de leurs vis-à-vis impassibles. Ils scandent leurs passes d'escrime par des exclamations féroces lancées sur un rythme à deux temps, le deuxième fortement accentué, ponctuant le mouvement vers l'avant du corps et du fusil : *« Tai-haa ! Ta-tar ! Tai-hi ! Iis-ti ! Is-ta ! Warish-tai ! Warish-ta !... »*

Face à ce ballet furieux, Turipiur et ses compagnons demeurent imperturbables, les bras croisés, répondant à l'agression simulée par un chapelet d'interjections approbatrices ou encourageantes, entremêlées de claquements de langue : *« Hey, hey ! »* « Tu dis vrai ! » « Or donc, or donc, or donc ! » *« Juut, maj ! »* « Ainsi soit-il ! » *« Huum !... »*

Le tumulte est indescriptible, chacun s'efforçant de couvrir la voix de son interlocuteur et de ses voisins, tandis que les femmes tout autour les stimulent : « Faites-vous forts ! Ne faiblissez pas ! » Au bout de trois ou quatre minutes, les visiteurs mettent brusquement fin à leur exhibition : *« Hey ! Hey ! Hey !* Je viens ! » *« Hey ! Hey ! Hey !* Je suis là ! » répondent aussitôt ceux de la maison, avant de se mettre à leur tour à brandir agressivement leurs armes et à crier en cadence, un degré plus fort que ceux d'en face. Les femmes commencent à circuler entre les protagonistes,

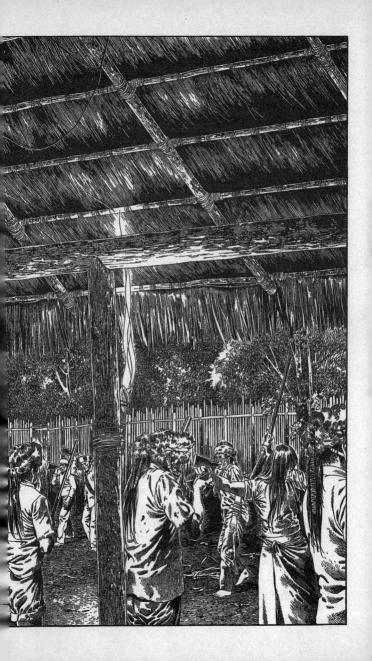

leur enfournant à la régalade de grandes lampées de namuk. C'est bientôt aux visiteurs de reprendre le premier rôle, puis de nouveau ceux de la maison, les changements de mains se répétant ainsi à intervalles réguliers dans une excitation croissante qu'aiguillonne un flot continu d'alcool.

Ce pancrace bien synchronisé va durer près d'une heure. Une troisième phase débute alors, plus proche d'un dialogue cérémoniel classique par sa structure et son inspiration. Sautillant sur place à tout petits pas, le fusil coincé sous le bras, Mayaproa entame une harangue à l'intonation vive et très saccadée, enfilant en rafales successives des petites phrases de quatre ou cinq mots, avec une baisse de ton marquée sur la dernière syllabe de chaque série :

« Ainsi ! Frère ! Je suis ! En éveil !
Ainsi ! Moi ! Je suis ! En alerte !
Mon frère ! Va ! A dit !
Ainsi ! Moi ! J'irai !
Va ! Visiter ! Les parents !
Ainsi ! Frère aîné ! A demandé !
Mon aîné ! A demandé ! De porter ! La nouvelle !
Pour les faire ! Bien souffrir ! Je viens !
Avec ! Ce fusil ! De vrai ! Capitaine !
Mais moi ! Comme ceux ! D'autrefois !
Mais moi ! Comme eux ! Je fais !
Mon frère ! La guerre ! M'a enseigné !
Avec lui ! Les sentiers ! J'ai parcouru !
Et moi ! Clairement ! Ayant parlé !
Sachant ! Courir ! Les sentiers !
Pour ! Porter ! La guerre !
Ainsi ! Frère ! Je viens ! »

Tout au long de cette déclaration d'allégeance, Turipiur et ses compagnons répondent à Mayaproa avec les exclamations approbatrices d'usage : « Moi aussi je suis là ! » « Hey ! » « C'est bon ! C'est bon ! » « Buvons ! » « Or donc ! » « Éprouvons-nous ! » « Tu dis vrai ! Vrai ! Vrai ! Vrai ! » « Ainsi soit-il !... »

Turipiur prend ensuite l'alternance, avec le même staccato que Mayaproa, mais un ton légèrement au-dessus :

« Et moi ! Frère ! Aussi ! Je suis là !
Moi ! Étant ! L'aîné ! Par les sentiers ! Je vais !
Moi ! A voir ! Par les sentiers ! Je vous conduis !
Moi aussi ! Frère ! Mes ancêtres ! Sont vaillants !
Ainsi dit ! Moi aussi ! En alerte ! Je suis !
Mes paroles ! A moi ! Sont pleines ! De vigueur !
Que la guerre ! Soit ! Ainsi ! Je dis !... »

Le dialogue se poursuit, parfois difficilement compréhensible du fait du torrent d'interjections provenant des hommes de la file opposée, Turipiur et Mayaproa prenant deux fois la parole chacun avant de conclure selon la manière convenue.
— Ayant bien parlé, plus tard nous converserons à loisir.
— Maintenant que tu es venu à moi, allons !
— C'est bon ! C'est bon !
— C'est bon ! C'est bon !

Au moment où s'éteignent les derniers mots, tous les hommes déchargent leur fusil dans un assourdissant tir de salve, point d'orgue de ce simulacre de combat et prélude au véritable affrontement.

Conversation cérémonielle, passe d'arme chorégraphiée préparant au corps à corps, joute des volontés où s'exprime la valeur de chacun, l'anemat est tout cela à la fois. Mais il est aussi l'un des très rares rites collectifs que cette société individualiste s'est donnés, un rite d'affrontement où la célébration d'une union temporaire n'apparaît possible qu'aux dépens d'un ennemi commun. Être ensemble pour les Achuar, c'est d'abord être ensemble à quelques-uns contre quelques autres dans une coagulation éphémère du lien social, réunion de circonstance que seules autorisent la soif de revanche et l'attirance d'un exploit. L'anemat met en scène cette agrégation et lui donne son ciment, dans un mouvement en trois étapes qui recompose de manière mimétique les différentes phases d'un conflit. La première partie opère une conjonction entre deux groupes d'hommes décidés à mener une guerre de concert, et dont la solidarité se construit peu à peu autour d'un exposé dialogué des motifs de la vengeance faisant apparaître l'identité des points de vue et la communauté des intérêts. Elle est immédiatement suivie par une période disjonctive, la plus spectaculaire, où chaque groupe expérimente tour à tour les positions d'agresseur et d'agressé dans une version maîtrisée d'un combat véritable. Le dernier moment retourne vers la conjonction par l'exaltation de l'unité reconquise et l'annonce du destin que l'on va faire subir aux ennemis.

Sans doute, l'anemat travaille-t-il sur le matériau brut de l'émotion. En échauffant les esprits et les corps comme en obligeant à l'impassibilité face aux menaces, le rite prédispose utilement au combat ; il contribue aussi probablement à stimuler l'arutam de chacun, en préparant l'explosion paroxystique de la mise à mort qui justifiera son efficacité et commandera sa disparition. Mais il est surtout une formidable machine à illusion, en ce qu'il brasse une multiplicité de sentiments individuels disparates et confus, et leur donne l'apparence d'une issue homogène. La haine, l'intérêt, l'espoir d'une victoire, le chagrin, la peur, le désir de s'illustrer, présents en chacun des protagonistes à des degrés divers, sont domestiqués par la fragmentation extrême des paroles et des gestes rituels qui se répètent inlassablement avec d'infimes variations. Transposées en une série d'actes élémentaires à la progression insensible, telle la succession des images composant une pellicule de cinéma, et inscrites chacune à leur place dans l'ordonnancement des séquences de l'anemat, ces passions contradictoires perdent leur hétérogénéité et leurs attaches personnelles pour se dévider sans heurt dans le scénario d'une commune volonté de vaincre.

Le jour n'est plus très loin et le namuk continue de couler à flot. « Buvons ! Buvons ! » répète Turipiur en donnant l'exemple, tandis que les guerriers demeurés debout s'enfilent rasade après rasade au milieu d'exclamations d'allégresse. C'est en effet un mauvais présage pour l'expédition que de partir sans avoir terminé la provision de liqueur de manioc. Les muits seront vidés peu avant l'aube. Les hommes les plus jeunes se chargent de gros paquets de pâte de manioc fermentée enveloppés dans des feuilles de bananier qu'ils arriment sur leur dos avec un bandeau de portage. Il y a là de quoi faire de la bière pour deux ou trois jours, seule nourriture des guerriers jusqu'à leur retour. Turipiur se tourne vers moi pour m'annoncer qu'il reviendra bientôt : « Je te laisse mon fils Ushpa (un garçon de seize ou dix-sept ans) ; prenez bien soin de la maison et des femmes ! » Puis il donne le signal du départ et les guerriers s'en vont dans la nuit finissante, légèrement éméchés.

Sans doute chacun chantonne-t-il *sotto voce* en cheminant l'un de ces anent qui donnent du cœur au combat ; celui-ci, peut-être, que Chunji autrefois m'a enseigné :

« *L'anaconda bavard et bavard, celui qui parle et qui parle*
Sur le chemin, en éveil, il m'attend
Étendu sur le sol, il fait trembler la terre, tout allongé
"Déclare donc à ton ennemi que tu es le jaguar Seet !" me dit-il à
    présent
Ainsi l'anaconda sait-il parler à mon âme
Je suis un jeune anaconda sans vergogne
"Put !" a résonné mon âme en éclatant
Et je me suis fait écume
A ma petite femme, je lui ai tout mis dedans. »

Peu martial, dira-t-on. Mais l'anent de Chunji est celui d'un très jeune homme partant pour la guerre la fleur au fusil : primesautier et plein de forfanterie, il lie dans une métaphore transparente la mise à mort et l'orgasme, comme sont liés la femme qu'il a reçue de son beau-père et les exploits vers lesquels celui-ci le conduit. Les anent des guerriers éprouvés à qui s'impose le devoir de vengeance sont d'un ton moins insouciant et plus féroce, tel celui-ci que j'avais recueilli auprès de Yaur à Copataza :

« *Celui-là, celui-là même, frère ! Petit frère !*
Il cherche à me lier par des calomnies
Mais à moi, on ne m'en raconte pas
Moi, je ne m'en laisse pas conter
Allant visiter Vautour en sa maison
Ignorant les rumeurs, je suis comme Vautour
Je vais en soufflant le vent
Et comment donc pourrait-on me nuire ?
Mes ennemis à moi, je vais les tuer sur-le-champ
Quoi qu'ils en disent
Car moi, je ne m'en laisse pas conter
Je vais en portant la guerre
Je vais portant la parole dont on ne se défait point

Je vais tuer mes ennemis
Et quoi qu'ils disent, personne ne peut me nuire
Frère! Petit frère! lorsque tu t'es recroquevillé dans l'agonie
"Un homme m'a tué", tu m'as dit
"Je vais porter la guerre", ainsi me dis-tu constamment
Moi-même, moi-même, je suis celui-là même, petit frère!
"Un jaguar Tsenku-Tsenku, me guettant d'en haut, a bondi sur ma
*   nuque", as-tu dit*
"C'est ainsi qu'un homme m'a tué", as-tu dit
"Je vais porter la guerre", ainsi me dis-tu constamment
Étant un jaguar carnassier, à la traque de colline en colline
Petit frère! Moi aussi j'ai bondi sur lui pour le mordre. »

Qu'il se compare au vautour, mangeur de chair pourrie et symbole dans la pensée amérindienne d'une anti-culture récusant le feu de cuisine civilisateur, ou qu'il s'identifie à l'anaconda et au jaguar, grands prédateurs qui ne dédaignent pas de mettre l'homme à leur menu, le guerrier n'hésite pas dans ses anent à se ravaler au rang de l'animalité la plus sauvage. Dans la libération jubilatoire de ce désir de destruction enfoui profondément en chacun de nous, il renoue avec la violence instinctive d'une nature sans jugements moraux. Les euphémismes courtois employés pour s'adresser au gibier ne sont pas de mise avec l'ennemi : il est une proie et rien de plus, une proie que l'on tue sans pitié pour satisfaire au besoin de vengeance, comme les fauves s'attaquent à leurs victimes par besoin de manger. Et si, par commodité classificatoire, tout adversaire tend à être conçu comme un affin métaphorique, la pulsion de mort qui conduit à l'affronter abolit pour un temps jusqu'à cette relation abstraite ; seuls demeurent face à face deux hommes retranchés de leur humanité, car dépouillés par la haine des attributs ordinaires de l'existence sociale.

Nous restons claquemurés dans la maison toute la journée, sans manger. Après avoir préparé de grandes quantités de bière de manioc, Metekash et ses filles épouillent leurs enfants en bavardant ; chose rare, elles font une longue sieste durant les heures chaudes, tandis qu'Ushpa et son frère Katip, plus jeune de deux ou trois ans, restent allongés sur la plate-forme de guet à épier les alentours. Je m'étonne un peu de ce que Turipiur n'ait pas attendu mon départ prochain avant de lancer son raid contre la bande de Nankiti, ni hésité à me laisser seul quelques jours avec les femmes. Sans doute suis-je devenu transparent pour mes hôtes. Ce pourrait être le privilège de l'ethnologue accompli, mais je crains que ce ne soit plutôt un effet de mon détachement croissant vis-à-vis des Achuar. Cette relative indifférence qui me retient désormais de poser trop de questions, une intégration accrue à la maisonnée du fait de mon célibat temporaire, l'aisance avec laquelle je parais me plier aux usages locaux, le masque d'aimable compréhension qui m'est devenu une seconde nature, tout cela contribue à rendre ma présence discrète et sans conséquence ma position de témoin.

Vers le soir, les épouses de Mayaproa viennent nous rendre visite, suivies par celles de Chuint et de Kashpa, puis d'autres encore. Toutes les femmes adultes du voisinage sont bientôt réunies chez nous, près d'une quinzaine au total, joliment parées de leurs colliers de shauk et arborant leurs plus beaux tarach. Certaines portent des ceintures de danse *shakap* munies de sonnailles de nupir qui cliquettent à chaque mouvement. Malgré les circonstances, l'humeur n'est pas morose : toutes ces dames papotent à qui mieux mieux en buvant force bière de manioc. L'effet de la boisson sur des estomacs à jeun se fait du reste rapidement sentir et quelques plaisanteries ne tardent pas à fuser, saluées par de grands éclats de rire. Untsumak, la veuve de Peas, finit par intervenir en rappelant ses compagnes à leur devoir de modestie en ma présence. C'est une femme d'une cinquantaine d'années, à la mine austère, dont l'ascendant sur les autres est évident.

La nuit est déjà tombée lorsque, sous la conduite d'Untsumak, les femmes se disposent en cercle, main dans la main, au centre de la maison. La veuve entonne alors les premiers mots d'un chant ujaj, bientôt suivie en ordre décalé par les autres femmes, sur le mode d'un canon à voix multiples :

« *Pareil au jaguar Tsenku-Tsenku, pareil à lui*
Ainsi est-il, fils, mon fils
Ensorcelant le singe laineux, l'encerclant complètement, il est venu
Il a mordu ses petits et lui a fait lécher leur sang

> *Tout de go, il est venu à moi*
> *Le visage exsangue, il est venu à moi. »*

Suit un refrain repris en chœur, série d'expirations puissantes parfaitement synchronisées, lancées d'une voix de poitrine comme une vibration continue et presque animale dont seules les dernières syllabes sont modulées :

> *« Ouheu-heu-heu! Ouheu! Ouheu-hai!*
> *A-haa! A-hou! Ahou-hai!*
> *Ahaa! Hou-hou-hai! »*

Le thème principal reprend, à nouveau en canon :

> *« Pareil au jaguar Tsenku-Tsenku, pareil à lui*
> *Encerclant l'obstacle, il est venu*
> *Déchiquetant les petits, il est venu à moi*
> *Mon fils est venu à moi, infiniment démultiplié*
> *Tout de go, il est venu à moi, le visage exsangue. »*

Le refrain encore, comme une lame de fond submergeant la maison, semblable en sa force émotive aux you-you stridents des femmes arabes. Le cercle se brise alors pour former une farandole dont Ushpa et Katip, les deux adolescents, viennent occuper les extrémités respectives. Dans un hourvari indescriptible, la file se déplace à vive allure de gauche à droite, tirée par Ushpa qui crie *«Jeesti! jeesti! jeesti!...»* («qu'il s'en aille!»), tandis qu'à l'autre bout son frère lui fait écho : *« Au! au! au!...»* («celui-là!»); leur duo donne sa cadence au fond continu du chœur des femmes : *« Ha-houheu-heu-heu! Ha-houheu! Houheu-houheu! Ha-houheu-heu-heu!...»* La farandole s'arrête un instant puis repart de plus belle en sens inverse, sous la conduite de Katip maintenant, qui lance à son tour une bordée ininterrompue de *jeesti! jeesti!* Après plusieurs changements de direction, tout le monde s'arrête un moment fort essoufflé, puis les femmes reforment le cercle pour un nouvel ujaj :

« La lance-canard arrive
Esquive-la vivement !
Ceux des terres basses, ceux des terres basses ont semé la mort derrière
    eux
Ouheu ! Ouheu ! Ou-hahai !
Ouheu-heu-heu ! Ouheu ! Ouheu-hai !
Mon petit frère, mon petit frère à moi, esquive-toi vivement !
La lance-canard arrive
Mon petit frère des terres basses, il vient clairement à moi
Esquive-toi vivement, esquive-toi !
Ouheu ! Ouheu ! Ou-hahai !
Ouheu-heu-heu ! Ouheu ! Ouheu-hai ! »

La farandole reprend, mais Metekash me demande de remplacer Katip. Dans la lueur rougeoyante des torches, arrimé à une file de femmes frénétiques et à l'unisson de leur puissant refrain, je me mets donc à galoper de-ci de-là en m'égosillant avec conviction, saisi un bref instant par l'ironie de ce qu'il m'ait fallu tant d'années de studieuse préparation pour me retrouver ici, si loin des salles austères de l'École normale, à tenir le rôle d'un gamin dans un rituel jivaro d'où les hommes sont habituellement exclus.

L'ujaj est une sorte de pendant féminin de l'anemat, un rituel collectif où les épouses et les mères des guerriers expriment leur solidarité de circonstance dans un chœur ininterrompu qu'elles mènent de la brune jusqu'à l'aube durant les nuits où leurs hommes sont sur le sentier de la guerre. S'identifiant aux objectifs du conflit et cherchant à en orienter le cours, les femmes enchaînent sans trêve des incantations allégoriques qui visent à prévenir les combattants des dangers qui les menacent et à les en prémunir, prophylaxie magique que souligne le refrain inlassablement répété, « *ujajai* », « j'avertis, j'avise ». Loin de tempérer la violence des guerriers, leurs compagnes s'efforcent de la stimuler, usant des mêmes images brutales que les anent masculins, en rajoutant même parfois dans le registre sanguinaire : les hommes sont assimilés à des jaguars, des anacondas, des rapaces, tapis en embuscade comme des fauves, déchirant leurs proies à belles dents, se repaissant de leur chair et se pourléchant de leur sang. Les ujaj les plus communs sont toutefois ceux qui incitent les combattants à se garder de la mort qui les guette. Celle-ci est toujours désignée par les mêmes métaphores, *anku nanki*, « lance du crépuscule », *waa nanki*, « lance creuse » (fusil), *patu nanki*, « lance-canard » (une javeline de pêche à la pointe en losange), qu'accompagne l'injonction répétée : « Esquive-la vivement ! » S'il est loisible de décrire en termes crus le sort fatal réservé aux ennemis, l'énoncé du péril encouru par les siens ne saurait être évoqué qu'allusivement, manière de conjurer ce que toutes craignent sans oser le dire.

Sans relâche, la ronde des ujaj continue, élevant sa barrière protectrice contre les lances porteuses de trépas.

> *« Femme que je suis, femme-hirondelle que je suis*
> *Je taille dans les rangs des crevettes*
> *Femme que je suis, femme-hirondelle que je suis*
> *Je taille dans les rangs des crevettes*
> *Nos plumages à tous deux sont mordorés par la lumière*
> *Ouheu-heu-heu ! Ouheu ! Ouheu-hai !*
> *A-haa ! A-hou ! Ahou-hai !*
> *Ahaa ! Hou-hou-hai !*
> *Femme que je suis, femme-hirondelle que je suis*
> *Nous sommes tous deux habiles à l'esquive*
> *Nos plumages sont mordorés par la lumière*
> *Ouheu-heu-heu ! Ouheu ! Ouheu-hai !*
> *A-haa ! A-hou ! Ahou-hai !*
> *Ahaa ! Hou-hou-hai ! »*

L'ujaj a aussi pour but de prévenir un autre danger, plus subtil qu'un coup de fusil et rarement nommé, l'emesak, le spectre de vengeance qui se dégage d'un ennemi tué et vient molester son meurtrier et ses proches. Telle l'acrobatique hirondelle dont le plumage reflète la lumière, la femme et son époux victorieux esquivent l'emesak et le réfléchissent au loin, gracieusement indemnes des conséquences funestes de la mise à mort. Plus encore qu'arutam ou Iwianch, emesak, le nuisible, est une notion mal définie, à dessein probablement, et dont la force d'évocation néfaste se nourrit en grande partie de l'imprécision avec laquelle les Achuar caractérisent sa nature et ses effets. Emesak émane du wakan de la victime sous la forme d'un furieux désir de revanche, sorte d'intentionnalité vindicative originellement dépourvue de tout support matériel, mais capable à l'occasion d'insuffler sa volonté mauvaise à des agents divers qui deviennent ses instruments de représailles : des serpents, des insectes venimeux, ou même un arbre s'abattant inopinément sur le tueur ou sur un membre de sa famille. C'est surtout le sommeil du meurtrier que l'emesak vient hanter ; tourmentant nuit après nuit l'objet de son ressentiment par des rêves de mauvais augure, il devient une dangereuse source d'affaiblissement qui expose à la contamination par les sunkur et rend l'ensorcellement plus facile. Parce qu'elle empêche la déperdition d'énergie, l'abstinence sexuelle après un meurtre prévient en partie les attaques d'emesak ; elle stabilise aussi l'arutam nouvellement acquis qui deviendra peu à peu le meilleur antidote contre le nuisible, désormais frustré dans ses desseins par plus fort que lui et condamné à retourner au néant avec la disparition de sa raison d'être.

Les voix commencent à s'enrouer, les farandoles deviennent plus paresseuses, mais la ronde des ujaj continue sans faiblir, rengaine infiniment répétée dont les paroles se renouvellent pourtant à chaque instant. Aux alentours de minuit, les femmes ont commencé à se relayer de manière qu'il y ait toujours sept ou huit chanteuses dans le cercle, tandis que les autres se reposent un moment. De temps en temps, Untsumak leur souffle du jus de tabac dans le nez pour les tenir éveillées et stimuler leur concentration. Nous nageons dans un tourbillon d'allégories, d'images sans suite, d'allusions mystérieuses à un bestiaire humanisé qui paraît décliner toute une gamme de propriétés désirables ou nocives. Mon esprit engourdi par l'effort de la veille et la récurrence des refrains agrippe çà et là des phrases fugitives, bribes d'un bizarre fabliau sans prologue ni prolongement : « Montre-nous le paresseux tué ! n'est-il pas temps de faire la fête ? » « Répandu sur le sol, à peine frémissant, mon frère s'est fait anaconda bleu de nuit. » « Femme-hirondelle, j'attends en petite compagnie. » « Se perdant dans les profondeurs pour échapper à la nivrée, le poisson wampi a déchargé son fusil. » « Ouvrant et fermant convulsivement ses serres, mon frère le milan se jette sur son neveu. » « Je vais d'un pas décidé, frappant le sol avec les pattes de la grive »... Profitant d'un répit que s'accorde Untsumak et saisi, malgré ma lassitude, d'un retour de curiosité, je cherche auprès d'elle quelques éclaircissements : pourquoi le paresseux ? Pourquoi le frère-milan emporte-t-il son neveu ? Pourquoi le poisson wampi est-il appelé beau-père ? Que représente la grive? Et surtout, à qui s'adressent les chants? A la différence des anent, en effet, les termes de parenté s'enchaînent ici dans la plus grande confusion, mêlant affins et consanguins dans des actions obscures où l'on distingue mal qui fait quoi. Mais elle ne sait pas. Elle a appris les ujaj de sa mère, exactement comme *tushimp*, le pic col-doré, les a autrefois enseignés aux hommes afin qu'ils demeurent hors d'atteinte d'emesak, tel l'anaconda réfugié sous les eaux dans la sécurité de sa tanière.

Vaine victoire de l'écriture sur les caprices de la mémoire, j'en sais probablement plus qu'Untsumak sur la signification et l'origine du rituel qu'elle conduit. Dans les chants protecteurs que ces femmes répètent depuis des heures sans en maîtriser le contenu, je reconnais les thèmes principaux des ujaj qui ponctuent chez les Shuar le rituel de la tsantsa, patiemment recueillis par un missionnaire salésien et dont j'ai pu prendre connaissance il y a peu. Chaque catégorie d'animal y est associée à des officiants : le paresseux symbolise la tête réduite et l'emesak qui en émane ; les rapaces, les hirondelles et les grives figurent le groupe des «tabagisés» dont le meurtrier forme le pivot ; l'anaconda, les félins et les wampi symbolisent arutam montant la garde pour éloigner emesak ; les divers termes de parenté désignent les positions que les acteurs du rite occupent tour à tour dans ce long travail de métamorphose des identités qui aboutira à la naissance d'un enfant parfaitement consanguin. C'est dans ce contexte cérémoniel que les ujaj prennent leur relief, séquences ordonnées d'une vaste liturgie qu'ils contribuent à nourrir de sens et dont ils assurent en partie l'efficacité. Mais de la grande fête de tsantsa qu'ils ont dû pratiquer autrefois, les Achuar ont perdu jusqu'au souvenir, ne retenant de cet édifice grandiose que des débris fidèlement transmis au fil des générations et raccommodés avec ferveur chaque fois que les circonstances commandent de revivifier une fonction dont la plénitude originelle s'est évanouie. Pour eux, comme pour moi, seule demeure l'émotion d'une pensée tout entière éployée dans l'instant, refusant obstinément d'appeler les choses par leur nom de peur qu'une insistance trop vive ne les flétrisse ou ne les rende éternelles, pensée de l'effleurement, du reflet, de la vibration, coulée dans l'épaisseur d'un monde en flux où la mort même doit se parer des lueurs du couchant pour affronter la continuité du temps :

> « La lance du crépuscule arrive, fils, mon fils
> Vite, esquive-la !
> La lance creuse arrive, fils, mon fils
> Mon fils Soleil, la lance du crépuscule vient à toi
> Vite, esquive-la !
> L'emesak, ainsi dit
> Qu'il ne te guette pas, fils, mon fils
> Qu'il n'ait pas de toi la claire vision des transes du natem
> T'éloignant peu à peu
> Que chacun de tes pas se déguise en palmier chonta. »

ÉPILOGUE

«Qu'est-ce que la vérité? La conformité de nos jugements avec les êtres.»

Denis DIDEROT
Entretiens sur le fils naturel.

Entre le moment où j'achève cette chronique, rédigée par intermittence tout au long d'une décennie, et le début de l'expérience qu'elle relate, un peu plus de seize années se sont écoulées. Cela seul suffirait à en faire une manière de fiction. Certes, le temps du récit n'est jamais celui de l'action, mais si j'ai choisi d'évoquer le passé au présent, c'est autant pour que le lecteur ressente la fraîcheur d'un étonnement dont la nouveauté n'est plus pour moi qu'un souvenir que pour me convaincre que je l'avais bien éprouvé autrefois. Il est vrai que mon journal de terrain m'a constamment guidé dans les enclaves de la mémoire, me restituant au jour le jour la naïveté des premiers regards, les progrès infiniment lents de la compréhension ou les joies occasionnelles de la trouvaille. Pourtant, l'homme qui écrit ces lignes n'est plus tout à fait celui qui découvrait jadis les Achuar, et la fiction naît aussi de ce décalage dans le temps. Comme tous ceux qui se sont essayés à l'autobiographie, je n'ai pu m'empêcher de superposer aux émotions et aux jugements que mon journal me livrait dans toute leur véridique ingénuité les sentiments et les idées dont les hasards de mon existence m'ont depuis lors pourvu. J'aime à croire que ces interpolations sont moins des embellissements rétrospectifs que des prolongements plausibles de ce que j'aurais pu alors exprimer ; il n'en reste pas moins qu'elles furent pensées et écrites après coup, comme sont pensés et écrits après coup tous les ouvrages d'ethnologie. C'est la raison principale pour laquelle ce livre s'apparente aux œuvres romanesques : les ethnologues sont des inventeurs autant que des chroniqueurs, et si les mœurs et les discours des gens dont ils ont partagé l'existence sont en général exactement rapportés et, autant que faire se peut, correctement traduits, la manière dont ils les présentent et les interprètent ne tient qu'à eux. Le talent, l'imagination, les préjugés, les orientations doctrinales ou le tempérament de chacun se donnent alors libre cours, aboutissant parfois à des versions si contrastées d'une même culture que l'on a peine à la reconnaître sous la plume de ses différents exégètes. En construisant avec les seuls secours de l'écriture la figuration d'une société, les ethnologues ne sauraient offrir une copie fidèle du réel observé, mais bien plutôt une sorte de modèle réduit, reproduisant avec une certaine vraisemblance la plupart des traits caractéristiques du prototype original, lequel, pour d'évidentes raisons d'échelle, ne pourra jamais lui-même être intégralement décrit.

Que l'on se rassure : je n'ai pas imaginé les événements et les personnages qui forment la trame de ce récit ; chacune des scènes s'est bien déroulée dans l'ordre chronologique où je la rapporte, dans les lieux où je la situe, avec les protagonistes dont je décris les comportements et dont seuls les noms ont été changés, pour ne pas indisposer leurs descendants si d'aventure, et avec les progrès prévisibles de la scolarisation, ces derniers venaient un jour à me lire. Mais à cette part de vérité s'ajoutent deux ressorts littéraires que les ethnologues sont condamnés à employer sans toujours vouloir l'admettre : la composition, qui sélectionne dans la continuité du vécu des morceaux d'action réputés plus significatifs que d'autres, et la généralisation, qui investit ces fragments de comportements individuels d'un sens en principe extensible à toute la culture considérée.

Dans les milliers de pages de mes carnets de terrain — eux-mêmes des filtres déjà de ce dont j'étais témoin et ne reflétant que les situations où le hasard m'avait placé — il a fallu choisir des scènes, des dialogues, des individus ; ce qui signifie en éliminer d'autres qu'un observateur différent aurait pu juger plus significatifs. J'ai dû rompre le fil du temps et juxtaposer grâce à des remémorations opportunes toutes sortes de faits disparates qui n'avaient peut-être pas vocation à cohabiter. Ces procédés de composition sont déjà ceux des écrivains naturalistes. Comme eux, en effet, l'ethnologue remanie profondément les matériaux bruts de ses enquêtes, isolant de leur contexte des énoncés, des événements et des conduites qu'il va présenter comme exemplaires d'une situation sociale ou d'une croyance, et qui vont mener dans sa monographie une vie presque aussi indépendante de leur milieu originel que s'ils avaient été employés pour donner de la substance à un récit romanesque. Encore mon mode d'exposition respecte-t-il mieux la démarche de connaissance que bien des ouvrages plus académiques : tandis que ceux-ci analysent longuement dans l'abstrait un phénomène culturel qu'ils appuient parfois d'un exemple — artifice de méthode qui évite de montrer que l'illustration est en réalité le point de départ et le fondement de l'analyse —, j'ai pris soin de ne dériver vers des propositions générales qu'après l'exposé des cas qui avaient fourni la matière de ma réflexion. Or, c'est le déroulement du séjour sur le terrain qui commande les progrès dans l'intelligibilité d'une culture : faute de maîtriser la langue, l'on est sourd et muet dans les premiers mois, condamné à observer les attitudes, les modes d'usage de l'espace, les techniques, la ritualisation de la vie quotidienne, attentif à des sonorités, des odeurs et un environnement peu familiers, obligé de plier son corps à des habitudes, des précautions et des formes de sensibilité nouvelles. De cette immersion dans la matérialité on n'émerge que progressivement, lorsque des bribes de dialogue deviennent enfin compréhensibles, une révélation analogue à l'apparition soudaine de sous-titres dans un film étranger dont seule l'expressivité des acteurs vous permettait auparavant de deviner le déroulement. Toute la complexité de la vie sociale se laisse alors entrevoir, non pas dans ses règles d'abord, mais à travers le jeu des stratégies individuelles, des conflits d'intérêt, des ambitions contrariées, dans l'expression des passions aussi, et la dialectique des sentiments. Bien plus tard, enfin, lorsqu'une certaine commande de la langue vous est acquise et que la répétition de certaines croyances et de certains rituels en a dissipé l'étrangeté, vous permettant d'en parler au fond avec l'illusion presque d'y adhérer, alors, et alors seulement, devient-il possible de rentrer dans les méandres des modes de pensée. Ces étapes obligées de l'enquête ethnographique transparaissaient clairement dans les anciennes monographies sous les espèces d'un plan conventionnel en trois parties — l'économie, la société, la religion — qui, pour être naïf et maladroit lorsqu'il s'agit d'interpréter une culture comme une totalité indissociable, n'en respectait pas moins l'adéquation entre la manière dont on connaît et la manière dont on présente les résultats de cette connaissance. On ne s'étonnera donc pas d'en retrouver dans le présent livre quelques traces.

La composition littéraire réorganise le réel pour le rendre mieux accessible, et parfois plus digne d'intérêt, mais elle ne modifie point la substance des faits. Lorsqu'elle s'attache à dévoiler leur signification, l'interprétation leur donne en revanche une nouvelle dimension; elle se déploie par vertu d'invention sans véritables garanties de ne pas verser dans l'imaginaire. L'ethnologue qui analyse une culture ne s'appuie pas, à l'instar du sociologue, sur un appareil statistique qui prédirait la norme selon la fréquence des situations; il est tributaire de ses inférences, intuitivement construites à partir d'une nuée d'observations partielles et des fragments de discours que lui tiennent une poignée d'individus. Dans ce livre, comme dans tout ouvrage d'ethnologie, le singulier sert donc constamment de tremplin à l'universel. Comment peut-on passer sans fraude excessive de la partie au tout, de la déclaration « Wajari m'a dit que » à la proposition « les Achuar pensent que », et de cette proposition-là à l'explication « les Achuar pensent cela pour telle raison » ? En vérifiant en premier lieu que l'interprétation que j'ai cru pouvoir tirer de ce que m'a dit Wajari remporte aussi l'adhésion de Naanch ou de Tsukanka, ou du moins qu'elle n'est pas explicitement révoquée en doute par eux. Mais, aussi et surtout, en éprouvant sa validité par comparaison. Interpréter un phénomène culturel, c'est le mettre en regard d'autres phénomènes de même nature qui ont été déjà décrits dans des populations voisines, c'est aussi en mesurer la variation par rapport à ce que nous connaissons nous-mêmes de son mode d'expression dans notre propre culture. La conscience du temps, l'union d'un homme et d'une femme, les jeux du pouvoir ou le sens de la mort font partie d'un patrimoine commun à tous les peuples, et c'est l'écart ressenti entre notre propre façon de vivre tous les petits défis de la condition humaine et ce que nous parvenons à en appréhender chez autrui qui constitue le véritable moteur de l'ethnologie. Un long séjour dans une société exotique engendre presque automatiquement une sorte de retour sur soi aux effets paradoxaux : en prenant de la distance par rapport aux modes de vie et aux institutions qui nous ont façonnés, ceux-ci révèlent rapidement leur caractère relatif ; cette certitude renouvelée de ce que notre regard est domestiqué par un substrat culturel bien particulier nous évite de considérer avec condescendance l'égale relativité des valeurs de ceux que nous faisons profession d'observer. Évoquer cette épreuve réflexive que tous les ethnologues ont traversée ne revient pas à pratiquer l'apologie de la subjectivité comme mode de connaissance, mais à souligner encore cette évidence que les jugements que nous portons sur les mœurs des autres sont largement déterminés, dans la vie comme dans la science, par notre histoire individuelle. A la manière des Achuar, qui discriminent les niveaux de réalité selon les champs de perception et les types de communication qui leur correspondent, l'ethnologue ne croit pas aux correspondances immuables entre les mots et les choses. Son travail ne saurait dissocier la description de l'invention, et si celle-ci n'implique pas la fausseté, elle atteint plutôt la vraisemblance que la vérité.

Est-ce à dire que l'ethnologie ne serait qu'une herméneutique des cultures et qu'elle se révélerait incapable de produire des propositions générales sur l'homme en société ? Je ne le pense pas, car c'est probablement la subjectivité même de notre démarche qui lui assure une portée plus vaste. L'exercice du décentrement permet en effet d'acquérir quelques convictions rustiques, nées du décalage manifeste entre ce que nous découvrons peu à peu et ce que nous avions jusque-là tenu, plus ou moins inconsciemment, pour universel. Ces convictions sont d'autant plus fortes qu'elles procèdent de notre expérience vécue de l'altérité, de cette force d'évidence que suscite le mouvement d'identification à une manière d'être au monde temporairement dominante ; elles deviennent d'autant plus légitimes, aussi, que d'autres avant nous, dans d'autres régions du monde, les ont déjà éprouvées avec une égale vigueur. Lorsque je dresse un bilan des leçons intimes que ma vie chez les Achuar m'a apportées, je m'aperçois qu'elles ont presque toutes une validité anthropologique qui transcende le particularisme des circonstances de leur formulation.

La première de ces leçons, et la plus importante peut-être, est que la nature n'existe pas partout et toujours; ou, plus exactement, que cette séparation radicale très anciennement établie par l'Occident entre le monde de la nature et celui des hommes n'a pas grande signification pour d'autres peuples qui confèrent aux plantes et aux animaux les attributs de la vie sociale, les considèrent comme des sujets plutôt que comme des objets, et ne sauraient donc les expulser dans une sphère autonome, livrée aux lois mathématiques et à l'asservissement progressif par la science et la technique. Dire des Indiens qu'ils sont « proches de la nature » est une manière de contresens, puisqu'en donnant aux êtres qui la peuplent une dignité égale à la leur, ils n'adoptent pas à leur endroit une conduite vraiment différente de celle qui prévaut entre eux. Pour être proche de la nature, encore faut-il que la nature soit, exceptionnelle disposition dont seuls les modernes se sont trouvés capables et qui rend sans doute notre cosmologie plus énigmatique et moins aimable que toutes celles des cultures qui nous ont précédés.

Les Achuar m'ont également enseigné que l'on pouvait vivre sa destinée personnelle sans le secours d'une transcendance divine ou historique, les deux branches de l'alternative dans laquelle nous nous débattons depuis plus d'un siècle. L'individu dans sa singularité n'est pas déterminé chez eux par un principe supérieur et extérieur, il n'est pas agi par des mouvements collectifs de vaste ampleur et de longue durée dont il n'a pas conscience, il n'est pas défini par sa position dans une hiérarchie sociale complexe qui donnerait un sens à sa vie selon la place où le hasard l'a fait naître. Ni la prédestination, ni le messianisme des mouvements de masse, ni la prééminence du tout sur les parties ne jouent ici un rôle qui n'est tenu que par la capacité de chacun à s'affirmer par ses actes selon une échelle de buts désirables partagés par tous. Mais, à la différence de l'individualisme moderne, produit du dépassement par quelques-uns d'une condition autrefois commune à tous, cet individualisme-là est en quelque sorte originel. Il n'est pas fondé sur une revendication d'égalité sociale ou économique, puisqu'il ne succède pas à un système inégalitaire; il ne voit pas non plus dans l'individu la source de toute valeur et le moteur de toute innovation puisqu'une adhésion partagée à un code de comportement réputé éternel exclut que quiconque puisse s'en démarquer ou établir de nouvelles règles de conduite. A l'image de cette « lance du crépuscule » qui menace de loin en loin ceux qui ont trouvé la renommée en tuant un ennemi, le destin de chacun est donc immanent à ses œuvres, mais d'une certaine façon identique pour tous.

Le plus difficile pour moi fut sans doute d'admettre que l'on puisse avoir du temps une représentation non cumulative tant l'idée de progrès est fille de notre époque. Je savais certes que la conception d'un temps orienté n'est pas universelle et que la foi dans le devenir historique est une invention bien récente. Malgré mon savoir, et malgré le scepticisme qu'il m'avait insufflé à l'égard des mirages de l'idéologie contemporaine, j'ai eu beaucoup de peine à comprendre autrement que de manière abstraite le système des temporalités multiples qui gouverne la vie des Achuar. C'est que je touchais là aux limites de ce qu'il est possible d'atteindre dans l'identification à autrui : de tous les atavismes que nous recevons de notre culture le mode d'appréhension de la durée est celui qui devient le plus rapidement indissociable de notre aptitude à connaître. La façon même dont les Achuar se représentaient leurs rapports au sensible et à l'intelligible me fut moins malaisée à comprendre — si tant est que je ne m'y sois pas trompé du tout au tout — car la philosophie m'avait enseigné à réfléchir sur la relativité des théories de la connaissance. Ce bagage critique me fut d'un précieux secours pour dépasser les évidences du sens commun et découvrir une manière nouvelle, sinon entièrement originale, d'organiser la cohabitation entre les exigences de l'entendement et les propriétés de la matière. J'y découvrais avec plaisir que des croyances en apparence irrationnelles révélaient une subtile attention aux relations entre les catégories de la sensibilité, les faits de langage et l'échelle des êtres, dans un système de pensée mis en acte au quotidien par des hommes vivants — si exotiques et peu nombreux soient-ils — et non imaginé par un penseur du passé, réconfortante alternative au dualisme désespérant dans lequel une certaine pensée moderne a voulu nous confiner.

Leçon d'espoir aussi que cette manière dont les Achuar vivent leur identité collective sans s'embarrasser d'une conscience nationale. Contrairement au mouvement historique et idéologique d'émancipation des peuples qui, à partir de la fin du xviiie siècle en Europe, a voulu fonder les revendications d'autonomie politique sur le seul partage d'une même tradition culturelle ou linguistique, les Jivaros ne conçoivent pas leur ethnicité comme un catalogue de traits distinctifs qui donnerait substance et éternité à une destinée partagée. Leur existence commune ne tire pas son sens de la langue, de la religion ou du passé, ni même de l'attachement mystique à un territoire chargé d'incarner toutes les valeurs instituant leur singularité ; elle se nourrit d'une même façon de vivre le lien social et la relation aux peuples voisins, certes sanglante à l'occasion dans son expression quotidienne, non pas par bannissement d'autrui dans l'inhumanité, mais par une conscience aiguë de ce qu'il est, ami ou ennemi, nécessaire à la perpétuation du soi. Les Achuar m'offraient ainsi la démonstration *a contrario* de ce que les nationalismes ethniques, dans toute la barbarie parfois de leurs manifestations, sont moins un héritage des sociétés prémodernes qu'un effet de contamination d'anciens modes d'organisation communautaire par les doctrines modernes de l'hégémonie étatique. Ce que l'histoire a fait, elle peut le défaire, gage de ce que le tribalisme des nations contemporaines n'est pas une fatalité et que notre manière présente de signifier la différence par l'exclusion pourra peut-être laisser place un jour à une sociabilité plus fraternelle.

Ces enseignements, et quelques autres encore que je laisse au lecteur le soin de dégager, sont nés de ce mouvement de va-et-vient entre identification et altérité que l'expérience ethnographique occasionne. Identification aux sentiments, aux interrogations morales, aux ambitions ou aux dispositions d'esprit que l'on croit reconnaître chez autrui car on les a déjà ressentis soi-même, mais auxquels des modes d'expression à première vue étranges confèrent d'emblée une manière d'extériorité objective. Or, c'est ce dévoilement qui vient agir en retour sur nos propres cadres culturels, illuminant soudain par analogie le point de vue particulier qu'ils traduisent. L'ethnologie ne serait-elle alors qu'une esthétique du relativisme, offrant comme un contrepoids passéiste et désenchanté aux valeurs positives de notre modernité ? C'est un grief qu'on lui a souvent fait. Combien de fois ne nous a-t-on pas reproché de promouvoir la dissolution des grands principes dont l'Occident contemporain prône l'universalité, au prétexte que nous refusons d'établir une hiérarchie assurée entre les diverses façons de vivre la condition humaine? De notre affirmation que la science ne fournit aucun critère qui permette de prétendre que telle culture soit inférieure ou supérieure à telle autre, nos censeurs en concluent à un travail de sape insidieux contre l'idée de liberté, le respect de la personne humaine, l'égalité des droits, les exigences de la raison ou même les grandes œuvres de l'art et de l'esprit dont notre civilisation peut légitimement s'enorgueillir. Emportés par notre admiration pour les peuples que nous étudions, nous serions devenus incapables de discrimination, convaincus qu'en matière d'expression artistique, de règles sociales ou d'éthique individuelle tout se vaut et mérite d'être également défendu.

Une telle attitude méconnaît la nature de notre entreprise. Par son ambition d'apporter quelque lumière sur les raisons qui président à la distribution des différences culturelles, l'ethnologie ne saurait ériger en normes intemporelles certaines formes de comportement, certains modes de pensée, certaines institutions qui, pour être maintenant largement répandus, ne représentent que l'une des multiples combinaisons possibles de la manière d'être en société. Mais ce relativisme de méthode n'implique pas pour autant un relativisme moral; il en est même peut-être le plus bel antidote. Quelle meilleure façon, en effet, de trier entre l'essentiel et l'accessoire dans tout ce qui a façonné notre personnalité sociale que d'être soudain transplanté dans une tribu exotique où l'on ne peut faire fond que sur soi-même? Comment alors ne pas s'interroger sur ce qui fait notre identité, sur ce qui nous pousse à agir et sur ce qui nous répugne, sur les motifs qui justifient notre attachement à certaines valeurs de notre communauté d'origine et nous conduisent à en rejeter d'autres? Comment n'être pas lucide sur les raisons premières qui nous font aimer tel paysage ou tel livre, tel morceau de musique ou tel tableau dont le manque aiguise notre souvenir? Comment même ne pas mesurer, mieux que ceux qui n'en ont jamais été privé, l'attrait de ces petits plaisirs familiers dont on n'aurait jamais cru devoir ressentir la nostalgie et qui tissent la trame discrète de notre singularité culturelle? Loin de me conduire à une bien improbable adhésion à des croyances et des modes de vie par trop éloignés de ceux qui avaient formé ma sensibilité et mon jugement, mes quelques années de coexistence avec les Achuar m'ont au contraire enseigné les vertus de ce regard critique que notre civilisation a su tardivement porter sur le monde et sur elle-même, tentative originale, et peut-être sans précédent dans l'histoire, de fonder la connaissance de l'autre sur le dévoilement de ses propres illusions. De l'ethnocentrisme commun à tous les peuples, nous avons, en définitive, fait un atout, et si nous pouvons espérer donner un sens à la myriade de coutumes et d'institutions dont notre planète offre le témoignage, c'est à la condition d'admettre notre dette à l'égard de celles qui nous distinguent et qui nous ont offert cette capacité unique de les considérer toutes comme autant de manifestations légitimes d'une condition partagée.

Belles leçons philosophiques, me dira-t-on, mais sans portée réelle pour les problèmes les plus urgents de notre monde contemporain. Sans doute, si l'on persiste à ne voir dans les sciences humaines qu'un dépôt de techniques subalternes permettant de diagnostiquer les déchirures de la société moderne. Au chômage, au déséquilibre Nord-Sud ou à la désertification des campagnes, les Achuar n'offrent évidemment aucune solution. Mais certaines des questions qu'ils ont tenté de résoudre à leur manière n'en constituent pas moins une expérience de pensée en vraie grandeur pour qui veut bien réfléchir sans préjugés à notre avenir immédiat. Le dépassement d'une domination frénétique de la nature, l'effacement des nationalismes aveugles, une manière de vivre l'autonomie des peuples où soient combinés la conscience de soi et le respect de la diversité culturelle, de nouveaux accommodements avec cette prolifération d'objets hybrides qui sont devenus comme des prolongements de notre corps, autant d'enjeux concrets de notre modernité qui gagneraient à être envisagés par analogie avec les conceptions du monde que des peuples tels que les Achuar se sont forgées. Certes, aucune expérience historique n'est transposable et l'ethnologie n'a pas vocation d'offrir un recueil de modes de vie alternatifs. Elle fournit pourtant un moyen de prendre ses distances vis-à-vis d'un présent trop souvent pensé comme éternel, en suggérant, par l'exemple, les multiples chemins que notre avenir porte en lui. Quelques milliers d'Indiens éparpillés dans une jungle lointaine valent bien des tomes de prospective hasardeuse, et si leurs tribulations présentes n'emportent que l'indifférence d'une humanité trop impatiente pour s'aimer sous d'autres visages, sachons au moins reconnaître que dans leur destin si longtemps divergent du nôtre se profile peut-être l'un de ceux qui nous est promis.

ORTHOGRAPHE

Le jivaro est une langue isolée, traditionnellement non écrite, de type agglutinant, c'est-à-dire où les mots sont formés d'un radical auquel s'ajoutent des enchaînements de suffixes qui constituent autant de marques des fonctions syntaxiques et des spécifications de mode, d'aspect, de résultat... Les publications missionnaires et le matériel didactique employé pour l'alphabétisation emploient à l'heure actuelle un mode standard de transcription du jivaro fondé sur la phonologie de l'espagnol; quoique cette transcription soit phonétiquement peu rigoureuse, c'est celle que j'ai adoptée dans ce livre pour me conformer à l'usage. Je ne mentionnerai donc ici que les seules voyelles et consonnes dont la prononciation en espagnol diffère de celle du français :

« u » se prononce « ou »
« un » se prononce « oune »
« in » se prononce « ine »
« an » se prononce « ane »
« en » se prononce « éne »
« j » se prononce comme un « h » aspiré (*jota* espagnole)
« sh » se prononce « ch », tandis que « ch » se prononce « tch ».

GLOSSAIRES

VOCABULAIRE RÉGIONAL OU SCIENTIFIQUE

Achira : *Renealmia alpinia*, plante cultivée de la famille des zingibéracées (*kumpia* en achuar).

Acouchi : *Myoprocta sp.*, rongeur proche de l'agouti mais plus petit (*shaak* en achuar).

Affin : parent par alliance ou épousable.

Affinité : lien d'alliance réelle ou potentielle unissant les affins.

Agami : oiseau-trompette (*Psophia crepitans*), *chiwia* en achuar.

Agouti : *Dasyprocta sp.*, rongeur de la taille d'un lapin et à la chair succulente (les Achuar distinguent deux espèces : *kayuk et yunkits*).

Aguaje : palmier bâche *(Mauritia flexuosa)*, fruits comestibles, végétation typique des marais (*achu* en achuar).

Aguaruna : tribu jivaro du Pérou.

Antuas : Indiens de la région d'Andoas, sur le Pastaza au Pérou.

Ayahuasca : breuvage hallucinogène préparé avec la liane *Banisteriopsis*, terme d'origine quichua usité en Équateur et au Pérou.

Balata : type de caoutchouc naturel de qualité inférieure à la gomme d'hévéa.

Balisier : *Heliconia sp.*, espèce sauvage de musacée, aussi appelée bananier-marron pour sa ressemblance avec le bananier cultivé.

Barbasco : nom générique des poissons de pêche en Haute-Amazonie.

Cabiai : aussi appelé capybara ; un très gros rongeur, de la taille d'un cochon, vivant en troupes au bord des rivières.

Caïmitier : *Pouteria caimito*, une sapotacée cultivée pour ses fruits (*yaas* en achuar).

Candoshi : tribu de langue candoa, culturellement proche des Jivaros, région du bas Pastaza, Pérou.

Canelos : Indiens de langue quichua de la région du haut Bobonaza en Équateur.

Canirou : *Vandellia wieniri*, un minuscule poisson parasite (*kanir* en achuar).

Cassique : *Psarocolius decumanus*, oiseau noir à queue jaune de la famille des ictéridés (*chuwi* en achuar).

Cèdre-acajou : *Cedrela sp.*, arbre utilisé pour la fabrication des pirogues.

Chambira : palmier *Astrocaryum chambira*, les fruits sont comestibles et les fibres servent à tresser des cordelettes (*mata* en achuar).

Chérimolier : *Anona squamosa*, arbre cultivé pour ses fruits délicieux (*keach* en achuar).

Chonta : *Bactris gasipaes*, palmier cultivé pour ses fruits (*uwi* en achuar).

Clibadion : *Clibadium sp.* plante cultivée utilisée comme poison de pêche (*masu* en achuar).

Coati : *Nasua nasua*, petit carnivore au pelage gris-brun et à la queue annelée de blanc et de noir (*kushi* en achuar).

Cocama : tribu de langue tupi sur le bas Ucayali au Pérou.

Compadrazgo : lien de parenté spirituelle institué à l'occasion du baptême d'un enfant.

Compadre : terme d'adresse réciproque entre hommes liés par le *compadrazgo*.

Conépate : *Conepatus sp.*, sorte de grand blaireau vivant au bord des rivières (*juicham* en achuar).

Cousins parallèles : pour un homme ou pour une femme, tous les enfants des frères du père et des sœurs de la mère.

Cousins croisés : pour un homme ou une femme, tous les enfants des sœurs du père et des frères de la mère.

Enganche : avance à crédit d'objets manufacturés consentie aux Indiens par les commerçants *regatones* en échange de produits de cueillette ; les taux exorbitants rendent la dette quasi inextinguible.

Essart : clairière défrichée en forêt et mise en culture pendant quelques années avant son abandon définitif.

Genipa : *Genipa americana*, plante cultivée servant à faire une teinture noire (*sua* en achuar).

Grenadillier : une espèce de *Passiflora*, arbre à fruits comestibles (*munchij* en achuar).

Hoazin : *Opisthocomus hoazin*, oiseau nichant dans les arbres au bord des rivières (*sasa* en achuar).

Huambisa : tribu jivaro du Pérou.

Inga : genre de légumineuse, sauvage et cultivée, dont les fruits sont comestibles.

Ishpingo : *Nectandra cinnamonoides*, les fruits de cette espèce sauvage dont la saveur est proche de la cannelle sont l'un des principaux produits du commerce de traite dans l'Amazonie centrale équatorienne.

Labret : bâtonnet ornemental fiché dans un petit trou percé sous la lèvre inférieure.

Lagotriche : singe laineux, *Lagothrix cana* ; grand singe au pelage roux et au visage noir (*chuu* en achuar).

Lamistas : tribu de langue quichua, région du moyen Huallaga, Pérou.

Lévirat : obligation pour un homme d'épouser les veuves de ses frères.

Llarina : palmier ivoire, *Phytelephas sp.* ; les fibres internes du stipe servent de crin à balai et le noyau des fruits fournit un ivoire végétal ; important dans le commerce de traite en Haute-Amazonie et sur le littoral du Pacifique (*chaapi* en achuar).

Lonchocarpe : *Lonchocarpus sp.*, une légumineuse cultivée, employée comme poison de pêche (*timiu* en achuar).

Marail : oiseau du genre *Pénélope*, de la taille d'un faisan (*aunts* en achuar).

Marante : *Maranta ruiziana*, plante cultivée, aussi connue sous le nom d'arrow-root (*chiki* en achuar).

Mayn : tribu jivaro du Pérou, aussi appelée Maynas.

Morpho : grand papillon aux ailes bleues et noires, commun dans tout le Haut-Amazone.

Naranjilla : *Solanum coconilla*, espèce cultivée à fruits comestibles, typique des régions tropicales de l'Équateur (*kukuch* en achuar).

Nivrée : la pêche à la nivrée, commune dans toute l'Amérique du Sud, se pratique avec différentes espèces de poisons végétaux.

Oiseau-trompette : voir agami.

Paca : *Cuniculus paca*, rongeur semblable à un très gros cochon d'Inde, pelage roux tacheté de blanc (*kashai* en achuar).

Palmier bâche : voir *aguaje*.

Palmier ivoire : voir *Llarina*.

Pasillo : musique populaire typique des Andes de l'Équateur.

Pishtaco : terme quichua désignant certains Blancs réputés tuer les Indiens pour leur extraire leur graisse (Équateur, Pérou, Bolivie).

Pityle : *Pitylus grossus*, oiseau gris foncé au bec rouge, de la taille d'un merle.

Pongo : fosse profonde animée de tourbillons située dans le rétrécissement du lit d'une rivière traversant un défilé.

Pusanga : philtre amoureux, terme quichua usité en Équateur et au Pérou.

Quichua (ou quechua) : langue parlée par plusieurs millions d'Indiens des Andes et du piémont amazonien en Équateur, au Pérou et en Bolivie.

Regatón : colporteur fluvial pratiquant le commerce de troc avec les Indiens (voir *enganche*).

Roucou : *Bixa orellana*, plante cultivée servant à faire une teinture rouge.

Saïmiri : singe écureuil, petit singe au pelage gris-roux et à longue queue (*tsenkush* en achuar).

Saki : *Pithecia monachus*, singe à longs poils brun-noir et tête blanche (*sepur* en achuar).

Shuar : tribu jivaro d'Équateur.

Singe laineux : voir lagotriche.

Stramoine : nom commun de plusieurs espèces de *Datura* cultivées.

Supai : esprit, en quichua ; désigne notamment les « fléchettes » magiques et les esprits auxiliaires des chamanes.

Tamandua : *Tamandua tetradactyla*, une espèce de fourmilier.

Tamarin : *Saguinus illigeri*, petit singe noir avec des moustaches blanches (*tsepi* en achuar).

Tambero : indigène employé par l'armée à l'entretien des pistes.

Tayra : *Tayra barbara*, un mustélidé très sanguinaire de la taille d'un grand putois (*amich* en achuar).

Waorani : tribu de langue isolée; plus connue sous le nom d'Auca («sauvage» en quichua); Amazonie centrale équatorienne.

Zaparo : tribu de langue isolée, à présent éteinte; seuls subsistent quelques individus mariés avec des Quichuas; Amazonie centrale équatorienne.

VOCABULAIRE JIVARO (ACHUAR)

Achu : palmier bâche ou *aguaje.*

Aents : «personne»; toute entité dotée d'une âme *wakan* et réputée capable de communication et d'entendement; englobe aussi bien les humains que des plantes, des animaux et des objets.

Ajaimp : personnage de la mythologie; race de géants cannibales maintenant disparue.

Ajutap : équivalent de l'*arutam* chez les Aguaruna.

Akaru : fusil, de l'espagnol *arcabuz.*

Amana : individu représentant le prototype de chaque espèce de gibier et chargé de veiller sur ses congénères; le chasseur doit se concilier ses faveurs.

Amaran : espèce de fourmi venimeuse; personnage de la mythologie à l'origine de la mort définitive.

Amasank : l'un des esprits «mères du gibier», plus particulièrement chargé de veiller sur les toucans.

Amik : ami cérémoniel.

Anemat : rituel de départ en guerre.

Anent : incantation chantée, utilisée dans toutes les circonstances de la vie quotidienne et rituelle pour obtenir un résultat désirable ou se concilier les faveurs du destinataire.

Apach : terme générique désignant les Quichuas et les Blancs hispanophones.

Arawir : vièle à deux cordes, probablement copiée du violon européen.

Arutam : principe immatériel s'incarnant dans le fantôme d'un ancêtre au cours d'une transe induite par des hallucinogènes et conférant force et protection au destinataire de la révélation.

Atsanmartin : monologue cérémoniel par lequel le maître de maison refuse une visite.

Aujmatin : « conversation »; grand dialogue cérémoniel de visite.

Charapa : grande tortue d'eau *(Podocnemis expansa).*

Chimpui : tabouret sculpté du maître de maison.

Chirichiri : souchets; différentes espèces de graminées utilisées dans la pharmacopée.

Chukuch : paludisme.

Ekent : partie féminine de la maison.

Emesak : « le nuisible »; principe immatériel issu d'un ennemi tué à la guerre et venant molester son meurtrier.

Ijiampramu : danse de fête.

Imimketin : grave désordre organique provoqué par l'incorporation de l'âme d'un mort par un enfant.

Impikmartin : monologue cérémoniel employé pour invectiver l'adversaire lors d'un combat ou pour signifier à un ennemi que sa présence a été découverte.

Iniayua : palmier *Maximiliana regia*; notamment employé pour la confection des dards de sarbacane.

Ipiakratatuin : « invitation »; travail collectif conclu par une fête de boisson offerte par le bénéficiaire de l'entraide.

Itip : pagne masculin en coton.

Iwianch : esprit des morts incarné dans des animaux ou des fantômes anthropoïdes; terme générique désignant certaines manifestations néfastes du monde surnaturel et de la pratique chamanique.

Jurijri : l'un des esprits « mères du gibier »; cannibale, barbu et troglodyte, il est plus particulièrement chargé de veiller sur les singes.

Juunt : « grand homme »; terme de respect désignant les grands guerriers leaders de faction.

Kakaram : homme valeureux.

Kamak : espèce d'arbre utilisée pour la fabrication des boucliers *tantar.*

Kampanak : *Hyospatha sp.*, petit palmier employé à la couverture des toits.

Kantse : une amaranthacée cultivée utilisée dans la pharmacopée.

Karamprar : rêve de communication avec un être spatialement
ou ontologiquement éloigné.

Karis : tubes ornementaux masculins passés dans le lobe des
oreilles.

Kirinku : Blanc non hispanophone, de l'espagnol *gringo*.

Kujamak : indisposition provoquée chez une personne par les
pensées moqueuses que dirige sur elle son entourage.

Kumpa : de l'espagnol *compadre*.

Kunkuk : palmier *Jessenia weberbaueri* ; fruits comestibles.

Kuntuknar : rêve de bon augure pour la chasse.

Kusea : poisson du genre *Brycon* (characidé).

Kutank : petit banc de bois réservé aux visiteurs.

Machap : une liane du genre *Phoebe* utilisée dans la confection
du curare.

Maen : bave ou mucosité contenant les « fléchettes » magiques du
chamane.

Mamu : « vermoulure » ; lésion réputée contagieuse, caractérisée
par des nécroses et des ulcérations.

Mesekramprar : rêve de mauvais augure.

Muits : vase de fermentation pour la bière de manioc.

Musach : constellation des Pléiades et personnages de la mythologie.

Musap : philtre amoureux.

Namper : fête.

Nampet : chant de fête de boisson.

Namuk : bière de manioc très fermentée consommée lors du
rituel *anemat* de départ en guerre.

Namur : concrétion pierreuse trouvée dans le corps de certains
animaux et servant de charme de chasse ou de pêche.

Nantar : pierre magique servant de charme pour la culture des
jardins.

Nasemar : « soufflure » ; refroidissement causé chez l'enfant par
le contact avec l'ombre d'un mort.

Natem : breuvage hallucinogène des chamanes, préparé à partir
de la liane *Banisteriopsis*.

Nijiamanch : bière de manioc.

Nunkui : personnage de la mythologie ; créatrice et maîtresse des
plantes cultivées.

Nupir : une sapotacée dont les fruits séchés sont utilisés comme sonnailles.

Paati : missionnaires salésiens; de l'espagnol *padre*.

Pajum : «frayeur subite»; désordre organique causé chez l'enfant par une vision effrayante, généralement d'une entité surnaturelle.

Pankerista : missionnaires protestants; de l'espagnol *evangelista*.

Panki : anaconda.

Panku : type de chamane particulièrement rare et réputé, capable d'être possédé par l'esprit des morts.

Pasuk : terme générique désignant les esprits auxiliaires du chamane.

Pasun : qualifie tout événement réputé de mauvais augure.

Pausak : «contamination» émanant d'un mort.

Peak : lit en lattes de palmier ou de bambou.

Peem : flûte courte destinée à exécuter les *anent*.

Pininkia : bol en terre cuite décoré utilisé pour boire la bière de manioc.

Pinkui : flûte traversière à deux trous réservée à la musique de danse.

Piripiri : plusieurs espèces de pipéracées cultivées utilisées dans la pharmacopée.

Pirisuk : Althernanthera lanceolata, une amaranthacée utilisée dans la pharmacopée.

Pitiak : panier à couvercle où les hommes rangent leurs effets personnels.

Pransis : «Français», de l'espagnol *Francés*.

Putsumar : «blanchiment»; une sorte d'anémie réputée contagieuse.

Shaam : l'un des esprits «mères du gibier»; vit dans les marais et se manifeste surtout par des gémissements entendus dans la brume.

Shakaim : esprit maître de la forêt; créateur et jardinier des plantes sauvages.

Shakap : ceinture féminine de fête munie de sonnailles.

Shauk : perles de verre.

Shimiut : Apeiba membranacea, un arbre de la famille des tiliacées.

Shinki-shinki : balai du chamane, confectionné avec une pipéracée sauvage du même nom.

Shiwiar : ennemi tribal jivaro ; désigne tout Jivaro parlant un autre dialecte que le sien et avec qui aucun lien de parenté n'est reconnu.

Sunkipi : une aracée sauvage vénéneuse, parfois consommée par les femmes pour se suicider.

Sunkur : « maladie » ; tout désordre organique d'origine non directement chamanique.

Tachau : assiette en terre cuite vernissée engobée de noir.

Tampunch : indisposition provoquée chez une personne par l'usage d'un objet qui lui a été prêté ou donné.

Tanish : palissade protectrice en troncs de palmier érigée autour des maisons de guerre.

Tankamash : partie masculine de la maison.

Tantar : bouclier de guerre en forme de rondache.

Tapimiur : « frayeur subite » ; désordre organique provoqué chez l'enfant par la vision de l'âme d'un mort.

Tarach : pièce de cotonnade utilisée pour confectionner le pagne féminin *(pampaynia)*.

Tarimiat : première épouse.

Tashimpiu : arc musical joué avec un archet.

Taun : Aspidosperma megalocarpon, une apocynacée dont le tronc fin et droit sert à faire des perches et des hampes.

Tawasap : couronne de plumes de toucan noires, rouges et jaunes ; ornement masculin.

Titipiur : esprit familier des chamanes ; dévore le foie de ses victimes endormies.

Tsantsa : tête réduite d'un ennemi ; élément principal du rituel *juunt namper* (« la grande fête »).

Tsayantar : arc musical dont l'une des extrémités est placée dans la bouche qui fait fonction de caisse de résonance.

Tseas : curare.

Tsentsak : dard de sarbacane et « fléchettes » magiques des chamanes.

Tsuak : « remède ».

Tsuakratin : qualifie le chamane « guérisseur ».

Tsunki : esprits de la rivière ; créateurs et dépositaires des pouvoirs chamaniques.

Tumash : « dette »; s'emploie dans le contexte du troc différé comme dans celui de la vengeance.

Tunchi : « ensorcellement »; qualifie tous les désordres organiques ou psychiques provoqués par les chamanes.

Tuntui : grand tambour façonné dans un tronc évidé; situé dans le *tankamash*, il sert à communiquer entre les maisons et à appeler *arutam*.

Turuji : Hyospatha tessmannii, petit palmier employé pour la couverture des toits.

Ujaj : rituel de protection et de stimulation des guerriers mené par leurs femmes durant toutes les nuits où ils sont partis en guerre; chant en canon typique de ce rituel.

Uwishin : chamane.

Uyun : sacoche en filet ou en peau portée en bandoulière par les hommes à la chasse ou à la guerre.

Uyush : une espèce de paresseux *(Choloepus hoffmanni capitalis)*; fille de Nunkui dans la mythologie.

Waje : conjoint potentiel pour un homme ou pour une femme; rentrent dans cette catégorie les cousins et cousines croisés (enfants des sœurs du père et des frères de la mère) comme, pour un homme, les épouses d'un frère et, pour une femme, les frères de son mari.

Wakan : « âme »; principe spirituel propre aux « personnes » et permettant la communication, l'entendement et l'intentionnalité; faculté attribuée aux humains aussi bien qu'à des plantes, des animaux et des objets.

Wampi : poisson du genre *Brycon*.

Waumak : fou, insensé; personne au comportement imprévisible et inconvenant.

Wawekratin : qualifie le chamane « ensorceleur ».

Wayus : une espèce cultivée d'*Ilex*; infusion faite avec ses feuilles et bue au petit matin.

Wea : maître de cérémonie dans le rituel de la *tsantsa* (tête réduite) chez les Jivaros Shuar.

Winchu : balisier.

Yaitias chicham : « discours lent »; petit dialogue rituel de visite.

Yakuch : Hyeronima alchorneoides; une euphorbiacée dont les fruits sont particulièrement appréciés des toucans.

Yanas : terme employé par un homme pour s'adresser à l'épouse de son ami cérémoniel et par une femme pour s'adresser à l'épouse de l'ami cérémoniel de son mari.

Yapaipa : une espèce de *Verbena* cultivée utilisée dans la pharmacopée.

Yaunchu aujmatsamu : « discours d'autrefois » ; mythe.

Yawa : jaguar ; nom générique de diverses espèces de félins ; chien domestique.

Yawa aikiam : un gros poisson-chat tacheté (pimélodidé).

Yus : Dieu, de l'espagnol *Dios*.

ESSAI BIBLIOGRAPHIQUE

J'ai destiné ce livre à des lecteurs très divers dont j'espère qu'ils y trouveront tous de quoi soutenir leur intérêt. Afin qu'il soit accessible à un public de non-spécialistes, j'ai notamment omis dans le corps du texte les notes, les références bibliographiques, les discussions d'école, les termes techniques, les diagrammes, bref tout l'appareil savant qui souvent intimide et rebute le profane dans les ouvrages plus classiques d'ethnologie. Le petit guide qui suit vise à corriger quelque peu cette désinvolture en fournissant une liste de lectures complémentaires à ceux qui souhaiteraient approfondir leur information. Les références commentées y sont présentées chapitre par chapitre dans l'ordre des thèmes abordés.

Prologue

Il existe une abondante littérature sur les mythes suscités en Occident par la découverte des Indiens d'Amérique. Jean-Paul Duviols, *L'Amérique espagnole vue et rêvée : les livres de voyage de Christophe Colomb à Bougainville*, Paris, Promodis, 1986, et Tzvetan Todorov, *La conquête de l'Amérique : la question de l'autre*, Paris, Seuil, 1982, constituent de bonnes introductions au domaine. Les deux sommes d'Antonello Gerbi, malheureusement non traduites en français, sont les ouvrages de référence indiscutables sur la question : *La natura delle Indie nove*, Milan-Naples, Riccardo Ricciardi Editore, 1975 (traduction espagnole, *La naturaleza de las Indias nuevas*, Mexico, Fondo de Cultura

Económica, 1978) et *La disputa del Nuovo Mondo*, Milan, 1955 (traduction espagnole, *La disputa del Nuevo Mundo*, Mexico, Fondo de Cultura Económica, 1960). Publié en 1913, l'ouvrage de G. Chinard est toujours d'actualité : *L'Amérique et le rêve exotique dans la littérature française des XVIIe et XVIIIe siècles*, Paris, Hachette. Sur la perception des Indiens du Brésil par les Français du XVIe siècle, on consultera avec profit : Bernadette Bucher, *La sauvage aux seins pendants*, Paris, Hermann, 1977, et Frank Lestringant, *L'atelier du cosmographe, ou l'image du monde à la Renaissance*, Paris, Albin Michel, 1991. Le petit livre d'Alain Gheerbrant, *L'Amazone, un géant blessé*, Paris, Découvertes Gallimard, 1988, conviendra fort bien au lecteur pressé. Alexandre de Humboldt, géographe, naturaliste et ethnologue avant la lettre, est sans doute le premier savant à présenter une vision scientifique moderne des Indiens d'Amérique du Sud à la fin du XVIIIe siècle ; on lira avec intérêt son *Voyage dans l'Amérique équinoxiale*, Paris, Maspero, 1980. Quoique les nombreux livres de Humboldt sur l'Amérique aient rencontré un grand succès dans toute l'Europe, il ne semble pas que Hegel en ait tiré profit ; l'image négative, et parfaitement imaginaire, que ce dernier présente des Amérindiens dans ses cours sur la philosophie de l'histoire (publiés en français sous le titre *La raison dans l'histoire. Introduction à la philosophie de l'histoire*, Paris, Union générale d'Édition, 1965) est sans doute un héritage de Buffon (*De l'homme*, Paris, Maspero, 1971), lui-même influencé par les récits tendancieux des jésuites du Paraguay.

Sur la ville de Puyo et sur les Indiens Canelos de langue quichua qui vivent dans ses alentours, on pourra lire les deux monographies ethnologiques de Norman Whitten : *Sacha Runa. Ethnicity and Adaptation of Ecuadorian Jungle Quichua*, Urbana, University of Illinois Press, 1976, et *Sicuanga Runa. The Other Side of Development in Amazonian Ecuador*, Urbana, University of Illinois Press, 1985. La littérature sur les Jivaros est immense ; une bibliographie publiée en 1978 recense plus de 1300 titres d'articles ou d'opuscules, à quoi il faut ajouter une bonne cinquantaine parus depuis. Pour l'essentiel, il s'agit de récits d'exploration avortés, de documents administratifs ou mission-naires, ou de spéculations oiseuses sur les têtes réduites écrites par des médecins militaires à la retraite. Les raisons de cet engouement écrivassier sont multiples : les têtes réduites, bien sûr, mais aussi la résistance victorieuse opposée pendant plus de quatre siècles par les Jivaros à la présence des Blancs sur un territoire grand comme le Portugal et pourtant très proche des grandes villes des Andes. Cet isolement farouche faisait d'eux un objet de spéculations intellectuelles d'autant plus prolixes que leur abord était plus difficile. A cela s'ajoute une masse démographique considérable puisque, avec une population d'environ 70 000 personnes à présent, ils constituent encore le plus grand ensemble ethnique culturellement homogène d'Amazonie. Sur l'image des Jivaros dans le monde hispano-américain et en Europe, on pourra lire l'article d'Anne Christine Taylor, «"Cette atroce république de la forêt"... Les origines du paradigme jivaro», *Gradhiva*, 3, 1987. L'ethnologie des Jivaros a connu deux périodes. La première débute avec la monographie de Rafael Karsten, *The Head-Hunters of Western Amazonas : the Life and Culture of the Jibaro Indians of Eastern Ecuador and Peru*, Helsinki, Societas Scientarum Fennica, 1935; elle se poursuit avec le livre de Matthew Stirling, *Historical and Ethnographical Notes on the Jivaro Indians*, Washington, Smithsonian Institution, 1938, et s'achève avec celui de Michael Harner, *Les Jivaros, hommes des cascades sacrées*, Paris, Payot, 1977 (l'édition originale américaine date de 1972, mais l'enquête ethnographique fut menée pour l'essentiel à la fin des années cinquante). La deuxième période commence dans les années soixante-dix avec un afflux d'ethnologues de toutes nationalités dont très peu toutefois ont publié des monographies. Parmi celles-ci on retiendra, Michael Brown, *Tsewa's Gift. Magic and Meaning in an Amazonian Society*, Washington, Smithsonian Institution Press, 1985, et *Una paz incierta*, Lima, CAAP, s.d., sur les Jivaros Aguaruna; Philippe Descola, *La nature domestique. Symbolisme et praxis dans l'écologie des Achuar*, Paris, Éditions de la Maison des sciences de l'homme, 1986, sur les usages et conceptions de la nature chez les Jivaros Achuar, et Charlotte Seymour-Smith, *Shiwiar, Identidad étnica y cambio en el rio Corrientes*, Quito-Lima, coédition Abya-Yala-CAAP, 1988, sur les Jivaros du Corrientes au Pérou. C'est à partir de la fin des années soixante-dix également que des missionnaires, salésiens en Équateur et jésuites au Pérou, commencent à publier systématiquement en espagnol les matériaux ethnographiques recueillis à l'occasion de leur sacerdoce. La moisson est particulièrement riche dans le domaine de la mythologie et du rituel; j'y ferai référence à plusieurs reprises au cours de cet essai.

L'abbé François Pierre a publié le récit de ses aventures sur le Bobonaza dans son *Voyage d'exploration chez les tribus sauvages de l'Équateur*, Paris, Bureaux de l'année dominicaine, 1889. La descente du même Bobonaza est décrite par Bertrand Flornoy dans ses *Voyages en Haut-Amazone*, Rio de Janeiro, Atlanta Editora, 1945. Quant aux mésaventures d'Isabelle Godin des Odonnais, elles ont été relatées par son mari Louis dans une longue lettre incorporée à un livre de Charles-Marie de La Condamine, *Relation abrégée d'un voyage fait dans l'intérieur de l'Amérique méridionale...*, Paris, Veuve Pissot, 1745. Florence Trystram a récemment présenté un récit imagé du périple de doña Isabelle dans un livre consacré à l'expédition des Académiciens français, *Le procès des étoiles*, Paris, Seghers, 1979; on ne saurait trop en conseiller la lecture. Un choix de textes de La Condamine récemment publié donnera par ailleurs une idée de ce que fut son voyage sur le Rio Marañon et l'Amazone, *Voyage sur l'Amazone*, Paris, Maspero, 1981. Enfin, il n'est pas de meilleure invitation au voyage en Équateur que le journal écrit par Henri Michaux après son séjour dans ce pays en 1928 : *Ecuador. Journal de voyage*, Paris, Gallimard, 1968 (1re édition 1929).

Chapitres i, ii et iii

J'ai consacré de longues analyses au symbolisme de la maison achuar comme à ses techniques de construction dans *La nature domestique, op. cit.*, chapitre 4. Sur les effets sociologiques et écologiques induits par le passage d'un habitat dispersé à un habitat artificiellement regroupé en village, on pourra consulter Philippe Descola, « Ethnicité et développement économique », in *Indianité, ethnocide, indigénisme en Amérique latine*, Toulouse-Paris, Éditions du CNRS, 1982 et « From scattered to nucleated settlements : a process of socio-economic change among the Achuar », *in* Norman Whitten (sous la direction de) *Cultural Transformations and Ethnicity in Modern Ecuador*, Urbana, University of Illinois Press, 1981.

Le système de parenté jivaro relève d'un type que les

ethnologues appellent «dravidien» parce qu'il a d'abord été décrit dans l'Inde du Sud, mais que l'on retrouve dans d'autres régions du monde et notamment dans une grande partie de l'Amazonie. Il est fondé sur une façon de classer les parents qui distingue entre les cousins parallèles (enfants de frère de père et de sœur de mère), assimilés à des frères et sœurs et traités comme des consanguins, et les cousins croisés (enfants de sœur de père et de frère de mère) considérés comme des affins, c'est-à-dire comme des parents par alliance avec qui le mariage est possible. A partir de cette relation centrale, toutes les personnes reliées par un lien généalogique à un individu quelconque peuvent être classées par lui en deux catégories, les consanguins et les affins. Ainsi, un oncle paternel sera un consanguin, tandis qu'un oncle maternel sera un affin; la femme d'un oncle paternel sera une consanguine, tandis que le mari d'une tante paternelle sera un affin, etc. Chez les Achuar, le mariage est prescrit entre cousins croisés, ce qui aboutit à perpétuer génération après génération des cycles d'alliance au sein d'un même noyau de parenté (une parentèle). La résidence après le mariage est dite uxorilocale, c'est-à-dire que le gendre doit obligatoirement s'établir dans la maison des parents de son épouse. Sur les systèmes de parenté dravidiens en général, on pourra lire Louis Dumont, *Dravidien et Kariera. L'alliance de mariage dans l'Inde du Sud et en Australie*, Paris-La Haye, Mouton, 1975. Le système de parenté achuar est analysé dans Philippe Descola, «Territorial adjustments among the Achuar of Ecuador», *Informations sur les Sciences Sociales*, 21 (1), 1982, et Anne Christine Taylor, «The marriage alliance and its structural variations in Jivaroan societies», *Informations sur les Sciences Sociales*, 22 (3), 1983.

Chapitre IV

L'importance du chromatisme dans la pensée amérindienne a été mise en lumière par Claude Lévi-Strauss dans les quatre tomes de ses *Mythologiques*, Paris, Plon, 1964, 1966, 1968 et 1971, et tout particulièrement dans le tome 1, *Le cru et le cuit*, 1964.

Chapitre v

L'échange des biens joue un rôle central dans plusieurs sociétés prémodernes sans toujours avoir une finalité directement économique. Le premier qui ait attiré l'attention sur cette question est Marcel Mauss dans son célèbre « Essai sur le don » (republié dans *Sociologie et anthropologie*, Paris, PUF, 1968-1969). On pourra également consulter Karl Polanyi et C. Arensberg (sous la direction de), *Les systèmes économiques dans l'histoire et la théorie*, Paris, Larousse, 1975 (1re édition américaine, 1957); Marshall Sahlins, *Age de pierre, âge d'abondance*, Paris, Gallimard, 1976 (1re édition américaine, 1972); Maurice Godelier, « De la monnaie et de ses fétiches » (republié dans *Horizon, trajets marxistes en anthropologie*, Paris, Maspero, 1973, chapitre 4); Arjun Appadurai (sous la direction de), *The Social Life of Things: Commodities in Cultural Perspective*, Cambridge, Cambridge University Press, 1986, et Caroline Humphrey et S. Hugh-Jones (sous la direction de), *Barter, Exchange and Value. An anthropological Approach*, Cambridge, Cambridge University Press, 1992.

Sur les procédures de classification des objets naturels à l'œuvre dans les sociétés sans écriture, on lira Claude Lévi-Strauss, *La pensée sauvage*, Paris, Plon, 1964; j'ai consacré une longue étude aux systèmes de classification achuar des plantes et des animaux dans *La nature domestique, op. cit.*, chapitre 3. On trouvera des analyses sur les chants magiques *anent* dans Anne Christine Taylor, « Jivaroan magical songs : achuar *anent* of connubial love », Paris, *Amerindia*, 8, 1983, et Philippe Descola, *La nature domestique, op. cit., passim*, pour les Jivaros Achuar, et dans Michael Brown, *Tsewa's Gift, op. cit., passim*, pour les Jivaros Aguaruna.

Chapitre vi

Pour une étude technique de l'horticulture sur brûlis, du traitement des plantes cultivées et de la symbolique du jardin chez les Achuar, on pourra se reporter à Ph. Descola, *La nature domestique, op. cit.*, chapitre 5. Le développement sur Nunkui, la maîtresse mythique des jardins, souligne, contre les théories de la transcendance des religions primitives (par exemple, Marcel Gauchet, *Le désenchantement du monde. Une histoire politique de la religion*, Paris, Gallimard, 1985, mais aussi les missionnaires salésiens), que les héros de la mythologie jivaro sont immanents au monde, qu'ils se distinguent peu des hommes et ne sont ni supérieurs ni extérieurs à eux. Ce trait est probablement caractéristique de tous les polythéismes, comme le suggère Marc Augé dans son *Génie du paganisme*, Paris, Gallimard, 1982.

Chapitre VII

L'ethnologie a très tôt reconnu l'importance cruciale que les sociétés prémodernes attachaient aux rêves et à leur interprétation. Les premiers théoriciens de la discipline se sont même efforcés d'expliquer par référence à l'activité onirique aussi bien la religion primitive — par exemple Edward Tylor, *La civilisation primitive*, Paris, Reinwald, 1876-1878 (édition originale anglaise, 1871) — que la mythologie — Karl Abraham, *Œuvres complètes*, 1 : *Rêve et mythe*, Paris, Payot, 1965 (1re édition, 1909). Il existe une abondante littérature sur la question, exprimant des points de vue souvent inconciliables ; on en trouvera un écho dans deux ouvrages récents : Michel Perrin, *Les praticiens du rêve. Un exemple de chamanisme*, Paris, PUF, 1992, et B. Tedlock (sous la direction de), *Dreaming. Anthropological and Psychological Interpretations*, Cambridge, Cambridge University Press, 1987. Mon analyse du système achuar d'interprétation des rêves s'inspire de la méthode structurale d'analyse des mythes mise au point par Claude Lévi-Strauss (*Mythologiques, op. cit.*) ; elle rejoint aussi ce dernier auteur (*La potière jalouse*, Paris, Plon, 1985) dans sa critique de la perspective freudienne (S. Freud, *L'interprétation des rêves*, PUF, 1967 ; édition originale, 1899).

Chapitre VIII

J'ai consacré une longue étude aux techniques achuar de chasse et au symbolisme du rapport au gibier dans *La nature domestique, op. cit.*, chapitre 6. Sur les raisons culturelles qui ont empêché la domestication des animaux par les Indiens d'Amazonie, on pourra consulter Philippe Erikson, « De l'apprivoisement à l'approvisionnement : chasse, alliance et familiarisation en Amazonie amérindienne », *Techniques et Culture* 9, 1987, et Ph. Descola, « Généalogie des objets et anthropologie de l'objectivation », *in* B. Latour *et alia* (sous la direction de), *L'intelligence des techniques*, Paris, La Découverte, 1993. La figure du Maître des Animaux est commune depuis la Sibérie (par exemple, Roberte Hamayon, *La chasse à l'âme. Esquisse d'une théorie du chamanisme sibérien*, Paris, Société d'ethnologie, 1990) jusqu'à la Terre de Feu ; on trouvera une étude du phénomène en Amérique du Sud dans Otto Zerries, « Wild und Bushgeister in Südamerika », *Studien zur Kulturkunde* 2, XI, et une tentative de mise en ordre comparative dans Ph. Descola, « Societies of nature and the nature of society », *in* A. Kuper (sous la direction de), *Conceptualizing Society*, Londres, Routledge, 1992 ; voir aussi pour une magistrale étude de cas en Amazonie du Nord-Ouest, Gerardo Reichel-Dolmatoff, *Desana. Le symbolisme universel des Indiens tukano du Vaupés*, Paris, Gallimard, 1973 (édition originale en espagnol, 1968).

Chapitre IX

Pour des informations complémentaires sur les techniques de pêche et le symbolisme de la rivière, on pourra consulter Ph. Descola, *La nature domestique, op. cit.*, chapitre 7 ; sur les cycles saisonniers et le calendrier astronomique et climatique, *idem*, chapitre 2. Un numéro spécial du *Bulletin de l'Institut français d'études andines*, tome XX (1), 1991, offre un panorama très complet du phénomène du *pishtaco* dans les Andes ; voir aussi Nathan Wachtel, *Dieux et vampires. Retour à Chipaya*, Paris, Le Seuil, 1992.

Chapitre X

Sur la relation *amik* (ou *amigri*) chez les Jivaros Shuar, voir M. Harner, *Les Jivaros, op. cit.*, chapitre 3. On trouvera des développements sur l'amitié cérémonielle chez les Indiens du Brésil central dans David Maybury-Lewis (sous la direction de), *Dialectical Societies. The Gê and Bororo of Central Brazil*, Cambridge, Harvard University Press, 1979, et chez les Indiens Tupi dans Eduardo Viveiros de Castro, *From the Enemy's Point of View. Humanity and Divinity in an Amazonian Society*, Chicago, The University of Chicago Press, 1992. Claude Lévi-Strauss est sans doute le premier à avoir attiré l'attention sur l'extrême imbrication des relations d'hostilité et des relations de troc, dans « Guerre et commerce chez les Indiens d'Amérique du Sud », *Renaissance* 1 (1-2), 1943.

Chapitre XI

Le « grand homme » achuar diffère à plusieurs titres de l'image classique du « chef sans pouvoir » amérindien que présente Pierre Clastres dans *La société contre l'État*, Paris, Les Éditions de Minuit, 1974; pour une discussion critique, on pourra se référer à Ph. Descola, « La chefferie amérindienne dans l'anthropologie politique », *Revue française de science politique* 38 (5), 1988. Sur le système de parenté achuar, voir références *supra* (chapitres I, II et III).

Chapitre XII

L'anthropologie des sexes est en plein essor depuis une quinzaine d'années, sous l'impulsion notamment des mouvements féministes — voir, par exemple, Nicole-Claude Mathieu (sous la direction de), *L'arraisonnement des femmes. Essais en anthropologie des sexes*, Paris, Éditions de l'EHESS, 1985. Par contraste, l'anthropologie des émotions en est encore à ses premiers balbutiements, pour ce qui est, du moins, de ses variantes non psychanalytiques. Sur le rôle joué par les *anent* dans l'amour conjugal, on pourra lire Anne Christine Taylor, « Jivaroan *anent* of magical love », *op. cit.* La conception fort puritaine que les Jivaros se font de la sexualité extra-conjugale est loin d'être la norme en Amazonie; deux exemples en font foi : Thomas Gregor, *Mehinaku. The Drama of Daily Life in a*

Brazilian Indian Village, Chicago, The University of Chicago Press, 1977, et E. Viveiros de Castro, *From the Enemy's Point of View, op. cit.*

Chapitre XIII

La littérature sur les usages traditionnels des hallucinogènes est considérable ; comme introduction à la question, on pourra lire : L. Lewin, *Phantastica. Drogues psychédéliques, stupéfiants, narcotiques, excitants, hallucinogènes*, Paris, Payot, 1970 ; Patrick Allain, *Hallucinogènes et société. Cannabis et peyotl*, Paris, Payot, 1973 ; Peter Furst (sous la direction de), *La chair des Dieux : l'usage rituel des psychédéliques*, Paris, Le Seuil, 1974 (1re édition en anglais, 1972) , et R. Shultes et A. Hofmann, *Les plantes des dieux*, Paris, Berger-Levrault, 1981 (édition anglaise, 1979). Sur l'usage rituel des hallucinogènes du type *ayahuasca* dans le piémont amazonien, on pourra se référer à Marlene Dobkin de Rios, *Visionary Vine. Psychedelic Healing in the Peruvian Amazon*, San Francisco, Chandler Publishing Company, 1972 ; Michael Harner, *Hallucinogens and Shamanism*, New York, Oxford University Press, 1973, et Gerardo Reichel Dolmatoff, *The Shaman and the Jaguar. A Study of Narcotic Drugs among the Indians of Colombia*, Philadelphie, Temple University Press, 1975. Les monographies déjà citées de M. Harner et M. Brown comportent des passages sur l'usage de hallucinogènes chez les Jivaros Shuar et chez les Jivaro Aguaruna. Sur les rapports entre la musique et la transe, enfin on lira le livre de Gilbert Rouget, *La musique et la transe. Esquisse d'une théorie générale des relations entre la musique et la possession*, Paris, Gallimard, 1980.

Chapitre XIV

C'est au livre pionnier édité par Frederik Barth (*Social Groups and Boundaries. The Social Organization of Culture Difference*, Londres, George Allen and Unwin, 1969) que l'on doit le renouveau des perspectives anthropologiques sur l'ethnie : l'identité ethnique n'y est plus considérée comme une catégor substantive dont les traits seraient figés pour l'éternité, mais comme un système de codification des différences culturelles entre groupes voisins. Parmi l'abondante littérature suscitée par cet *aggiornamiento* théorique, on pourra consulter : Jean-Loup Amselle et E. M'Bokolo (sous la direction de), *Au cœur de l'ethnie. Ethnies, tribalisme et État en Afrique*, Paris, La Découverte, 1985, et *Indianité, ethnocide, indigénisme en Amérique latine, op. cit.* (notamment l'article d'Anne Christine Taylor, « Relations interethniques et formes de résistance culturelle chez les Achuar de l'Équateur ») ; sur les classifications ethniques jivaros, on lira, également d'A.C. Taylor, « L'art de la réduction. La guerre et les mécanismes de la différenciation tribale dans la culture jivaro », *Journal de la Société des américanistes* LXXI, 1985, et Ch. Seymour-Smith, *Shiwiar, op. cit.*

Sur la question générale des représentations du déroulement temporel, on lira Henri Hubert et M. Mauss, « Étude sommaire de la représentation du temps dans la religion et la magie », in *Mélanges d'histoire des religions*, Paris, Alcan, 1909 ; et, pour la Mésoamérique, Jacques Soustelle, *La pensée cosmogonique des anciens Mexicains*, Paris, Hermann, 1940. Les rapports entre mythe et histoire ont suscité de nombreux débats dont on trouvera les échos dans : *Histoire et structure*, numéro spécial de la revue *Annales* 26 (3-4), 1971, et *Le mythe et ses métamorphoses*, numéro spécial de la revue *L'Homme* 106-107, 1988 ; on trouvera notamment dans ce dernier volume plusieurs articles consacrés au traitement de l'histoire dans les mythologies amérindiennes. Le récent livre de France-Marie Renard-Casevitz, *Le banquet masqué. Une mythologie de l'étranger*, Paris, Lierre et Coudrier éditeur, 1991, aborde de façon particulièrement originale les représentations de l'histoire et de la temporalité dans les mythes des Arawak du Pérou. Sur l'histoire ancienne des Jivaros, et plus encore des Achuar, beaucoup reste encore à faire ; l'ouvrage de référence sur la question est France-Marie Renard-Casevitz, Thierry Saignes et Anne Christine Taylor, *L'Inca, l'Espagnol et les Sauvages. Rapports entre les sociétés amazoniennes et andines du XVᵉ au XVIIᵉ siècle*, Paris, Éditions Recherche sur les civilisations, 1986. Pour les périodes plus récentes, voir Anne Christine Taylor, « L'évolution démographique des populations indigènes de Haute-Amazonie du XVIᵉ au XXᵉ siècle », in *Équateur 1986*, volume 1, Paris, Éditions de l'ORSTOM, 1989.

Chapitre xv

Les conceptions de la santé et de la maladie et, d'une manière plus générale, le traitement de l'infortune dans les sociétés traditionnelles, constituent depuis une vingtaine d'années une branche spécialisée de l'anthropologie, parfois appelée « ethnomédecine ». Deux publications récentes donnent une bonne idée d'ensemble de ce domaine de recherche : Marc Augé et Claudine Herzlich (sous la direction de), *Le sens du mal*, Paris, Éditions des Archives contemporaines, 1984, et le numéro spécial de la revue *L'Ethnographie* (96-97) intitulé *Causes, origines et agents de la maladie chez les peuples sans écriture*, 1985. Pour le domaine amérindien, on lira Jean-Pierre Chaumeil, *Voir, savoir, pouvoir. Le chamanisme chez les Yagua du Nord-Est péruvien*, Paris, Éditions de l'EHESS, 1983, et Michel Perrin, *Les praticiens du rêve, op. cit.*

Le système des partenaires de troc jivaro diffère des expéditions commerciales à grande échelle caractéristiques de l'Amazonie centrale péruvienne (F.M. Renard-Casevitz, « Guerre, violence et identité à partir des sociétés du piémont amazonien des Andes centrales », *Cahiers ORSTOM* (série Sciences humaines) 21 (1), 1985) et du bassin de l'Orénoque (Simone Dreyfus, « Les réseaux politiques indigènes en Guyane occidentale et leurs transformations aux xviie et xviiie siècles », *L'Homme* 122-124, 1992). Sur la très commune association entre dette et vengeance, on lira les contributions rassemblées par Raymond Verdier dans *La vengeance. Études d'ethnologie, d'histoire et de philosophie*, Paris, Éditions Cujas, 4 volumes 1980-1984.

Chapitre xvi

Sur la conception que les Quichuas se font des Achuar, on pourra consulter les deux monographies déjà citées de N Whitten.

Les guerres intestines que se livrent les Indiens d'Amérique du Sud n'ont cessé d'exercer une fascination ambiguë sur les observateurs occidentaux; des premiers chroniqueurs de la Conquête jusqu'aux ethnologues contemporains, tous manifestent une même perplexité devant l'intensité des affrontements, leur apparente absence de motifs et les rituels macabres qui souvent les accompagnent. Confrontée à cette espèce de scandale logique — voire moral, pour certains —, l'ethnologie moderne s'est mise en quête d'explications raisonnables qu'elle a principalement voulu trouver dans les fonctions réputées positives que la guerre remplirait à l'insu de ceux-là mêmes qui la pratiquent. On a ainsi voulu voir dans la guerre amérindienne un dispositif adaptatif aux contraintes de l'environnement, et notamment à la rareté supposée du gibier (pour une synthèse récente des débats sur les théories écologiques de la guerre, voir Brian Ferguson, «Game Wars? Ecology and conflicts in Amazonia», *Journal of Anthropological Research* 45, 1989; on trouvera des éléments pour une réfutation critique dans Ph. Descola, *La nature domestique, op. cit.*, «Le déterminisme famélique», *in* A. Cadoret [sous la direction de], *Chasser le naturel*, Paris, Éditions de l'EHESS, 1988 et «L'explication causale», *in* Ph. Descola *et alia, Les idées de l'anthropologie*, Paris, Armand Colin, 1988). Pour Pierre Clastres, en revanche, la guerre amérindienne est un mécanisme subtil de dissociation interne qui préviendrait l'émergence de l'État (voir ses *Recherches d'anthropologie politique*, Paris, Le Seuil, 1980). Quelques auteurs considèrent même les guerres amérindiennes comme un instrument de capitalisation du patrimoine génétique des grands guerriers (par exemple, Napoléon Chagnon, «Life histories, blood revenge and warfare in a tribal population», *Science* 239, 1988). Malgré l'incompatibilité des points de vue qu'elles reflètent, toutes ces explications ont pour caractéristique commune de réduire la guerre amérindienne à une simple fonction, et donc à une cause unique, sans jamais prendre en compte l'extrême diversité des contextes sociologiques et culturels des confrontations armées. Plutôt que d'appréhender la guerre amérindienne comme un ensemble homogène de phénomènes, susceptibles d'être expliqués par une seule fonction occulte, il me paraît préférable de voir en elle la manifestation d'un type particulier de rapports sociaux à travers lesquels sont constamment négociées et reproduites l'identité collective, les frontières ethniques et les positions statutaires. La violence est sans doute une constante de la nature humaine ; elle n'a donc pas à être expliquée en tant que telle. Ce qui mérite l'attention de l'ethnologue, en revanche, c'est la manière dont chaque société codifie selon ses propres critères l'expression individuelle et collective de la violence en considérant certaines de ses formes comme légitimes et d'autres comme socialement inacceptables. Cette codification constitue en effet un puissant révélateur de la philosophie sociale d'une culture. La cause, les motifs ou les résultats de la guerre jivaro sont donc pour moi moins significatifs que la manière dont elle découpe au sein du champ social des relations d'alliance et d'hostilité, qui sont autant d'indices pour mieux comprendre les critères définissant l'identité et l'altérité comme pour établir les limites et les recoupements des réseaux d'échange intertribaux et des systèmes politiques régionaux. Sur ce thème, on pourra se référer à mon article « Les affinités sélectives : alliance, guerre et prédation dans l'ensemble jivaro », *L'Homme* 126-128, 1993.

La question de la chasse aux têtes jivaro est abordée par R. Karsten et M. Harner dans leurs monographies déjà citées, mais sans qu'ils en fournissent d'interprétations véritablement convaincantes. Les descriptions minutieuses du rituel de *tsantsa* recueillies par le père Siro Pellizzaro auprès de Jivaros Shuar et récemment publiées en espagnol sont d'une tout autre qualité ethnographique (S. Pellizzaro, *Ayumpum. La reducción de las cabezas cortadas*, Sucua (Équateur), Mundo Shuar, 1980, et *Tsantsa. La celebración de la cabeza reducida*, Sucua, Mundo Shuar, 1980). C'est en exploitant ces remarquables documents qu'Anne Christine Taylor a récemment proposé une interprétation particulièrement riche et originale de la chasse aux têtes : « Les bons ennemis et les mauvais parents. Le symbolisme de l'alliance dans les rituels de chasse aux têtes des Jivaros de l'Équateur », *in* E. Copet et F. Héritier-Augé (sous la direction de), *Les complexités de l'alliance*, IV. *Économie, politique et fondements symboliques de l'alliance*, Paris, Éditions des Archives contemporaines, 1993 ; mes considérations sur la chasse aux têtes dans ce livre lui doivent beaucoup.

Sur l'opposition entre les sociétés modernes, où l'individu est la pierre de touche de l'édifice social, et celles où il ne prend sens et valeur que dans sa subordination à une totalité plus englobante, on lira Louis Dumont, *Homo aequalis : genèse et épanouissement de l'idéologie économique*, Paris, Gallimard, 1978, et *Essais sur l'individualisme. Une perspective anthropologique sur l'idéologie moderne*, Paris, Le Seuil, 1985. Le lecteur pourra constater que ma position est plus nuancée que celle de Dumont, puisqu'il me paraît possible de parler de valeurs individualistes dans des sociétés prémodernes comme celles des Jivaros.

Chapitre XIX

Sur *arutam*, on pourra consulter, pour les Jivaros Shuar : R. Karsten, *The Head-Hunters of Western Amazonas, op. cit.*, 5ᵉ partie ; M. Harner, *Les Jivaros, op. cit.*, chapitre 4, et « Les âmes des Jivaros », *in* R. Middleton (sous la direction de), *Anthropologie religieuse*, Paris, Larousse, 1974 (traduction d'un article paru en anglais en 1962), et S. Pellizzaro, *Arutam. Mitos y ritos para propiciar a los espíritus*, Sucua (Équateur), Mundo Shuar, s.d. ; pour les Jivaros Aguaruna, on pourra se référer à M. Brown, *Tsewa's Gift, op. cit.*, chapitres 2 et 6, et *Una paz incierta, op. cit.*, chapitre 11.

Chapitres XX et XXI

La littérature sur le chamanisme est considérable mais d'une qualité fort inégale. La seule véritable synthèse sur la question reste malheureusement celle de Mircea Eliade (*Le chamanisme et les techniques archaïques de l'extase*, Paris, Payot, 1951) ; malheureusement, car son point de vue à la fois mystique et réducteur rend, en vérité, fort mal compte de la complexité du phénomène. Les thèses d'Eliade ont servi de point de départ à de nombreuses discussions critiques sur la nature du chamanisme : E. Lot-Falck, « Le chamanisme en Sibérie : essai de mise au point », *Bulletin de l'Asie du Sud-Est et du monde insulindien* IV, 3, fasc. 2, 1979 ; Jean Malaurie, « Note sur l'homosexualité et le chamanisme chez les Tchouktches et les Esquimaux d'Asie », *Nouvelle Revue d'Ethnopsychiatrie* 19, 1992. Luc de Heusch, « Possession et chamanisme », in *Pourquoi l'épouser? et autres essais*, Paris, Gallimard, 1971 ; Roger Bastide, *Le rêve, la transe et la folie*, Paris, Flammarion, 1972 ; I.M. Lewis, *Les religions de l'extase. Étude anthropologique de la possession et du chamanisme*, Paris, PUF, 1977 (1re édition anglaise, 1971) ; G. Rouget, *La musique et la transe, op. cit.* Selon les auteurs, la définition du chamanisme peut osciller entre une simple technique thérapeutique (M. Bouteiller, *Chamanisme et guérison magique*, Paris, PUF, 1950) et une vaste conception du monde qui caractériserait de très nombreux peuples (R. Hamayon, *La chasse à l'âme, op. cit.*). On trouvera une bonne synthèse des travaux anthropologiques récents sur le chamanisme dans deux numéros spéciaux de la revue *L'Ethnographie : Voyages chamaniques*, 74-75, 1977 et *Voyages chamaniques* 2, 87-88, 1982.

Bien que le terme « chamane » soit d'origine sibérienne, c'est peut-être en Amérique du Sud que la pratique chamanique a été observée de la manière la plus fine. Pour cette région, on conseillera la lecture de D.L. Browman et R. Schwarz (sous la direction de), *Spirits, Shamans and Stars. Perspectives from South America*, Paris-La Haye, Mouton, 1979 ; Jon C. Crocker, *Vital Souls. Bororo Cosmology, Natural Symbolism and Shamanism*, Tucson, The University Press of Arizona, 1985 ; Alfred Métraux, *Religions et magies indiennes d'Amérique du Sud*, Paris, Gallimard, 1967 ; G. Reichel-Dolmatoff, *The Shaman and the Jaguar, op. cit.* ; Jean-Pierre Chaumeil, *Voir, savoir, pouvoir, op. cit.* ; Michel Perrin, *Les Praticiens du rêve, op. cit.* ; c'est à ce dernier auteur que j'emprunte le néologisme « chamanerie ». Sur le chamanisme jivaro, on pourra consulter les monographies déjà citées de R. Karsten, M. Harner et M. Brown.

Les chants chamaniques achuar ne sont pas ésotériques, à la différence de ceux des chamanes cuna de Panama, par exemple, remarquablement analysés par Carlo Severi (« Le chemin des métamorphoses. Un modèle de connaissance de la folie dans un chant chamanique cuna », *Res* 3, 1982). Sur le rôle central du tabac dans le chamanisme amérindien, on pourra consulter Johannes Wilbert, *Tobacco and Shamanism in South America*, Yale, Yale University Press, 1987. Deux textes de C. Lévi-Strauss sont absolument fondamentaux pour comprendre la dimension symbolique de la cure chamanique : « L'efficacité symbolique » et « Le sorcier et sa magie », tous deux publiés dans *Anthropologie structurale*, Paris, Plon, 1958. La thèse, maintenant récusée, selon laquelle le chamane est un névropathe a notamment été soutenue par I.M. Lewis, *Les religions de l'extase, op. cit.*, et George Devereux, *Essais d'ethnopsychiatrie générale*, Paris, Gallimard, 1970. Sur les prohibitions alimentaires comme instrument de classification sociale, on lira C. Lévi-Strauss, *La pensée sauvage, op. cit.*, chapitres III, IV et V. Le chamanisme des Quichuas du Bobonaza est abordé dans les deux monographies déjà citées de N. Whitten ; celui des Quichuas du Napo est traité dans le livre de Blanca Muratorio, *The Life and Times of Grandfather Alonso. Culture and History in the Upper Amazon*, New Brunswick, Rutgers University Press, 1991. Pour éclaircir la différence entre la transe du chamane ordinaire et la possession qui caractérise en propre le *panku*, on pourra se référer aux tentatives de définitions proposées par M. Eliade, L. de Heusch, I.M. Lewis et G. Rouget dans leurs ouvrages déjà cités.

Chapitre XXII

Les difficultés de l'apostolat parmi les Achuar et les problèmes de conscience qui peuvent en résulter sont évoqués avec une remarquable sincérité et liberté de ton dans le journal d'un novice salésien, écrit à l'origine pour lui-même, mais que ses supérieurs — et c'est tout à leur honneur — lui ont demandé de publier après en avoir pris connaissance : José Arnalot « Chuint », *Lo que los Achuar me han enseñado*, Sucua (Équateur), Mundo Shuar, 1978 ; l'auteur a quitté l'ordre après son séjour chez les Achuar. Les lecteurs de *Tristes Tropiques* de Claude Lévi-Strauss (Paris, Plon, collection « Terre humaine », 1955) se seront peut-être aperçus que la leçon de rhétorique du père Albo (il s'agit évidemment d'un pseudonyme) était une manière d'inversion symétrique de la « Leçon d'écriture » (*op. cit.*, chapitre XXVIII) où un chef nambikwara conforte son autorité auprès des siens en feignant d'écrire. Parmi les nombreux livres traitant des effets idéologiques de l'évangélisation catholique parmi les Amérindiens, on lira avec profit : T. Todorov, *La conquête de l'Amérique, op. cit.* ; Serge Gruzinski,

La colonisation de l'imaginaire. Sociétés indigènes et occidentalisation dans le Mexique espagnol, xvi-xviii*' siècle*, et Victor-Daniel Bonilla, *Serfs de Dieu et maîtres d'Indiens. Histoire d'une mission capucine en Amazonie*, Paris, Fayard, 1972.

Le livre de Frank et Mary Drown, un couple de missionnaires protestants fondamentalistes qui créa la mission de Macuma chez les Jivaros Shuar à la fin des années quarante offre un parfait contraste avec le journal de J. Arnalot : l'apologie triomphante de l'entreprise évangélique s'y double en effet d'une véritable répulsion pour les mœurs et les croyances des Indiens (*Mission among the Head-Hunters*, New York, Harper and Row, 1961). La dimension économique de l'évangélisation protestante chez les Achuar est abordée dans Ph. Descola, « Ethnicité et développement économique », *op. cit.*, et A.C. Taylor, « God-Wealth : the Achuar and the Missions », *in* N. Whitten (sous la direction de), *Cultural Transformations..., op. cit.* La référence classique en français sur le « culte du cargo » en Mélanésie est le livre de P. Lawrence, *Le culte du cargo*, Paris, Fayard, 1974. Deux livres présentent une étude critique particulièrement bien informée de l'activité et des méthodes des sectes fondamentalistes protestantes en Amérique latine, et notamment du célèbre Summer Institute of Linguistics : Peter Aaby et S. Hvalkof (sous la direction de), *Is God and American? An Anthropological Perspective on the Missionary Work of the Summer Institute of Linguistics*, Copenhague, IWGIA, 1981, et David Stoll, *Fishers of Men or Founders of Empire?*, Cambridge (États-Unis), Cultural Survival, 1983.

La disparition définitive des cultures auxquelles les ethnologues s'intéressent est régulièrement annoncée depuis près d'un siècle. L'exemple récent le plus notoire est *La paix blanche* (Paris, Le Seuil, 1970), où Robert Jaulin condamne en termes vigoureux l'ethnocide perpétré par l'Occident à l'encontre des minorités tribales, une entreprise de destruction culturelle (et trop souvent physique), désormais pratiquement achevée, dont l'ethnologie se serait en partie rendue complice. On aura compris à me lire que si je condamne avec lui — et avec bien d'autres, fort heureusement — l'ethnocide auquel sont soumises les cultures amérindiennes, mon jugement sur leur avenir est plus nuancé et moins pessimiste. L'exemple de la Fédération des Centres Shuar, une puissante organisation indigène créée par les Jivaros

Shuar en 1964 avec l'aide des salésiens, montre à l'évidence que les Indiens sont maintenant en mesure de prendre eux-mêmes en main leur destinée en inventant de nouvelles formes d'ethnicité et de coexistence avec les sociétés dominantes (voir *Federación de Centros Shuar : Una solución original a un problema actual*, Sucua (Équateur), Imprimerie Don Bosco, 1976).

Chapitre XXIII

La diversité des conceptions de la mort et des opérations rituelles qui l'accompagnent a très tôt attiré l'attention des ethnologues ; parmi les ouvrages généraux, on pourra notamment lire : Robert Hertz, «Contribution à une étude sur la représentation collective de la mort », *in Mélanges de sociologie religieuse et de folklore*, Paris, Alcan, 1928 ; Louis-Vincent Thomas, *Anthropologie de la mort*, Paris, Payot, 1975 ; G. Gnoli et J.-P. Vernant, *La mort, les morts dans les sociétés anciennes*, Paris-Cambridge, Éditions de la Maison des sciences de l'homme, Cambridge University Press, 1985 ; Sally Humphreys et H. King (sous la direction de), *Mortality and Immortality. The Anthropology and Archaeology of Death*, Londres, Academic Press, 1981 ; Maurice Bloch et J. Parry (sous la direction de), *Death and the Regeneration of Life*, Cambridge, Cambridge University Press, 1982. Sur la mort dans les cultures indiennes des basses terres d'Amérique du Sud, trois ouvrages sont fondamentaux : Michel Perrin, *Le chemin des Indiens morts. Mythes et symboles goajiro*, Paris, Payot, 1976 ; E. Viveiros de Castro, *From the Enemy's Point of View, op. cit.*, et Manuela Carneiro da Cunha, *Os mortos et os outros. Uma análise do sistema funerário e da noção de pessoa entre os índios Krahó*, São Paulo, HUCITEC, 1978. Sur les Jivaros, enfin, on lira de A.C. Taylor, «Remembering to forget. Mourning, memory and identity among the Jivaro », *Man* 28 (4), 1993.

Les conceptions de la mort sont inséparables des conceptions de la personne ; sur ce thème encore, Marcel Mauss fut un pionnier : «L'âme, le nom et la personne », in *Œuvres*, tome 2, Paris, Les Éditions de Minuit, 1969 (1re publication 1929), et «Une catégorie de l'esprit humain : la notion de personne, celle de "moi" », in *Sociologie et anthropologie, op. cit.* (1re publication 1938). On lira aussi *L'identité. Séminaire dirigé par Claude Lévi-Strauss*, Paris, Grasset, 1977 (notamment les articles de J.C. Crocker sur les Bororo et de Françoise Héritier-Augé sur les Samo), et Marc Augé, *Génie du paganisme, op. cit.* Pour l'Amérique du Sud, on pourra se référer aux livres de M. Perrin, E. Viveiros de Castro et M. Carneiro da Cunha cités ci-dessus, auxquels on ajoutera J.C. Crocker, *Vital Souls, op. cit.* Le lecteur aura compris que des réminiscences philosophiques m'ont aidé à formuler mon interprétation de la cosmologie et de la théorie de la connaissance des Achuar; elles font partie du bagage commun d'un élève de terminale littéraire. Ma critique de l'interprétation platonicienne de la cosmologie jivaro vise plus particulièrement M. Harner, *Les Jivaros, op. cit.*, chapitre 4.

Chapitre xxiv

Il n'existe pas de description détaillée du rituel *anemat*; R. Karsten en fait une brève mention pour les Jivaros Shuar (*The Head-Hunters of Western Amazonas, op. cit.*, 4e partie, chapitre 4). Mon interprétation de ce rituel doit beaucoup aux idées développées par C. Lévi-Strauss dans la conclusion de *L'homme nu*, Paris, Plon, 1971. Sur la fonction des *ujaj* dans le rituel de *tsantsa*, voir S. Pellizzaro, *Tsantsa, op. cit.*

Post-scriptum

LES ÉCRITURES DE L'ETHNOLOGIE

L'ethnologie entretient avec la littérature des rapports frappés d'ambiguïté. Le souci de la précision, l'importance des formules ramassées et de la fluidité narrative, la nécessité de traduire au plus juste des concepts qui n'ont pas toujours dans les langues européennes d'équivalents sémantiques, toutes ces contraintes d'une science condamnée à produire du sens avec, pour l'essentiel, les mots de la langue ordinaire, imposent à l'ethnologue de « soigner son style ». Mais ils sont rares ceux qui, tels Claude Lévi-Strauss ou Michel Leiris, ont su faire honneur à la République des Lettres et élever l'ethnologie à la hauteur d'un genre littéraire. Ce n'est pourtant pas l'intention qui fait défaut ni même parfois le talent. Si la plupart des ethnologues sont des romanciers ratés, selon la formule d'Edmund Leach, la raison n'en est pas seulement due au caprice des muses. Les règles de l'écriture monographique sont maintenant fixées depuis plus de soixante ans et contraignent tout ethnologue qui aspire à se faire reconnaître par ses pairs à un mode d'expression dont il s'imprègne très tôt dans sa carrière, grâce à la lecture de ses aînés, et qui finit par lui apparaître comme naturel. Il en résulte une certaine standardisation des formes de description, l'usage à peu près exclusif de catégories analytiques reconnues par la profession — la parenté, la religion ou les techniques — et l'autocensure de jugements trop ouvertement subjectifs. Cela n'a en soi rien de critiquable pour une science qui vise à produire des généralisations valides en comparant des informations ethnographiques tirées de cultures fort diverses; on comprendra qu'une telle ambition appelle une manière homogène de présenter les données.

En proscrivant toute référence à la subjectivité, l'ethnologie classique se condamne toutefois à laisser dans l'ombre ce qui fait la particularité de sa démarche au sein des autres sciences humaines, c'est-à-dire un savoir fondé sur la relation personnelle et continue d'un individu singulier avec d'autres individus singuliers, savoir issu d'un concours de circonstances chaque fois différent, qui n'est pas pour autant dépourvu de légitimité, mais dont les profanes ignorent presque toujours dans quelles conditions il a été acquis. Les historiens mentionnent bien les archives qu'ils ont utilisées et que d'autres auront tout loisir de consulter pour en extraire des interprétations différentes, les sociologues décrivent les questionnaires et les procédures statistiques qui leur permettent d'aboutir à des conclusions, les psychologues n'hésitent pas à décrire longuement leurs protocoles expérimentaux, bref, seuls les ethnologues se sentent libérés d'expliquer comment ils ont su tirer d'une expérience unique un ensemble de connaissances dont ils demandent à tous d'accepter la validité. L'atelier de l'ethnologue c'est lui-même et son rapport à une population donnée, ses naïvetés et ses ruses, le cheminement tortueux de son intuition, les situations où le hasard l'a placé, le rôle qu'on lui fait jouer, parfois à son insu, dans des stratégies locales, l'amitié qui peut le lier à un personnage dont il fera son informateur principal, ses réactions d'enthousiasme, de colère ou de dégoût, toute une mosaïque complexe de sentiments, de qualités et d'occasions qui donne à notre «méthode d'enquête» sa coloration particulière. Or c'est cette part constitutive de notre démarche scientifique que les préceptes de l'écriture ethnologique obligent à passer sous silence. On trouvera certes toujours en tête d'une monographie des indications de date et de lieu, mais celles-ci, dépourvues de substance existentielle, ont pour seule fonction d'établir une garantie liminaire de vérité : «j'ai résidé dans tel village ou telle communauté à telle époque et je parle donc en connaissance de cause». Hormis cette clause de style, l'évocation des conditions du «terrain» ne transparaît plus dans la suite du texte que sous des formes allusives, limpides pour tous ceux qui ont traversé de

480

expériences similaires, mais sur lesquelles il serait considéré comme malséant d'insister.

Outre qu'elles introduisent une limitation proprement épistémologique dans la production scientifique de l'ethnologie, les règles canoniques de l'écriture monographique en limitent singulièrement l'audience. Sans prôner l'introspection complaisante, l'exotisme de pacotille ou la célébration de l'aventure, il est permis de se demander pourquoi, à quelques rares exceptions près, les ethnologues n'ont pas le large public que les historiens ont su se créer. Tandis que ces derniers — et parmi eux les plus grands savants — écrivent pour leurs pairs comme pour le grand public sans abandonner pour autant les exigences de rigueur propres à leur discipline, les ethnologues paraissent se résigner à publier de moins en moins — la lassitude des éditeurs aidant — et pour un cercle toujours plus restreint de professionnels. C'est pour réagir contre cet état de fait et tenter de restituer à la littérature ethnologique le cheminement subjectif dont les conventions l'avaient privée que je me suis décidé, sur les instances de Jean Malaurie, à écrire le présent livre. J'y ai fait le pari que l'ethnologie pouvait sortir du ghetto où elle s'était laissé enfermer tout en restant fidèle à son intention première, qu'elle pouvait à la fois instruire, édifier et distraire, faire œuvre scientifique et s'interroger sur ses conditions d'exercice, retracer un itinéraire personnel et donner à connaître toute la richesse d'une culture inconnue. L'avenir dira si j'ai réussi. Mais je sais dès à présent qu'une telle entreprise eût été presque impossible hors du cadre de la collection qui l'accueille. Sans véritable équivalent en France ou à l'étranger, Terre Humaine offre depuis quarante ans un refuge prestigieux aux ethnologues que les contraintes du style universitaire laissent insatisfaits. Forte de quelques précédents admirables, la collection donne une allure de légitimité à ces excursions hors des sentiers battus; elle m'a aidé à vaincre les réticences que tout ethnologue éprouve à parler de soi-même puisque, par un consensus rare dans notre discipline, chacun s'accorde à voir en elle moins une série d'ouvrages réunis par l'intention qu'un genre à part entière. A la différence de l'anthropologie «postmoderne» fort en vogue aux États-Unis, où l'ethnologue devient à lui-même son objet d'enquête, où l'observation de soi prend le pas sur l'observation d'autrui pour déboucher sur un solipsisme narcissique que ne rachètent pas toujours les qualités de la langue, à la différence de ce nouvel avatar égotiste de l'ethnocentrisme, donc, Terre Humaine rappelle, livre après livre, que l'expérience singulière de la diversité d'autrui est porteuse d'une universalité accessible à tous.

La volonté d'atteindre un public plus large procède enfin d'une double responsabilité sociale qu'encourt l'ethnologue : vis-à-vis d'un peuple qui lui a accordé sa confiance durant plusieurs années et dont il peut célébrer l'originalité avec plus de justesse que les professionnels de l'aventure exotique, et vis-à-vis de ses propres concitoyens qui, en finançant ses recherches — chercheur ou universitaire, il est toujours au service de l'État —, peuvent attendre de lui qu'il leur en fasse mesurer l'intérêt. Mais l'ethnologie est une science plus technique que l'histoire et beaucoup de ses développements requièrent un langage et des méthodes qui resteront à jamais l'apanage des spécialistes. Le problème de l'écriture ethnologique ne se pose donc pas sous la forme d'une alternative entre publication savante et ouvrage de vulgarisation, mais d'un choix des modes d'expression selon les questions abordées et l'intention recherchée. C'est le grand mérite de Terre Humaine que d'avoir su créer un forum à l'intention de ceux qui sont attachés à faire partager à une audience plus vaste ce mode original de la connaissance d'autrui dont ils ont le bonheur de faire profession.

INDEX DES NOMS DE PERSONNES

483

485

INDEX DES LIEUX

488

INDEX DES THÈMES

A

491

AUTEUR : voir aussi ETHNOLOGIE

formation : 36 ; **vocation** : 34, 35, 37

B

BIOGRAPHIES : 85, 243-245, 296-300, 368-370 ; voir aussi ÂME (arutam)

BLANCS : voir RELATIONS AVEC LES BLANCS

C

CANNIBALISME : 111, 112, 253, 254, 255, 300, 301, 303, 331, 358 ; voir aussi CHAMANISME, GUERRE (chasse aux têtes), JARDIN (magie du jardin), PLANTES (manioc)

CHAMANISME : 100, 124, 131, 132, 134, 165, 219, 226, 230, 231, 233, 234, 236, 237, 261, 262, 264, 267-269, 275, 281, 291, 292, 295, 309-311, 324, 325, 330, 331, 335-337, 392, 396, 397, 402 ; voir aussi CANNIBALISME, MALADIE, MORT, POLITIQUE (grand homme, faction), RÊVE

auxiliaires du chamane : 348, 356 ; pasuk : 233, 351, 357, 358-363 ; voir aussi ANIMAUX (anaconda, jaguar), CHASSE (mères du gibier), ESPRITS (Iwianch, Titipiur, Tsunki)

cure : 346, 347-365, 381 ; diagnostic : 360-362, 376 ; natem : 124, 165, 230-234, 262, 335, 346, 347, 351-353, 356, 362, 365, 366, 369, 376, 379, 381, 420, 433 ; possession : 376, 377 ; rétribution : 366, 369, 370, 373, 374, 375, 377, 380, 381 ; shinki-shinki : 348, 360 ; voir aussi MAGIE (namur), MUSIQUE (tsayantar), PLANTES (tabac), TRANSE HALLUCINATOIRE

ensorcellement (ou tunchi) : 262, 264, 267, 270, 275, 331, 335, 346, 360, 361, 362, 364, 365, 370, 373, 376, 377, 411 ; voir aussi MALADIE (sunkur)

fléchettes magiques (ou tsentsak) : 123, 131, 233, 236, 237, 262, 264, 268, 310, 347, 348, 350, 353, 354, 358, 359, 360, 361, 362-366, 368-375, 377, 411, 413 ; bave-mère : 264, 367-369 ; classification des fléchettes : 376 ; supai : 233, 351, 366 ; **initiation** : 366-375

typologie des chamanes : femmes chamanes : 356 ; hiérarchie : 373, 374, 376, 380 ; panku : 376, 377 ; rivalité : 360 ; tsuakratin : 311, 377-380 ; wawekratin : 311, 356, 377-380 ; voir aussi MYTHOLOGIE (mythe d'origine des pouvoirs chamaniques), RELATION AVEC LES BLANCS (militaires, représentations indigènes des Blancs), RELATIONS INTERETHNIQUES (Cocamas, Conibo, Lamistas, Quichuas, Shipibo)

CHASSE : 57, 100, 129, 134, 137, 140-153, 157, 199, 208, 318, 358

curare (ou tseas) : 86, 90, 128, 141, 145, 146, 180, 181, 182, 207, 274, 318, 361, 363, 370, 373

gibier : 94, 95, 332, 371, 426 ; amana : 146, 150, 152, 360 ; maîtres du gibier : 150, 152, 212 ; mères du gibier : 162, 354, 357, 358 ; voir aussi ESPRITS (Amasank, Jurijri, Shaam)

loge de chasse : 156, 157.

magie de la chasse : 124-129, 141, 142, 146, 149, 150, 162, 367 ; voir aussi MAGIE (anent, charmes, namur), RÊVE (kuntuknar)

techniques : 145, 147, 148, 186 ; affût : 106 ; piège : 106, 185, 311

TABLE DES ILLUSTRATIONS IN TEXTE

*Dessins originaux de Philippe Munch,
d'après des documents de l'auteur*

Illustrations de l'auteur

---

* La calebasse ronde contient une réserve de fibre de kapok pour confectionner la bourre à l'extrémité des fléchettes ; la mâchoire de piranha sert à entailler la pointe des dards et la tige barbelée permet d'accrocher des petits oiseaux par les pattes.

** Passés dans le lobe de l'oreille ou fixés sous la couronne tawasap, ils sont faits d'un tube karis terminé par un bouquet de plumes de toucan et une mèche de cheveux humains.

TABLE DES CARTES

TABLE DES MATIÈRES

TERRE HUMAINE

Terre Humaine a créé dans les sciences sociales et la littérature, depuis quarante ans, un courant novateur dont on n'a pas fini de mesurer la fécondité. Traquant la vie, cette collection de regards croisés a, d'abord, renouvelé la littérature de voyage et construit, livre après livre, une anthropologie à part entière, toute interprétation ne s'élaborant que sur une expérience vécue et même un engagement. L'exploration de l'univers n'a pas de fin. Le spectacle de la vie reste une découverte, et les théories concernant les sociétés humaines s'avèrent, les unes après les autres, toutes aussi fragiles. L'homme est un inconnu pour lui-même.

Les auteurs les plus célèbres (Zola, Lévi-Strauss, Ramuz, Segalen, Balandier, Duvignaud, Hélias, Lacarrière, Thesiger, Ripellino, Lucas) rejoignent, avec un air de famille, ouvriers, paysans, marins les plus anonymes – certains parfois même illettrés (témoignages en direct d'autochtones) – pour faire prendre conscience au lecteur, non seulement de la complexité des civilisations et des sociétés, mais de sa propre intelligence des problèmes. Elle est stimulée par une totale indépendance des auteurs.

Dans une vivante interdisciplinarité, dans un brassage de milieux et de classes, à niveau international, Terre Humaine propose, ses lecteurs disposent.

Toujours d'avant-garde avec ses 80 ouvrages parus et tous disponibles dont 45 édités dans Terre Humaine/Poche, cette collection pionnière saluée par toute la presse et l'opinion – et qui comporte de nombreux best-sellers traduits dans le monde entier – se veut, dans un combat résolu en faveur des minorités, un appel à la liberté de pensée.

OUVRAGES PARUS DANS LA COLLECTION
TERRE HUMAINE (1955 → 2000)

Tous les ouvrages sont disponibles en édition brochée. Seule, la première édition est reliée.
* Ouvrages augmentés d'un dossier de Débats et Critiques
❏ Ouvrages parus également en Terre Humaine/Poche
    (Pocket : nᵒˢ 3000 et suivants)

Jean Malaurie. * ❏ — Les Derniers Rois de Thulé. *Avec les Esquimaux polaires, face à leur destin*. 1955. Cinquième édition 1989.

Claude Lévi-Strauss. ❏ — Tristes Tropiques, 1955.

Victor Segalen. * ❏ — Les Immémoriaux. 1956. Deuxième édition 1983.

Georges Balandier. * ❏ — Afrique ambiguë. 1957. Troisième édition 1989.

Don C. Talayesva. * ❏ — Soleil Hopi. *L'autobiographie d'un Indien Hopi*. Préface : C. Lévi-Strauss. 1959. Deuxième édition 1983.

Francis Huxley. * ❏ — Aimables Sauvages. *Chronique des Indiens Urubu de la forêt amazonienne*. 1960. Troisième édition 1990.

René Dumont. — Terres vivantes. *Voyages d'un agronome autour du monde*. 1961. Deuxième édition 1982.

Margaret Mead. ❏ — Mœurs et sexualité en Océanie. I) *Trois sociétés primitives de Nouvelle-Guinée*. II) *Adolescence à Samoa*. 1963.

Mahmout Makal. * ❏ — Un village anatolien. *Récit d'un instituteur paysan*. 1963. *Troisième édition* 1985.

Georges Condominas. — L'Exotique est quotidien. *Sar Luk, Vietnam central*. 1966. Deuxième édition 1977.

Robert Jaulin. ❏ — La Mort Sara. *L'ordre de la vie ou la pensée de la mort au Tchad*. 1967. Deuxième édition 1982.

Jacques Soustelle. * ❏ — Les Quatre Soleils. *Souvenirs et réflexions d'un ethnologue au Mexique*. 1967. Troisième édition 1991.

Theodora Kroeber. * ❏ — Ishi. *Testament du dernier Indien sauvage de l'Amérique du Nord*. 1968. Deuxième édition 1987.

Ettore Biocca. ❏ — Yanoama. *Récit d'une jeune femme brésilienne enlevée par les Indiens*. 1968. Deuxième édition 1980.

Mary F. Smith et Baba Giwa. * — Baba de Karo. *L'autobiographie d'une musulmane haoussa du Nigéria*. 1969. Deuxième édition 1983.

Richard Lancaster. ❏ — Piegan. *Chronique de la mort lente. La réserve indienne des Pieds-Noirs*. 1970.

William H. Hinton. — Fanshen. *La révolution communiste dans un village chinois*. 1971.

Ronald Blythe. ❑ — Mémoires d'un village anglais. *Akenfield (Suffolk).* 1972. Deuxième édition 1980.

James Agee et Walker Evans. * — Louons maintenant les grands hommes. *Trois familles de métayers en 1936 en Alabama.* 1972. Deuxième édition 1983.

Pierre Clastres. * ❑ — Chronique des Indiens Guayaki. *Ce que savent les Aché, chasseurs nomades du Paraguay.* 1972. Deuxième édition 1985.

Selim Abou. * — Liban déraciné. *Autobiographies de quatre Argentins d'origine libanaise,* 1972. Troisième édition 1987.

Francis A. J. Ianni. — Des affaires de famille. La Mafia à New York. *Liens de parenté et contrôle social dans le crime organisé.* 1973.

Gaston Roupnel. ❑ — Histoire de la campagne française. Postfaces : G. Bachelard, E. Le Roy Ladurie, P. Chaunu, P. Adam, J. Malaurie. 1974. Deuxième édition 1989.

Tewfik el Hakim. * ❑ — Un substitut de campagne en Égypte. *Journal d'un substitut de procureur égyptien.* 1974. Troisième édition 1983.

Bruce Jackson. * — Leurs prisons. *Autobiographies de prisonniers et d'ex-détenus arméricains.* Préface : M. Foucault, 1975. Deuxième édition 1990.

Pierre Jakez Hélias. * ❑ — Le Cheval d'orgueil. *Mémoires d'un Breton du pays bigouden.* 1975. Troisième édition 1985.

Per Jakez Hélias. — Marh al ohr. *Envorennou eur Bigouter.* 1986. (Édition en langue bretonne.)

Jacques Lacarrière. * ❑ — L'Été grec. *Une Grèce quotidienne de quatre mille ans.* 1976. Deuxième édition 1986.

Adélaïde Blasquez. ❑ — Gaston Lucas, serrurier. *Chronique de l'anti-héros.* 1976.

Tahca Ushte et Richard Erdoes. * ❑ — De mémoire indienne. *La vie d'un Sioux, voyant et guérisseur.* 1977. Deuxième édition 1985.

Luis Gonzalez. * — Les Barrières de la solitude. *Histoire universelle de San José de Gracia, village mexicain.* 1977. Deuxième édition 1983.

Jean Recher. * ❑ — Le Grand Métier. *Journal d'un capitaine de pêche de Fécamp.* 1977. Deuxième édition 1983.

Wilfred Thesiger. * ❑ — Le Désert des Déserts. *Avec les Bédouins, derniers nomades de l'Arabie du Sud.* 1978. Deuxième édition 1983.

Joseph Erlich. * ❑ — La Flamme du Shabbath. *Le Shabbath, moment d'éternité, dans une famille juive polonaise.* 1978.

C. F. Ramuz. ❑ — La pensée remonte les fleuves. *Essais et réflexions.* Préface de Jean Malaurie. 1979.

Antoine Sylvère. * — Toinou. *Le cri d'un enfant auvergnat. Pays d'Ambert.* Préface : P. J. Hélias. 1980.

Eduardo Galeano. ❑ — Les Veines ouvertes de l'Amérique latine. *Une contre-histoire.* 1981.

Éric de Rosny. * ❏ — Les Yeux de ma chèvre. *Sur les pas des maîtres de la nuit en pays Douala (Cameroun)* 1981. Deuxième édition 1984.

Amicale d'Oranienburg-Sachsenhausen.. * ❏ — Sachso. *Au cœur du système concentrationnaire nazi.* 1982. Deuxième édition 1990.

Pierre Gourou. — Terres de bonne espérance. *Le monde tropical.* 1982.

Wilfred Thesiger. * ❏ — Les Arabes des marais. *Tigre et Euphrate.* 1983. Deuxième édition 1991.

Margit Gari. * ❏ — Le Vinaigre et le Fiel. *La vie d'une paysanne hongroise.* 1983. Deuxième édition 1989.

Alexander Alland Jr. — La Danse de l'araignée. *Un ethnologue américain chez les Abron (Côte-d'Ivoire).* 1984.

Bruce Jackson et Diane Christian. * ❏ — Le Quartier de la Mort. *Expier au Texas.* 1985.

René Dumont. * ❏ — Pour l'Afrique, j'accuse. *Le journal d'un agronome au Sahel en voie de destruction.* Postfaces : M. Rocard, J. Malaurie. 1986. Deuxième édition 1989.

Émile Zola. ❏ — Carnets d'enquête. *Une ethnographie inédite de la France.* Introduction : J. Malaurie. Avant-propos : H. Mitterand. 1987.

Colin Turnbull. ❏ — Les Iks. *Survivre par la cruauté. Nord-Ouganda.* Postfaces : J. Towles, C. Tunbull, J. Malaurie. 1987.

Bernard Alexandre. ❏ — Le Horsain. *Vivre et survivre en pays de Caux.* 1988. Deuxième édition 1989.

Andreas Labba. ❏ — Anta. *Mémoires d'un Lapon.* 1989.

Michel Ragon. ❏ — L'Accent de ma mère. *Une mémoire vendéenne.* 1989.

François Leprieur — Quand Rome condamne. *Dominicains et prêtres-ouvriers.* 1989.

Robert F. Murphy. ❏ — Vivre à corps perdu. *Le témoignage et le combat d'un anthropologue paralysé.* Postfaces de Michel Gillibert et André-Dominique Nenna. 1990.

Pierre Jakez Hélias. ❏ — Le Quêteur de mémoire. *Quarante ans de recherche sur les mythes et la civilisation bretonne.* 1990.

Jean Duvignaud. — Chebika *suivi de* Retour à Chebika. 1990. *Changements dans un village du Sud tunisien.* 1990.

Laurence Caillet. ❏ — La Maison Yamazaki. *La vie exemplaire d'une paysanne japonaise devenue chef d'une entreprise de haute coiffure.* 1991.

Augustin Viseux. ❏ — Mineur de fond. *Fosses de Lens. Soixante ans de combat et de solidarité.* Postface de Jean Malaurie. 1991.

Mark Zborowski et Elizabeth Herzog. * — Olam. *Dans le shtetl d'Europe centrale avant la Shoah.* Préface d'Abraham J. Heschel. 1992.

Ivan Stoliaroff. ❏ — Un village russe. *Récit d'un paysan de la région de Voronej. 1880-1906.* Préface de Basile Kerblay. Postface de Jean Malaurie. 1992.

Angelo Maria Ripellino. ❏ — Praga magica. *Voyage initiatique à Prague.* 1993.

Philippe Descola. ❏ — Les Lances du crépuscule. *Relations jivaros. Haute-Amazonie.* 1994.

Jean et Huguette Bézian. — Les Grandes Heures des moulins occitans. *Paroles de meuniers.* 1994.

Viramma, Jean-Luc et Josiane Racine. — Une vie paria. *Le rire des asservis. Pays tamoul, Inde du Sud.* 1995.

Dominique Fernandez. ❏ — Photographies de Ferrante Ferranti. — La Perle et le Croissant. *L'Europe baroque de Naples à Saint-Pétersbourg.* 1995.

Claude Lucas. ❏ — Suerte. *L'exclusion volontaire.* Préface du Père Arnaud. Postface de Jean Malaurie. 1996.

Kenn Harper. ❏ — Minik, l'Esquimau déraciné. « *Rendez-moi le corps de mon père.* » Préface de Jean Malaurie. 1997.

Hillel Seidman. — Du fond de l'abîme. *Journal du ghetto de Varsovie.* Commenté et annoté par Nathan Weinstock et Georges Bensoussan. 1998.

Jean Malaurie. — Hummocks 1, Relief de mémoire : *Nord-Groenland, Arctique central canadien.* Hummocks 2, Relief de mémoire. : *Alaska, Tchoukotka sibérienne.* 1999.

Roger Bastide. — Le Candomblé de Bahia (Brésil) — *Rite Nagô.* 2000.

Jean Cuisinier. — Mémoire des Carpathes. *La Roumanie millénaire : un regard intérieur.*

TERRE HUMAINE ❏ — *COURANTS DE PENSÉE*

Nº 1 : **Henri Mitterand.** — Images d'enquêtes d'Émile Zola. *De la Goutte d'Or à l'Affaire Dreyfus.* Préface de Jean Malaurie. 1987. Deuxième édition 1997.

Nº 2 : **Jacques Lacarrière.** — Chemins d'écriture. Postface de Jean Malaurie. 1988. Deuxième édition 1991.

Nº 3 : **René Dumont.** — Mes combats. 1989.

Nº 4 : **Michel Ragon.** — La Voie libertaire. Postface de Jean Malaurie. 1991.

Nº 5 : **Jean Duvignaud.** — Le Pandémonium du présent. *Idées sages, idées folles,* 1999.

ALBUMS TERRE HUMAINE

Nº 1 : **Wilfred Thesiger.** — Visions d'un nomade. Plon, 1987.

Nº 2 : **Jean Malaurie.** ❏ — Ultima Thulé. Plon/Bordas, 1990.

IMPRIMÉ EN FRANCE PAR BRODARD ET TAUPIN
775 – La Flèche (Sarthe), le 15-02-2000
Dépôt légal : février 2000

POCKET – 12, avenue d'Italie - 75627 Paris cedex 13
Tél. : 01.44.16.05.00